# 碾压混凝土坝施工技术与质量控制

主　编　徐玉杰

黄 河 水 利 出 版 社

## 内 容 提 要

本书共分九章，主要内容包括碾压混凝土坝概述及强制性条文要求，材料的质量控制，碾压混凝土的配合比设计要求，碾压混凝土的施工试验基本要求，碾压混凝土筑坝的施工程序及工程要求，碾压混凝土的施工技术，碾压混凝土坝的施工质量控制和安全技术，碾压混凝土大坝施工的检测试验方法，碾压混凝土坝安全监测。

本书主要是作为修筑碾压混凝土坝工程的专业技术人员从事施工和控制质量的指导书，同时也可供从事水利水电建设人员、监理人员、建设管理人员参考。


**图书在版编目(CIP)数据**

碾压混凝土坝施工技术与质量控制/徐玉杰主编. —郑州：黄河水利出版社，2008.8

ISBN 978-7-80734-478-0

Ⅰ.碾… Ⅱ.徐… Ⅲ.①碾压土坝：混凝土坝-施工技术②碾压土坝：混凝土坝-质量控制 Ⅳ.TV642.2

中国版本图书馆 CIP 数据核字(2008)第 122368 号

出 版 社：黄河水利出版社

地址：河南省郑州市金水路 11 号　　邮政编码：450003

发行单位：黄河水利出版社

发行部电话：0371-66026940、66020550、66028024、66022620(传真)

E-mail：hhslcbs@126.com

承印单位：黄河水利委员会印刷厂

开本：787 mm×1 092 mm　1/16

印张：16.75

字数：400 千字　　印数：1—1 000

版次：2008 年 8 月第 1 版　　印次：2008 年 8 月第 1 次印刷

定价：45.00 元

# 前　言

随着我国水利水电建设的发展，碾压混凝土筑坝技术被很快推广并应用。为了满足碾压混凝土筑坝技术的需要，全国许多修建碾压混凝土坝的单位都在设计、施工、运行管理和科研等方面进行了研究，从生产实践、经验出发，认真总结、交流碾压混凝土筑坝技术。河南省水利第一工程局的同志根据几年的实践经验，不断创新和完善施工技术，并根据在施工过程中的实际操作心得，不断收集资料、总结、分析研究，发表了许多相关论文。在此基础上，结合全国各地的科研施工经验编写了本书，以促进碾压混凝土筑坝工程快速、经济的发展。

本书由徐玉杰任主编，龙振球任主审。参加编写的人员有姚党照、郭全中、申天印、李杰三、谢俊国。

由于编者水平有限，书中难免有不足之处，敬请读者体谅并提出宝贵意见。书中引用了不少各地经验，特向各单位和相关人员表示感谢并请各位同仁谅解！

编　者

2008年3月

# 目 录

# 第一章　碾压混凝土坝概述及强制性条文要求

碾压混凝土筑坝技术是采用类似土石方填筑施工工艺,将干硬性混凝土用振动碾压实的一种新的混凝土施工技术。混凝土大坝施工采用这种技术,突破了传统的混凝土大坝柱状浇筑法对大坝浇筑速度的限制,具有施工程序简化、机械化程度高、缩短工期、节省投资等优点。

我国碾压混凝土筑坝技术具有低水泥用量、中胶凝材料、高掺粉煤灰,薄层摊铺,全断面碾压连续上升施工等特点。经过20多年来不断的实践研究和改进创新,形成了一整套碾压混凝土理论和施工技术体系。从采用二级配碾压混凝土自身防渗开始,特别是工程施工中变态混凝土的应用和施工工艺及技术、材料的不断改进,其各项物理力学指标均可达到设计要求。对垂直、水平及其他方向的混凝土心样检查,压水试验的透水率均小于1 Lu,抗剪断试验的破坏面不在层间结合面,观测仪器的数值均证实大坝运行正常,坝体渗漏、变形值与常态混凝土均相同。这些实践均有力地推动了我国碾压混凝土筑坝技术的不断应用和发展。

碾压混凝土筑坝技术具有缩短工期、降低成本、节约水泥等优点,因而得以大规模的推广和应用。为了让更多的建设、设计、施工、管理等单位掌握碾压混凝土筑坝技术,力争碾压混凝土设备国产化:如检测设备的表面型核子水分密度仪,分别适用于不同地区的检测;在不同地域和不同季节施工的外加剂、拌和设备、冲毛装置、切缝机等。

碾压混凝土筑坝技术具有快速、机械化使用程度高的优势,相对于土石坝等围堰更安全,便于过水、快速恢复基坑施工且占地面积小等。其本身具有临时挡水发电,提前发挥效益的作用。

碾压混凝土筑坝技术是基于土石坝施工方法的一种干硬性混凝土坝的施工方法。通过采用振动碾对坍落度为零的干硬性混凝土,在坝体的铺筑碾压而成型的工艺,具有温控简单、施工速度快等优点。

我国碾压混凝土筑坝技术的发展与美国、日本等国家有较大的差别,主要特点是高掺粉煤灰、中胶凝材料、低水泥用量、不设或少设横缝。采用单防渗或采用二级配碾压混凝土防渗达到简化坝体结构和温控措施,创造了全面连续施工条件,使碾压混凝土坝得到快速发展并成为重点推广的坝型之一,且形成了具有中国特色的碾压混凝土筑坝技术。为此,在碾压混凝土筑坝的施工过程中,必须重视其在施工中的要求。

## 第一节　碾压试验要求

在进行混凝土碾压过程中,其基本要求如下所述。

(1)验证碾压混凝土配合比的合理性。由于水利水电工程处于不同的环境,相应每个工程所选用的原材料都有差异。虽然在配合比设计和室内试验成果方面有一些规律可以借鉴,但与现场大批量混凝土的施工碾压情况相比,代表性相对有出入,不一定能满足设计要求。故只有通过现场试验验证配合比的可拌性、可碾性、和易性、抗分离性,并于现场进行取样加工试验来验证各种力学指标是否满足设计要求及施工参数,以便指导现场施工。

(2)检验原材料生产系统的生产能力是否满足施工组织设计、浇筑计划,生产工艺是否合理;开采、加工、倒运、仓储等环节是否满足原材料的要求;并检验原材料的生产产品质量是否达到有关规范和配合比设计要求。如粗、细骨料质量指标应符合《水工混凝土施工规范》(SDJ207—82)的规定,砂料宜质地坚硬、级配良好,人工砂的细度模数宜为2.2~2.9。石粉($D\leqslant0.16$ mm)的含量宜控制在10%~20%,对人工粗骨料的石粉包裹情况现场应给予特别关注。而对于天然砂,其含泥量($D\leqslant0.08$ mm)应不大于5%,细度模数宜为2.0~3.0。

(3)混凝土拌和系统的运转情况。应对称量设备和含水率测定装置进行率定,特别是投料顺序、拌和均匀性、拌和机的灰浆黏附情况及拌和能力。称量系统除检查设备本身的精度,还要注意检查实际配料的效果。含水率的测定装置应快速、准确地测出细骨料的含水率,以便随机调整拌和时的用水量,以保证混凝土拌和物的工作度和水胶比。拌和系统的投料顺序应依据现场工程的具体情况和特点而定。首先要初步拟定投料顺序,再通过试验调整确定。拌和时间是决定混凝土质量的主要因素,拌和时间短,混凝土拌和物均匀性差,变异性很大;拌和时间过长,粗细骨料的研磨也会造成细度模数的变化,对混凝土产生不利影响。为此,拌和时间应根据具体拌和设备和拌和物情况通过现场试验确定。总之,验证混凝土生产系统在保证质量情况下的生产力,有利于调整施工计划,合理布置施工仓面,配置运输车辆以及大坝总体施工进度的安排。

(4)对混凝土运输系统的验证。根据国内外许多工程实践,混凝土运输必须根据其平仓方法、平仓机具、碾压设备等运行可靠性和配套性来确定。碾压混凝土运输采用自卸卡车、皮带运输机、负压溜槽,缆机、门机、塔机也可作为辅助运输工具。各种运输工具都应注重其布置位置和运输道路的平整度及入仓前车轮带水带泥的情况,均要适合入仓口结构和封堵要求。对于皮带输送机运输时的灰浆损失率应控制在0.2%之内,其运转的次数、骨料分离、清扫装置、储料斗容积 、转料斗起拱情况等,也需要现场验证;负压溜槽的坡度和拟定的防分离措施也应通过现场试验进行调整确定。平仓一般采用平层通仓法、斜层平推法和台阶法三种。其基本要求是保持层厚均匀,这是卸料和平仓工序现场试验研究的重点,也可在自卸汽车上增改料器,使得卸料摊铺合成一个工序,改善骨料分离,提高工效。用于平仓、碾压的机具设备国内外品种很多,如PZ-50-Ⅱ平仓机、小松平仓机、由普通推土机、湿地推土机改装的平仓机等。振动碾的类型有轮胎驱动型、两轮振动型、双联振动型及小型振动碾,如德国产的BW系列有BW-75S、BW-95S、BW-200、BW-201及BW-202等;洛阳产的YZ系列有YZ -10P、YZJ-10P、YZS-60P及YZJ-10B等。现场试验应根据具体工程特点、仓面大小及生产能力的大小,对碾压混凝土的运输、摊铺、碾压性能进行合理配套性检验,并根据实际情况进行调整,使其相互匹配,直到达到最佳工效。

(5)通过碾压试验,确定适合本工程的合理施工工艺参数,如碾压层厚度及碾压遍数等。因为碾压混凝土的分层厚度除受层面间隔时间、混凝土生产运输摊铺能力影响,最主要的是要适应振动碾的性能,并与振动碾的自重、激振力、振频振幅及碾压速度直接相关,也就是说,碾压层越厚,所需的振动压实能量越大。例如,自重7 t的碾压机,振动力大于10 t,其振频在 40 Hz，振幅为 0.8 m，碾压速度为 1 ~ 2 m/h 时，其单位面积振实能量可达到 20 kg·cm/cm$^2$，振实厚度可达到 50 ~ 70 cm；当振实能量达到 20 kg·cm/cm$^2$ 时，其振实厚度小于 30 cm。在国内的工程中，摊铺厚度一般为 35 ~ 40 cm，压实厚度为 30 ~ 35 cm。

碾压遍数与振动设备有着直接的联系。在配合比一定时，振动碾的激振力增大或始终使混凝土接近共振状态的碾压，则振实能量会提高，振实时间会减少。如在同一配合比、同一层厚的情况下，用 BW－200 型振动碾只需要碾压 6 ~ 8 遍，而用 BW－75S 型振动碾，则要碾压 20 ~ 24 遍。若采用同一振动碾，配合比不同时，混凝土内部的游离浆液体数量、浆体的内聚力、浆体与砂之间的黏附力、骨料之间的内摩阻力与机械的咬合力不同，振动压实能量传递与耗散也有不同。因配合比、现场气候的变化，造成 *VC*❶ 值的变化，振动时间也发生变化。*VC* 值越小，则表示振动的时间越短，碾压遍数就越少。但 *VC* 值过小，配合比的用水量增加，干缩率增大，影响混凝土的强度及抗渗性能，也影响振动碾的正常行走。

在设备、振频和碾压速度一定时，振实碾压混凝土所需要的碾压遍数是 *VC* 值的函数。该函数是一个分段连续的非线性函数。*VC* 值可分 8 s 以下、8 ~ 25 s、26 s 以上三个阶段。在 8 ~ 25 s 时，碾压遍数与 *VC* 值之间接近线性函数关系。

针对具体的工程特点和气候条件，*VC* 值和碾压厚度、碾压遍数在现场试验时均需调整确定。

(6)层间结合问题一直是碾压混凝土施工质量的关键问题。不同的工程和不同的气候条件会出现不同的结果。在现场试验时，应选择不同的试验块区域，分别对不同层面处理方法进行试验研究。一是层面允许直接铺筑的情况，要特别注意层面的风干现象；二是加垫层拌和物后允许直接铺筑的情况；三是形成冷缝处理后，再铺筑的情况。试块达到龄期后，应现场取样进行外观检查和室内力学试验，确定层间结合强度是否满足设计要求。

(7)随着碾压混凝土筑坝技术的普及和在水利水电工程的广泛应用，为了提高碾压混凝土的工程质量，对缺少碾压混凝土施工经验的业主、施工单位和监理单位，需要进行岗位培训。碾压现场混凝土试验有利于提高业主、监理单位、施工单位的施工技术水平和管理水平。因现场碾压试验关系到碾压混凝土工程施工各个环节的检验和各道工艺、各项参数的选定，直接影响到整个工程建设的成效。

## 第二节　碾压质量的控制要求

碾压混凝土碾压质量的控制，应注意以下要求：

每层碾压作业后，应及时按网格布点检测混凝土的压实容重，所测容重低于规定指标时，应立即重复检测并查找原因，采取处理措施。

对于碾压混凝土来讲，容重是设计的基本要求，它直接关系到大坝的安全。只有达到或接近理论容重，混凝才能具备相应的力学强度，满足结构的需要。因此，压实容重的检测是评定碾压混凝土的主要指标。

关于现场容重的检测，《水工碾压混凝土施工规范》(DL/T5112—2000)对测点布置作

---

❶ *VC* 值，将一定质量的拌和物装入固定在标准振动台上的标准铁筒内，表面加规定压重，振至表面冷浆所需的时间(s)。

出了具体的规定。即每铺筑 100～200 $m^2$ 至少有一个检测点，每层应有 3 个以上的检测点。同时，《水利水电基本建设工程单元工程质量等级评定标准（八）》规定，每 100 $m^2$ 碾压层至少应有一个检测点用反向散射法测量，每个碾压层应有 3 个以上的检测点用透射法测量。

反向散射法测定容重，受表面平整度的影响很大，测定深度为 5～7.5 cm，其测量误差大于透射法测量。但由于反向散射法无需造孔，测量速度快，在经过现场试验论证、确定表面测量与整个碾压层容重关系后，用其测量结果作为大面积检测参考数据还是可取的。

用透射法测定容重，其测量精度较高，测量深度也较深，但需造孔，因此每个测点可做四个象限测量，以扩大测量范围。透射法对碾压混凝土容重的测量结果作为表面型核子水分密度仪现场压实质量评定的依据。

通过现场检测，可以提供各层各个高程的压实成果。完整记录各层各高程的容重，有利于整体施工质量的评定。当现场检测的容重不符合设计要求时，应在分析其原因后，重新检测摊铺厚度是否超过规定、拌和物是否均匀、原材料有无变化、振动碾性能及振频激振力是否有问题等。如果有某一项达不到规定的要求，就应针对不同的原因，采取不同的措施确保碾压密实。

故现场容重的检测，直接关系到碾压混凝土是否密实，是否达到设计要求，是否具备碾压混凝土相应的力学强度。

## 第三节　碾压层允许间隔时间的控制要求

连续上升铺筑的碾压混凝土层间允许间隔时间（即从下层混凝土拌和加水时起到上层混凝土压实完毕为止），应控制在混凝土初凝时间以内。在我国已建碾压混凝土工程中，采用连续上升铺筑工艺较多，大大提高了碾压混凝土的施工速度，缩短了工期，显示出其优越性能。为了确保混凝土层间的结合，使碾压混凝土工程形成一个整体结构，必须对施工层层间的间隔时间进行严格的控制，层间的间隔时间控制标准直接关系到层间结合质量的好坏。根据国内外的经验，一般碾压混凝土层间的间隔时间按混凝土初凝时间来控制。

混凝土初凝时间：初凝标志着水泥浆结构由凝聚结构向凝聚－结晶结构的转变。凝聚－结晶结构破坏后不再有触变复原性质。施工现场由于受环境、温度、湿度的变化和水分蒸发等因素的影响，胶凝材料的水化速度和拌和物的水胶比都发生变化。对大中型水利水电工程，一般先进行不同配合比室内初凝时间的测定，再对现场不同气候条件、不同施工环境进行现场初凝时间的测定。用现场测定的不同情况下的初凝时间作为施工时的控制指标，初凝时间一般利用现场初凝时间测定仪进行测定，具体步骤如下：

（1）在拌制混凝土时，按混凝土中的砂浆配合比材料，拌和砂浆试样 50 L（其中砂子事先筛除粒径大于 5 mm 的石子）。

（2）现场平仓后的碾压混凝土，在某一预定位置挖一不小于 40 cm×40 cm、深度 25～30 cm 的坑，将砂浆试样倒于坑内，此时试样表面应略高于混凝土面。

（3）在砂浆试样周围设置标记，干砂浆试样表面覆盖一层尼龙编织袋，让砂浆与混凝土拌和物同时承受碾压并一起养护。注意碾压过程中不要把石子带进砂浆试样中，碾压完毕后除去尼龙编织袋。

（4）预先根据室内初凝时间测定结果，计算初凝时间对应的贯入压力，减去测定仪滑杆重量后即为现场实施时的附加压重。

(5)现场施测时,每次布置3个点,以实施附加压重的贯入深度平均值作为测试结果。

(6)从碾压混凝土拌和加水至贯入深度为25 mm所经历的时间,即为混凝土拌和物的初凝时间。当现场初凝时间测定仪贯入深度小于25 mm时,说明混凝土已经超过初凝。相反,贯入深度大于25 mm时,说明混凝土拌和物未初凝。

例如,岩滩水电站采用的施工配合比现场测试成果如表1-1所示。

**表1-1　岩滩水电站碾压混凝土初凝时间现场测试成果**

| $C$ | $F$ | $W$ | $s/a$ | 外加剂掺量(%) | | 拌和加水至碾压完成经历时间(t) | 估计风速 | 试样温度加权平均值(℃) | 实测初凝时间(h:min) | 成熟度 |
|---|---|---|---|---|---|---|---|---|---|---|
| $kg/m^3$ | | | % | TF | 柠檬酸 | | | | | |
| 35 | 117 | 90 | 33.8 | 0.2 | 0 | 2.00 | 1～2级 | 30.1 | 4:40 | 141 |
| 35 | 117 | 90 | 33.8 | 0.2 | 0 | 1.67 | 3～4级 | 26.8 | 4:16 | 114 |
| 35 | 117 | 90 | 33.8 | 0.2 | 0 | 4.25 | 4级 | 24.6 | 6:15 | 154 |
| 35 | 117 | 90 | 33.8 | 0.2 | 0.03 | 5.00 | 1～2级 | 28.2 | 7:50 | 221 |

从表1-1可以看出,同一种混凝土配合比在不同强度、不同风速的条件下,初凝时间是不同的,成熟度也是不一致的。如果超过初凝时间,就不能保证层间良好的黏结。

目前,我国碾压混凝土采用的是高掺粉煤灰技术,由于粉煤灰不像水泥熟料具有迅速水化的性能,水泥-粉煤灰浆体与稠度相同的水泥浆比较,凝聚结构维持时间较长,由凝聚结构向结晶结构转变慢,相应浆体初凝时间较长,在混凝土配合比中掺入缓凝剂也可以延缓浆体结构的转变,延长初凝的时间,如河南省洛宁县黄河一级支流洛河干流上的禹门河反调节水库工程,在进行碾压混凝土的施工中做了一些试验工作,结论为当碾压混凝土连续铺筑的层间间隔时间小于混凝土初凝时间时,层面抗剪强度和抗拉强度与碾压混凝土层内的指标相差不大,但随着层间间隔时间的延长,碾压混凝土层面的抗剪强度及抗拉强度随之降低。层间间隔时间达到或超过初凝时间,层面的抗剪强度降低约10%,抗拉强度降低约20%,抗渗性低于碾压混凝土本身的50%。

目前,在我国连续铺筑的碾压混凝土工程中,除采用上述初凝混凝土时间作为直接控制指标,还增加了一个加垫层铺筑允许时间,即超过直接允许铺筑时间时,可先在层面上铺垫层拌和物,再铺上一层混凝土。垫层拌和物可采用水泥浆、砂浆、细骨料混凝土等。

碾压混凝土的层面处理,一直是该项技术发展过程中研究的重点,为了保证层面更好的结合,保证工程的整体性,发挥连续上升的优势,在碾压混凝土的实践中,摸索总结了大量的经验。现在层面处理技术日趋成熟,许多工程层面处理质量达到较高的水平,如河南省洛宁县黄河一级支流洛河干流上的禹门河反调节水库工程在层面处理时,由于对混凝土进行了终凝前的时间检测,在终凝前采用一般的具有一定压力的自制水枪对其表面进行冲毛处理,处理标准以露出砂粒骨料为准,冲毛效果较好,省工省时,得到了监理单位的好评。

## 第四节 碾压混凝土施工缝处理的质量控制要求

对碾压混凝土的施工缝及冷缝必须进行层面处理，处理合格后方可进行施工。

施工缝是根据施工要求而设置的缝，包括水平缝和垂直缝。冷缝是由于停工及不能连续施工而形成的缝，连续上升铺筑混凝土的层面，超过允许铺筑时间时，其层面也按冷缝处理。缝面在间隔期间应保持湿润，做好养护。

缝面的处理可借鉴常规混凝土的处理方法：即首先去掉混凝土表面乳皮，后采用刷毛、冲洗等方法清除缝面的浮浆及松动骨料（以露出砂粒、小石为准），其目的是为了增大混凝土表面的粗糙率，提高层面的黏结能力。冲洗和刷毛时间可根据施工季节、混凝土强度、设备性能等因素，经现场试验情况确定。一般可在混凝土初凝以后、终凝以前进行，过早的冲洗不仅造成混凝土的损失，而且损害混凝土的质量。层面清理合格后，先均匀刮铺 1.0 ~ 1.5 cm 厚的砂浆层（砂浆强度等级比混凝土高一级），然后立即在其上摊铺混凝土，并应在砂浆初凝之前碾压完毕，防止砂浆失水干燥或初凝。

施工缝和冷缝只要认真处理、工艺正确、层面混凝土不受损害，可以达到较好的效果，并能提高黏结性能和抗渗性能。

## 第五节 相对压实度控制的质量要求

相对压实度即是碾压混凝土经过振动压实的容重与设计理论容重之比。相对压实度在一定范围内随着碾压遍数增加而增加，直到接近理论容重，其后，再增加碾压遍数会起到相反的作用。

碾压混凝土必须达到一定的压实度，才能确保工程结构设计所要求的抗压、抗拉、抗剪、抗渗和弹性模量等方面的基本要求，才能具备其力学性能，其相对压实度在一定的碾压遍数情况下才可以达到《水工碾压混凝土施工规范》（DL/T5112—2000）中提出的97% ~98%的要求，如表1-2、表1-3、表1-4 所示。

表1-2 岩滩水电站碾压混凝土围堰现场相对压实度测试成果

| 碾压遍数 | 相对压实度（%） | | | | | | |
|---|---|---|---|---|---|---|---|
| | 1 | 2 | 3 | 4 | 5 | 6 | 平均值 |
| 1 | 94.92 | 92.15 | 95.37 | 99.07 | 95.65 | | 95.43 |
| 5 | 97.56 | 97.62 | 96.49 | 99.75 | 99.43 | 98.63 | 98.25 |
| 9 | 98.87 | | 99.35 | 98.18 | 99.95 | 99.43 | 99.16 |
| 13 | | 99.11 | 97.58 | 99.51 | 98.06 | 98.14 | 98.48 |

表 1-3 坑口碾压混凝土坝体容重检测与统计分析

| 配合比代号 | 配合比所用砂的种类 | 设计配合比容重（kg/m³） | 实测平均容重(kg/m³) | | | | | 相对压实度（%） |
|---|---|---|---|---|---|---|---|---|
| | | | 散射法 | | 透射法 | | 平均值 | |
| | | | 测次 | 表层(7.5 cm) | 测次 | 浅层(3.0 cm) | | |
| 1 | 人工砂 | 2 377 | 1 458 | 2 352.53 | 160 | 2 311.2 | 2 331.87 | 98.1 |
| 2 | 天然砂 | 2 373 | 703 | 2 350.83 | 20 | 2 314.6 | 2 332.72 | 98.3 |

表 1-4 禹门河反调节水库工程碾压混凝土碾压试验成果 （单位:kg/m³）

三级配碾压混凝土压实容重检测

| 遍数 | 实测值 | | | | | | 最大值 | 最小值 | 平均值 | 压实度(%) |
|---|---|---|---|---|---|---|---|---|---|---|
| 4 遍 | 2 341 | 2 329 | 2 377 | 2 379 | 2 350 | 2 364 | 2 379 | 2 329 | 2 354 | 96.9 |
| 6 遍 | 2 397 | 2 422 | 2 441 | 2 397 | 2 428 | 2 410 | 2 441 | 2 397 | 2 419 | 99.2 |
| 8 遍 | 2 389 | 2 423 | 2 442 | 2 422 | 2 431 | 2 440 | 2 442 | 2 389 | 2 415 | 99.8 |

二级配碾压混凝土压实容重检测

| 遍数 | 实测值 | | | | | | 最大值 | 最小值 | 平均值 | 压实度(%) |
|---|---|---|---|---|---|---|---|---|---|---|
| 6 遍 | 2 384 | 2 383 | 2 441 | 2 418 | 2 402 | 2 413 | 2 441 | 2 383 | 2 262 | 98.9 |
| 8 遍 | 2 425 | 2 410 | 2 445 | 2 420 | 2 435 | 2 408 | 2 445 | 2 408 | 2 426 | 99.7 |

碾压混凝土与变态混凝土接触部位压实容重检测

| 遍数 | 实测值 | 压实度(%) | 级配 |
|---|---|---|---|
| 14 遍 | 2 386 | 98.0 | 三级配 |
| 16 遍 | 2 402 | 98.8 | 二级配 |
| 18 遍 | 2 389 | 98.3 | 二级配 |

# 第二章　材料的质量控制

为了有效地进行碾压混凝土质量控制，保证碾压混凝土的质量符合要求，首先须控制所用原材料的质量及其变异，控制碾压混凝土的配合比，为混凝土的生产控制提供相关组成材料的各种参数。现将各组成材料的质量与控制、碾压混凝土的配合比确定等有关质量初步控制的内容介绍如下。

## 第一节　碾压混凝土材料的基本要求

(1)凡符合国家标准的硅酸盐系列水泥均可用于碾压混凝土。

(2)水泥品种及标号应与掺合料的品质掺量一起经技术经济论证后确定。

(3)碾压混凝土施工所用水泥宜定厂、定品种供应，不宜在施工中途更换水泥厂家和水泥品种。

(4)碾压混凝土施工前必须进行掺合料料源的调查研究和品质试验。

(5)粉煤灰及火山灰质材料均可作为碾压混凝土的掺合料，应选用符合《粉煤灰混凝土应用技术标准》(GBJ146—90)质量指标的粉煤灰，不符合上述指标的粉煤灰应经过试验论证后选用。

(6)人工骨料及天然骨料均可用于碾压混凝土，如两者经济指标相差不大，宜优先选用人工骨料。

(7)不得使用刚筛选的骨料拌制碾压混凝土。细骨料在成品料厂堆放时间应不少于48 h，若细骨料含水量大于6%，则应采取脱水措施。

(8)细骨料的细度模数宜控制在2.5～3.0。使用人工砂时，砂中石粉($d \leqslant 0.16$ mm的颗粒)含量以8%～17%为宜，超过17%时，应经试验论证；使用天然砂时，可经试验论证后掺入适量惰性掺合料。

(9)粗骨料最大粒经以不大于80 mm为宜，使用最大粒径超过80 mm的粗骨料时，应进行技术经济论证，不宜采用间断级配。

(10)碾压混凝土中应掺用外加剂，必须进行外加剂对水泥和掺合料的适应性试验。

## 第二节　组成材料的质量控制

(1)配制碾压混凝土所用的硅酸盐水泥应分别符合现行国家标准及标准的名称，当采用其他品种的水泥时，应符合国家现行有关标准的规定。

(2)为保证碾压混凝土质量符合要求，并且有要求的耐久性，应根据碾压混凝土工程的特点和所处的环境以及设计、施工的有关要求，并根据不同品种水泥的性质，选用适当品种的水泥。配制碾压混凝土时，除应选用适当品种的水泥，还应根据配制的混凝土强度等级，选用适当标号的水泥，以使在既满足混凝土强度要求，又符合为满足耐久性所规定的最大水灰比、最小水泥用量要求的前提下,减少水泥用量,达到技术可行、经济合理的目的。

考虑到生产控制的需要及目前水泥生产情况,规定了对所有水泥应检验其安定性和强度。当对水泥质量或质量证明书有疑问时,还应按国家标准的有关规定,检查其他性能,经检验合格后,方可使用。

为控制生产碾压混凝土所用水泥的质量,规定了应按不同品种、标号及牌号按批分别将其储存在未用的仓罐或水泥库内,如发生变潮、结块等品质改变现象或出厂超过三个月(快硬硅酸盐水泥为一个月)时,使用前应复验其质量指标,并按复检结果确定使用情况。

碾压混凝土所用的水泥应符合下列标准:

(1)碾压混凝土中由于掺用较大比例的掺合料,使混凝土的绝热温升降低。故目前国内外多使用硅酸盐水泥和普通硅酸盐水泥,但也不乏使用粉煤灰硅酸盐水泥(如日本)和矿渣硅酸盐水泥的。由于掺合料需与硅酸盐水泥的水化产物 $Ca(OH)_2$ 发生二次反应才能起胶凝作用,故规定碾压混凝土所用的水泥为硅酸盐系列水泥,即硅酸盐水泥、普通硅酸盐水泥、矿渣硅酸盐水泥、火山灰质硅酸盐水泥、粉煤灰硅酸盐水泥以及硅酸盐水泥等。

(2)水泥标号的高低可通过调整每立方米混凝土中的水泥用量和掺合料比例来满足混凝土性能的设计要求。当工程附近有充足、优质的掺合料时,可优先选用硅酸盐水泥或普通硅酸盐水泥,同时掺用较大比例的掺合料。反之,可选用掺混合料的水泥,相应减少掺合料的比例。水泥的选用不仅仅是技术决策,也应包括经济比较。

(3)碾压混凝土施工对掺合料与外加剂的选择均较严格,而两者的选用均以一定的厂家生产的水泥品种及标号为依据。配合比及施工工艺参数也根据此条件选定,中途易厂可能带来施工质量事故。

(4)碾压混凝土具有水泥用量少、水化热低、可连续铺筑等优点。这些优点能否充分发挥很大程度决定于掺合料的来源与品质。因此,对掺合料料源的调查与试验研究,应当在方案选定以前有初步结论,不宜先定方案,后选掺合料。

碾压混凝土所用的骨料应符合下列有关标准:

(1)使用人工骨料比使用天然骨料拌制出的碾压混凝土抗分离性能好,可碾性好,混凝土的抗压强度较高。

(2)碾压混凝土用水量少,对砂石料的含水量极为敏感,故严格规定不得使用刚筛洗的骨料拌制混凝土。规定砂子在成品料场的堆放期限,目的在于让砂子有一定的脱水时间,并在编制施工组织设计时,为考虑成品料仓库的大小与数量提供依据。

(3)根据国内外施工资料,细骨料的细度模数宜控制在2.2~3.0。石粉在碾压混凝土中起到微骨料的作用,对节约水泥、降低水化热、改善混凝土性能都有明显效果。坑口、天生桥二级、岩滩等工程都证明了这一点。武汉大学水利水电学院、成都勘测设计院科研所、广西水科所等单位也都做过这类试验研究,认为石粉掺量可达17%~20%。但从人工砂生产工艺来说,石粉掺量定在8%~17%是比较恰当的。

在天然砂中掺用部分非活性细颗粒,对改善混凝土性能有好处,观音阁水电站混凝土中掺用尾矿粉收到了一定效果。

(4)增大骨料最大粒径对节约水泥、降低混凝土绝热温升等有利,但粗骨料最大粒径的增大,会使碾压混凝土分离趋于严重。日本三川坝采用最大粒径150 mm的四级配骨料,减少单位水泥用量,没有取得预期效果,反而加剧了混凝土的分离。根据国内目前的施工条件，规定最大骨料粒径宜不大于80 mm。国外资料表明，间断级配碾压混凝土分离严重，故不宜使用。

骨料的选用除符合有关标准及碾压混凝土的质量要求，还应适应混凝土的输送、浇筑工艺及浇筑结构构件截面最小尺寸的有关规定。

正规采集场是经过资源勘探试验验证，骨料质量符合国家有关标准规定，能批量生产和供应骨料生产单位。来自正规生产采集场的骨料应附有质量证明书。考虑到采集场大量堆积骨料，在装卸、运输过程及堆存时造成的粒径级配变异、含泥量增大在所难免，故规定，当对骨料质量或质量证明书有疑问时，应按批检验其颗粒级配、含泥量及粗骨料的针片状颗粒含量。

对无质量证明书或其他来源的骨料，因其质量未经系统检验验证。故规定，应按批检验其颗粒级配、含泥量及粗骨料的针片状颗粒含量，必要时还应检验其他质量标准。

海砂中的氯盐含量较高，为控制混凝土中氯离子的总含量，故规定按批检验海砂中的氯盐含量，以便据以计算，控制混凝土中氯离子的总量。

骨料质量的检验方法应按JGJ52、JGJ53及JBJ205等规定进行。对含有活性二氯化硅、白云化石灰岩等可引起碱－骨料反应成分的骨料，应按有关标准的规定进行碱－骨料反应试验，经验证确认对混凝土质量无有害影响时，方可使用。

骨料在生产、采集、运输与储存过程中，容易混入一些影响碾压混凝土强度、耐久性的有害物质（如方解石、煅烧白云石、石灰、煤粉、炉渣、矿渣、钢渣或其他化工原料等），为保证碾压混凝土质量，故规定严禁混入影响碾压混凝土的有害物质。

细骨料细度模数及粗骨料粒径级配的变异，显著影响碾压混凝土拌和物的和易性，为保证混凝土拌和物的质量，应按品种、规格分别堆放，不得混杂。并应在装卸及堆存时采取措施（如减小堆料高度、采用回转卸料器等），使骨料颗粒级配均匀。

符合标准的生活用水对碾压混凝土无有害性作用，故凡符合国家标准的生活用水可以用于拌制各种混凝土。当用不符合国家标准的生活用水或对水质有疑问时，应按有关标准采用水样进行检验，确认合格后方可使用。

为改善混凝土某些性能或节约水泥，在碾压混凝土中可掺入水硬性或填充性掺合料，其质量应符合有关标准的规定。当掺用尚无质量标准的掺合料时，其烧失量及有害物质含量等质量指标应按有关标准通过试验，确认符合混凝土质量要求时，方可使用。

选用的掺合料，应能达到预定改善混凝土性能或在满足改善性能前提下取代部分水泥的目的，其掺量应通过试验确定。

一般说来，掺用大量掺合料以取代部分水泥，将对碾压混凝土强度有所影响，故应符合有关标准关于最大取代水泥量的规定。当掺用尚无标准规定最大取代水泥限量的掺合料时，应经系统试验验证，确认混凝土质量符合要求，以确定最大取代水泥量。

国内外碾压混凝土施工中多掺用粉煤灰。国内漫湾水电站和大广坝的试验研究资料均表明，火山灰质材料（如火山灰、凝灰岩等）也可作为碾压混凝土的掺合料。粉煤灰作为掺合料，使用经验比较成熟（特别是符合国家标准的Ⅰ、Ⅱ级粉煤灰）应优先选用。

掺合料易与水泥混淆，常因管理不善，以致在运输与储存时两者混淆误用，造成混凝土质量事故。因此，对水泥与掺合料的运输罐车与储仓应严格区分，设置明显标志，严防混淆误用，以免影响混凝土质量，造成质量事故。

在碾压混凝土中掺用适当品种的外加剂，既可改善混凝土性能，适应不同施工工艺的需求，又可节约水泥，降低生产成本，但如使用不当或质量不佳，也将影响混凝土质量甚至造成质量事故。为了保证碾压混凝土具有所要求的性能，达到预期的效果，所用外加剂应是经有关部门鉴定、批准批量生产的产品，且其质量必须符合国家标准的规定。

由于外加剂品种较多、性能差异、抗冻、抗渗、缓凝、采用滑模施工等，故应结合碾压混凝土原材料性能（如水泥矿物质组成、调凝石膏的品种等）及外加剂对水泥的适应性等因素，通过试验及技术经济分析确定其品种和掺量。

为了控制碾压混凝土中的氯、硫等有害物质的含量，提高碾压混凝土的耐久性，故规定选用的外加剂除应具有质量证明书说明外加剂的性能用途，需要时还应检验其氯化物、硫酸盐等需控制的有害物质含量，经试验验证确认对混凝土无有害影响时，方可使用。

外加剂品种繁多，性能各异，对混凝土组成材料的适应性也不相同。为了保证碾压混凝土要求的性能，保证外加剂具备的性能、质量，规定在运输及储存时应分类存放，防止混杂及混入异物，不被污染，做好储运管理。

由于碾压混凝土胶凝材料用量少且采用薄层大仓面铺筑施工工艺，为改善混凝土的可碾性，需掺用减水剂；为防止出现冷缝，有效地发挥快速施工的特点，需掺用缓凝剂。目前，国内一般掺用木质素磺酸钙、萘系、糖蜜等具有缓凝、减水双重作用的外加剂。有抗冻要求的建筑物的外部，碾压混凝土一般还需掺用引气剂等。外加剂与水泥掺用时存在适应性问题。如大广坝工程初设时，选用的掺合料是凝灰岩粉，选用木钙作为外加剂，起不到缓凝作用。

## 第三节　原材料的质量检验与控制

质量检验工作，应贯彻自检与专职人员相结合的原则。在自检、互检、交接检验的基础上，实行专业检验评定和验收。碾压混凝土生产中所用的原材料、半成品的规格、品种质量指标和检验方法及生产的成品的规格、生产操作工艺及其检验方法，均应符合国家现行标准和中国工程建设标准化协会标准《混凝土及预制混凝土构件质量控制规程》（CECS40:92）的规定。

### 一、水泥

配制碾压混凝土所用的硅酸盐水泥、普通硅酸盐水泥、矿渣硅酸盐水泥、火山灰质硅酸盐水泥、粉煤灰硅酸盐水泥及复合硅酸盐水泥的质量，应分别符合《硅酸盐水泥、普通硅酸盐水泥》（GB175）《矿渣硅酸盐水泥、火山灰质硅酸盐水泥及粉煤灰硅酸盐水泥》（GB1344）及《复合硅酸盐水泥》（GB12958）的规定。

对所用的水泥应按批检验其强度和安定性，需要时还应检验其凝结时间和细度。水泥的强度、安定性、凝结时间和细度等均应符合相应标准的规定。

水泥的强度、安定性、凝结时间和细度，应分别按《水泥胶砂强度检验方法》（GB177），《水泥标准稠度用水量、凝结时间安定性的检验方法》（GB1346），《水泥压蒸安定性试验方法》（GB756），《水泥细度检验方法（80 μm 筛析法）》（GB1345）及《水泥比表面积测定方法（勃氏法）》（GB8074）的规定进行检验。

为了能及时得知水泥强度，可按《水泥强度快速检验法》(IBQ11064)预测水泥28 d强度。也可采用省、自治区、直辖市级通过的有关部门鉴定核准的水泥强度快速检验方法预测水泥28 d强度作为使用水泥时的质量控制指标。

水泥进厂(含商品混凝土厂、混凝土搅拌站等)时，必须有水泥生产厂的质量证明书。对进厂(场)的水泥应检查核对其生产厂名、品种、标号、包装(或散装仓号)、重量(对袋装水泥应随机抽取20袋，水泥总质量不得少于1 000 kg)、出厂日期、出厂编号及是否受潮等，做好记录并按规定采取试样进行有关项目的检验。

水泥试样的采集应按下述规定进行：

(1)散装水泥：对同一水泥厂生产的同期出厂的同品种、同标号的水泥，以一次进厂(场)的同一出厂编号的水泥为一批。但一批的总量不得超过500 t，随机从不少于3个车罐中各采取等量水泥，经混拌均匀后，再从中称取不少于12 kg的水泥作为检验试样。

(2)袋装水泥：对同一水泥厂生产的同期出厂的同品种、同标号的水泥，以一次进厂(场)的同一出厂编号的水泥为一批。但一批的总量不得超过200 t，随机从不少于20袋中各采取等量水泥，经混拌均匀后，再从中称取不少于12 kg的水泥作为检验试样。

(3)当水泥来源固定、水泥质量稳定，厂(场)又掌握其性能时，视进厂(场)的水泥情况，可不定期地采取试样进行强度检验，如有异常情况，应做相应项目的试验。

(4)对已进厂(场)的每批水泥，视进厂(场)的存放情况，应重新采集试样复验其强度和安定性，存放期超过3个月的水泥，使用前必须进行复验，并按复验结果来判定是否能使用。

水泥的检验结果如不符合标准时，应停止使用并及时向水泥厂或供应商查明情况，确定处理方案。如该批水泥已经使用，应查明该批水泥的使用情况(使用日期、应用该批水泥拌制的混凝土的强度、浇筑的结构部位和所产生的制品等)，并根据水泥质量情况确定处理方案。

水泥在运输时不得受潮和混入杂物。不同品种、标号、出厂日期和出厂编号的水泥应分别运输装卸，并做好明显标志，严防混淆。

进厂(场)水泥的储放应符合下列规定：

(1)散装水泥宜在未用的仓罐中储放，不同品种和标号的水泥不得混仓并应定期清仓。散装水泥在库内存放时，水泥库的地面和外墙内侧应进行防潮处理。散装水泥运至工地的入罐温度不宜高于65 ℃。

(2)袋装水泥应在库房内储放，库房地面应有防潮措施。库内要保持干燥，防止雨露侵入。堆放时，应按品种、标号、出厂编号、到货先后或使用顺序排列成垛，堆垛高度应以不超过12袋为宜。堆垛应至少隔开四周墙壁20 cm，各垛之间应留置宽度不小于70 cm的通道。当限于条件限制露天堆放时，应在距离地面不少于30 cm的垫板上堆放。垫板下不得积水，水泥堆垛必须用塑料布覆盖严密，防止雨露侵入而使水泥受潮。应避免水泥的散失浪费，做好环境保护。

## 二、骨料

使用的骨料应根据优质、经济、就地取材的原则进行选择，可选择天然骨料、人工骨料或两者互相补充。选用人工骨料时，有条件的地方宜选用石灰岩质的料源。

骨料料源的品质、数量发生变化时，应按现行建筑材料勘察规程，进行详细的补充勘察和碱活性成分含量试验。未经专门论证不得使用碱活性骨料。

应根据粗、细骨料的需要总量和分期需要量进行技术经济比较，制订合理的方案规划和使用平衡计划，尽量减少弃料。覆盖层剥离应有专门弃渣场地并采取必要的防护和恢复环境措施，避免产生水土流失。

骨料加工的工艺流程、设备选型应合理可靠，生产能力和料仓储量应保证混凝土施工需要。

根据实际需要和条件，可将细骨料分成粗、细两级，分别堆存，在混凝土拌和时按一定比例掺配使用。

成品骨料的堆存和运输应符合下列规定：

(1)堆存场地应有良好的排水措施，必要时应设遮阳、防雨棚。

(2)各级骨料仓之间应设置隔墙等有效措施，严禁混料，并应避免泥土和其他杂物混入骨料中。

(3)尽量减少转运次数，卸料时粒径大于40 mm的骨粒自由落差大于3 m时，应设置缓降措施。

(4)储料仓除有足够的容积，还应维持不小于6 m的堆料厚度。细骨料仓的数量和容积应满足细骨料脱水的要求。

(5)在粗骨料成品堆场取料时，同一级料应注意在堆料不同部位同时取料。

细骨料(人工砂、天然砂)的品质要求：

(1)细骨料应质地坚硬、清洁、级配良好，人工砂的细度模数宜为2.0~3.0，天然砂的细度模数宜为2.2~3.0。使用山砂、粗砂、特细砂应经过试验论证。

(2)细骨料在开采过程中应定期或按一定开采数量进行碱活性检验，有潜在危害时，应采取相应措施，并经专门试验论证。

(3)细骨料的含水量应保持稳定，人工砂、饱和石子的含水量不宜超过6%，必要时应采取相应的加速脱水措施。

(4)细骨料的其他品质要求应符合表2-1的规定。

表2-1　细骨料的品质要求

| 项目 | | 指标 | | 备注 |
|---|---|---|---|---|
| | | 天然砂 | 人工砂 | |
| 石粉含量(%) | | | 6~18 | |
| 含泥量(%) | 有抗冻要求的 | ≤3 | | |
| | 无抗冻要求的 | ≤5 | | |
| 泥块含量 | | 不允许 | 不允许 | |
| 坚固性(%) | 有抗冻要求的混凝土 | ≤8 | ≤8 | |
| | 无抗冻要求的混凝土 | ≤10 | ≤10 | |
| 表观密度($kg/m^3$) | | ≥2 500 | ≥2 500 | |
| 硫化物及硫酸盐含量(%) | | ≤1 | ≤1 | 折算成$SO_3$按质量计 |
| 有机质含量 | | 浅于标准色 | 不允许 | |
| 云母含量(%) | | ≤2 | ≤2 | |
| 轻物质含量(%) | | ≤1 | — | |

对天然砂的质量要求如下：

天然砂的质量应符合《普通混凝土用砂质量标准及检验方法》（JGJ52）的规定，细度模数为0.7～1.5的特细砂的质量，应符合《特细砂混凝土配制及应用规程》（BJG19）的规定。

对已进行全面检验、质量符合标准规定、准予由产地组织运输进厂（场）的天然砂，进厂（场）时应按批检验其颗粒级配和含泥量。

对零散供应或检验制度不健全的单位供应的砂，进厂（场）前应按《普通混凝土用砂质量标准及检验方法》（JGJ52）的规定进行全面检验。

（1）天然砂的颗粒级配和含泥量应符合表2-2、表2-3的要求。

**表2-2　天然砂的颗粒级配区**

| 筛孔尺寸（mm） | 级配区 | | |
|---|---|---|---|
| | 1区 | 2区 | 3区 |
| | 累计筛余百分率（%） | | |
| 10.00 | 0 | 0 | 0 |
| 5.00 | 10～0 | 10～0 | 10～0 |
| 2.50 | 35～5 | 25～0 | 15～0 |
| 1.25 | 65～35 | 50～10 | 25～0 |
| 0.63 | 85～71 | 70～41 | 40～16 |
| 0.315 | 95～80 | 92～70 | 85～55 |
| 0.16 | 100～90 | 100～90 | 100～90 |

注：除5.00 mm和0.63 mm筛，允许略有超出分界线，但总量不应大于5%。

**表2-3　天然砂的含泥量指标**

| 项 目 | 混凝土强度等级 | |
|---|---|---|
| | 高于或等于C30 | 低于C30 |
| 含泥量，按重量计不大于（%） | 3 | 5 |
| 泥块含量，按重量计不大于（%） | 1 | 2 |

注：1. 对有抗冻、抗渗要求的混凝土用砂，其含泥量不应大于3%。

2. 对C10级和低于C10级的混凝土用砂，其含泥量可酌情放宽。

3. 泥块是指原颗粒大于1.25 mm经水洗后，手可碾碎成粒径小于0.63 mm的粉尘。

（2）对已检验合格并掌握质量情况的，堆放于厂（场）内或搅拌机料仓内的砂，如堆存时间过久或遇有可能影响质量的情况，使用前应予以复检，并按复检结果使用。

（3）天然砂的检验试样应按下列规定分别采取：

①对要运进厂（场）的天然砂，其分批方法为：对产源固定、产量与质量稳定的生产单位，在正常情况下生产供应的天然砂应采用以一列火车、一批货船或一批汽车所运输的产地

和规模规格均相同的一批砂，但每批总量不得超过400 $m^3$ 或600 $m^3$。

对分散生产或用小型运输工具运送的产地和规格均相同的砂，以200 $m^3$ 或300 t为一批，不足上述规定数量者也以一批论。

②对已运进厂（场）内的天然砂，在料堆上取样时，对集中生产的以400 $m^3$ 或600 t为一批，对分散生产的以200 $m^3$ 或300 t为一批，不足上述规定数量者也以一批论。

③从火车车皮内取样时，从每列火车中随机选择3节车皮，从每节车皮的8个不同部位和深处各采取等量试份，混拌均匀，组成该车皮的一组试样。在该列车的3组试样中，如有2组检验合格，即可验收。

④从汽车上取样时，由每批汽车中随机选择4辆，从每辆汽车中的两个不同部位各采取等量试份，共8份，混拌均匀，组成一组试样。

⑤从货船中取样时，由每批货船中随机选择2艘，从每艘货船的4个不同部位各采取等量试份，共8份，混拌均匀，组成一组试样。

⑥从皮带运输机上取样时，应在机尾的出料处按一定的时间间隔采取等量试样4份，混拌均匀，组成一组试样。

⑦ 在料堆上取样时，取样部位应均匀分布，取样前先将取样部位的表层铲除，然后从8个不同的部位各采取等量试份，混拌均匀，组成一组试样。

⑧经观察，认为各节车皮、各辆汽车、各艘货船所装的砂质量相差甚为悬殊时，应从8个不同的部位对质量有怀疑处，分别取样，进行检验。

（4）天然砂在运输和储存时不得混入能影响混凝土正常凝结与硬化的有害杂质，并应防止将碎石（卵石）、水泥及掺合料等混入。当运输工具交替装运天然砂与其他物质（如煅烧白云石、石灰、煤炭、化工原材料等）时，应注意清扫运输工具，勿使混入有害杂物。

堆放砂的场地应平整、排水通畅，宜铺筑混凝土地面。

## 三、粗骨料（碎石、卵石）的品质要求

粗骨料的最大粒径不应超过钢筋净间距的2/3，构件断面最小边长的1/4，素混凝土板厚的1/2。对少筋或无筋混凝土结构，应选用较大的粗骨料粒径。

施工中，宜将粗骨料按粒径分成下列几种粒径组合：

（1）当最大粒径为40 mm时，分成$D_{20}$、$D_{40}$两级。

（2）当最大粒径为80 mm时，分成$D_{20}$、$D_{40}$、$D_{80}$三级。

（3）当最大粒径为150（120）mm时，分成$D_{20}$、$D_{40}$、$D_{80}$、$D_{150}$（$D_{120}$）四级。

应控制各组骨料的超径、逊径含量，以原孔筛检验，其控制标准：超径小于5%，逊径小于10%；当以超径、逊径筛检验时，其控制标准：超径为零，逊径小于2%。

采用连续级配或间断级配，应由试验确定。

各级骨料应避免分离。$D_{150}$、$D_{80}$、$D_{40}$和$D_{20}$分别用中径（115 mm、60 mm、30 mm和10 mm）分孔筛检测的筛余量应在40%～70%范围内。

如使用含有活性骨料、黄锈和钙质结核等粗骨料，必须进行专门试验论证。

粗骨料表面应洁净，如有裹粉、裹泥或被污染等应清除。

碎石和卵石的压碎指标值，宜满足表2-4的规定。

表 2-4 粗骨料的压碎指标值

| 骨料类型 | | 不同抗冻混凝土强度等级的压碎指标值(%) | |
|---|---|---|---|
| | | F90C55 ~ F90C40 | ≤C35 |
| 碎石 | 水成岩 | ≤10 | ≤16 |
| | 变质岩或深成的火成岩 | ≤12 | ≤20 |
| | 火成岩 | ≤13 | ≤30 |
| 卵石 | | ≤12 | ≤16 |

粗骨料的其他品质要求应符合表 2-5 的规定。

表 2-5 粗骨料的品质要求

| 项 目 | | 指 标 | 备 注 |
|---|---|---|---|
| 含泥量(%) | $D_{20}$、$D_{40}$ 粒径级 | ≤1 | |
| | $D_{80}$、$D_{150}$($D_{120}$) 粒径级 | ≤0.5 | |
| 泥块含量 | | 不允许 | |
| 坚固性(%) | 有抗冻要求的混凝土 | ≤5 | |
| | 无抗冻要求的混凝土 | ≤12 | |
| 硫化物级硫酸盐含量(%) | | ≤0.5 | 折算成 $SO_3$ 按质量计 |
| 有机质含量 | | 浅于标准色 | |
| 表观密度($kg/m^3$) | | ≥2 550 | |
| 吸水率(%) | | ≤2.5 | |
| 针片状颗粒含量(%) | | ≤15 | |

取样与检验方法按 SD105 和有关标准执行。

例:河南省洛宁县黄河一级支流洛河禹门河反调节水库砂砾料场调查试验情况。

砂砾料场试验时在试坑中用刻槽法取样 10 组,分别进行现场和室内试验,成果汇总见表 2-6、表 2-7、表 2-8 和表 2-9。砂砾石颗粒大小级配曲线见图 2-1 和图 2-2,各组样品砂子级配曲线见图 2-3、图 2-4 和图 2-5。

表 2-6　砂砾料现场试验成果汇总

| 料区编号 | 试坑号 | 天然容量 (g/cm³) | | 各粒级堆积密度 (g/cm³) | | | 针片状含量 (%) | | | 比重 (g/cm³) | | | |
|---|---|---|---|---|---|---|---|---|---|---|---|---|---|
| | | 干 | 湿 | 80~40 | 40~20 | 20~5 | 80~40 | 40~20 | 20~5 | 80~40 | 40~20 | 20~5 | >5 mm 混合 |
| Ⅵ | SK2 | 1.5 | 1.6 | 1.56 | 1.53 | 1.56 | 9 | 14.3 | 2.6 | 2.55 | 2.71 | 2.75 | 2.85 |
| | SK3 | | | | | 1.63 | 5.1 | 3.4 | 1.5 | 2.25 | 2.0 | 2.33 | 2.6 |
| Ⅰ | SK4 | 2.14 | 2.18 | 1.48 | 1.53 | 1.62 | 2.9 | 1.95 | 0.5 | 2.56 | 2.53 | 2.63 | 2.95 |
| Ⅶ$_1$ | SK5 | 2.03 | 2.10 | 1.49 | 1.52 | 1.68 | 3.1 | 2.4 | 0.65 | 2.13 | 2.43 | 2.57 | 2.44 |
| | SK6 | | | 1.52 | 1.52 | 1.62 | 6.15 | 2.15 | 0.4 | 2.67 | 2.71 | 2.59 | 2.42 |
| Ⅶ$_2$ | SK7 | 1.80 | 1.82 | | 1.52 | 1.61 | 11.3 | 6.8 | 0.71 | 2.5 | 2.7 | 2.71 | 2.9 |
| Ⅳ | SK9 | 2.07 | 2.10 | 1.53 | 1.56 | 1.69 | 11.6 | 4.6 | 0.6 | 2.7 | 2.6 | 2.8 | 2.53 |
| | SK10 | | | 1.6 | 1.6 | 1.63 | 5.1 | 2.6 | 0.4 | 2.38 | 2.2 | 2.5 | 2.56 |
| Ⅶ | SK11 | 2.10 | 2.13 | 1.45 | 1.39 | 1.39 | 9.2 | 10 | 1.12 | 2.43 | 2.83 | 2.25 | 2.27 |
| | SK12 | | | 1.54 | 1.54 | 1.67 | 6.2 | 4.8 | 1.3 | 2.86 | 2.62 | 2.38 | 2.5 |

表 2-7　砂子试验成果汇总

| 料区编号 | 试坑号 | 细度模数 | 比重 | 容量 | | 堆积密度 (g/cm³) | 含泥量 (%) |
|---|---|---|---|---|---|---|---|
| | | | | 松散容重 (g/cm³) | 密度容重 (g/cm³) | | |
| Ⅵ | SK2 | 1.88 | 2.68 | 1.49 | 1.67 | 1.67 | 4.70 |
| | SK3 | 2.06 | 2.69 | 1.42 | 1.58 | 1.49 | 0.24 |
| Ⅰ | SK4 | 2.60 | 2.70 | 1.57 | 1.75 | 1.59 | 12.12 |
| Ⅶ$_1$ | SK5 | 2.58 | 2.68 | 1.58 | 1.76 | 1.68 | 3.37 |
| | SK6 | 3.13 | 2.70 | 1.63 | 1.82 | 1.10 | 3.78 |
| Ⅶ$_2$ | SK7 | 3.46 | 2.67 | 1.64 | 1.80 | 1.62 | 2.01 |
| Ⅳ | SK9 | 3.08 | 2.68 | 1.66 | 1.86 | 1.78 | 5.57 |
| | SK10 | 2.98 | 2.65 | 1.62 | 1.80 | 1.66 | 9.60 |

表 2-8　砂砾石颗分试验成果

| 料场分区 | 试坑号 | 砾石含量（%） | 含砂率（%） | 砾石级配（%） | | | | 砂子级配（%） | | | | | | 砾石模数 | 砂子模数 | 砂子平均粒径（mm） |
|---|---|---|---|---|---|---|---|---|---|---|---|---|---|---|---|---|
| | | | | 150～80 | 80～40 | 40～20 | 20～5 | 5～2.5 | 2.5～1.2 | 1.2～0.6 | 0.6～0.3 | 0.3～0.15 | <0.15 | | | |
| Ⅰ | SK4 | 78.42 | 21.58 | 12.54 | 25.31 | 19.66 | 20.90 | 3.91 | 3.33 | 2.64 | 5.68 | 4.03 | 1.97 | 6.86 | 2.60 | 0.36 |
| Ⅳ | SK9 | 82.35 | 17.65 | 13.8 | 24.76 | 20.79 | 22.98 | 4.93 | 3.66 | 2.29 | 2.78 | 2.71 | 1.27 | 6.94 | 3.08 | 0.39 |
| | SK10 | 72.64 | 27.36 | 6.80 | 21.90 | 17.13 | 26.81 | 5.47 | 6.26 | 5.81 | 4.30 | 3.25 | 2.26 | 6.54 | 2.98 | 0.42 |
| 平均值 | | 77.50 | 22.51 | 10.03 | 23.30 | 18.96 | 23.50 | 5.20 | 4.96 | 4.05 | 3.54 | 2.98 | 1.77 | 6.74 | 3.03 | 0.41 |
| Ⅴ | SK11 | 76.10 | 23.90 | 10.28 | 22.36 | 20.57 | 22.88 | | | | | | | 6.72 | | |
| | SK12 | 74.54 | 25.46 | 10.80 | 21.79 | 17.90 | 24.06 | | | | | | | 6.68 | | |
| 平均值 | | 75.32 | 24.68 | 10.54 | 22.08 | 19.24 | 23.47 | | | | | | | 6.70 | | |
| Ⅵ | SK2 | 27.74 | 72.26 | 6.15 | 7.50 | 5.48 | 8.60 | 2.46 | 3.62 | 12.65 | 26.19 | 18.96 | 8.37 | 5.67 | 1.88 | 0.32 |
| | SK3 | 22.85 | 77.15 | 1.01 | 5.64 | 6.36 | 9.83 | 2.50 | 3.63 | 11.00 | 40.34 | 18.50 | 1.13 | 5.44 | 2.06 | 0.33 |
| 平均值 | | 25.30 | 74.70 | 3.58 | 6.57 | 5.92 | 9.21 | 2.48 | 3.63 | 11.83 | 33.27 | 18.73 | 4.75 | 5.55 | 1.97 | 0.33 |
| Ⅶ | SK5 | 68.03 | 31.97 | 0.68 | 13.20 | 22.86 | 31.29 | 5.16 | 3.99 | 5.97 | 7.79 | 7.27 | 1.75 | 6.19 | 2.58 | 0.34 |
| | SK6 | 71.59 | 28.41 | 5.27 | 15.68 | 20.90 | 29.76 | 5.88 | 6.37 | 6.74 | 5.57 | 2.53 | 1.30 | 6.40 | 3.13 | 0.45 |
| 平均值 | | 69.81 | 30.19 | 2.98 | 14.44 | 21.88 | 30.53 | 5.52 | 5.18 | 6.36 | 6.68 | 4.90 | 1.53 | 6.30 | 2.86 | 0.40 |
| Ⅷ | SK7 | 40.32 | 59.68 | | 1.90 | 6.60 | 31.80 | 13.07 | 14.74 | 22.11 | 7.20 | 1.05 | 1.47 | 5.51 | 3.46 | 0.66 |

| 料场编号 | 样品编号 | 砾石含量（%） | 含砂率（%） | 砾石级配（%） | | | | | | 砂子级配（%） | | | | | 砾石模数 | 备注 |
|---|---|---|---|---|---|---|---|---|---|---|---|---|---|---|---|---|
| | | | | >80 mm | >60 mm | >40 mm | >20 mm | >10 mm | >5 mm | >2 mm | >0.5 mm | >0.25 mm | >0.075 mm | <0.075 mm | | |
| Ⅰ | LTK8 | 78.7 | 21.3 | 42.7 | 45.7 | 55.7 | 67.6 | 73.7 | 78.7 | 82.2 | 87.3 | 93.4 | 97.2 | 2.8 | 7.45 | 洛阳水利设计院试验成果 |
| Ⅱ | LTK9 | 70.9 | 29.1 | 34.5 | 36.1 | 41 | 50.6 | 61.2 | 70.9 | 78.5 | 91.7 | 96.5 | 98.8 | 1.2 | 6.97 | |

表 2-9　砂砾石料储量计算

| 料区编号 | 天然容重(干) g/m³ | 料区面积 (m²) | 平均深度 (m) | 总方量 (m³) | 总方量×干容重 | 砂子含量 (%) | 砂子重 (t) | 砾石含量 (%) | 砾石料重 (t) | 砂子容重 (g/m³) | 砂子储量 (m³) | 砾石储量 (m³) | 砾石分级储量(m³) 150~80 | 80~40 | 40~20 | 20~5 |
|---|---|---|---|---|---|---|---|---|---|---|---|---|---|---|---|---|
| Ⅰ | 2.14 | 26 200 | 1.5<br>4.0 | 39 300<br>104 800 | 84 102<br>224 272 | 21.58 | 18 149<br>48 398 | 78.42 | 65 953<br>175 874 | 1.57 | 11 560<br>30 827 | 43 626<br>116 336 | 7 587<br>28 382 | 14 382<br>38 352 | 10 807<br>28 819 | 10 850<br>28 933 |
| Ⅱ | 2.1 | 67 200 | 2.0<br>4.0 | 134 400<br>268 800 | 282 240<br>564 480 | 18.5 | 52 214<br>241 033 | 57.3 | 161 724<br>323 447 | 1.57 | 33 257<br>66 514 | 101 077<br>202 154 | | | | |
| Ⅲ | 2.1 | 63 200 | 3.0<br>4.0 | 189 600<br>252 800 | 398 160<br>530 880 | 27.9 | 111 087<br>246 328 | 53.6 | 213 414<br>284 552 | 1.57 | 70 756<br>94 341 | 133 384<br>177 845 | | | | |
| Ⅳ | 2.07 | 39 600 | 2.8<br>4.0 | 112 860<br>158 400 | 233 620<br>327 888 | 22.51 | 52 564<br>73 775 | 77.5 | 181 056<br>254 113 | 1.64 | 32 051<br>44 984 | 113 507<br>159 308 | 15 728<br>22 074 | 34 716<br>48 724 | 28 034<br>39 346 | 35 029<br>49 164 |
| Ⅴ | 1.5 | 27 200 | 2.2<br>4.0 | 60 656<br>108 800 | 127 378<br>228 480 | 24.68 | 31 437<br>56 389 | 75.32 | 95 941<br>172 091 | 1.49 | 21 099<br>37 846 | 64 621<br>115 912 | 9 659<br>17 325 | 18 750<br>33 632 | 16 672<br>29 905 | 19 540<br>35 049 |
| Ⅵ | 2.03 | 23 840 | 3.5<br>4.0 | 83 440<br>95 360 | 125 160<br>143 040 | 74.7 | 93 495<br>106 851 | 25.3 | 31 665<br>36 189 | 1.46 | 64 038<br>73 186 | 20 727<br>23 688 | 3 224<br>3 684 | 5 271<br>6 024 | 4 843<br>5 535 | 7 389<br>8 445 |
| Ⅶ$_1$ | 1.8 | 26 000 | 3.9<br>4.0 | 102 700<br>104 000 | 207 968<br>211 120 | 30.19 | 62 786<br>63 737 | 69.81 | 145 182<br>147 383 | 1.61 | 38 998<br>39 492 | 92 764<br>93 938 | 4 459<br>4 515 | 19 888<br>20 140 | 29 936<br>30 315 | 38 481<br>38 968 |
| Ⅶ$_2$ | | 12 400 | 2.0<br>4.0 | 24 800<br>49 600 | 44 640<br>89 280 | 59.68 | 26 641<br>53 282 | 40.32 | 17 990<br>35 998 | 1.64 | 16 245<br>32 490 | 11 317<br>22 634 | | 562<br>1 124 | 1 938<br>3 876 | 8 817<br>17 634 |
| 合计 | | | | | | | | | | | 288 004<br>419 680 | 580 923<br>911 815 | | | | |

注：一栏内有两个数据者为水上和水下。

| 料区编号 | 代表符号 | 颗粒组成(%) | | | | | | | | | |
|---|---|---|---|---|---|---|---|---|---|---|---|
| | | 150~80 | 80~40 | 40~20 | 20~5 | 5~2.5 | 2.5~1.2 | 1.2~0.6 | 0.6~0.3 | 0.3~0.15 | <0.15 |
| Ⅰ | · | 12.54 | 25.31 | 19.66 | 20.9 | 3.91 | 3.33 | 2.64 | 5.68 | 4.03 | 1.97 |
| Ⅳ | × | 10.3 | 23.33 | 18.86 | 24.89 | 5.20 | 1.96 | 4.05 | 3.54 | 2.98 | 1.77 |
| Ⅴ | ○ | 3.58 | 6.57 | 5.92 | 9.21 | 2.48 | 3.63 | 11.83 | 33.27 | 18.73 | 4.75 |

**注:**颗粒直径以毫米(mm)计。

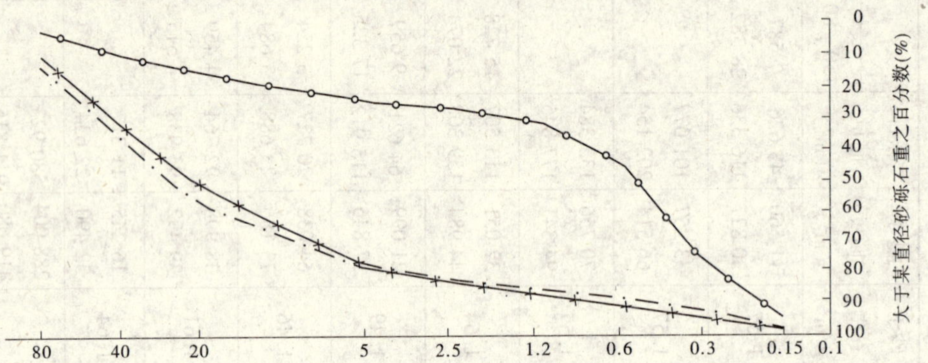


**图 2-1　砂砾石颗粒大小级配曲线**

| 料区编号 | 代表符号 | 颗粒组成(%) | | | | | | | | | |
|---|---|---|---|---|---|---|---|---|---|---|---|
| | | 150~80 | 80~40 | 40~20 | 20~5 | 5~2.5 | 2.5~1.2 | 1.2~0.6 | 0.6~0.3 | 0.3~0.15 | <0.15 |
| Ⅰ | ⊥ | 10.54 | 22.08 | 19.24 | 23.47 | <5mm 24.68 | | | | | |
| $Ⅶ_1$ | ○ | 2.98 | 14.44 | 21.88 | 30.53 | 5.52 | 5.18 | 6.36 | 6.68 | 4.90 | 1.53 |
| $Ⅶ_2$ | △ | | 1.9 | 6.6 | 31.8 | 13.07 | 14.74 | 22.11 | 7.20 | 1.05 | 1.47 |

**注:**颗粒直径以毫米(mm)计。

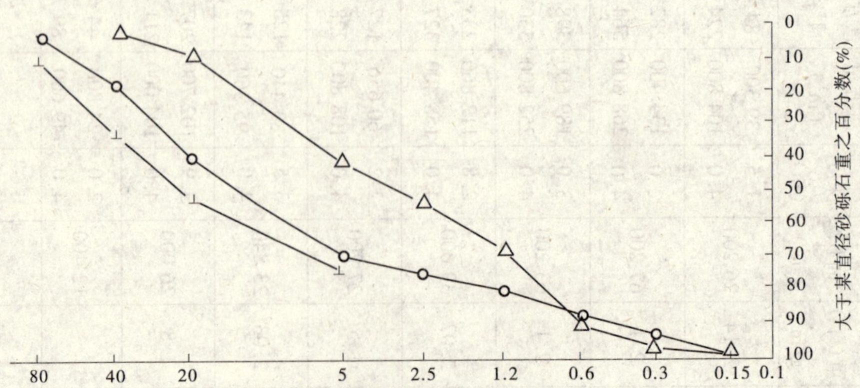


**图 2-2　砂砾石颗粒大小级配曲线**

| | 筛孔尺寸 (mm) | 筛余重(g) | | | 平均筛余 | | 累计筛余 (%) |
|---|---|---|---|---|---|---|---|
| | | 1 | 2 | 3 | g | % | |
| Ⅵ SK2 | 5.0 | 0 | 0 | | 0 | 0 | 0 |
| | 2.5 | 16.80 | 17.25 | | 17.02 | 3.40 | 3.40 |
| | 1.2 | 24.10 | 26.00 | | 25.05 | 5.01 | 8.41 |
| | 0.6 | 84.20 | 90.85 | | 87.52 | 17.50 | 25.91 |
| | 0.3 | 181.40 | 181.00 | | 181.20 | 36.24 | 62.15 |
| | 0.15 | 133.00 | 129.40 | | 131.20 | 26.24 | 88.39 |
| | 底 | 60.60 | 55.25 | | 57.92 | 11.58 | 细度模数 $M_x=1.88$ |
| | 平均粒径 $d_{cP}=0.32$ | | | | | | |

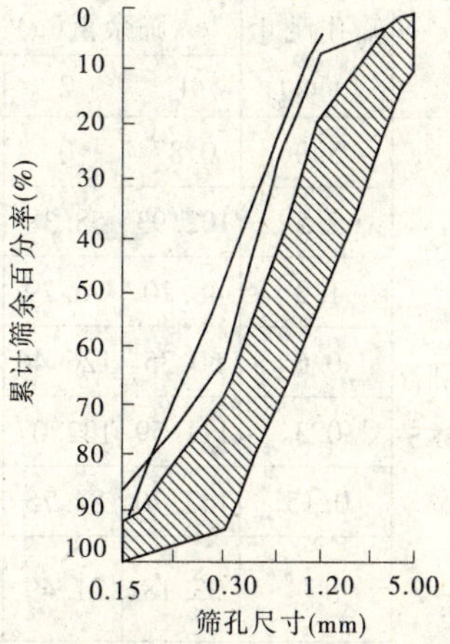


| | 筛孔尺寸 (mm) | 筛余重(g) | | | 平均筛余 | | 累计筛余 (%) |
|---|---|---|---|---|---|---|---|
| | | 1 | 2 | 3 | g | % | |
| Ⅵ SK3 | 5.0 | 0 | 0 | | 0 | | |
| | 2.5 | 15.65 | 16.80 | | 16.22 | 3.24 | 3.24 |
| | 1.2 | 22.40 | 24.60 | | 23.50 | 4.70 | 7.94 |
| | 0.6 | 70.95 | 71.65 | | 71.30 | 14.26 | 22.20 |
| | 0.3 | 260.90 | 262.00 | | 261.45 | 52.29 | 74.49 |
| | 0.15 | 121.85 | 117.90 | | 119.88 | 23.98 | 98.47 |
| | 底 | 7.50 | 7.05 | | 7.28 | 1.46 | 细度模数 $M_x=2.06$ |
| | 平均粒径 $d_{cP}=0.33$ | | | | | | |

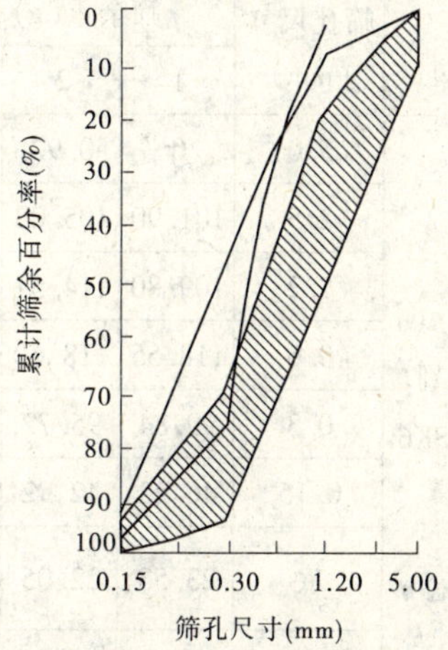


| | 筛孔尺寸 (mm) | 筛余重(g) | | | 平均筛余 | | 累计筛余 (%) |
|---|---|---|---|---|---|---|---|
| | | 1 | 2 | 3 | g | % | |
| Ⅰ SK4 | 5.0 | 0.1 | 0.60 | | 0.35 | 0.07 | 0.07 |
| | 2.5 | 85.02 | 96.01 | | 90.52 | 18.10 | 18.17 |
| | 1.2 | 75.36 | 78.85 | | 77.10 | 15.42 | 33.59 |
| | 0.6 | 60.24 | 62.15 | | 61.20 | 12.24 | 45.83 |
| | 0.3 | 134.90 | 128.35 | | 131.62 | 26.32 | 72.15 |
| | 0.15 | 95.90 | 90.89 | | 93.40 | 18.68 | 90.83 |
| | 底 | 48.45 | 43.05 | | 45.75 | 9.15 | 细度模数 $M_x=2.60$ |
| | 平均粒径 $d_{cP}=0.36$ | | | | | | |

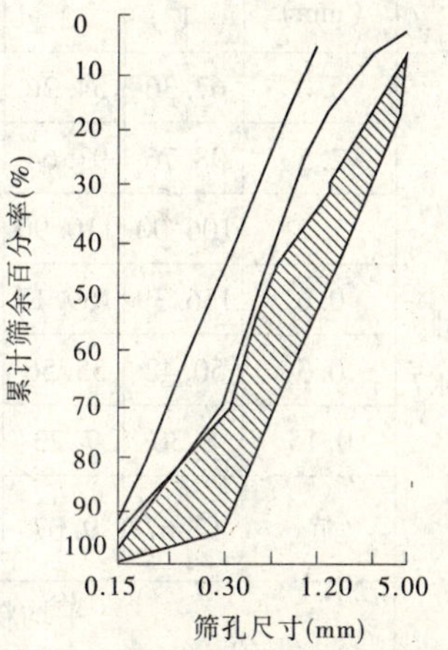


图 2-3　SK2、SK3、SK4 砂子颗粒级配曲线

| | 筛孔尺寸 (mm) | 筛余重(g) | | | 平均筛余 | | 累计筛余 (%) |
|---|---|---|---|---|---|---|---|
| | | 1 | 2 | 3 | g | % | |
| Ⅶ$_1$ SK5 | 5.0 | 0.87 | 0 | | 0.44 | 0.09 | 0.09 |
| | 2.5 | 102.93 | 58.38 | | 80.66 | 16.13 | 16.22 |
| | 1.2 | 48.10 | 76.79 | | 62.44 | 12.49 | 28.71 |
| | 0.6 | 60.35 | 126.46 | | 93.40 | 18.68 | 47.39 |
| | 0.3 | 111.59 | 132.07 | | 121.83 | 24.37 | 71.76 |
| | 0.15 | 142.70 | 84.75 | | 113.72 | 22.74 | 94.5 |
| | 底 | 33.18 | 21.49 | | 27.34 | 5.47 | 细度模数 $M_x=2.58$ |
| | 平均粒径 $d_{cP}=0.34$ | | | | | | |

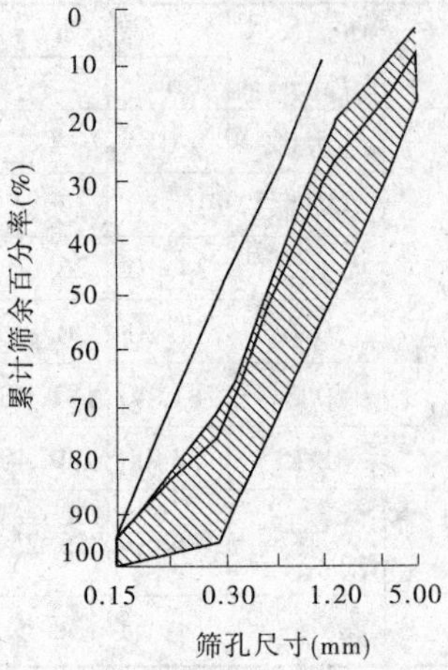


| | 筛孔尺寸 (mm) | 筛余重(g) | | | 平均筛余 | | 累计筛余 (%) |
|---|---|---|---|---|---|---|---|
| | | 1 | 2 | 3 | g | % | |
| Ⅶ$_2$ SK6 | 5.0 | 0 | 0.92 | | 0.46 | 0.09 | 0.09 |
| | 2.5 | 101.90 | 105.03 | | 103.46 | 20.69 | 20.78 |
| | 1.2 | 109.80 | 114.51 | | 112.16 | 22.43 | 43.21 |
| | 0.6 | 118.55 | 118.60 | | 118.58 | 23.72 | 66.93 |
| | 0.3 | 99.84 | 95.72 | | 97.78 | 19.56 | 86.49 |
| | 0.15 | 46.22 | 42.92 | | 44.57 | 8.91 | 95.40 |
| | 底 | 23.53 | 22.05 | | 22.79 | 4.56 | 细度模数 $M_x=3.13$ |
| | 平均粒径 $d_{cP}=0.45$ | | | | | | |

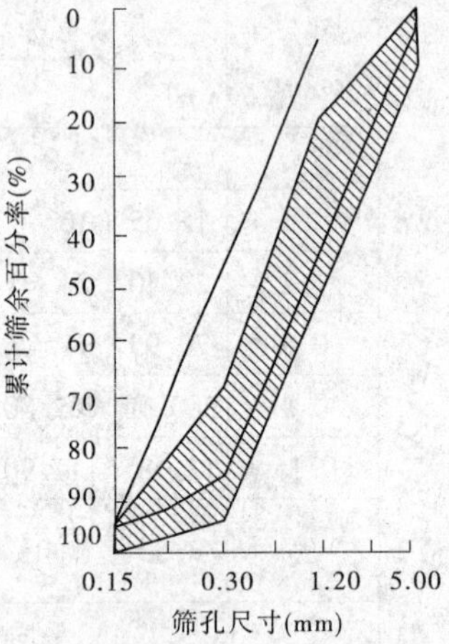


| | 筛孔尺寸 (mm) | 筛余重(g) | | | 平均筛余 | | 累计筛余 (%) |
|---|---|---|---|---|---|---|---|
| | | 1 | 2 | 3 | g | % | |
| Ⅶ$_2$ SK7 | 5.0 | 67.36 | 54.26 | | 60.81 | 12.16 | 12.16 |
| | 2.5 | 98.76 | 93.64 | | 96.20 | 19.24 | 31.40 |
| | 1.2 | 106.00 | 110.90 | | 108.45 | 21.69 | 53.09 |
| | 0.6 | 156.39 | 169.15 | | 162.77 | 32.55 | 85.64 |
| | 0.3 | 50.42 | 55.56 | | 52.99 | 10.60 | 96.24 |
| | 0.15 | 8.30 | 7.23 | | 7.76 | 1.55 | 97.79 |
| | 底 | 12.67 | 9.07 | | 10.87 | 2.17 | 细度模数 $M_x=3.46$ |
| | 平均粒径 $d_{cP}=0.66$ | | | | | | |

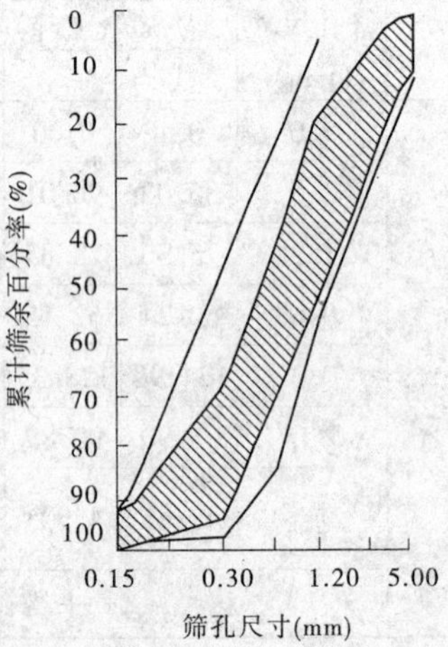


**图 2-4　SK5、SK6、SK7 砂子颗粒级配曲线**

| | 筛孔尺寸（mm） | 筛余重（g） | | | 平均筛余 | | 累计筛余（%） |
|---|---|---|---|---|---|---|---|
| | | 1 | 2 | 3 | g | % | |
| Ⅳ SK9 | 5.0 | 0.29 | 0 | | 0.14 | 0.03 | 0.03 |
| | 2.5 | 141.25 | 137.95 | | 139.60 | 27.92 | 27.95 |
| | 1.2 | 104.36 | 102.86 | | 103.61 | 20.72 | 48.67 |
| | 0.6 | 64.23 | 65.48 | | 64.85 | 12.97 | 61.64 |
| | 0.3 | 78.38 | 78.95 | | 78.66 | 15.73 | 77.37 |
| | 0.15 | 75.87 | 77.87 | | 76.87 | 15.37 | 92.74 |
| | 底 | 35.39 | 36.68 | | 36.04 | 7.21 | 细度模数 $M_x = 3.08$ |
| | 平均粒径 $d_{cP} = 0.39$ | | | | | | |

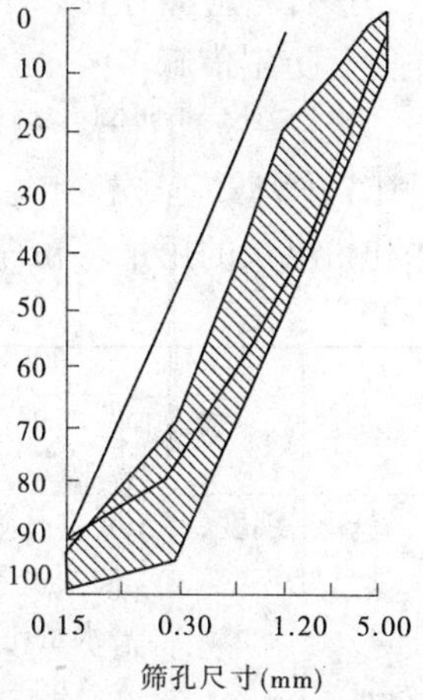


| | 筛孔尺寸（mm） | 筛余重（g） | | | 平均筛余 | | 累计筛余（%） |
|---|---|---|---|---|---|---|---|
| | | 1 | 2 | 3 | g | % | |
| Ⅳ SK10 | 5.0 | 0 | 0 | | 0 | 0 | 0 |
| | 2.5 | 103.16 | 96.86 | | 100.01 | 70.00 | 20.00 |
| | 1.2 | 114.25 | 114.60 | | 114.42 | 22.88 | 42.88 |
| | 0.6 | 105.44 | 107.07 | | 106.25 | 21.25 | 64.13 |
| | 0.3 | 77.57 | 79.76 | | 78.66 | 15.73 | 79.86 |
| | 0.15 | 58.56 | 60.09 | | 59.32 | 11.86 | 91.72 |
| | 底 | 40.99 | 41.59 | | 41.29 | 8.26 | 细度模数 $M_x = 2.98$ |
| | 平均粒径 $d_{cP} = 0.42$ | | | | | | |

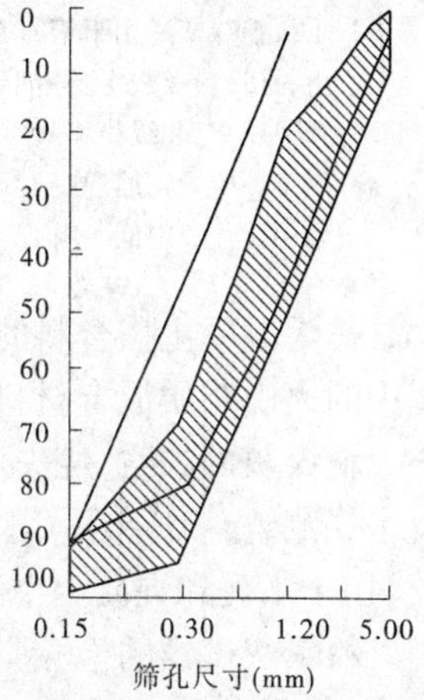


图 2-5　SK9、SK10 砂子颗粒级配曲线

从以上图表可以看出：Ⅰ、Ⅳ、Ⅴ、$Ⅶ_1$ 四个砂砾料场的砾石含量相近，均为 70% ~80%，砾石级配情况也非常接近。

## 四、掺合料

碾压混凝土中应掺入适量的掺合料。其品种有粉煤灰、凝灰岩粉、矿渣微粉、火山灰等。掺用的品种和掺量应根据工程技术要求、掺合料品质和资源条件，通过试验论证确定。

掺合料的品质应符合现行的国家和有关行业标准。

粉煤灰掺合料宜选用Ⅰ级或Ⅱ级粉煤灰。

掺合料每批产品运厂时应有产品合格证，主要内容包括厂名、等级、出厂日期、批号、数量及品质检验结果等。

使用单位对进场使用的掺合料应进行验收检验。粉煤灰等掺合料以连续供应 200 t 为一批（不足 200 t 按一批计），硅粉以连续供应 20 t 为一批（不足 20 t 按一批计），掺合料的品质检验应按《粉煤灰混凝土应用技术规范》（GBJ146）执行。

掺合料应储存在未用仓库或储罐内，在运输和储存过程中应注意防潮，不得混入杂物，并应有防尘措施。

进厂(场)的粉煤灰应按批检验其细度和烧失量，对同一供灰单位每月应测定一次需水量比，每季度应测定一次 $SO_3$ 含量。在日常生产中应检验其含水量，以便据以调整混凝土的水和粉煤灰的用量。粉煤灰的品质指标如表 2-10 所示。

**表 2-10　粉煤灰品质指标**

| 序号 | 项目 | 粉煤灰等级 | | |
|---|---|---|---|---|
| | | Ⅰ | Ⅱ | Ⅲ |
| 1 | 细度(45 μm 方孔筛的筛余)不大于 | 12 | 20 | 45 |
| 2 | 烧失量不大于 | 5 | 8 | 15 |
| 3 | 需水量比不大于 | 95 | 105 | 110 |
| 4 | $SO_3$ 不大于 | 3 | 3 | 3 |

注:1. 主要用以改善混凝土和易性的粉煤灰可不受此规定。

2. Ⅰ级粉煤灰适用于钢筋混凝土及跨度小于 6 m 的预应力钢筋混凝土；Ⅱ级粉煤灰适用于钢筋混凝土和无筋混凝土；Ⅲ级粉煤灰主要用于无筋混凝土，对设计强度等级 C30 及以上的无筋混凝土的粉煤灰等级，如经试验验证，宜采用Ⅰ、Ⅱ级粉煤灰。

3. 用于预应力钢筋混凝土、钢筋混凝土和设计强度等级 C30 及以上的无筋混凝土的粉煤灰等级，如经试验验证可采用比注 2 中低一级。

作为混凝土掺合料的火山灰质混合材料及粒化高炉矿渣的质量，应分别符合《用于水泥中的火山灰质混合材料》(GB2847)及《用于水泥中的粒化高炉矿渣》(GB203)的规定。

粉煤灰的细度、烧失量和需水量比及其他项的检查方法，应分别按《粉煤灰混凝土应用技术规范》(GBJ146)、《水泥化学分析方法》(GB176)、《水泥胶砂干缩试验方法》(GB751)及《用于水泥和混凝土中的粉煤灰》(GB1596)的规定进行。

粉煤灰试样的检验应按下列规定采集：

(1)散装灰：从每批灰的 15 个不同部位(密封运输车可由输送管测孔每经一定时间间隔)各采取等量(不少于 1 kg)的粉煤灰。混拌均匀，按四分法缩取出比试验所需量大一倍的试样。

(2)袋装灰：从每批中任取 10 袋，从每袋中各采取等量(不少于 1 kg)的粉煤灰，混拌均匀，按上述方法取样。

非商品粉煤灰及其他矿物质掺合料，使用前必须做全面检验，并对其质量稳定性进行一个时期的连续检验，且应进行混凝土和易性、强度及耐久性试验，合格后方可使用。

粉煤灰的检验结果，如有任一项品质指标不符合要求，则应重新从同一批中加倍取样进行复检。如仍不符合要求，则该批粉煤灰应降级或作为不合格品处理。

粉煤灰及其他矿物质掺合料在运输与储存时不得混入杂物。不同品种、不同等级的掺合料应分别运输与储存，不得混杂。当运输工具交替装运掺合料与其他物质(如煅烧白云石、石灰、煤炭、化工原材料等)时，应注意清扫运输工具，勿使混入杂物。

堆放掺合料的场地应平整，排水通畅，宜铺筑混凝土地面，并有防雨、防风设施。

## 五、外加剂

为了改善混凝土性能或节约水泥，可在拌制混凝土时掺用相应的外加剂。

选用外加剂时应根据混凝土的性能要求、施工条件及气象条件，结合混凝土的原材料、配合比等因素综合考虑，确定选用外加剂的品种，并应经过试验确定其掺量。

选用的外加剂必须是经过国家、部委或省、自治区、直辖市及有关部门鉴定批准生产的产品。

碾压混凝土中必须掺加定量的外加剂。

常用的外加剂有普通减水剂、高效减水剂、缓凝高效减水剂、缓凝减水剂、引气减水剂、缓凝剂、高温缓凝剂和国内一般掺用木质素磺酸钙、萘系、糖蜜等具有缓凝减水双重作用的外加剂，有抗冻要求的建筑物的外部碾压混凝土一般还需掺用引气剂或引气减水剂等。外加剂品质必须符合现行的国家有关行业标准。

外加剂选择应根据碾压混凝土性能要求、施工需要并结合工程选定的混凝土原材料进行适应性试验，经可靠性论证和技术经济比较后，选择合适的外加剂种类和掺量。一个工程掺用外加剂的品种宜选用1~2种，并由专门生产厂家供应。

有抗冻性要求的混凝土应掺用引气剂。碾压混凝土的含气量应根据混凝土的抗冻等级和骨料最大粒径等通过试验确定，如表2-11所示。

**表2-11　掺引气型外加剂混凝土的含气量**

| 骨料最大粒径(mm) | | 20 | 40 | 80 | 150(120) |
|---|---|---|---|---|---|
| 含气量(%) | ≥F200混凝土 | 5.5 | 5.0 | 4.5 | 4.0 |
| | ≤F150混凝土 | 4.5 | 4.0 | 3.5 | 3.0 |

外加剂应配制成水溶液使用。配制溶液时应称量准确并搅拌均匀。根据工程需要，外加剂可复合使用，但必须通过试验论证，有要求时，应分别配制使用。

外加剂每批产品应有出厂检验报告和合格证，使用单位应进行检验。

外加剂的分批以掺量划分。掺量大于或等于1%的外加剂以100 t为一批；掺量小于1%的以50 t为一批；掺量小于0.01%的外加剂以1~2 t为一批。一批进场的外加剂不足一个批号数量的，应视为一批进行检验。

外加剂的检验按现行的国家标准《混凝土外加剂》(GB8076)的规定及《混凝土外加剂匀质性试验方法》(GB8077)、《混凝土外加剂应用技术规范》(GBJ119)及《混凝土减水剂质量标准和试验方法》(JGJ56—84)的规定进行。个别项目检验方法尚无国家标准时，可按供需双方协商制定的方法进行。

外加剂的检验试样应按每一品种，每次进料为一批采取，采取试样时，视每批进料时包装容器的容积、数量或函件取样或随机取几件试样进行检验。

外加剂的检验结果如有某项不符合规范规定及使用要求时，可根据工程情况，提出相应的措施。经试验证明确能满足混凝土性能要求、保证工程质量且经济上也较合理时，方可使用。

外加剂在运输与储存时不得混杂及混入杂物。外加剂应设专库储存，专人保管，外加剂(特别是外加剂溶液)储存过久或遇有可能影响质量的情况时，使用前应予以复检，并按复检结果使用。不同品种的外加剂应分类存放，做好标记，不得受潮和污染，库内要保持干燥、整洁。

掺外加剂的混凝土性能指标如表2-12所示。

**表 2-12　掺外加剂的混凝土性能指标**

| 试验项目 | | 外加剂种类 | | | | | | | | | | | | | | | |
|---|---|---|---|---|---|---|---|---|---|---|---|---|---|---|---|---|---|
| | | 普通减水剂 | | 高效减水剂 | | 早强减水剂 | | 缓凝减水剂 | | 引水减水剂 | | 早强剂 | | 缓凝剂 | | 引气剂 | |
| | | 一等品 | 合格品 | 一等品 | 合格品 | 一等品 | 合格品 | 一等品 | 合格品 | 一等品 | 合格品 | 一等品 | 合格品 | 一等品 | 合格品 | 一等品 | 合格品 |
| 减水率(%) | | ≥8 | ≥5 | ≥12 | ≥10 | ≥8 | ≥5 | ≥8 | ≥5 | ≥10 | ≥10 | — | — | — | — | ≥6 | ≥6 |
| 泌水率比(%) | | ≤95 | ≤100 | ≤100 | ≤100 | ≤95 | ≤100 | ≤95 | ≤100 | ≤70 | ≤80 | ≤100 | ≤100 | ≤100 | ≤110 | ≤70 | ≤80 |
| 含气量(%) | | ≤3.0 | ≤4.0 | ≤3.0 | ≤4.0 | ≤3.0 | ≤4.0 | ≤3.0 | ≤4.0 | 3.5～5.5 | 3.5～5.5 | — | — | — | — | 3.5～5.5 | 3.5～5.5 |
| 凝结时间之差(min) | 初凝 | -60～+90 | -60～+120 | -60～+90 | -60～+120 | -60～+90 | -60～+120 | +60～+210 | +60～+210 | -60～+90 | -60～+120 | -60～+90 | -120～+120 | +60～+210 | +60～+210 | -60～+60 | -60～+60 |
| | 终凝 | -60～+90 | -60～+120 | -60～+90 | -60～+120 | -60～+90 | -60～+120 | ≤+210 | ≤+210 | -60～+90 | -60～+120 | -60～+90 | -120～+120 | ≤+120 | ≤+210 | -60～+60 | -60～+60 |
| 抗压强度比(%) | 1 d | — | — | ≥140 | ≥130 | ≥140 | ≥130 | — | — | — | — | ≥140 | ≥125 | — | — | — | — |
| | 3 d | ≥115 | ≥110 | ≥130 | ≥125 | ≥135 | ≥120 | ≥110 | ≥100 | ≥115 | ≥110 | ≥130 | ≥120 | ≥100 | ≥90 | ≥95 | ≥80 |
| | 7 d | ≥115 | ≥110 | ≥125 | ≥120 | ≥120 | ≥115 | ≥110 | ≥110 | ≥110 | ≥110 | ≥115 | ≥110 | ≥100 | ≥90 | ≥95 | ≥80 |
| | 28 d | ≥110 | ≥105 | ≥120 | ≥115 | ≥110 | ≥105 | ≥110 | ≥105 | ≥110 | ≥110 | ≥100 | ≥95 | ≥100 | ≥90 | ≥90 | ≥80 |
| | 90 d | ≥100 | ≥100 | ≥100 | ≥100 | ≥100 | ≥100 | ≥100 | ≥100 | ≥100 | ≥100 | ≥95 | ≥95 | ≥100 | ≥90 | ≥90 | ≥80 |
| 收缩率比(90 d)(%) | | ≤120 | | ≤120 | | ≤120 | | ≤120 | | ≤120 | | ≤120 | | ≤120 | | ≤120 | |
| 相对耐久性指标(%) | | | | | | | | | | 200 次≥80 | ≥300 | | | | | 200 次≥80 | ≥300 |
| 钢筋锈蚀 | | 应说明对钢筋有无锈蚀危害 | | | | | | | | | | | | | | | |

注:1. 除含气量,表中所列数据为掺外加剂混凝土与基准混凝土的差值或比值。

2. 凝结时间指标“ - ”号表示提前,“ + ”号表示延缓。

3. 相对耐久性指标一栏中,“200 次≥80”表示将 28 d 龄期的掺外加剂混凝土试件冻融循环 200 次后,动弹性模量保留值大于等于 80%;“≥300”表示 28 d 龄期的试件经冻融后,动弹性模量保留值等于 80% 时掺外加剂混凝土与基准混凝土冻融次数的比值大于等于 300%。

4. 对于可以用高频振捣排除由外加剂所引入的气泡的产品,允许用高频振捣达到某类性能指标要求的,可按本表进行命名和分类,但须在产品说明书和包装上注明“用于高频振捣的××剂”。

## 六、水

凡符合国家标准的饮用水，均可用于拌和与养护混凝土。未经处理的工业污水和生活污水不得用于拌和与养护混凝土。当采用地表水、地下水时，应进行检验，符合下列规定方可使用。

(1)拌和用水应不影响混凝土的和易性及凝结，不影响混凝土的强度发展，不降低混凝土的耐久性，不污染混凝土表面。

(2)用拌和用水与蒸馏水(或符合国家标准的生活饮用水)进行对比试验，所得的水泥初凝时间差及终凝时间差均不得大于 30 min，且其初凝及终凝时间应当符合水泥标准的规定。

(3)用拌和水拌制的水泥砂浆或混凝土的 28 d 抗压强度不得低于用蒸馏水(或符合国家标准的生活饮用水)拌制的对应砂浆或混凝土抗压强度的 90%。

(4)拌和用水的 pH 值、不溶物、可溶物、氯化物、硫酸盐及硫化物的含量应符合表 2-13 的规定。

**表 2-13　物质含量限值**

| 项 目 | 预应力混凝土 | 钢筋混凝土 | 素混凝土 |
| --- | --- | --- | --- |
| pH 值 | >4 | >4 | >4 |
| 不溶物(mg/L) | <2 000 | <2 000 | <5 000 |
| 可溶物(mg/L) | <2 000 | <5 000 | <10 000 |
| 氯化物($Cl^-$)(mg/L) | <500 | <1 200 | <3 500 |
| 硫酸盐($SO_4^{2-}$)(mg/L) | <600 | <2 700 | <2 700 |
| 硫化物($S^{2-}$)(mg/L) | <100 | — | — |

**注**：碾压混凝土为素混凝土。

水的化学分析、水泥凝结时间及水泥砂浆、混凝土抗压强度试验应分别按有关标准的规定进行。

检验的试样应具有代表性，并应考虑因季节不同可能对水质产生的影响。水样在试验前不得做任何处理。水样应存在清洁容器内，容器应事先用同样的水进行清洗。

检验结果如有的项目不符合标准规定时，可根据工程情况提出相应的处理措施后，方可使用。

# 第三章　碾压混凝土的配合比设计要求

为了满足碾压混凝土设计强度、耐久性、抗渗性等要求和施工和易性的需要，应进行混凝土施工配合比优选试验。碾压混凝土施工配合比选择应经综合分析比较，合理地降低水泥用量。主体混凝土配合比应经审查选定。

碾压混凝土的特点是干硬性，这是与常态混凝土的最大区别，其次是高掺混合材，目前是大量掺用粉煤灰以减少水泥用量。近十多年来，碾压混凝土坝的设计施工取得了极为丰富的经验。

## 第一节　碾压混凝土配合比设计的基本要求

碾压混凝土的配合比应满足工程设计的各项指标及施工工艺要求。

### 一、配合比设计参数的选定

（1）掺合料掺量：掺合料的掺量应综合考虑水泥掺合料和砂子品质等因素，并通过试验确定，宜取30%～65%（掺合料掺量中应包括水泥中已掺的混合材数量），掺量超过65%时应做专门试验论证。

（2）水胶比：应根据设计提出混凝土强度和耐久性要求，且必须通过水胶比试验来确定。国内各工程所使用的水胶比一般为0.50～0.70。

（3）砂率：为了保证质量，应通过试验选取最佳砂率值。使用天然砂石料时，三级配碾压混凝土砂率宜为28%～32%，二级配宜为32%～37%；使用人工砂石料时，砂率应增加3%～6%。

（4）单位用水量：可根据施工要求的工作度（*VC*值）、骨料的种类、最大粒径及砂率等选定三级配碾压混凝土，单位用水量宜为80～115 kg/m$^3$。

（5）混凝土质量均匀：施工过程中粗骨料不易发生分离。

（6）工作度适当：拌和物较易碾压密实，混凝土容重较大。

（7）拌和物初凝时间长，易于保证碾压混凝土施工层面的良好黏结，层面物理力学性能好。

（8）混凝土的力学强度、抗渗性能等满足设计要求，具有较高的拉伸应变能力。

### 二、*VC*值和机口值的选定

根据国内工程的施工经验，碾压混凝土拌和物现场*VC*值为10～20 s比较适合，考虑到运输过程和气温条件下的*VC*值变化，机口值取5～15 s。

### 三、胶凝材料用量的选定

大体积建筑物内部碾压混凝土的胶凝材料用量不宜低于130 kg/m$^3$，其中水泥熟料不宜低于45 kg/m$^3$。

施工实践表明,每立方米碾压混凝土中胶凝材料用量低于120 kg,则硬化后的混凝土抗渗性能差。为了保证配制出的碾压混凝土满足水工大体积内部混凝土的抗渗要求,单位胶凝材料用量不宜低于130 kg。对于永久性建筑物,国内目前使用最低的水泥用量是55 $kg/m^3$,其中水泥熟料约为47 $kg/m^3$,为保证建筑物的安全,在未经充分论证可以进一步降低水泥熟料用量的情况下,暂限定水泥熟料用量不低于45 $kg/m^3$。

## 第二节　碾压混凝土配合比设计中基本参数的选取

进行混凝土配合比设计时,应首先根据所用原材料的性能及对混凝土的技术要求进行计算,再经实验室试配及调整定出既满足设计和施工要求又比较经济合理的混凝土配合比。

混凝土配合比设计应根据要求的强度等级及混凝土拌和物的稠度指标(坍落度或维勃稠度)进行,如混凝土有其他技术性能要求,除在计算和试配过程中予以考虑,还应进行相应的项目试验。

### 一、混凝土配制强度的确定

混凝土配制强度($f_{cu,t}$)可依据各生产单位的混凝土质量水平按下列公式确定:

$$f_{cu,t} \geqslant f_{cu,k} + 1.645\sigma$$

$$\sigma = \sqrt{\frac{\sum_{i=1}^{N} f_{cu,i}^{2} - N\mu_{fcu}^{2}}{N-1}}$$

式中 $f_{cu,k}$——混凝土立方体抗压强度标准值,$N/mm^2$;

$\sigma$——混凝土强度标准差,$N/mm^2$;

$f_{cu,i}$——第 $i$ 组混凝土试件强度代表值,$N/mm^2$;

$\mu_{fcu}$——统计周期内 $N$ 组混凝土试件强度平均值,$N/mm^2$;

$N$——统计周期内相同强度等级混凝土试件总组数。

混凝土强度标准差可根据施工单位近期的同类混凝土强度统计资料(不少于25组)求得。

### 二、确定混凝土施工强度计算所要求的水灰比值

$$f_{cu,t} = Af_{ce}\left(\frac{C}{W} - B\right)$$

式中 $A$、$B$——与骨料有关的回归系数,应根据水泥和粗、细骨料经过试验得出的水灰比与混凝土强度关系式确定,若无上述试验统计数资料时,对碎石混凝土可取 $A=0.48$、$B=0.52$,对卵石混凝土可取 $A=0.50$、$B=0.61$;

$\frac{C}{W}$——混凝土所需要的水灰比;

$f_{ce}$——水泥的实际强度,$N/mm^2$,在无法取得实际强度时,可用 $f_{ce}=\gamma_c f_{ce,k}$ 代入,其中,$f_{ce,k}$ 为水泥的标准值,$\gamma_c$ 为水泥标号值的富裕系数,该值应按各地区实际统计资料确定。

## 三、确定混凝土的用水量

根据粗骨料品种、粒径及施工要求的稠度值选择每立方米混凝土的用水量。三级配碾压混凝土单位用水量为80~115 kg/m$^3$。

## 四、确定每立方米混凝土水泥的用量

根据每立方米混凝土的用水量($m_{w0}$),即可根据已求出的$C/W$值按下式计算水泥用量($m_{c0}$)。

$$m_{c0}=m_{w0}\times\frac{C}{W}\text{或 }m_{c0}=m_{w0}\div\frac{W}{C}$$

## 五、确定粗、细骨料的用量

在已知砂率的情况下,粗、细骨料的用量可用重量法或体积法求得。

**(一)重量法**

用重量法时,按下列公式计算。

$$m_{c0}+m_{g0}+m_{s0}+m_{w0}=m_{cp}$$

$$m_{s0}=(m_{cp}-m_{c0}-m_{w0})\times\beta_s$$

$$m_{g0}=m_{cp}-m_{c0}-m_{w0}-m_{s0}$$

$$\beta_s=m_{s0}/(m_{s0}+m_{g0})\times100\%$$

式中 $m_{c0}$——每立方米混凝土水泥用量,kg;

$m_{g0}$——每立方米混凝土粗骨料用量,kg;

$m_{s0}$——每立方米混凝土细骨料用量,kg;

$m_{w0}$——每立方米混凝土的用水量,kg;

$\beta_s$——砂率;

$m_{cp}$——每立方米混凝土拌和物的假定重量,kg,其值可根据施工单位积累的试验资料确定,如缺乏资料,可根据骨料的视密度、粒径以及混凝土强度等级,在2 400~2 450 kg的范围内选定。

**(二)体积法**

用体积法时,按下列关系式计算:

$$\frac{m_{c0}}{\rho_c}+\frac{m_{g0}}{\rho_g}+\frac{m_{s0}}{\rho_s}+\frac{m_{w0}}{\rho_w}+10a=1\,000$$

$$\frac{m_{s0}}{m_{s0}+m_{g0}}\times100\%=\beta_s$$

式中 $\rho_c$——水泥密度,g/cm$^3$;

$\rho_g$——粗骨料的视密度,g/cm$^3$;

$\rho_s$——细骨料的视密度,g/cm$^3$;

$\rho_w$——水的密度,g/cm$^3$;

$a$——混凝土的含气量百分数(%),在不使用含气型外加剂时$a$可根据试验数确定。

上述式中$\rho_c$可取为2.9~3.1 g/cm$^3$;$\rho_w$取为1.0 g/cm$^3$,$\rho_g$、$\rho_s$应按《普通混凝土用砂质

量标准及检验方法》(JGJ52)和《普通混凝土用碎石或卵石质量标准及检验方法》(JGJ53)所规定的方法测得。

## 六、混凝土的配合比设计

混凝土的试配按下列规定进行:

(1)试配时应采用工程中实际使用的材料,按计算所得的配合比进行试验,以检定混凝土拌和物的性能。

混凝土拌和物的坍落度(或维勃稠度)不能满足要求或黏聚性及保水性不符合要求时,则应提出供检验混凝土强度用的基准配合比。

(2)检验混凝土强度时至少应采用 3 个不同的配合比,其中 1 个为试配后得出的基准配合比,另外 2 个配合比的水灰比值应较基准配合比分别增加及减少 0.05,如需同时确定为满足早龄期混凝土强度要求的配合比时,该值可取 0.10,其用水量应与混凝土基准配合比相同,但砂率值可做适当调整。

(3)制作混凝土强度试件时,还应检验其坍落度、黏聚性、保水性及拌和物密度,并以此结果作为代表这一配合比的混凝土拌和物的性能。制作的混凝土立方体试件的边长应根据其骨料的最大粒径按表 3-1 的规定选用。

**表 3-1　混凝土立方体试件边长**

| 骨料最大粒径(mm) | 30 或以下 | 40 | 60 |
|---|---|---|---|
| 试块边长(mm) | 100 × 100 × 100 | 150 × 150 × 150 | 200 × 200 × 200 |

(4)按下列规定确定施工配合比:

①根据试验得到的不同水灰比值的混凝土强度,用作图或计算求出与 $f_{cu}$ 相对应的水灰比值,并初步求出所需要的每立方米混凝土的材料用量。用水量($m_w$)取基准配合比中的用水量值,并根据制作强度试件时测得的坍落度值,加以适当调整,还可用水泥用量乘以经试验定出的、为达到 $f_{cu,t}$ 所必须的水灰比值(或除以灰水比值);粗、细骨料的用量($m_g$、$m_s$)取基准配合比中的粗、细骨料用量,并按定出的水灰比值做适当调整。

②所定出的混凝土配合比,应根据实测的混凝土拌和物密度,再做必要的校正,其步骤如下:

第一,根据配合比计算混凝土拌和物密度,混凝土拌和物密度的计算值等于 $m_w$、$m_c$、$m_s$、$m_g$ 之和。

第二,根据混凝土拌和物密度的实测值与计算值计算校正系数 $\delta$。

$$\delta = \frac{\text{实测值}}{\text{计算值}}$$

第三,当实测值与计算值之差不大于设计值的 2% 时,定出的配合比即为确定的配合比。如二者之差超过 2% 时,定出的混凝土配合比中每项材料用量乘以校正系数 $\delta$,即为最终确定的配合比设计值。

第四,考虑到设计混凝土配合比所用骨料是以绝干状态为准,而生产混凝土时,所用砂石均含有一定水分,因此应根据现场所用砂石的实际含水率,对砂石用量和用水量进行适当调整,确定混凝土施工配合比。

对早龄期强度有要求的,在试配中制作不同水灰比的标准养护 28 d 试件时,尚需同时制作早龄期试件,在规定条件下养护至要求龄期进行抗压强度试验,求出达到早龄期强度所要求的水灰比值,如该值大于按标准养护 28 d 强度要求的水灰比值,则取早龄期强度要求的水灰比值作为计算施工配合比的水灰比值。

为了保证混凝土的质量和合理利用原材料,在生产过程中,遇有下列情况时应及时调整混凝土配合比:

(1)当在混凝土强度的质量管理图中出现异常现象,特别是强度值在中心线的一侧连续出现时,查不出原因或查出原因无能力改变时,必须调整混凝土配合比。

(2)当粗、细骨料的含水率与基准状态相比有变化时,应相应地调整用水量和骨料用量。

(3)当采用连续级配的粗骨料中大粒径偏多时,需适当增大砂率;小粒径偏多时,需适当减少砂率。

(4)为确保混凝土工程质量、合理利用水泥活性和尽早确定配合比,可根据早期推定混凝土强度试验所得的试验结果,进行混凝土的配合比设计。当不具有水泥强度实测资料时,还可根据上述试验方法的试验结果判定水泥的实际强度。

用早龄期推定混凝土强度设计混凝土配合比,可按以下步骤进行:

(1)采用混凝土工程所用的原材料事先进行专门试验建立混凝土强度关系式,并绘制加速养护强度与标准养护 28 d 强度的关系图和灰水比与加速养护强度的关系图,如图 3-1 及图 3-2 所示。

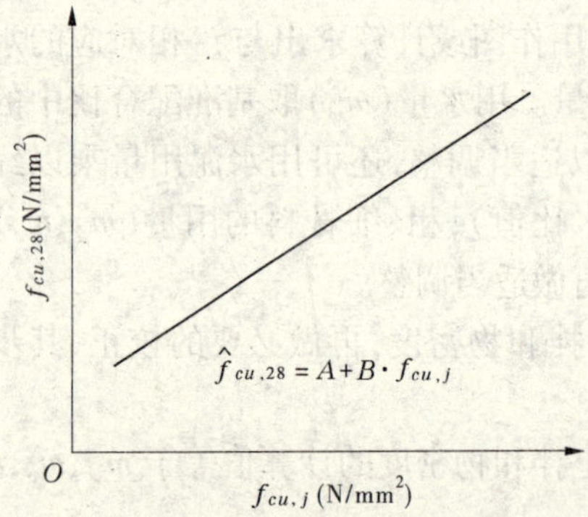


图 3-1　加速养护强度与标准养护 28 d 强度的关系

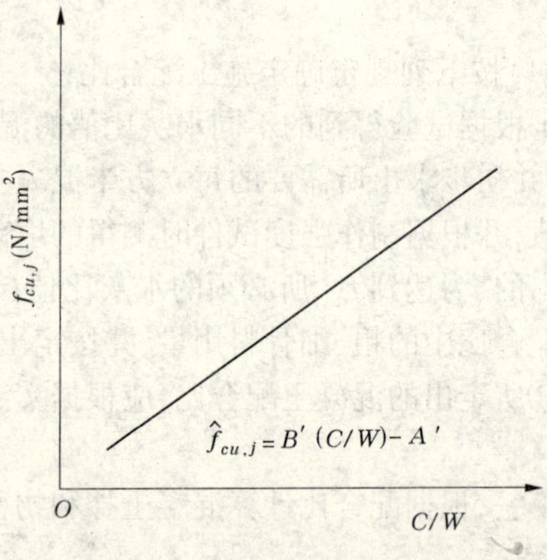


图 3-2　灰水比与加速养护强度的关系

图 3-1、图 3-2 中各字母的含义如下:$f_{cu,j}$为加速养护混凝土强度实测值;$\hat{f}_{cu,j}$为加速养护混凝土强度推定值;$\hat{f}_{cu,28}$为标准养护混凝土 28 d 强度的推定值;$f_{cu,28}$为标准养护混凝土 28 d 强度的实测值;$C/W$ 为混凝土拌和物的灰水比;$A$、$B$、$A'$、$B'$为回归方程的回归系数。

(2)按上述方法确定混凝土配制强度 $f_{cu,t}$。

(3)从图 3-1 中查出对应于 $f_{cu,28}$ 值的 $f_{cu,j}$,再从图 3-2 中查出对应于值 $f_{cu,j}$ 值的 $C/W$,也可按混凝土配合比中的公式计算 $C/W$,其倒数作为试配时的基准水灰比。

(4)水灰比确定之后,计算试配及施工配合比均采用以上相同的步骤,仅在制作试件时，需同时制作加速养护及标准养护 28 d 的试件。根据加速养护强度($f_{cu,j}$)值选择其中一个既满足混凝土配制强度要求又适合生产操作的配合比，进行试生产，然后按生产效果及标准养护 28 d 强度进行适当调整。

建立混凝土强度关系式应遵守如下规则：

(1)按同一厂家生产的相同品种及标号的水泥建立混凝土强度关系式，所需混凝土试件应不少于 30 对，试验时选用的水灰比值应不少于 3 个，其最大、最小水灰比值之差不宜小于 0.2，且使常用水灰比值位于所选水灰比范围的中间区段。

(2)按线性回归建立的强度关系式，其相关系数应不小于 0.85。关系式的剩余标准差应不大于标准养护 28 d 强度平均值的 10%。

(3)按强度关系式绘制的关系曲线，其起点和终点应根据试验所用的最大和最小水灰比值确定，不得外延。

碾压混凝土坝一般掺粉煤灰，故应作掺粉煤灰混凝土的配合比设计：

(1)在混凝土中掺用粉煤灰时应遵守《粉煤灰混凝土应用技术规范》(GBJ146)及《粉煤灰在混凝土中应用技术规程》(JGJ28)的规定。

(2)掺用粉煤灰的混凝土的配合比设计应以常规方法计算的混凝土基准配合比为基础，按稠度和混凝土强度等级相同的原则用超量取代法进行调整；当混凝土超强较多或配制大体积混凝土时，可采用等量取代法；当主要为改善混凝土的和易性时可采用外加法。

(3)在各种混凝土中，粉煤灰取代水泥的最大限量(以质量计)应符合表 3-2 的规定。

**表 3-2　粉煤灰取代水泥的最大限量**　(%)

| 混凝土种类 | 硅酸盐水泥 | 普通硅酸盐水泥 | 矿渣硅酸盐水泥 | 火山灰质硅酸盐水泥 |
|---|---|---|---|---|
| 预应力混凝土 | 25 | 15 | 10 | — |
| 钢筋混凝土<br>高强度混凝土<br>高抗冻融性混凝土<br>蒸养混凝土 | 30 | 25 | 20 | 15 |
| 中、低强度混凝土<br>泵送混凝土<br>大体积混凝土<br>水下混凝土<br>地下混凝土<br>压浆混凝土 | 50 | 40 | 30 | 20 |
| 碾压混凝土 | 65 | 55 | 45 | 35 |

**注：**当钢筋混凝土的钢筋保护层厚度小于 5 cm 时，取代水泥的最大限量应比表中规定相应减少 5%。

(4)掺粉煤灰的混凝土的配合比设计超量取代法按下列步骤进行设计计算：按上面所述的步骤进行混凝土基准配合比计算，求得每立方米混凝土水、水泥、细骨料及粗骨料的用量：$m_{w0}$、$m_{c0}$、$m_{s0}$、$m_{g0}$，再按表 3-3 选择粉煤灰取代水泥的百分率 $\beta_c$。

掺入粉煤灰后每立方米混凝土中的水泥用量 $m_c$ 按下式计算：

$$m_c = m_{c0}(1 - \beta_c)$$

式中 $m_c$——每立方米混凝土的基准配合比的水泥用量，kg。

**表 3-3 每立方米混凝土中被粉煤灰取代水泥的百分率($\beta_c$)**

| 混凝土强度等级 | 普通硅酸盐水泥取代率(%) | 矿渣硅酸盐水泥取代率(%) |
|---|---|---|
| ≤C15 | 15~25 | 10~20 |
| C20 | 10~15 | 10 |
| C25~C30 | 15~20 | 10~15 |

注：1. 以 425 号水泥配制的混凝土取表中下限值，以 525 号水泥配制的混凝土取表中上限值。

2. C20 及其以上的混凝土宜采用Ⅰ、Ⅱ级粉煤灰，C15 以下的素混凝土可采用Ⅲ级粉煤灰。

粉煤灰超量系数 $\delta_c$ 按表 3-4 选择。

**表 3-4 超量系数($\delta_c$)**

| 粉煤灰级别 | Ⅰ | Ⅱ | Ⅲ |
|---|---|---|---|
| 超量系数($\delta_c$) | 1.1~1.4 | 1.3~1.7 | 1.5~2.0 |

注：强度等级 C25 以下的混凝土取上限，其他强度等级的混凝土取下限。

每立方米混凝土的粉煤灰掺量按下式计算：

$$m_f = \delta_c(m_{c0} - m_c)$$

掺粉煤灰后每立方米混凝土中的水泥和粉煤灰超出基准配合比中的水泥体积 $\Delta V_f$ 按下式计算：

$$\Delta V_f = \frac{m_c}{\rho_c} + \frac{m_f}{\rho_f} - \frac{m_{c0}}{\rho_c}$$

式中 $\rho_c$、$\rho_f$——水泥和粉煤灰的密度，g/cm$^3$。

掺粉煤灰后超出的体积扣除同体积的细骨料用量，按下式求出掺粉煤灰后每立方米混凝土中的细骨料的用量：

$$m_s = m_{sc} - \Delta V_f \rho_c$$

式中 $m_{sc}$——混凝土基准配合比中每立方米混凝土的细骨料用量，g；

$\rho_c$——细骨料的视密度，g/cm$^3$。

掺入粉煤灰的混凝土用水量和粗骨料用量，取用基准配合比中的用水量和粗骨料用量。

根据调整后的配合比按规定进行试配，测定稠度及强度进行配合比调整。

掺粉煤灰的混凝土配合比设计用等量取代法，其按下列步骤进行计算：

(1)进行基准混凝土配合比计算，求得每立方米混凝土水、水泥、细骨料及粗骨料的用量 $m_{w0}$、$m_{c0}$、$m_{s0}$、$m_{g0}$(符号意义同前)。

(2)按下列公式计算每立方米混凝土中粉煤灰掺量 $m_f$ 及用水泥量 $m_c$：

$$m_f = m_{c0} \times \beta_c$$

$$m_c = m_{c0} - m_f$$

(3)按下式计算掺粉煤灰混凝土的用水量 $m_w$(选用与基准配合比相同或稍低的水灰比):

$$m_w = \frac{m_{w0}}{m_{c0}}(m_c + m_f)$$

(4)按下式计算水泥和粉煤灰的浆体体积 $V_p$:

$$V_p = \frac{m_c}{\rho_c} + \frac{m_f}{\rho_f} + m_w$$

式中 $\rho_c$、$\rho_f$——水泥、粉煤灰的密度,g/cm³。

(5)按下式计算骨料的总体积 $V_A$:

$$V_A = 1\,000(1 - a) - V_p$$

式中 $a$——混凝土含气量(%),不掺外加剂的混凝土粗骨料最大粒径为 20 mm 时可取 2%,40mm 时可取 1%;80 mm 和 150 mm 时可忽略不计。

(6)选用与基准配合比相同或稍低的砂率 $\beta_s$ 按下列公式计算细、粗骨料的用量 $m_s$ 和 $m_g$:

$$m_s = V_A \times \beta_s \times \rho_s \qquad m_g = V_A \times (1 - \beta_s)\rho_g$$

式中 $\rho_s$、$\rho_g$——细、粗骨料的视密度,g/cm³。

(7)进行试配检测调准配合比。

掺粉煤灰的混凝土配合比设计,外加法按下列步骤进行设计计算:

(1)选定外加粉煤灰掺入率 $f$。

(2)按下式计算每立方米混凝土外加粉煤灰 $m_1$:

$$m_1 = m_{c0} \times f$$

(3)按下式计算外加粉煤灰的绝对体积 $V_1$:

$$V_1 = \frac{m_f}{\rho_f}$$

式中 $\rho_f$——粉煤灰的密度,g/cm³。

由基准配合比细骨料中扣除外加粉煤灰同体积的砂量,求得外加粉煤灰的混凝土细骨料用量 $m_s$,$m_s$ 按下式计算:

$$m_s = m_{s0} - \frac{m_f}{\rho_f} \times \rho_s$$

式中 $\rho_s$——细骨料的视密度,g/cm³。

外加粉煤灰混凝土的各种材料用量为 $m_{w0}$、$m_{c0}$、$m_f$、$m_s$(符号意义同前)。

按规定进行试配检测、调整配合比。

## 第三节 碾压混凝土目前国内的实用配合比

碾压混凝土的特点是干硬性,这是与常态混凝土的最大区别,其次是高掺混合料,目前是大量掺用粉煤灰以减少水泥用量。表 3-5、表 3- 6、表 3-7 给出我国部分碾压混凝土重力坝、拱坝的应用配合比情况。

表 3-5　中国碾压混凝土重力坝(高于 100 m)混凝土配合比

| 序号 | 坝名 | 完成年份 | 用水量 $W$ (kg/m³) | 水泥 $C$ (kg/m³) | 粉煤灰 $F$ (kg/m³) | 水胶比 $W/(C+F)$ | 砂率 (%) | 砂 (kg/m³) | 骨料(kg/m³) 5~20 mm | 20~40 mm | 40~80 mm | 总计 | 外加剂 (%) | $VC$ (s) |
|---|---|---|---|---|---|---|---|---|---|---|---|---|---|---|
| 1 | 水口 | 1992 | 78 | 60 | 100 | 0.49 | 30 | 658 | 466 | 621 | 466 | 1 553 | 0.16 | 11.5 |
| | | | 90 | 65 | 105 | 0.53 | 32 | 701 | 452 | 1 054 | — | 1 506 | 0.1 | |
| 2 | 岩滩 | 1993 | 90 | 55 | 104 | 0.57 | 30 | 759 | 447 | 596 | 447 | 1 490 | 0.4 | 10±5 |
| 3 | 江垭 | 1999 | 87 | 64 | 96 | 0.58 | 33 | 656 | 459 | 613 | 459 | 1 531 | $DH_4$R0.5 | 10 |
| | | | 94 | 87 | 107 | 0.58 | 36 | 726 | 709 | 581 | — | 1 290 | $DH_4$R0.5 | 8 |
| 4 | 棉花滩 | 2001 | 89 | 65 | 95 | 0.56 | 32 | 710 | 453 | 605 | 453 | 1 511 | | |
| | | | 89 | 55 | 85 | 0.64 | 32 | 717 | 457 | 610 | 457 | 1 524 | | |
| | | | 99 | 85 | 115 | 0.50 | 37 | 796 | 677 | 677 | — | 1 354 | | |
| 5 | 大朝山[①] | 2003 | 84 | 68 | 96 | 0.47 | 34 | 801 | 467 | 467 | 623 | 1 557 | 0.7 | 10 |
| | | | 93 | 110 | 100 | 0.50 | 40 | 885 | 678 | 678 | — | 1 356 | 0.7 | 9 |
| 6 | 临江 | 设计中 | 86 | 72 | 72 | 0.6 | 28 | 631 | 576 | 412 | 659 | 1 647 | 0.2 | — |
| | | | 86 | 62 | 62 | 0.7 | 29 | 659 | 563 | 402 | 643 | 1 608 | 0.2 | — |
| 7 | 龙滩 | 设计中 | 105 | 90 | 110 | 0.53 | 33 | 735 | 441 | 588 | 441 | 1 470 | 0.3 | 7 |
| | | | 90 | 90 | 60 | 0.60 | 33 | 745 | 449 | 598 | 449 | 1 496 | 0.3 | 8 |

注:①为掺凝灰岩粉和磷矿渣。

**表 3-6　中国碾压混凝土坝的混凝土配合比**

| 序号 | 坝名 | 完成年份 | 用水量 $W$ (kg/m³) | 水泥 $C$ (kg/m³) | 粉煤灰 $F$ (kg/m³) | 水胶比 $W/(C+F)$ | 砂率 (%) | 砂 (kg/m³) | 骨料(kg/m³) 5~20 mm | 20~40 mm | 40~80 mm | 总计 | 外加剂 (%) | $VC$ (s) | 标号 |
|---|---|---|---|---|---|---|---|---|---|---|---|---|---|---|---|
| 1 | 普定 | 1993 | 94<br>84 | 85<br>54 | 103<br>99 | 0.50<br>0.55 | 38<br>34 | 836<br>768 | 698<br>454 | 698<br>604 | —<br>454 | 1 396<br>1 512 | 0.55<br>0.55 | 10<br>7 | $R_{90}200$<br>$R_{90}150$ |
| 2 | 温泉堡 | 1994 | 107<br>91 | 100<br>95 | 95<br>78 | 0.55<br>0.60 | 37.7<br>32.2 | 788<br>686 | 650<br>447 | 650<br>596 | —<br>447 | 1 300<br>1 490 | 0.50<br>0.03<br>0.60<br>0.03 | 6~10<br>8 | $R_{90}200S_4$<br>$R_{90}150S_4$ |
| 3 | 溪柄溪 | 1996 | 100<br>87 | 80<br>70 | 120<br>105 | 0.50<br>0.50 | 33<br>31.6 | 719<br>676 | 725<br>468 | 725<br>468 | —<br>624 | 1 450<br>1 560 | —<br>— | 7<br>8.6 | |
| 4 | 沙牌 | 2000 | 100<br>94 | 108<br>89 | 72<br>89 | 0.55<br>0.53 | 38<br>34 | 832<br>743 | 551<br>442.5 | 827<br>590 | 442.5 | 1 820.5<br>1 475 | 0.55<br>0.15<br>0.55<br>0.15 | 8~9<br>7.5~9 | |
| 5 | 红坡 | 1999 | 82 | 52 | 97 | 0.55 | 32 | 733 | 460 | 614 | 460 | 1 536 | | 7 | |
| 6 | 石门子 | 2001 | 85<br>93 | 57<br>88 | 116<br>106 | 0.49<br>0.48 | 30<br>32 | 632<br>643 | 520.5<br>865 | 520.5<br>576 | 446<br>— | 1 487<br>1 441 | 0.95<br>0.95 | 7 | |
| 7 | 龙首 | 2002 | 83<br>78 | 91<br>55 | 102<br>108 | 0.43<br>0.47 | 31<br>27 | 673<br>606 | 861<br>547 | 574<br>547 | —<br>469 | 1 435<br>1 563 | 0.7+0.45<br>0.7+0.07 | 7 | |
| 8 | 白莲崖 | 设计中 | 90<br>108 | 56<br>72 | 84<br>108 | 0.64<br>0.60 | 28.5<br>34.5 | 630<br>736 | 474<br>852 | 632<br>544 | 474<br>— | 1 580<br>1 396 | 0.35<br>0.45 | 5<br>6 | |

表 3-7　国内几个碾压混凝土工程实际使用的配合比

| 施工时间 | 工程名称 | 配合比参数 | | | | 骨料品种 | 每立方米混凝土材料用量(kg) | | | | | | | | 水泥品种标号 | 煤灰产地 |
|---|---|---|---|---|---|---|---|---|---|---|---|---|---|---|---|---|
| | | $W/(C+F)$ | $F/(C+F)$ (%) | $S/a$ (%) | $VC$ (s) | | $W$ | $G$ | $F$ | $S$ | 石子粒径(mm) | | | 木钙(%) | | |
| | | | | | | | | | | | 40～80 | 20～40 | 5～20 | | | |
| 1981 | 龚嘴进厂公路 | 0.55 | 0 | 29 | — | 天然 | 108 | 196 | 0 | 637 | 624 | 468 | 468 | | 普 425 | |
| 1983 | 铜街子水泥罐 | 0.71 | 52.6 | 31 | 20±10 | 天然 | 111 | 74 | 82 | 650 | 622 | 467 | 467 | 0.39 | 普 525 | 江西 |
| 1984 | 铜街子 1[#]坝 | 0.67 | 45.8 | 29 | 20±10 | 天然 | 103 | 83 | 70 | 601 | 647 | 490 | 490 | 0.38 | 普 425 | 江西 |
| 1986 | 铜街子左岸挡水坝 | 0.60 | 50 | 28 | 15±5 | 天然 | 90 | 76 | 76 | 635 | 635 | 490 | 490 | 0.38 | 普 425 | |
| 1988 | 铜街子溢流坝 | 0.57 | 56.7 | 28 | 8～20 | 天然 | 87 | 65 | 85 | 637 | 491 | 656 | 491 | 0.38 | 普 525 | 韶武 |
| 1985 | 沙溪口开关站挡墙 | 0.50 | 56.2 | 28 | 8～30 | 天然 | 80 | 70 | 90 | 636 | 654 | 491 | 491 | 0.25 | 普 525 | |
| 1988 | 隔河岩围堰 | 0.53 | 40 | 45 | 10～16 | 天然 | 95 | 95 | 85 | 604 | 464 | 256 | 855 | 0.25 | 普 425 | |
| 1986 | 大田坑口坝 | 0.70 | 57.1 | 36.8 | 6～24 | 人工 | 98 | 60 | 80 | 798 | 411 | 548 | 411 | 0.28 | 普 525 | 韶武 |
| 1986 | 大田坑口坝 | 0.58 | 66.7 | 29.5 | 7～25 | 天然 | 104 | 60 | 120 | 617 | 442 | 590 | 442 | 0.36 | 普 525 | 韶武 |
| 1985 | 葛洲坝船闸 | 0.45 | 70 | 28 | 20±5 | 天然 | 75 | 50 | 114 | 631 | 582 | 519 | 519 | 0.25 | 普 525 | 郑州 |
| 1988 | 天生桥二级坝 | 0.59 | 60.7 | 35 | 10±5 | 人工 | 83 | 55 | 85 | 756 | 440 | 586 | 440 | 0.56 | 普 525 | 日东 |
| 1988 | 岩滩围堰 | 0.56 | 69 | 34 | 5～15 | 人工 | 85 | 45 | 105 | 633 | 484 | 674 | 484 | TF | 普 525 | 日东 |
| 1988 | 水口明渠导墙 | 0.56 | 67 | 28.5 | | 天然 | 83 | 50 | 100 | | | | | | 普 525 | 韶武 |
| 1988 | 龙门滩大坝 | 0.64 | 57.3 | 36.4 | 13～25 | 人工 | 92.4 | 64 | 86 | 773 | | | 1 281 | | 普 325 | 韶武 |

注：$a=G+S$，$G$ 为石子用量。

## 一、国内各大型水工建筑实用配合比

(1)粉煤灰掺量可达65%,但应根据水泥、砂和骨料品种而适当调整。

(2)水胶凝材料之比为0.5~0.7。

(3)和易性用$VC$值来确定,一般为8~12 s。

(4)二级配的骨料最大粒径为40 mm,两种粒径的骨料比为1∶1或1∶1.4,三级配骨料最大粒径为80 mm,三种骨料粒径之比为4∶4∶3或3∶4∶3。只有观音阁增加了部分大的骨料,粒径为120 mm。

(5)外加剂十分重要,我国采用的外加剂种类繁多,根据碾压混凝土性能需求,有时需要使用复合外加剂,效果更好。

(6)采用的砂率为28%~38%。

(7)骨料以采用人工破碎的石灰岩最佳,天然卵石中风化颗粒不得高于15%,在人工砂石中常含有一定的岩粉。试验表明,17%以下岩粉掺量有益无害,既不影响强度,又可增加其密实性和抗分离性。在岩粉过少的情况下,混凝土的工作性会变差,容易出现碾压不够密实的情况,必须用各种方法尽量回收岩粉。

(8)由于掺粉以后强度增加较慢,所以一般都用90 d强度作标准。

(9)国内永久性重要建筑物掺合料掺量已达60%~65%(如天生桥二级和岩滩水电站坝体碾压混凝土的掺合料掺量分别为60.7%和65.4%)。美国上静水坝掺合料掺量已超过70%。武汉大学水利水电学院的研究成果表明:使用优质粉煤灰,掺量不大于70%的高粉煤灰掺量碾压混凝土作为水工大体积建筑物的内部混凝土是可行的。长江科学院对水泥熟料仅占16.5%的低熟料碾压混凝土进行的研究成果表明:这种混凝土水化硬化反应与常规混凝土基本一致,其中主要水化产物是稳定的,因此最高掺合料掺量取为65%,以留有余地。考虑到外部混凝土耐久性要求,规定掺合料掺量宜取30%~65%。

(10)碾压混凝土的水胶比根据各工程材料和技术要求的不同应该有所差别,必须通过试验确定。国内各工程所使用的水胶比一般为0.50~0.70。

## 二、工程实例

以河南省洛宁县黄河一级支流洛河禹门河反调节水库大坝厂房工程为例对碾压混凝土配合比进行介绍。

### (一)原材料及其检测参数

1. 水泥

采用渑池建方水泥有限公司生产的普通32.5级硅酸盐水泥,其品质性能参数如表3-8所示。

2. 粉煤灰

采用焦作电厂资源综合利用开发公司Ⅱ级粉煤灰,其品质性能指标见表3-9。

3. 细骨料

采用由禹门河河床砂、卵石筛分出的天然河砂,其主要特性指标为:细度模数$M_x$为2.9,振实容重为1 778 kg/m$^3$,视密度为2.708 g/cm$^3$,空隙率为33%。

表 3-8　普通 32.5 级硅酸盐水泥品质性能指标

| 项目 | 标准稠度（%） | 初凝时间（min） | 终凝时间（h） | 细度 | 密度（$g/m^3$） | 抗压强度（MPa） | | 抗折强度（MPa） | |
|---|---|---|---|---|---|---|---|---|---|
| | | | | | | 3 d | 28 d | 3 d | 28 d |
| 标准值 | — | ≥45 | ≤10 | ≤10 | — | 16 | 32.5 | 3.5 | 5.5 |
| 试验值 | 26.1 | 195 | 5.13 | 3.4 | 3.07 | 21.8 | 37.4 | 4.9 | 7.6 |

表 3-9　粉煤灰品质性能指标

| 项目 | 烧失量 | $SO_3$（%） | 强度比（%） | 密度（$g/m^3$） | 细度（%） | 需水比（%） |
|---|---|---|---|---|---|---|
| 标准值 | ≤8 | ≤3 | ≥62 | — | ≤20 | ≤105 |
| 试验值 | 6.12 | 0.24 | 81 | 2.16 | 8.1 | 90 |

注：细度为 0.045 mm 方孔筛筛余。

4. 粗骨料

粗骨料为禹门河河床砂、卵石筛分出的卵石，根据粗骨料的颗粒级配要求：C20、C25 混凝土各粒级含量：中石（20～40 mm）50%，小石（5～20 mm）50%；其主要特性指标为：饱和面干密度 2.70 $g/cm^3$，振实容重 1 940 $kg/m^3$，空隙率为 29%。C10 混凝土各粒级含量：大石（40～80 mm）30%，中石（20～40 mm）40%，小石（5～20 mm）30%。其主要特性指标为：饱和面干密度 2.7 $g/cm^3$，振实容重 1 930 $kg/m^3$，空隙率为 29%。

5. 外加剂

通过试配分析，采用武汉浩源化工有限公司生产的缓凝减水剂 FDN－5B，掺量 0.6%，引气剂采用北京万普特外加剂有限公司生产的 CTB 型混凝土引气剂，掺量 0.04%，混凝土含气量 4%。

**（二）配合比设计**

1. 试配强度

根据设计要求的强度等级、耐久性指标要求、强度保证率、混凝土抗压强度均方差等，按下式确定试配强度：

$$f_{cu,0} = f_{cu,k} + t\sigma$$

式中　$f_{cu,0}$——碾压混凝土 90 d 的试配强度，MPa；

$f_{cu,k}$——碾压混凝土 90 d 的设计强度，MPa；

$t$——碾压混凝土强度保证率为 85% 时强度保证系数 $t = 1.04$；

$\sigma$——碾压混凝土抗压强度均方差，C20 时取 $\sigma = 4$ MPa，C15、C10 时取 $\sigma = 3.5$ MPa。

C20 混凝土试配强度为 $20 + 1.04 \times 4 = 24.16$（MPa），取 $f_{cu,0} = 24.5$ MPa；

C15 混凝土试配强度为 $15 + 1.04 \times 3.5 = 18.64$（MPa），取 $f_{cu,0} = 19$ MPa；

C10 混凝土试配强度为 $10 + 1.04 \times 3.5 = 13.64$（MPa），取 $f_{cu,0} = 14$ MPa。

2. 配合比参数选择

配合比参数采用正交试验设计选择法确定，将 $W/(C+F)$、$F/(C+F)$、$\beta_s$ 作为正交试验设计的因子，每个因子取三个水平，选择 lg($3^4$)正交表进行试验，结果见表 3-10 ~ 表 3-12。

**表 3-10　C20W8F100(C20W8)因素水平表**

| 水平 | 因素 | | |
|---|---|---|---|
| | $W/(C+F)$ | $F/(C+F)$ | $\beta_s$(%) |
| 1 | 0.50 | 0.40 | 34 |
| 2 | 0.45 | 0.45 | 35 |
| 3 | 0.40 | 0.50 | 36 |

**表 3-11　C15W4lg($3^4$)因素水平表**

| 水平 | 因素 | | |
|---|---|---|---|
| | $W/(C+F)$ | $F/(C+F)$ | $\beta_s$(%) |
| 1 | 0.50 | 0.55 | 34 |
| 2 | 0.55 | 0.60 | 35 |
| 3 | 0.60 | 0.65 | 36 |

**表 3-12　C10W4lg($3^4$)因素水平表**

| 水平 | 因素 | | |
|---|---|---|---|
| | $W/(C+F)$ | $F/(C+F)$ | $\beta_s$(%) |
| 1 | 0.60 | 0.55 | 29 |
| 2 | 0.65 | 0.60 | 30 |
| 3 | 0.70 | 0.65 | 31 |

通过试配分析：C20W8F100 配合比参数选择为：

$$W/(C+F)=0.45 \qquad F/(C+F)=0.45 \qquad \beta_s=36\%$$

C20W8 配合比参数选择为 $W/(C+F)=0.50$，$F/(C+F)=0.45$，$\beta_s=35\%$；

C15W4 配合比参数选择为 $W/(C+F)=0.55$，$F/(C+F)=0.60$，$\beta_s=34\%$；

C10W4 配合比参数选择为 $W/(C+F)=0.60$，$F/(C+F)=0.65$，$\beta_s=31\%$。

3. 每立方米碾压混凝土各组分材料用量

采用绝对体积法确定各组分材料用量，该方法假定碾压混凝土拌和物的绝对体积等于各种组成材料绝对体积及混凝土拌和物中所含空气体积之和，即：

$$W/(C+F)=K_1 \qquad F/(C+F)=K_2 \qquad S/(S+G)=\beta_s$$

$$C/\rho_c+F/p_f+W/\rho_w+S/\rho_s+G/\rho_g+10a=1\ 000$$

式中　$C$、$F$、$W$、$S$、$G$——1 $m^3$ 碾压混凝土中水泥、粉煤灰、水、砂及石子的用量，kg；

$K_1$、$K_2$、$\beta_s$——水胶比、粉煤灰掺量、砂率；

$\rho_c$、$\rho_f$、$\rho_w$——水泥、粉煤灰和水的密度，g/cm³，$\rho_c = 3.07$ g/cm³，$\rho_f = 2.16$ g/cm³；

$\rho_s$、$\rho_g$——砂，石子的表面密度，g/cm³，$\rho_s = 2.70$ g/cm³，$\rho_g = 2.70$ g/cm³；

$a$——碾压混凝土拌和物的含气量百分数(%)，单位用水量 $W$ 根据与 $VC$ 值关系确定。

4. 碾压混凝土的配合比.

碾压混凝土的配合比见表 3-13 ~ 表 3-20。

**表 3-13　C20W8F100RCC 配合比参数**

| 水泥品种 | 级配 | 水胶比 | 粉煤灰掺量(%) | 砂率(%) | FDN-5B(%) | 单位用水量(kg) | VC 值(s) | 抗压强度(MPa) | | $r_n$(kg/m³) | 抗渗等级 | 抗冻等级 |
|---|---|---|---|---|---|---|---|---|---|---|---|---|
| | | | | | | | | 28 d | 90 d | | | |
| P·O325 | 二 | 0.45 | 0.45 | 36 | 0.6 | 105 | 5~8 | 22.4 | 37.4 | 2 380 | ≥8 | ≥100 |

**表 3-14　C20W8F100RCC 配合比每立方米的材料用量**

| 水泥(kg) | 粉煤灰(kg) | 外加剂(kg) | | 水(kg) | 砂(kg) | 石子(kg) | | 备注 |
|---|---|---|---|---|---|---|---|---|
| | | FDN-5B | CTE | | | 中 | 小 | |
| 128 | 105 | 140 | 0.1 | 105 | 744 | 661 | 661 | |

**表 3-15　C20W8RCC 配合比参数**

| 水泥品种 | 级配 | 水胶比 | 粉煤灰掺量(%) | 砂率(%) | FDN-5B(%) | 单位用水量(kg) | VC 值(s) | 抗压强度(MPa) | | $r_n$(kg/m³) | 抗渗等级 |
|---|---|---|---|---|---|---|---|---|---|---|---|
| | | | | | | | | 28 d | 90 d | | |
| P.O325 | 一 | 0.50 | 45 | 35 | 0.6 | 105 | 5~8 | 22.2 | 26.7 | 2 400 | ≥8 |

**表 3-16　C20W8F100RCC 配合比**

| 水泥(kg) | 粉煤灰(kg) | 外加剂(kg/m³) | 水(kg/m³) | 砂(kg/m³) | 石子(kg/m³) | |
|---|---|---|---|---|---|---|
| | | | | | 中 | 小 |
| 116 | 94 | 1.26 | 105 | 740 | 687 | 687 |

**表 3-17　C20W4RCC 配合比参数**

| 水泥品种 | 级配 | 水胶比 | 粉煤灰掺量(%) | 砂率(%) | FDN-5B(%) | 单位用水量(kg) | VC 值(s) | 抗压强度(MPa) | | $r_m$(kg/m³) | 抗渗等级 |
|---|---|---|---|---|---|---|---|---|---|---|---|
| | | | | | | | | 28 d | 90 d | | |
| P·O425 | 二 | 0.55 | 60 | 34 | 0.6 | 105 | 5~8 | 9.4 | 15.1 | 2 420 | ≥4 |

**表 3-18　C15W4RCC 配合比**

| 水泥(kg) | 粉煤灰(kg) | 外加剂(kg) | 水(kg) | 砂(kg) | 石子(kg) | | 备注 |
|---|---|---|---|---|---|---|---|
| | | | | | 中 | 小 | |
| 76 | 114 | 114 | 105 | 723 | 702 | 702 | |

**表 3-19　C10W4RCC 配合比参数**

| 水泥品种 | 级配 | 水胶比 | 粉煤灰掺量(%) | 砂率(%) | FDN－5B(%) | 单位用水量(kg) | *VC* 值(s) | 抗压强度(MPa) | | $r_m$ ($kg/m^3$) | 抗渗等级 |
|---|---|---|---|---|---|---|---|---|---|---|---|
| | | | | | | | | 28 d | 90 d | | |
| P·O325 | 三 | 0.6 | 65 | 31 | 0.6 | 99 | 5～8 | 11.2 | | 2 410 | ≥4 |

**表 3-20　C10W8RCC 配合比每立方米的材料用量**

| 水泥(kg) | 粉煤灰(kg) | 外加剂(kg) | 水(kg) | 砂(kg) | 石子(kg) | | | 备注 |
|---|---|---|---|---|---|---|---|---|
| | | | | | 大 | 中 | 小 | |
| 58 | 107 | 0.99 | 99 | 672 | 449 | 598 | 449 | |

5. 变态混凝土配合比

(1)变态混凝土中加浆浆体水胶比、粉煤灰掺量的选择:采用同种碾压混凝土水胶比,粉煤灰掺量。

(2)单位体积浆体各组分材料用量采用绝对体积法计算。

浆体配合比按下式计算:

$$W + C/\rho_c + F/\rho_f = 1\,000$$

式中　$W$、$C$、$F$——单位浆体用水量、水泥用量、粉煤灰用量,kg;

$\rho_c$、$\rho_f$——水泥、粉煤灰密度,$g/cm^3$,$\rho_c = 3.07\ g/cm^3$,$\rho_f = 2.16\ g/cm^3$。

**表 3-21　1 $m^3$ 加浆浆体中各组分材料用量**

| 1 $m^3$ 浆体中各种材料用量(kg) | | | | | $W/(C+F)$ | $F/(C+F)$ |
|---|---|---|---|---|---|---|
| $C$ | $F$ | $W$ | FDN－5B | CTE | | |
| 656 | 537 | 537 | 7.16 | 0.48 | 0.45 | 0.45 |
| 620 | 507 | 563 | 6.76 | — | 0.50 | 0.45 |
| 417 | 626 | 574 | 6.26 | — | 0.55 | 0.60 |

(3)浆体加浆量确定。变态混凝土的加浆量应保证其坍落度为 1～3 cm,经试配加浆量为 6%(V/V)。

(4)变态混凝土配合比。具体见表 3-22、表 3-23、表 3-24。

**表 3-22 变态混凝土 C10W8F100 配合比**

| 1 m³ 混凝土各种材料用量(kg) | | | | | | | 1 m³ 混凝土中加浆体各种材料(kg) | | | | | R28 (MPa) | 坍落度 (cm) |
|---|---|---|---|---|---|---|---|---|---|---|---|---|---|
| *C* | *F* | *W* | *S* | *G* | FDN－5B | CTE | *C* | *F* | *W* | FDN－5B | CTE | | |
| 128 | 105 | 105 | 744 | 1 322 | 1.4 | 0.1 | 39 | 32 | 32 | 0.43 | 0.03 | 24.6 | 1～3 |

**表 3-23 变态混凝土 C20W8 配合比**

| 1 m³ 混凝土各种材料用量(kg) | | | | | | 1 m³ 混凝土各种材料用量(kg) | | | | R28 (MPa) | 坍落度 (cm) |
|---|---|---|---|---|---|---|---|---|---|---|---|
| *C* | *F* | *W* | *S* | *G* | FDN－5B | *C* | *F* | *W* | FDN－5B | | |
| 116 | 94 | 105 | 240 | 1 374 | 1.26 | 37 | 30 | 34 | 0.40 | 23.0 | 1～3 |

**表 3-24 变态混凝土 C15W4 配合比**

| 1 m³ 混凝土各种材料用量(kg) | | | | | | 1 m³ 混凝土各种材料用量(kg) | | | | R28 (MPa) | 坍落度 (cm) |
|---|---|---|---|---|---|---|---|---|---|---|---|
| *C* | *F* | *W* | *S* | *G* | FDN－5B | *C* | *F* | *W* | FDN－5B | | |
| 76 | 114 | 105 | 723 | 1 404 | 1.14 | 25 | 38 | 34 | 0.38 | 11.3 | 1～3 |

## 第四节 中国的碾压混凝土配合比的现状及特点

中国的碾压混凝土筑坝技术经历了近 30 年的发展,已经逐渐成熟。碾压混凝土配合比也逐渐稳定,碾压混凝土工程所用的水泥一般为普通硅酸盐水泥和硅酸盐水泥,少数工程使用中热硅酸盐水泥或低热矿渣硅酸盐水泥,水泥的强度等级为 32.5 级、42.5 级。工程使用的掺合料绝大多数为Ⅱ级粉煤灰,少数工程因地制宜使用凝灰岩、磷矿渣、锰矿渣、钢渣或尾矿粉。碾压混凝土中都掺有缓凝减水剂,有的还复合掺有引气剂。根据工程的具体情况,混凝土的骨料有的是天然砂石,有的是人工砂石,粗骨料都经过严格分级。坝体内部使用三级配混凝土,粗骨料最大粒径为 80 mm;坝体外部防渗层使用二级配混凝土(少数工程使用常态混凝土或沥青砂浆材料),粗骨料最大粒径为 40 mm。根据工程设计对碾压混凝土提出的技术要求的不同,目前,水胶比一般控制在 0.45～0.60;砂浆比一般控制在 0.30～0.40,掺合料的掺量一般控制在 45%～65%。碾压混凝土的砂率根据混凝土的级配以及砂的种类,一般在 30%～36%之间选取。施工现场最适宜碾压的拌和物的 *VC* 值一般为 8～12 s。因此,搅拌机口混凝土拌和物的 *VC* 值可根据施工现场的气候条件取为 5～8 s。根据对全国 51 个工程的 113 个配合比进行的统计,工程设计对碾压混凝土提出的技术要求不同。三级配的碾压混凝土的每立方米胶凝材料用量一般为 140～190 kg,其中每立方米水泥用量 50～80 kg,抗渗及抗冻要求较高的二级配碾压混凝土的每立方米胶凝材料用量可以达到 200～220 kg,其中水泥用量可以达到 90～110 kg,分别如表 3-25、表 3-26、表 3-27 所示。

**表 3-25　每立方米碾压混凝土的胶凝材料用量**

| 胶凝材料总量(kg) | 100 以下 | 100 ~ 129 | 130 ~ 159 | 160 ~ 189 | 190 ~ 219 | 220 以上 |
|---|---|---|---|---|---|---|
| 配合比个数 | 1 | 1 | 37 | 53 | 19 | 2 |
| 所占比例(%) | 0.88 | 0.88 | 32.74 | 46.90 | 16.81 | 1.27 |
| 胶凝材料总范围(kg) | 230 ~ 99 | | 胶凝材料平均值(kg) | | 163.06 | |

**表 3-26　每立方米碾压混凝土的水泥用量**

| 水泥用量(kg) | 40 以下 | 40 ~ 59 | 60 ~ 79 | 80 ~ 99 | 100 ~ 119 | 120 以上 |
|---|---|---|---|---|---|---|
| 配合比个数 | 1 | 23 | 47 | 28 | 11 | 3 |
| 所占比例(%) | 0.88 | 20.35 | 41.59 | 24.78 | 9.73 | 2.65 |
| 水泥用量范围(kg) | 127 ~ 39 | | 平均水泥用量(kg) | | 76.02 | |

**表 3-27　每立方米碾压混凝土的掺合料用量**

| 掺合料用量(kg) | 30 以下 | 30 ~ 49 | 50 ~ 69 | 70 ~ 89 | 90 ~ 109 | 110 ~ 129 | 130 以上 |
|---|---|---|---|---|---|---|---|
| 配合比个数 | 1 | 4 | 4 | 31 | 57 | 15 | 1 |
| 所占比例(%) | 0.88 | 3.54 | 3.54 | 27.43 | 50.44 | 13.27 | 0.88 |
| 掺合料用量范围(kg) | 140 ~ 25 | | 掺合料平均用量(kg) | | | 91.86 | |

随着碾压混凝土筑坝技术的日益成熟,我国建筑的碾压混凝土坝越来越高,建坝地区的气候环境越来越恶劣,工程设计对碾压混凝土提高的技术要求越来越高,但碾压混凝土的水泥用量并没有随着增加。从表 3-25 ~ 表 3-27 中反映出:碾压混凝土是通过适当增加胶凝材料用量,提高掺合料的掺量,降低每立方米碾压混凝土的水泥用量而随以用其他的措施(如掺用高效减水剂和引气剂等)来满足越来越高的技术性能要求的,如表 3-28、表 3-29 所示。

**表 3-28　碾压混凝土中胶凝材料用量随时间的变化**

| 统计项目 | 1991 年以前 | 1991 ~ 2000 年 | 2001 年以后 |
|---|---|---|---|
| 掺合料平均掺量(%) | 47.71 | 51.23 | 56.38 |
| 胶凝材料平均用量(kg) | 149.57 | 167.39 | 171.80 |
| 水泥平均用量(kg) | 78.43 | 76.65 | 75.42 |

**表 3-29　几个国家碾压混凝土中胶凝材料用量的比较**

| 国家 | 统计年份 | 胶凝材料用量(kg) | | 掺合料用量(kg) | | 水泥用量(kg) | |
|---|---|---|---|---|---|---|---|
| | | 平均值 | 最大值 | 平均值 | 最大值 | 平均值 | 最大值 |
| 中国 | 1998 年底 | 173 | 230 | 94 | 140 | 79 | — |
| | 2005 年底 | 163 | 230 | 92 | 140 | 76 | 127 |
| 日本 | 1998 年底 | 123 | 130 | 35 | 78 | 87 | 96 |
| 西班牙 | 1998 年底 | 204 | 250 | 130 | 170 | 75 | 88 |
| 美国 | 1998 年底 | 138 | 252 | 53 | 173 | 85 | 184 |

总之，中国的碾压混凝土坝具有水泥用量少、胶凝材料用量适中、混凝土绝热温升低、掺合料掺量高、抗渗和抗冻性能好的特点，并可以满足各种碾压混凝土坝的技术要求，各种技术性能指标已达到国际先进水平。大多数坝用碾压混凝土的配合比参数的取值范围为：水胶比 0.50～0.59，掺合料掺量 50%～69%，砂浆比 0.30～0.39，砂率 30%～34%。

# 第五节　粉煤灰在禹门河反调节水库大坝工程中的应用

## 一、粉煤灰品质性能指标

禹门河反调节水库大坝所使用的粉煤灰为河南省焦作电厂资源综合利用开发公司的Ⅱ级粉煤灰，其品质性能指标如表 3-30 所示。

表 3-30　粉煤灰品质性能指标

| 项目 | 烧失量 | $SO_3$ (%) | 强度比 (%) | 密度 ($g/cm^3$) | 细度 (%) | 需水量比 (%) | 备注 |
|---|---|---|---|---|---|---|---|
| 标准值 | ≤8 | ≤3 | ≥62 | — | ≤20 | ≤105 | 细度采用 45 μm 方孔筛筛余(%) |
| 试验值 | 6.12 | 0.24 | 81 | 2.16 | 8.1 | 90 | |

以上试验数据表明：粉煤灰各项性能指标均符合标准规定，并且在进料时每 200～400 t（每批不足 200 t 时，也检测一次）对粉煤灰的密度、细度、需水量比、烧失量检测一次，评定其质量稳定性，必要时进行强度比检测，测定其活性。保证所用粉煤灰各项指标均符合标准规定，不合格的材料严禁使用。

混凝土掺粉煤灰采用干掺法。粉煤灰用罐车运到工地放在储灰罐中经螺旋机将其送入搅拌机配料仓，经称量加入混凝土搅拌机，粉煤灰的掺量达到 65%。

## 二、混凝土掺粉煤灰取得的明显效果

施工实践表明：不管是在碾压混凝土中，还是在常态混凝土中，掺入适量粉煤灰已经取得了显著效果，主要表现在以下几个方面。

（1）能够很好地改善混凝土的和易性，在运输与浇筑过程中，能有效地减少混凝土的离析和泌水率。

以粉煤灰取代部分水泥，能在保持混凝土原有和易性的条件下，减少用水量。一般来说，粉煤灰愈细，球形颗粒含量愈高，其减水效果愈好。如果掺粉煤灰而不减少用水量则可改善混凝土的和易性并能减少混凝土的泌水率，防止离析，改善碾压混凝土的 *VC* 值。

（2）掺入粉煤灰，减少了水泥的用量，从而有效地减少了混凝土的水化热，防止大体积混凝土开裂，降低了大坝施工期内的温控费用，而且粉煤灰的材料价格远低于水泥价格，取得了很好的经济效益。

（3）提高混凝土抗环境水的硫酸盐侵蚀和软水的溶出性侵蚀。

（4）提高了混凝土的密实性和抗渗性，改善混凝土的抗化学侵蚀性。

以粉煤灰取代部分水泥，能减少混凝土的用水量，相应降低水灰比，因此能提高混凝土的密实性及抗渗性；缓和水泥中游离石灰和氧化镁的有害影响，改善水泥的安定性；缓和活性骨料与碱的有害反应,改善混凝土的抗化学侵蚀性。

(5)提高混凝土后期强度增长率和后期强度。

以粉煤灰取代部分水泥,混凝土的早期强度有可能稍有降低,但后期强度则与纯混凝土相等或略高。

## 三、水工混凝土应用粉煤灰的注意事项

(1)掺粉煤灰混凝土的设计强度、强度保证率、标准差的离差系数等指标,应与不掺粉煤灰的混凝土相同,按有关规定取值。不宜因掺粉煤灰而提高混凝土的强度等级及其保证率。

(2)等级较高的Ⅰ级和Ⅱ级粉煤灰,具有较大减水增强和显著改善混凝土各种性能的效果,因此各种混凝土宜优先选用等级较高的粉煤灰,以取得更大的技术经济效益。

(3)合理选择掺料的使用部位。粉煤灰最适宜掺在大体积内部混凝土中,也适宜用于水下、水上部位混凝土及钢筋混凝土。有冻融要求的混凝土及有抗耐冲磨要求的混凝土应经过论证并采取措施后方可使用,如限制水灰比不宜过大和控制粉煤灰掺量,掺加引气剂(本工程采用北京万普特外加剂有限公司成产的 CTE 型混凝土引气剂,掺量0.04%),在粉煤灰掺量大时,应注意混凝土拌和物的均匀性。

(4)粉煤灰混凝土在低温施工时,应注意保温,拆模时间应适当延长;暴露面的潮湿养护时间不应小于21 d,在干燥或炎热条件下,潮湿养护时间不应少于28 d。

综上所述,在混凝土中掺入适当比例的粉煤灰,不仅能大大提高混凝土的技术性能,而且取得了很好的经济效益。相信在日后的各项工程建设中,经过不断的技术创新,粉煤灰在混凝土施工技术中将发挥更大的作用。

# 第四章　碾压混凝土的施工试验基本要求

随着我国碾压混凝土筑坝技术的迅速发展,为适应我国水工碾压混凝土试验技术进步的需要,对推动我国碾压混凝土筑坝技术的发展起到了积极的作用。随着应用范围的不断扩大,水利部提出《水工碾压混凝土试验规程》(SL48—94)。其主要内容有原材料、碾压混凝土拌和物和碾压混凝土试验三部分,形成了适合我国工程和技术情况的一套碾压混凝土试验方法,以确保碾压混凝土质量,并尽量保持其本身的系统性,进一步推动碾压混凝土筑坝技术的应用与发展。

## 第一节　原材料试验的要求

### 一、水泥试验方法

水泥试验按有关国家标准:《水泥密度测定方法》(GB208),《水泥比表面积测定方法》(GB207),《水泥细度检验方法》(筛析法)(GB1345),《水泥标准稠度用水量、凝结时间、安定性检验方法》(GB1346),《水泥胶砂强度检验方法》(GB117),《水泥水化热试验方法》(GB2022),《水泥胶砂流动度测定方法》(GB2417),《水泥胶砂快速检验方法》(GB105),《水泥化学成分检验方法》(GB176)及《水工混凝土试验规程》(SD105—82)的规定方法进行。

### 二、掺合料试验方法

用粉煤灰作为碾压混凝土的掺合料已很普遍,其在技术上也已成熟,故应优先选用。其试验项目包括:密度测定、细度测定、需水量比测定、三氧化硫含量试验、烧失量检验、强度比试验。其试验方法用《水泥和混凝土中的粉煤灰》(GB1596—91)和《水工混凝土试验规程》(SD105—82)的规定方法进行。

### 三、胶凝材料水化热试验方法(直接法)

**(一)目的及适用范围**

在热量计周围温度不变的条件下,直接测定热量计内胶凝材料胶砂温度的变化,计算热量计内积蓄和散失热量的总和,从而求得胶凝材料水化热。本方法适用于7 d内的胶凝材料水化热测定。

**(二)试验步骤**

1.准备工作

(1)温度计须在15 ℃、20 ℃、25 ℃、30 ℃、35 ℃、40 ℃的范围内与标准温度计进行校正,给出校正曲线。

(2)软木塞:为防止软木塞透水或吸水,应用石蜡涂封,软木中如有较大孔洞可先用胶泥封堵后再涂石蜡。在封堵前先将软木塞中心钻一个小孔(插温度计用),并称质量,封蜡后再称质量以求得蜡的质量。然后在小孔中插入长尾温度计,使温度计水银球离软木塞底面约 12 cm,最后再用蜡封严软木塞与温度计之间的空隙。

(3)保温瓶、软木塞、截锥形圆筒及温度计等均需编号并称质量,每套仪器部件不宜互换,否则需要重新计算热量计的平均热容量。

2. 热量计的平均热容量

热量计的平均热容量按下式计算:

$$C = 0.84 \times g/2 + 1.89 \times g_1/2 + 0.84g_2 + 0.399g_3 + 3.318g_4 + 1.66g_5 + 0.33g_6 + 1.932V$$

式中 $C$——不装胶砂时热量计的平均热容量,J/℃;

$g$——保温瓶质量,g,0.84 为玻璃的比热;

$g_1$——软木塞质量,g,1.89 为软木的比热;

$g_2$——套管质量,g,0.84 为玻璃的比热;

$g_3$——截锥形圆筒质量,g,0.399 为铜管的比热,如用白铁皮,则比热为 0.462;

$g_4$——软木塞底面的蜡质量,g,3.318 为蜡的比热;

$g_5$——塑料薄膜质量,g,1.66 为塑料薄膜的比热;

$g_6$——橡皮垫片质量,g,0.33 为橡皮的比热;

$V$——温度计伸入热量计的体积,$cm^3$,1.932 为玻璃的容积比热,J/($cm^3$·℃)。

3. 热量计散热常数的测定

(1)试验前热量计各部件和试验用品应预先在(20±2) ℃下恒温 24 h。

(2)在截锥形圆筒上面盖一块 16 cm×16 cm 中心带有圆孔的塑料薄膜,边缘向下折,用橡皮筋箍紧,然后放置于热量计中固定,防止摇动。用漏斗向圆筒内注入550 mL 约35 ℃的温水,再准备好插有温度计(带玻璃套管或铜套管)的软木塞盖紧,并在保温瓶与软木塞之间用蜡或胶泥密封,防止透水,然后将热量计垂直固定于恒温水槽的热量器支架上夹好。

(3)恒温水槽内的水温应保持(20±1) ℃,试验开始 6 h 测定第一次温度 $T_1$(宜为 30 ℃左右),经 44 h 测定第二次温度 $T_2$(宜为 21 ℃左右)。

(4)热量计的散热常数按下式计算:

$$K = (C + W)\frac{\lg\Delta T_1 - \lg\Delta T_2}{0.134\Delta t}$$

式中 $K$——散热常数,J/(h·℃);

$W$——水的热容量为 550×4.186 8 J/℃;

$C$——热量计的平均热容量,J/℃;

$\Delta T_1$——试验开始 6 h 后热量计与恒温水槽的温度差,℃;

$\Delta T_2$——试验开始 44 h 后热量计与恒温水槽的温度差,℃;

$\Delta t$——自 $T_1$ 至 $T_2$ 时所经过的时间,h。

注:此公式是根据测定过程中热量计散失的热量 $Q$ 与该测定过程中的平均温度差 $\Delta T$ 和时间间隔 $\Delta t$ 成正比推算的,其比例常数为散热常数 $K$。

$$Q = K\Delta T\Delta t \quad K = Q/(\Delta T \cdot \Delta t)$$

式中 $Q = (C + W)(T_1 - T_2)$,$\Delta T = (\Delta T_1 - \Delta T_2)/\ln\dfrac{\Delta T_1}{\Delta T_2}$。

散热常数应测定两次，取其平均值，两次结果差值应小于 4.2 J/(h·℃)，每年必须测定一次，$K$ 值应小于 168 J/(h·℃)，否则说明保温瓶质量不佳，应更换。

4.胶砂水化热的测定

(1)为了保证热量计中温度均匀，采用胶砂进行试验，砂子采用《水泥胶砂强度检验方法》(GB177—85)用的标准砂，胶砂比为 1∶1.0～1∶2.0。

(2)胶砂的加水量等于胶凝材料标准稠度用水量。

(3)试验前，水泥、粉煤灰、砂子及水等材料和热量计各部件均应预先在(20±2)℃下恒温。试验时，胶凝材料与砂子混合物总质量为 800 g，按选择的胶砂比计算胶凝材料与标准砂用量，分别称量后倒入搅拌锅内干拌 1 min，然后移入已用湿布擦过的搅拌锅内。按上述步骤计算的胶砂加水量，湿拌 3 min 后，将胶砂迅速装入内壁已有牛皮纸的截锥形圆筒内。粘在锅和勺上的胶砂，用棉花擦净，一起放入截锥形圆筒中，并在胶砂中心钻深约 12 cm 的孔，放入玻璃套管或钢管套以备插入温度计。然后盖上中心有一圆孔的塑料薄膜，并用橡皮筋箍紧，置于热量计中。在截锥圆筒下垫橡皮垫片，再将插有温度计的软木塞盖紧。从加水时起至软木塞盖紧应在 5 min 内完成。自加水起 7 min 时记录初始温度及时间，然后在软木塞与热量计接缝之间涂蜡或用胶泥密封，封好后即将热量计放入恒温水槽的支架上夹好，水槽内水面应高出软木塞顶面约 2 cm。

(4)热量计放入恒温水槽后在温度上升过程中，每小时记录温度一次。温度下降过程中，每两小时记录温度一次，当温差不大时，可改为 4 h 或 8 h 记录一次。试验从读初温时起进行 168 h。

**(三)试验结果的处理**

(1)根据所记录的时间与对应的水泥胶砂温度，以时间为横坐标(图上 1 cm 代表 5 h)、温度为纵坐标(图上 1 cm 代表 1 ℃)。在坐标纸上作图，并画出水温 20 ℃时的水槽恒温线。恒温线与胶砂温度曲线间的总面积(恒温线以上的面积为正面积，恒温线以下的面积为负面积)$\sum F_{0-x}$(h·℃)可按下列方法计算：

①用求积仪求得。

②把恒温线与胶砂温度线间的面积按几何形状划分为较小的三角形、抛物线、梯形等，面积为 $F_1$、$F_2$、$F_3$…，分别计算，然后将其相加，因为 1 $cm^2$ 代表 5 h·℃，所以总面积乘 5 即得 $\sum F_{0-x}$。

③近似矩形，在胶凝材料水化热曲线图横坐标上，以每 5 h(1 cm)作为计算单位，并作为矩形的宽度，矩形的长度(温度值)是通过面积补偿确定的，如图 4-1 所示。

在矩形底边 $t_1t_2$ 处分别作两条平行于纵坐标的垂线与曲线相交于 $A$、$B$ 两点，在曲线段 $AB$ 间选一点 $P$，过 $P$ 点作横坐标的平行线，此线与 $t_2B$ 线交于 $B'$，与 $t_1A$ 线的延长线交于 $A'$，此时如曲线下方画斜线的面积 $PBB'$ 与曲线上方空白面积 $PAA'$ 相等时，则此时 $P$ 点的高度($c$)即可作为矩形的长度，长宽相乘即得矩形的面积。以此类推，将划分的各矩形面积相加，则得面积再乘以 5，即得 $\sum F_{0-x}$ 的数值，如 $PBB'$ 与 $PAA'$ 面积不相等，则按上述方法重找 $P$ 点，直至面积相等为止。

④用电子仪器自动记录计算。

⑤其他方法。

(2)根据水泥、粉煤灰、砂、水的质量及热量计的平均热容量计算装入胶砂后热量计的

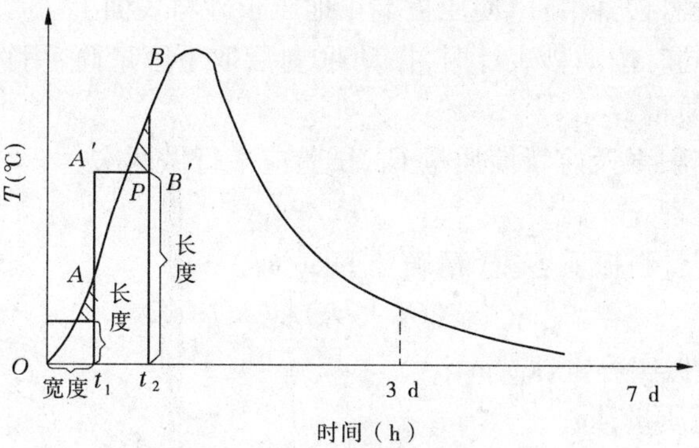


**图 4-1　水泥水化热曲线**

热容量如下：

$$C_p = 0.84m_c + 0.84m_s + 4.2m_w + 0.84m_f - C$$

式中　$C_p$——装入水泥胶砂后热量计的热容量，J/℃；

$m_c$——水泥质量（0.84 为水泥的比热），g；

$m_s$——砂的质量（0.84 为砂的比热），g；

$m_w$——水的质量（4.2 为水的比热），g；

$m_f$——粉煤灰质量（0.84 为粉煤灰的比热），g；

$C$——热量计的平均热容量，J/℃。

（3）试验经一定龄期 $x$ 后，所用胶砂放出的总热量为热量计中积蓄热量加散失热量的总和，其按下式计算：

$$Q_x = C_p(t_x - t_0) + K\sum F_{0-x}$$

式中　$Q_x$——胶砂经龄期 $x$ 的总发热量，J；

$C_p$——装胶砂后热量计的热容量，J/℃；

$t_x$——胶砂经龄期 $x$ 的温度，℃；

$t_0$——胶砂的初始温度，℃；

$K$——热量计的散热常数，J/（h · ℃）；

$\sum F_{0-x}$——在 0 至 $x$ 时间内恒温水槽温度直线与胶砂温度曲线间的面积，h · ℃。

（4）在一定龄期 $x$ 时，胶凝材料水化热按下式计算：

$$q_K = Q_x / G_B$$

式中　$q_K$——一定龄期 $x$ 时，胶凝材料水化热，J/g；

$Q_x$——龄期为 $x$ 时，胶凝材料放出的总热量，J；

$G_B$——胶凝材料的质量，g。

（5）细骨料的常规试验方法，一般性测定按《水工混凝土试验规程》（SD105—82）的规定方法进行。

细骨料振实容量及空隙率测定如下。

①试验步骤：

a. 用铁锹把饱和面干砂拌匀，装入附有套模的容量筒中，砂料应高出筒口约 5 cm。

b. 将装砂筒料装满，固定于振动台上，将透明塑料压板滑杆连同配重砝码（质量 7.75

kg）一起置于砂料表面，松开滑杆，使压板端正地压于砂料表面上。

c. 开动振动台，同时按动秒表计时，振动 40 s 后取下容量筒，用直尺从筒口中心线向两侧方向刮平砂样，称质量 $G_2$。

d. 测定容量筒容积 $V$ 及容量筒质量 $G_1$，试验应平行做两次。

②试验结果的处理：

a. 按下式计算细骨料振实容重（精确至 1 kg/m³）：

$$\gamma_s = (G_2 - G_1)/V \times 1\ 000$$

式中 $\gamma_s$——细骨料振实容重，kg/m³；

$G_1$——容量筒质量，kg；

$G_2$——容量筒及砂样质量，kg；

$V$——容量筒容积，L。

以两次测定的平均值作为试验结果，当两次测值相差超过 20 kg/m³ 时，应重做试验。

b. 按下式计算细骨料振实空隙率（精确至 0.1%）：

$$V_{0s} = (1 - V_s/\rho_s) \times 100$$

式中 $V_{0s}$——细骨料空隙率（%）；

$V_s$——细骨料的振实容重，kg/m³；

$\rho_s$——饱和面干砂的视密度，kg/m³。

（6）粗骨料的常规试验方法，一般性测定按《水工混凝土试验规程》（SD106—82）的规定方法进行。

粗骨料振实容重及空隙率测定：

①试验步骤。

a. 根据粗骨料最大粒径确定容量筒的大小（最大粒径 40 mm 时用 10 L，80 mm 时用 30 L），称得质量 $G_1$。

b. 取具有代表性的气干试样或一定级配比例的气干骨料，搅拌均匀，用平铲将试样从离筒口 5 cm 处自由落入筒内，粗骨料装至筒口齐平（注意用 5～10 mm 的小粒径粗骨料填平）。

c. 把装有粗骨料的容量筒固定于振动台上，粗骨料表面加上相应的压重块（质量按压强 980 Pa 计算）。

d. 开动振动台，振 60 s 取下压重块，在试样上面铺上尼绸布，用已知容重 $\gamma$ 的标准砂均匀地从 5 cm 高处倒入细布中，直至标准砂略高于筒口，然后用直尺沿容量筒上边缘刮平，称取标准砂质量 $G_2$，计算所填入标准砂的体积 $V$，取下容量筒，称得容量筒加试样质量 $G_3$。试验平行进行两次。

②试验结果处理。

a. 按下式计算粗骨料的振实容量（精确至 1 kg/m³）：

$$\gamma_g = (G_3 - G_1)/(V_1 - V_2) \times 1\ 000$$

式中 $\gamma_g$——粗骨料的振实容量，kg/m³；

$G_1$——容量筒质量，kg；

$G_3$——容量筒加试样质量，kg；

$V_1$——容量筒容积，L；

$V_2$——所填标准砂体积，L。

以两次试验的平均值作为试验结果，两次试验结果相差超过 20 $kg/m^3$ 时，试验应重做。

b. 按下式计算粗骨料的振实空隙率（精确至 1%）;

$$V_{0g} = [1 - \gamma_g/(\rho_g \times 1\,000)] \times 100$$

式中 $V_{0g}$——粗骨料的振实空隙率（%）;

$\gamma_g$——粗骨料的振实容重，$kg/m^3$;

$\rho_g$——粗骨料的视密度，$kg/m^3$。

按下式计算标准砂体积：

$$V_2 = G_2/\gamma$$

式中 $V_2$——标准砂体积，$m^3$;

$G_2$——所填标准砂质量，kg;

$\gamma$——标准砂松散容重，$kg/m^3$。

### 四、外加剂性能测定

外加剂性能测定按《混凝土外加剂匀质性试验方法》（GB8077—87）的规定进行。

### 五、水质检验方法

按《水工混凝土试验规程》（SD105—82）的规定进行。

## 第二节　碾压混凝土拌和物的试验

### 一、一般规定

（1）拌制碾压混凝土拌和物时，拌和间温度应保持（20 ±5）℃。

（2）用以拌制碾压混凝土的各种材料应提前 1 d 放入拌和间。

（3）骨料计量一律以饱和面干状态为标准，材料计量以质量计。称量精度：水泥、粉煤灰及水为 ±0.3%，骨料为 ±0.5%，外加剂（干料）精确至 0.5 g。

（4）搅拌机应预先搅拌少量与碾压混凝土水胶比相同的砂浆，使搅拌机内壁湿润，各种用具在拌制前也应保持湿润。

### 二、操作步骤

（1）根据工程技术要求进行配合比设计，按顺序将称好的砂、水泥、粉煤灰（水泥和粉煤灰预先拌均匀）倒入搅拌机搅拌 1 min，再按顺序把称量好的水（外加剂与水混合均匀），大、中、小石子倒入搅拌机中，搅拌 2 min。也可以采用经过试验论证的能搅拌均匀的投料顺序及拌和制度。

（2）将拌和好的碾压混凝土拌和物倒出，卸在钢板上，刮出黏结在搅拌机上的拌和物并一起翻拌均匀。

### 三、碾压混凝土拌和物工作度（*VC* 值）测定

试验步骤：

(1)试验前将容筒、压板等擦净湿润。

(2)将拌和物筛出大于40 mm粒径的粗骨料。拌和物均匀、摊平,用四分法将拌和物分成四份,取其对角线方向的两份,分两层装入容量筒,下层应超过半筒,上层装至与筒口齐平。每装一层用捣棒从容量筒周边开始向中心螺旋形均匀插捣25次,插捣深度底层穿透该层,上层插入下层表面以下1~2 cm,上层插捣完毕后将表面整平。

(3)将装料的容量筒固定在振动台上,把透明塑料压板砝码加到拌和物表面(总质量17.75 kg),松动滑杆,紧固螺栓,开动振动台同时计时,记下从振动开始到圆压板周边全部出现水泥浆所需的时间。

(4)工作度试验应在拌和物拌和完毕20 min内做完,未进行试验的拌和物应该用塑料薄膜或湿麻袋遮盖,以免水分蒸发,试验进行两次。

(5)试验结果的处理。以两测次值的平均值(精确到0.5 s)作为拌和物的工作度(*VC*值)。当混凝土拌和物的*VC*值处于5~15 s、16~25 s、26~35 s范围内时,两次测试结果分别不得超过3 s、5 s、7 s,否则必须重做。

## 四、碾压混凝土拌和物容重的测定

### (一)试验步骤

(1)根据拌和物中最大骨料粒径,选定相应的容量筒,测定容量筒容积$V$。

(2)拌制碾压混凝土拌和物。

(3)擦净容量筒称质量$G_1$。

(4)把容量筒固定于振动台上,加上套膜,把拌和物装入容器筒,分层装料,每层装料厚度不大于20 cm(上层应高出容量筒顶口5 cm)。按每100 $cm^2$插捣12次进行分层插捣,放上相应质量的压重块,分层振动,下层振动时间等于该拌和物的*VC*值,顶层振动时间为该拌和物*VC*值的2倍,必要时可考虑3倍。

(5)取下套膜及压重块,沿筒口刮除多余的拌和物,用抹刀及玻璃板抹平表面,将容量筒外部擦净,称质量$G_2$,进行两次试验。

### (二)试验结果的处理

(1)碾压混凝土拌和物的容重(精确至1 $kg/m^3$)按下式计算:

$$\gamma_b = (G_2 - G_1)/V \times 1\,000$$

式中 $\gamma_b$——碾压混凝土拌和物的容重,$kg/m^3$;

$G_1$——容量筒质量,kg;

$G_2$——试样与容量筒质量,kg;

$V$——容量筒容积,L。

以两次测值的平均值作为试验结果。当两次测值相差超过20 $kg/m^3$时,试验应重做。

(2)拌和物的近似含气量按下式计算:

$$V_b = (\gamma_0 - \gamma_b)/\gamma_0 \times 100$$

$$\gamma_0 = \frac{G_c + G_f + G_s + G_g + G_w}{\frac{G_c}{\rho_c} + \frac{G_f}{\rho_f} + \frac{G_s}{\rho_s} + \frac{G_g}{\rho_g} + \frac{G_w}{\rho_w}} \times 1\,000$$

式中 $V_b$——碾压混凝土拌和物的含气量(%);

$\gamma_0$——拌和物不含气时理论容重，kg/m³；

$\gamma_b$——拌和物实测容重，kg/m³；

$G_c$、$G_f$、$G_s$、$G_g$、$G_w$——每立方米拌和物水泥、粉煤灰、砂、石及水的质量，kg；

$\rho_c$、$\rho_f$、$\rho_s$、$\rho_g$、$\rho_w$——水泥、粉煤灰、砂、石及水的密度或视密度，kg/m³。

现场质量检查时，为方便起见，可在测定拌和物工作度之后延长施振时间至该拌和物 VC 值的两倍，求得振实后试样的质量、体积。计算经过湿筛的碾压混凝土拌和物容重，并按下式计算未经过湿筛的碾压混凝土拌和物的容重：

$$\gamma_{原} = \gamma_b[1 - G_3/(1\,000\rho_g)] + G_2$$

式中 $\gamma_{原}$——未经过湿筛的碾压混凝土拌和物的容重，kg/m³；

$\gamma_b$——经过湿筛的碾压混凝土拌和物的容重，kg/m³；

$G_3$——每立方米碾压混凝土中大于 40 mm 的石料用量，kg；

$\rho_g$——大石的视密度，kg/m³。

未经过湿筛碾压拌和物的容重也可按 $1.03\gamma_b$ 估算。

## 五、碾压混凝土砂浆振实容重试验

### （一）试验步骤

（1）用 5 mm 方孔筛从碾压混凝土拌和物中筛取砂浆约 20 kg。

（2）称容量筒质量 $G_0$，通过套模将砂浆分两层装入容量筒中，每装一层用捣棒插捣 25 次。

（3）将容量筒固定于振动台上，砂浆试样表面加承压板及压重块。开启振动台对砂浆试样施加振动（振动时间等于碾压混凝土拌和物的 VC 值，VC 值未知时可取用 15 s）。

（4）刮去容量筒表面多余的砂浆，抹平表面，擦净容量筒，称容量筒及砂浆的总质量 $G_1$。试验进行两次。

### （二）试验结果处理

碾压混凝土砂浆振实容重按下式计算（精确至 10 kg/m³）：

$$\gamma_m = (G_1 - G_0)/V \times 1\,000$$

式中 $\gamma_m$——碾压混凝土砂浆振实的容重，kg/m³；

$G_0$——容量筒质量，kg；

$G_1$——砂浆与容量筒总质量，kg；

$V$——容量筒容积，L。

以两次测值的平均值作为试验结果。

## 六、碾压混凝土拌和物含气量测定

碾压混凝土拌和物含气量测定的试验步骤如下。

### （一）含气量测定仪的率定

含气量测定所用的仪器如图 4-2 所示。

（1）预先称量含气量测定仪器量钵加玻璃板的质量。量钵加满水，用玻璃板沿量钵顶面平推，使钵内盛满水而玻璃板下无气泡。擦干钵体外表面后连同玻璃板一起称质量，两次质量的差值除以该温度下水的密度即为量钵的容积（$V_0$）。

(2)将橡皮密封圈置于量钵顶面的凹槽内,盖上钵盖,扭紧紧固螺栓。

(3)打开排气阀和进水阀,将漏斗放入进水阀孔内,向量钵内注水直至排气阀的排水孔出水时为止。旋紧钵盖上的所有阀门,用打气筒经进气阀向气室充气,使压力表指针所指压力稍大于0.1 MPa,然后再微松进气阀排气,调整压力使其为0.1 MPa。

(4)松开操作阀使气室的压力气体进入量钵内,测读压力读数(精确至0.001 MPa)。此时指针所指压力相当于含气量为0时的压力。

(5)打开排气阀放气,由进水阀孔内抽出等于量钵容积1%的水。关闭钵盖上的所有阀门,然后重新向气室充气,调整压力为0.1 MPa,重复试验步骤。此时压力表指针所指压力相当于含气量1%。同样方法可测含气量2%,3%,…,8%等。

(6)以压力表读数为横坐标,含气量为纵坐标,绘制含气量与压力表读数关系曲线。

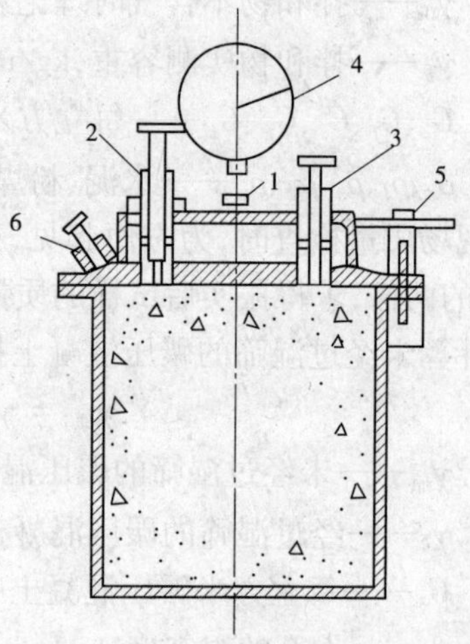


**图4-2　CA-2型水压式含气量测定仪结构图**

1—进气阀;2—操作阀;3—进水阀;4—压力表;5—紧固螺栓;6—排气阀

**(二)碾压混凝土拌和物含气量的测定**

(1)取拌和物约15 L,用湿筛法除去粒径大于40 mm的骨料,拌和均匀。用磅秤称取质量为$G_b$的试样,其计算式如下:

$$G_b = \gamma_b V_0 / 1\ 000$$

式中　$G_b$——碾压混凝土拌和物试样质量,kg;

$\gamma_b$——混凝土拌和物经过湿筛的容重,kg/m$^3$;

$V_0$——混凝土含气量测定仪量钵容积,L。

(2)把套模置于量钵上,将称取的试样($G_b$)分两层装入量钵内,每层高约10 cm,用捣棒从量钵周边开始向中心螺旋型均匀插捣25下,插捣上层时捣棒应插入下层1~2 cm。

(3)将量钵置于固定卡具上,然后用4根螺杆和压板将量钵连同套模一并固定在振动台上,再将压重块和导杆轻轻置于套模内混凝土表面。

(4)开动振动台,同时计时。振动时间按3倍该拌和物的*VC*值控制。

(5)将量钵从振动台上取下,用抹刀将顶面大致抹平,擦净量钵上边缘,把密封圈放于凹槽内,再将量钵盖盖上,旋紧紧固螺栓。

(6)打开排气阀和进水阀,通过漏斗从进水阀向量钵内注水,直至排气阀的排气孔出水为止。关闭钵盖上的所有阀门,用打气筒经进气阀向气室充气,使压力表指针所指压力为0.1 MPa。

(7)打开操作阀,待压力表指示的压力稳定后读取压力表读数(读至0.001 MPa),从压力表读数与含气量关系曲线上查得含气量$V_{b1}$,测试完毕后打开进水阀排除量钵内的气体。

**(三)测定骨料校正常数*K***

*K*随骨料种类不同而变化。

(1)装入量钵中的砂、石质量按下式计算:

$$G_{s1} = G_s V_0 / 1\,000 \qquad G_{g1} = \frac{(G_1 + G_2) V_0}{1\,000 - G_3/\rho_g}$$

式中 $G_{s1}$、$G_{g1}$——装入量钵中的砂、石质量,kg;

$G_s$——每立方米碾压混凝土用砂量,kg;

$V_0$——量钵容积,L;

$\rho_g$——粒径大于 40 mm 石料的视密度,$kg/m^3$;

$G_1$、$G_2$、$G_3$——每立方米碾压混凝土中粒径为 5 ~ 20mm、20 ~ 40 mm 及大于 40 mm 的石料用量,kg。

由上式计算出的砂、石用量以饱和面干状态为准,实际用量还需要根据砂、石料的含水情况进行校正,按修正后的砂、石用量称取砂、石料。

(2)量钵中先盛 1/3 高度的水,将称取的砂石料混合物逐步加入量钵中,不断搅拌以排出气体。每当骨料层厚增加 4.5 cm 时,用捣棒捣 10 次。砂石料全部加水至满,放上橡皮密封圈套,并盖上钵盖,扭紧紧固螺栓。

(3)按测定拌和物含气量的步骤进行,根据压力表读数由曲线查得含气量即为骨料校正常数 $K$。

(4)试验结果的处理。

拌和物含气量按下式计算:

$$V_b = V_{b1} - K$$

式中 $V_b$——拌和物含气量(%);

$V_{b1}$——由含气量测定仪测得的含气量(%);

$K$——骨料校正常数(%)。

以两次测值的平均值作为试验结果,若两次含气量测值相差大于 0.5%,应找出原因,重做试验。

## 七、碾压混凝土拌和物凝结时间测定

碾压混凝土拌和物凝结时间用贯入阻力法测定,其试验步骤如下。

**(一)碾压混凝土拌和物室内凝结时间测定**

(1)从碾压混凝土拌和物中筛取砂浆试样约 22 L。

(2)通过套模将砂浆平分装于 6 个边长 15 cm 的立方体试模中(分两层装模,每层插捣 25 次),将试模固定于振动台上,砂浆表面加压重块(按砂浆表面压强 2 450 Pa 计算)。开启振动台使试样振动密实(施振时间等于该碾压混凝土拌和物的 $VC$ 值)。随后去掉压重块和套模,刮去试模表面多余砂浆抹平表面。

(3)试样成型后立即在贯入阻力仪上用截面积为 0.2 cm 的测针测定贯入阻力,以后从砂浆拌和加水时算起每小时(测试时间间隔可视初凝时间长短进行调整,但初凝前及初凝后宜分别有 6 次以上的测试数值)测定贯入阻力一次(以不同试模中的 3 个测点贯入阻力的平均值作为该时刻的贯入阻力值),直至砂浆试样贯入阻力大于 30 MPa 为止。

(4)测试时,按照先周边后中心的顺序进行,测点间与试模间距离应不小于 25 mm。

(5)测试时将砂浆试模置于磅秤上,读记砂浆与试模总质量作为基数,然后使测针端部与砂浆表面接触,按动贯入阻力仪手柄徐徐加压,经 10 s 使测针贯入砂浆深度为 25 mm,读记磅秤在加压过程中的最大指示值,此值扣除基数即为贯入压力。将贯入压力除以测针截面积即得贯入阻力值。每次测试完毕,应将测针上黏附的砂浆擦净。将试样放置于(20 ± 3) ℃的恒温室中并用橡皮板或玻璃板遮盖。

(6)以贯入阻力为纵坐标,以砂浆拌和加水至测定贯入阻力所经历的时间为横坐标,将测试结果点绘于图上。根据测点的具体分布情况,在转折点处将测点划分为两组(测点划分合适与否,可用两直线的相关系数是否均匀进行判断)。用“最小二乘法或平均法”将两组测点分别用直线或直线方程表示,两直线的交点对应的时间即为混凝土拌和物的初凝时间。

(7)从贯入阻力—历时第二段直线上查得贯入阻力为 27.5 MPa,对应的时间为该碾压混凝土拌和物的终凝时间。

**(二)碾压混凝土初凝时间的测定**

(1)从运到施工现场的碾压混凝土拌和物中筛取砂浆样 40 ~ 50 L。

(2)在平仓后的碾压混凝土层的某一预定位置挖面积为 40 cm × 40 cm、深 20 ~ 25 cm 的坑。将砂浆试样填入坑内,刮平砂浆表面(此时要求试样表面略高于碾压混凝土表面)。

(3)在砂浆试样表面覆盖一层尼龙编织物,让砂浆试样与混凝土拌和物一起承受碾压。碾压完后除去覆盖物,并与碾压混凝土一起进行同条件的养护。

(4)将碾压混凝土拌和物室内试验初凝时对应的贯入压力扣除现场初凝时间测定仪承重盘及滑杆质量作为现场施测时的附加压重,测定砂浆试样在已知贯入压力作用下 10 s 的贯入深度。

(5)施测时将现场初凝时间测定仪(见图 4-3)置于待测砂浆试样上,调整支架升降螺丝使测针竖直(此时水平尺气泡居中),转动卡环把滑杆锁住,调整测杆螺丝使测针端部与试样表面接触,转动卡环松开滑杆,同时将附加压重在 10 s 内逐渐加于承重盘上(10 s 加完),超过 10 s 立即除去附加压重。测读测针的贯入深度,每次施测 3 个点,以 3 个贯入深度的平均值作为该次测试结果。

(6)从碾压混凝土拌和物加水至贯入深度为 25 mm 所经历的时间即为碾压混凝土拌和物在当时环境条件下的初凝时间,当贯入深度大于或小于 25 mm 时,即表示拌和物未初凝或已超过初凝时间。

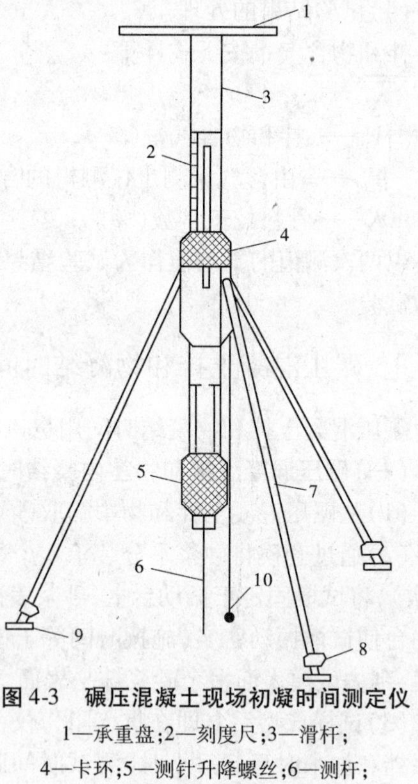


**图 4-3　碾压混凝土现场初凝时间测定仪**

1—承重盘;2—刻度尺;3—滑杆;
4—卡环;5—测针升降螺丝;6—测杆;
7—三脚架;8—支架升降螺丝;
9—支架垫板;10—垂球

(7)若使用手持式现场初凝时间测定仪进行施测,测试时应保持测针竖直,将测针端部与砂浆试样表面接触。通过手把徐徐加压,使测针在 10 s 内贯入砂浆 25 mm,从贯入阻力显示屏(或显示表)上读记施测过程中的最大贯入阻力。当最大贯入阻力达到碾压混凝土拌和物室内初凝时对应的贯入阻力时所经历的时间即为该碾压混凝土拌和物在当时环境条件下的初凝时间。

# 第五章　碾压混凝土筑坝的施工程序及工程要求

碾压混凝土技术是干硬性混凝土利用土石坝施工工艺，以振动碾压实的一种新的混凝土施工技术。随着试验研究的深入，原材料混凝土配合比及施工机械、施工工艺得以改进，先进、科学的设计理论在实践中的应用，使得碾压混凝土筑坝技术不断提高、日趋完善，解决了各类问题。采用高掺粉煤灰等外掺料，选用适宜的水泥砂石骨料、优质复合型外加剂，针对具体工程特点确定优化的混凝土配合比。对碾压混凝土拌和、运输、压实的机械设备不断改进和调整，混凝土稠度 *VC* 值的控制范围在混凝土摊铺、诱导缝施工及恶劣环境下的施工技术不断改进和提高；研究了变态混凝土斜层平摊铺筑，进一步提高了碾压混凝土坝的工程质量。

## 第一节　碾压混凝土筑坝的施工程序及施工工艺流程

碾压混凝土筑坝的特点是快速连续施工。如果整个生产系统的任一个环节出现故障、不协调或不配套的情况都会影响工程进度及碾压混凝土筑坝特点的发挥，故必须按要求有序地进行施工。

### 一、碾压混凝土筑坝的施工程序

碾压混凝土筑坝的施工程序为：铺筑前的准备→拌和→运输→卸料和平仓→碾压→成缝→缝面处理→异种混凝土浇筑→养生和防护→埋设件施工→特殊气象条件下的施工。

禹门河反调节水库工程的施工程序为：施工前的准备→碾压混凝土试验→碾压混凝土的拌制→混凝土的运输→卸料和平仓→碾压→成缝→层、缝面处理→变态混凝土浇筑→养生及防护→埋设件施工→特殊气象条件下施工。

### 二、碾压混凝土的施工工艺流程

骨料筛分→配料→拌和→运输→入仓→摊铺→振动碾压→切缝（设计诱导孔）→养护→水平缝处理→下一个施工层循环。

## 第二节　各施工程序的具体要求

### 一、铺筑前准备的具体要求

(1)碾压混凝土铺筑前，岩基面上应先铺砂浆，再浇筑一定厚度的常态混凝土，以解决岩基凹凸不平，达到找平的目的，便于碾压作业。

(2)铺筑碾压混凝土宜采用悬臂模板、混凝土预制模板、自升式模板或其他便于碾压施工作业的模板。采用悬臂模板时应设专用锚杆;采用混凝土预制模板或其他模板并作为坝体的一部分时,应保证模板搭接部分及模板与内部碾压混凝土之间的紧密连接。

(3)带斜拉条的模板,其斜拉条将妨碍卸料、平仓及碾压混凝土施工作业,故碾压混凝土施工所用的模板不宜设置斜拉条。

## 二、拌和时的注意事项

(1)拌制碾压混凝土宜选用强制式或自落式搅拌设备,其中强制式搅拌机适用于拌制干硬性混凝土。根据国外施工经验以及水口水电站导墙、观音阁水电站的施工实践,用强制式搅拌机拌制混凝土不仅质量好而且碾压混凝土易达到设计要求。

(2)拌和前应对搅拌设备的称量装置进行检定,确认达到要求的精度后,方能投入使用。

(3)碾压混凝土拌和物与常态混凝土拌和物特性有明显的差异。混凝土拌和物所需的时间受混凝土配合比、搅拌设备类型及投料顺序等的影响,故应通过拌和试验确定投料顺序和拌和时间。

(4)拌和楼应有快速测定细骨料含水率的装置,并有相应的加水量及补水措施,因为细骨料含水率的变化将明显影响混凝土拌和物的工作度及水胶比。

(5)碾压混凝土卸料时高落差越大,骨料分离越严重,故卸料斗的出料口与运输工具之间的落差不宜大于2 m,以限制混凝土拌和物的坍落度。

(6)碾压混凝土的拌和设备以采用强制式的拌和楼较好,但有时限于施工单位的装备条件,也有一些采用自落式的,只要控制好下料、拌和时间及加水量,拌和出来的碾压混凝土也能符合设计要求。

(7)拌和楼容量的选择取决于最大填筑量。其投放材料的顺序基本有两种:第一种是先放入少量的水,然后放入全部骨料(大、中粒骨料),然后放入水泥、粉煤灰进行拌和;第二种是先投入砂、水泥和水拌制成的砂浆,然后投入骨料进行拌和。可根据拌和楼特性及材料情况选定,并不强行规定。岩滩在做围堰时专门进行的研究结果表明用第二种办法较好,拌和后碾压混凝土均匀、不粘罐。

(8)在拌和时,要注意骨料和砂的含水量。一般骨料脱水很快,不成问题。但对砂冲洗和筛分后,很难迅速脱水,为了控制好含水量,必须有自动检测设备。不具备这种条件时,只能在备料场地加以控制;否则将会造成碾压混凝土的水灰比变化,质量不稳定,因此要特别注意。

(9)拌和楼的容量一般应比最高碾压混凝土填筑强度大,根据我国近年来建坝的经验,最少有30%以上的备用量。若用陈旧设备则还需提高,最好要在一台检修时,仍能保证拌和强度。

## 三、运输入仓的施工要点

(1)运输碾压混凝土宜采用自卸卡车、皮带输送机、坝头斜坡轨道等机具,不得采用溜槽作为直接运输碾压混凝土的机具,因用溜槽会使骨料分离严重。运输机具在使用前应进行全面检查和清洗。

(2)采用自卸卡车运输混凝土时,车辆行走的道路必须平整。自卸卡车入仓前,应将车轮夹带的污物、泥土(将影响混凝土层面的胶结质量)等清洗干净,防止将泥土、水带入仓内;汽车急刹车和急速转弯不能在仓面进行,以免破坏强度还不高的混凝土表面,并影响层面胶结而有损混凝土质量。

(3)采用皮带输送机运输混凝土时,应有防止水分蒸发、水泥浆损失及骨料分离的措施。可在皮带机上设遮阳棚,减少水分蒸发;设置刮浆板减少水泥浆损失;运输时设置缓冲装置以减少骨料分离。

(4)采用吊罐直接运输入仓,混凝土骨料分离较严重,应采取防分离措施,即可采用吊罐卸料于集中储料斗中,再由自卸汽车、装载机等分送至仓面的方法。

一般碾压混凝土运输入仓可分为水平与垂直两种方向,其特点是连续性、速度快、体积大、不分离。以自卸汽车和皮带机输送较常使用,而较少使用吊罐和起重机。利用自卸汽车直接入仓是最简单的办法,但需不断改建道路,同时为了防止仓面污染,冲洗轮胎要求很高,进口处还需注意排水。入仓后的卸料方式要特别注意,防止一倒成堆造成骨料分离。根据我国碾压混凝土筑坝二十多年来的施工经验,边倒边走减少大堆,可以防止分离现象的发生。另外,限制下落高度,分成几堆也可以防止分离。一旦出现大骨料集中部位,用人工清除费时费力,且质量常常得不到保证。

利用皮带机运输碾压混凝土比常态混凝土要优越,主要原因是由于碾压混凝土坍落度为零,混凝土在皮带上不会分层或分离。在料斗转向成下落时也能基本保持拌和后的良好状态。利用刮板能把皮带上砂浆刮尽,因此采用皮带机运输比较方便。另外,皮带机必须与拌和机配套才能连续运料。在采用皮带机转向时要经过料斗,若料斗的出口被堵塞,混凝土熟料源源而来,会从料斗飞溅出来发生危险,必须加以注意。

当拌和楼设置较高或有道路通过坝肩时,采用负压溜管下料,也可取得很好的效果。负压溜管是从国外引进的技术,经过国内改进制造,工地实际应用取得了良好效果,排除了分离现象。其办法是先用自卸汽车将混凝土运送到坝肩处,在该处设一开放性的料箱,下连溜管,自卸汽车在仓面上接料,待混凝土装满后,运往拟碾压断面摊铺。

在普通碾压混凝土拱坝曾做过入仓工艺技术的经济比较,分别以自卸汽车、斜坡轨道、真空溜管和皮带入仓进行比较。结果表明:在狭窄河谷中以自卸车运输最贵,运输费为4.77 元/$m^3$,临建费随坝高的增加达到4.61~62.51 元/$m^3$;斜坡轨道次之,运输费为4.52 元/$m^3$,临建费为3.97 元/$m^3$;皮带运输机运输费为3.83 元/$m^3$,临建费为0.94 元/$m^3$;真空溜管最便宜,运输费为3.46 元/$m^3$,临建费为0.57 元/$m^3$,所以真空溜管的垂直运输方式值得大力推广应用。

## 四、摊铺和平仓的要点

在摊铺碾压混凝土前,通常先在基岩上铺一层常态混凝土,其厚度根据坝高、坝址、地基及开挖状况而定,一般厚度为1.5~3.0 m。目的在于创造一个较为广阔的平台以便碾压,另外常态混凝土中可布置灌浆廊道和排水廊道,以便日后进行帷幕灌浆和固结灌浆,以使混凝土与岩面更好的结合。但根据大朝山振动碾压混凝土坝的经验,已取消了常态混凝土垫层,只是找平找齐,形成场地便于碾压混凝土的施工即可。

我国常用碾压混凝土层厚为30 cm、最大骨料粒径为80 mm的三级配混凝土,如仓面过大,可分为两薄层填筑,即为2×18 cm,然后碾压成30 cm,但必须注意两层之间间隔不能过长。有时也可采用较薄的层,其厚度不宜小于25 cm。

仓面摊铺找平,宜平行坝轴线进行。我国大部分施工工地常用推土机找平,其宽度与自卸汽车相近,型号为D80、D85或上海200型、黄河220型。为了保证推平后没有凹凸不平的现象,有的施工单位使用装载机可达到同样的效果。

摊铺时,在推土机平仓后,若仓面还不太平整则需要无振碾压2遍。摊铺平整后宜向上游倾斜,不能倾向下游,倾向下游不利于坝体稳定。故在摊铺和平仓中要注重以下几点:

(1)碾压混凝土宜采用大仓面薄层连续铺筑或间歇铺筑,铺筑层的厚度可由混凝土的拌制及铺筑能力、温度控制要求、坝体分块尺寸和细部结构等因素确定。

(2)我国大多数碾压混凝土坝工程均使用低水泥(50~60 kg/$m^3$)、高粉煤灰掺量的碾压混凝土,其水化热较低,且放热缓慢。根据许多工地的经验,靠顶面散热极其有限,因此宜采用薄层连续铺筑以加快施工进度。对于所使用水泥用量较高的情况,可考虑采用间歇铺筑方式,以利用混凝土顶面散热。

(3)采用自卸卡车直接进仓卸料时,宜采用退铺法依次卸料;平仓方向宜与坝轴线方向平行。卸料堆旁出现的分离骨料应由人工或用其他机械将其均匀地摊铺到未碾压的混凝土面上。

(4)采用退铺法依次卸料,经平仓后可以减少骨料分离。平仓方向与坝轴线平行是为了避免形成顺水流方向的薄弱面。

(5)严禁不合格的碾压混凝土进仓,已进仓的应做处理,合格后方能继续铺筑。所谓不合格混凝土,是指混凝土拌和物的*VC*值超过设计规范的范围、各组分的含量误差超过规定的范围或由于其他人为因素使已拌好的混凝土质量受到破坏。如在意外的情况下将少量(3 $m^3$以内)的不合格混凝土卸入仓内,且情况不很严重时,可以用推土机将该混凝土摊铺成10 cm左右的薄层,将其分摊在较大范围内。

(6)碾压混凝土的平仓应采用薄层平仓法,平层厚度宜控制在17~34 cm为佳。根据试验论证能保证质量时,平仓厚度可适度增大,如层厚为30 cm时,一般分两次铺料,每次17 cm,压实后30 cm左右,这样多次平仓。薄层平仓除了改善骨料分离状态,同时还起到一定的预压作用。

(7)平仓过的混凝土表面应平整,无洼坑且不允许向下游倾斜。

(8)为保证碾压质量,碾压厚度应一致,厚薄不均匀会导致厚处未压实,薄处已过振,影响施工质量和施工进度。向下游倾斜对坝体稳定和抗渗不利。

## 五、碾压施工时的要求

碾压混凝土工艺最重要的环节即是碾压。选择碾压设备应根据碾压层厚、仓面尺寸、混凝土和易性、骨料最大粒径和性质(人工碎石或天然碎石),从振动碾的机动性、压力、碾的尺寸、频率、振幅、速度以及其他方面进行选择。一般质量超过5 t的碾,不宜靠近模板,应距20 cm,应选择较轻的振动碾;破碎的人工骨料由于阻力大,宜选择较重的振动碾。在碾压过程中一般都是顺坝轴向纵压,每条压边15 cm,以保证碾压后容重都能达到标准。

当有常态混凝土时,交接处要形成45°交错斜坡,保证结合良好。但由于异种混凝土的胶凝材料不同,在温升、收缩方面都有着显著的差错,形成相对变位,容易产生裂缝。所以,在碾压时必须保证密实。

在碾压过程中,要随时进行质量监测,以确保工程质量。碾压时应注意以下几点:

(1)振动碾机型的选择应考虑碾压效率、起振力、滚筒尺寸、振动频率、振幅、行走速度、维护要求和运行的可靠性等。根据我国部分工程的实践:德国生产的 BW－200 及 BW－201AD 比较适用。BW－200 型机型较灵活,适用于中小型工程及小仓面;国内洛阳产 YZJ－10A、YZJ－10P 以及 YZS－60A、YZS－60B 等也可用,如表 5-1 所示。

**表 5-1　几种振动碾压主要参数**

| 指标 | | 型号 | | | | | | |
|---|---|---|---|---|---|---|---|---|
| | | BW－200 | YZJ－10A | YZJ－10P | YZS－60A | BW－75S | CC42 | BW－201AD |
| 自重(kg) | | 7 000 | 10 000 | 10 000 | 800 | 950 | 9 075 | 9 430 |
| 外型尺寸 | 长(mm) | 1 980 | 5 415 | 5 415 | 2 120 | 2 900 | 5 535 | 4 440 |
| | 宽(mm) | 2 520 | 2 440 | 2 400 | 750 | 800 | 1 800 | 2 320 |
| | 高(mm) | 2 400 | 2 500 | 2 500 | 1 100 | 1 045 | 2 366 | 2 190 |
| 行驶速度 | 一挡(km/h) | 1 | 2.6 | 0～4.43 无极变速 | 2.5 | 1.6 | | 4.5 |
| | 二挡(km/h) | 2 | 5.3 | | 2.8 | | | 9.0 |
| | 三挡(km/h) | 3 | 16.2 | | | | | |
| 爬坡(%) | 无振时 | 55 | | | | 55 | 36 | 37 |
| | 有振时 | 35 | | | | 35 | 36 | 30 |
| 振动轮 | 前轮(mm) | $\phi$800×950×2 | $\phi$1 524×2 100 | $\phi$1 524×2 100 | $\phi$405×600 | $\phi$480×750 | $\phi$1 220×1 680 | $\phi$1 220×2 136 |
| | 后轮(mm) | $\phi$800×950×2 | — | — | $\phi$405×600 | $\phi$480×750 | $\phi$1 220×1 680 | $\phi$1 220×2 135 |
| 频率(Hz) | | 43 | 30 | 41 | 48 | 55 | 42 | 45 |
| 功率[kW/(r·min$^{-1}$)] | | 41.2/2 300 | 73.6/1 500 | 73.6/1 500 | 3.7/2 200 | 6.3/2 700 | 98 | 68 |
| 起振力(kN) | | 320 | 172 | 180 | 12 | 40 | | 290 |
| 振幅(mm) | | 0.86 | 1.18 | 0.5 | | 0.49 | 0.8 | 0.65 |

(2)建筑物的周边部位,采用小型振动碾压或振动夯板等压实,其允许压实厚度应经试验确定。

(3)碾压施工时,振动碾的行走速度直接影响碾压效率及压实质量;国内施工实践证明:行走速度过快压实效果差,当适当增加碾压遍数时,速度可提高至 1.5 km/h。故一般要求碾压时振动碾的行走速度应控制在 1.0～1.5 km/h。

(4)碾压厚度应不小于混凝土最大骨料粒径的 3 倍。施工中采用的碾压厚度及碾压遍数与混凝土现场的碾压试验成果和铺筑的综合生产能力等因素一并考虑。碾压厚度若小于最大骨料粒径的 3 倍,则最大粒径骨料将影响压实效果或骨料易被压碎。不同的振动碾所能压实的厚度不同,同一配合比的拌和物对于不同的振动碾所需的压实遍数也不同。碾压厚度和碾压遍数可通过现场试验并结合生产系统的综合生产能力确定。

(5)坝体迎水面 3 m 的范围内,碾压方向应垂直于水流方向,其余部位也宜为垂直水流方向。碾压作业宜采用搭接法,碾压条带间的搭接宽度为 10 ~ 20 cm,端头部位的搭接宽度宜为 100 cm 左右。因碾压方向垂直于水流方向可避免碾压条带接触不良形成渗水通道,故迎水面 3m 范围内碾压方向一定要垂直于水流方向。碾压条带相互搭接主要是为了改善振动碾碾轮外侧混凝土的隆起,以改善搭接部位的压实质量。

(6)压实容重的数值是碾压混凝土压实与否的主要标志,故在每层碾压作业结束后应及时按网格布点检测混凝土的压实容重,以便施工过程中尾随碾压作业进行检测。当所测容重低于规定指标时,可增加碾压遍数,仍达不到规定指标时,应及时分析原因并采取相应措施。

(7)连续上升铺筑的碾压混凝土层间允许间隔时间(指下层混凝土拌和物加水时起到上层混凝土碾压完毕为止),应控制在混凝土初凝时间以内且混凝土拌和到碾压完毕的历时应不大于 2 h。

(8)为确保碾压混凝土层间结合良好,必须控制施工层间间隔时间。从胶凝材料浆体凝结硬化机理分析可知:在初凝时间以内结合才能获得良好的质量,拌和物初凝时间可在仓面测定。为避免因为拌和物放置时间过长而引起混凝土质量问题,对拌和物自拌和到碾压完毕的时间应有所限制。

## 六、成缝的施工要求

碾压混凝土筑坝的选缝的方法:正规缝的结构与一般常态混凝土的横缝构造基本相同,在分仓模板设止水片,缝内涂沥青或其他填缝材料。诱导缝在碾压混凝土坝中基本有两种,分别用不同的方法进行施工。一种是如邮票孔,分开后,每隔 0.4 ~ 0.6 m 打孔填砂形成软弱条带,一旦出现拉应力就可沿孔裂开。这种方式首先在天生桥二级采用,效果良好。在石漫滩石板水库等工程中也采用过,坝上游面要放置止水带在混凝土强度尚低时打孔。后面沿着缝待混凝土温度下降后,沿打孔处就可裂开。另一种形式是在上游面设置止水带后,沿缝的方向用厚 0.5 ~ 1 cm 木片或薄铁片(两边涂以沥青),间断放置,然后碾压下层,逐层上升成缝。这种方法在岩滩、万安等工程中采用过,也很成功。

在正规缝制作方面有些工程采用了切缝机,切缝后回填薄塑料板连续上升成缝,如铜街子、观音阁、禹门河反调节水库工程等均很成功。

有些碾压混凝土重力坝在上游设置诱导缝,深入坝体 3 m 放好止水带,待坝体冷却时自动开裂。为了保证开裂范围,诱导装置每隔 12 m 设一个,但不是每个都能张开。

在碾压混凝土重力坝上、下游采用常态混凝土时,其分缝间距要比坝体的碾压混凝土小。如碗窑坝常态混凝土分缝间距为 18 m,碾压混凝土分缝间距为 54 m,中间两缝终止处设垂直排水孔,作为止缝孔。防止缝张开时,向碾压混凝土坝体内部延伸。有些工程在底部河谷比较狭窄、仓面也较小的情况下采用通仓碾压不分横缝,使底部形成整体工作状态,可以改善应力状态,增大稳定性,待到上半部河谷较宽处再分缝,这种缝以分仓面来形成。但在并缝时仍需注意采取措施,防止缝张开后向下延伸。汾河水库工程拟采用这种方式施工。

碾压混凝土筑坝成缝必须注意以下几个方面:

(1)碾压混凝土坝施工宜不设纵缝。横缝可采用切缝机切割,以设置诱导孔或隔板等方法形成。缝面位置及缝内填充材料均应满足设计要求。如铜街子工程的碾压混凝土坝体缝是由切缝机切出的。岩滩主体工程和铜街子工程碾压混凝土坝段还使用过木隔板和预制混凝土隔板来形成横缝;天生桥二级设置过诱导孔,这些成功的方法均可考虑采用。表5-2列出几种振动切缝机的主要技术参数。

**表5-2 几种振动切缝机的主要技术参数**

| 型号 | HZQ－65型<br>中国铜街子工程用 | 日本大川坝用 | 牙式简易切缝机<br>禹门河水库用 | 12HCV－64型<br>日本岛地川坝用 |
|---|---|---|---|---|
| 基本机械 | WY－40型履带式挖掘机 | Ⅲ推土机 | 切缝刀片、振动电机 | |
| 行走速度(km/h) | 1.6 | 1.0 | | 0～0.2 |
| 发动机功率(kW) | 47.8 | | 1.5 | |
| 总重量(kg) | 13 000 | | 70 | 11 500 |
| 接地比压(MPa) | 0.05 | 0.04 | | |
| 切缝板长度(mm) | 1 800 | 1 800 | 600 | 2 000 |
| 切缝深度(mm) | 900 | 750 | 200～300 | 900 |
| 切缝板厚度(mm) | 16 | 16 | 16 | 16 |
| 起振力(kN) | 64.2 | 32～64 | 9.2 | 30 |
| 刀板压入力(MPa) | 1.021 | 0.3～0.7 | | |
| 振动频率(Hz) | 30 | 25 | 48 | 30 |

(2)切缝机切缝有“先碾后切”和“先切后碾”的两种方式。切缝机宜“先切后碾”,这样成缝时施工干扰较小。填缝材料可用厚0.2～0.5 mm的金属片或其他材料。“先碾后切”的缺点是切缝效率较低,且容易造成缝边角的破损。有些工程倾向于“先切后碾”。为了保证缝面的形成,规定成缝面积每层应不少于设计缝面的60%,余下部分待混凝土自然拉裂。

(3)设置诱导孔宜在碾压后立即进行或在层间间歇期内完成,成孔后孔内应及时用干燥砂子填塞。

(4)设置隔板时,相邻隔板的间距不得大于10 cm,隔板高度应比压实厚度低2～3 cm。

(5)当采用薄层连续铺筑施工时,诱导孔可在混凝土碾压后由人工打钎或风钻钻进形成;当采用间歇式施工时,可在层间间歇时间用风钻钻成。成孔后孔内应填塞干燥砂子,以免上层施工时混凝土填塞诱导孔达不到诱导缝的目的。钻孔可用手风钻,也可用潜孔钻在混凝土具有一定强度(约7 d龄期)后,内部混凝土水化温升高峰期(实测平均22 d,最少14 d)前进行。孔径为90 mm,孔距1.0 m,每次孔深3 m,一条横缝(约有30个孔)0.5 h就可打完。这种造缝方法简便、灵活、速度快,不与碾压施工发生干扰。分缝位置控制准确、效果好。

(6)限制隔板间距的目的在于保证成缝面积;规定隔板高度是为了不影响混凝土压实及不致破坏隔板。

## 七、缝面处理的要求

碾压混凝土筑坝中的施工缝及冷缝是个薄弱环节，往往形成渗漏通道，影响抗滑稳定，必须进行认真处理。

施工缝及冷缝必须进行层面处理，处理合格后方能继续施工。

层面处理可用刷毛、冲毛等方法，清除混凝土表面的浮浆及松动骨料（以露出砂粒小石为准）。处理合格后先均匀刮铺 1.0 ~ 1.5 cm 厚的砂浆层（砂浆强度等级比混凝土高一级），然后立即在其上摊铺混凝土，并应在砂浆初凝以前碾压完毕。

冲毛、刷毛的目的是增大混凝土表面的粗糙度，以提高层面黏结能力。冲毛、刷毛时间可根据施工季节、混凝土强度、设备性能等因素经现场试验确定，不得提前冲毛。根据国内外施工经验，在处理过的施工缝及冷缝上铺 1.0 ~ 1.5 cm 厚的砂浆，能保证上、下层混凝土黏结良好，为使砂浆铺层厚度均匀，可采取刮板进行刮铺。砂浆层铺完应紧接着摊铺混凝土，防止已铺的砂浆失水干燥或初凝。

刷毛、冲毛时间随混凝土配合比不同而变化，一般可在混凝土初凝以后终凝之前进行。过早冲毛不仅造成混凝土损失而且有损混凝土质量。

因施工计划的改变、降雨或其他原因造成碾压混凝土停止铺筑时，铺筑处的坡面应不陡于振动碾施工的最陡坡度（1:4），并应将斜坡上的混凝土碾压密实。

## 八、异种混凝土的浇筑要求

岩基表面铺设大面积的常态混凝土垫层，宜间歇 3 ~ 7 d，以便散热并达到一定强度，由于垫层混凝土厚度较薄，为避免出现裂缝，应避免长期间歇。

靠岸坡岩石的常态混凝土垫层，应与主体碾压混凝土同步进行浇筑。

常态混凝土与碾压混凝土的结合部位应按图 5-1 所示的方法认真处理。两种混凝土的交叉浇筑应在两种混凝土初凝前振捣或碾压完毕。同步浇筑的目的在于保证两种混凝土交界面的结合质量。

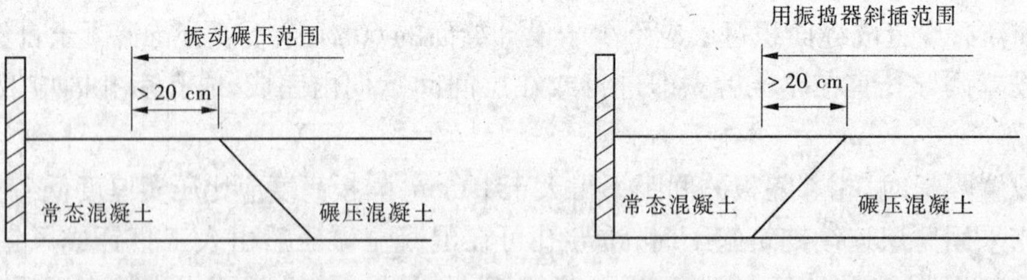


（a）先浇常态混凝土后铺筑碾压混凝土　　（b）先铺筑碾压混凝土后浇常态混凝土

**图 5-1　异种混凝土结合部位的处理**

由于碾压混凝土和常态混凝土的初凝时间不同（一般情况下常态混凝土初凝时间较短），当仓内有两种混凝土时，为了保证此部位常态混凝土与碾压混凝土界面的结合质量，不论哪种混凝土先浇筑都应在初凝时间内完成。

## 九、养护和防护的注意事项

碾压混凝土在施工间歇期间、终凝后即可开始养护工作，并注意以下几点：

(1)在施工过程中,碾压混凝土对水平层工作面的养护工作应持续至上一层碾压混凝土开始铺筑为止。对永久露面的部位宜养护28 d以上。

(2)碾压混凝土单位用水量较少,早期强度较低,为防止裂缝的发生,养护时间须比常态混凝土长。

(3)在施工过程中,碾压混凝土的仓面应保持湿润。

(4)正在施工和刚碾压完毕的仓面应防止外来水的流入。

### 十、埋设件的施工要求

进行碾压混凝土施工时,在有埋设件的区域应对埋设件安加保护设施,精心施工。

碾压混凝土内部的观测仪器和电缆的埋设宜采用后埋法。对没有方向性要求的仪器,坑槽深度以能埋设仪器和电缆即可;对有方向性要求的仪器则应予以深埋,上部最少有20 cm厚的人工回填保护层。回填工作应在已碾压混凝土初凝以前完成。并应确保回填混凝土的密实性。

为不妨碍碾压施工和不损坏埋设件,内部观测仪器和电缆等的埋设、一般回填的保护层应使用新拌碾压混凝土,并去掉大部分大粒径骨料。为保证回填料与原混凝土的黏结良好,回填工作应在原混凝土初凝以前完成。

观测电缆在埋设点附近应预留一定的富裕长度。目的在于保证碾压施工时不破坏仪器和电缆的连接。凡需垂直或斜向上升的电缆,应在碾压混凝土层内水平铺设至常态混凝土区域(或廊道)后再向上(或向外)引伸。

在仪器安装、埋设、混凝土回填作业中,如发现有异常变化或损坏现象应及时采取补救措施。在仪器和电缆埋设完毕后,应及时检测,确认符合要求以后应编写施工日志,绘制竣工图。

### 十一、特殊气象条件下的施工要求

施工期应加强气象预报工作,及时了解雨情和气温情况,妥善安排施工进度,并注意以下几点:

(1)对1 h内的降雨量超过3 mm时,不得进行铺筑碾压施工,刚碾压完的仓面应采取防雨保护措施。

(2)在大风条件下施工,应采取专门措施,保持仓面湿润。

(3)碾压混凝土施工宜在日平均温度3~25 ℃情况下进行。日平均气温高于25 ℃时,应采取防高温和防日晒施工措施;日平均气温低于3 ℃时,应采取保温施工措施。

## 第三节　禹门河反调节水库施工程序的要点

禹门河反调节水库位于河南省洛宁县禹门河村,黄河一级支流洛河干流上。它作为上游故县水库的反调节水库,其主要作用是消除故县水库调峰运用对下游梯级电站和工农业用水的不利影响,同时兼顾发电。主要建筑物为大坝和电站,其中大坝由溢流坝段、排砂孔坝段、电站引水进口坝段和左右挡水坝段四部分组成。大坝最大坝高60.5 m,坝顶长度213.25 m,大坝最大底宽49.4 m,坝顶宽5 m。

坝体和电站基础主要为碾压混凝土，其方量为 12.4 万 $m^3$。本工程采用欧美式碾压混凝土筑坝方法——RCC，其施工程序的要点如下。

## 一、施工前的准备

禹门河水库工程是河南省水利第一工程局承建的第一座碾压混凝土坝，也是河南省内的第二座碾压混凝土坝。因此，全局上下高度重视，多次聘请国内专家对技术人员进行培训和方案研讨，并且组织技术人员到外地进行考察学习，为工程施工提供强有力的技术支持。

## 二、碾压混凝土试验

### （一）室内试验

先进行碾压混凝土原材料物理性能试验，根据试验结果，设计、试配碾压混凝土配合比。通过若干组试配复核，确定出抗分离能力强、碾压效果和各项物理力学指标均能满足设计要求的施工配合比。

### （二）拌和站投料顺序试验

按照干拌和湿拌两种方式进行拌和站投料顺序试验。干拌投料顺序：大石→中石→小石→水泥→粉煤灰→砂→水；湿拌是先加水，其他顺序不变。

### （三）拌和时间选定

不同级配的混凝土最佳拌和时间不同，通过试验确定：二级配碾压混凝土为 90 s，三级配碾压混凝土为 120 s。

### （四）工作度 *VC* 值确定

较低的 *VC* 值可以使碾压混凝土抗分裂能力增强，且层面碾压后有轻度薄层浮浆，层间形成犬牙交错，对层间结合具有良好的效果，*VC* 值一般应为 5 ~ 10 s。

### （五）碾压试验

通过碾压试验，确定最佳的碾压设备型号、碾压顺序、碾压速度、遍数、松铺厚度、碾压施工仓段面积等施工工艺参数。

### （六）初凝时间的确定试验

采取选择晚凝水泥、掺加高效缓凝减水剂等措施，最大限度地提高碾压混凝土初凝时间，这是提高碾压混凝土层间结合质量的重要措施之一。在碾压试验中必须测定出精确的初凝时间，一般保证 6 ~ 8 h。

### （七）质量检测

根据工业性试验质量检测和检测结果情况最终确定碾压混凝土最佳施工技术参数。

## 三、碾压混凝土的拌制

根据碾压试验所确定的投料顺序和拌和时间拌制混凝土。本工程采用两套 HZS60 型强制式混凝土拌和楼拌制混凝土，单套生产强度为 60 $m^3/h$，能够满足混凝土的施工要求。在拌和楼附近建立工地实验室，随时检测混凝土的温度、出机口混凝土的 *VC* 值和骨料的含水率。拌和楼配备砂含水率快速测定装置，并且具备相应的拌和水量调节补偿功能。

## 四、混凝土的运输

采用 8 台 5 t 自卸汽车运输混凝土，一车装两盘（两盘两堆，不宜高），并在自卸汽车上设置遮阳、防雨措施，减少外界环境对混凝土稠度的影响。为了控制骨料分离，卸料斗的出料口与自卸汽车之间的自由落差不大于1.5 m。在距入仓口20 m的道路上，设置两台洗车机（一边各一个），以便冲洗轮胎；路面用厚8 mm花纹钢板铺设，以利于脱水。在仓面上，严禁汽车急刹车和急转弯，避免破坏强度还不高的混凝土表面及影响层面胶结。

## 五、卸料和平仓

在仓面较小，混凝土浇筑能力满足仓面要求时，混凝土浇筑采用平层通仓法；在仓面较大，为缩短层间隔时间，混凝土浇筑采用斜层平推法和台阶法。实践证明，斜层平推法可以用较小的浇筑能力浇筑较大面积的仓面，即达到减少投入、提高工效、降低成本和改善层面结合质量的目的，尤其在气温较高的季节，采取这种施工方法效果更为明显。避免在坡脚部位形成薄层尖角和严格清除二次污染是保证斜层平推方法施工质量的两个主要环节。因薄层尖角部位的骨料易被压碎，在坡脚伸出一个平段是避免形成薄层尖角的一个有效方法。

摊铺、碾压以固定方向逐条带铺筑，施工层次分明，层间间隔时间容易控制，便于有序施工。条带宽度以3～5 m为宜，摊铺用推土机或反铲挖掘机施工，人工对分摊机械施工时造成的骨料堆积及对仓面进行局部平整；平仓厚度控制在34 cm左右，边摊铺边检查，保证碾压层厚度均匀。迎水面3～5 m范围内，平仓方向平行于坝轴线，以避免在重要部位形成可能的顺水方向薄弱带。在一个仓面上有二级配和三级配碾压混凝土时，现场施工人员应注意车辆运输物的种类，使混凝土各就各位，以免混淆。

根据施工实践，压实厚度30 cm时，采取推土机将混凝土推离卸料位置平仓，平仓厚度34 cm，可以达到改善分离状态的效果。

## 六、碾压

根据我国的工程实践和现场碾压试验，混凝土碾压采用XS120A徐工制造厂的光面振动碾和洛阳生产的小型振动碾YSZ06（激振力12 kN）。大型振动碾主要碾压坝体混凝土；小型振动碾主要碾压模板及岸边的混凝土。碾压施工时，振动碾的行走速度直接影响碾压效率及压实质量，根据碾压试验确定的行走速度为1.5 km/h。

混凝土的碾压遍数和作业程序为：无振2遍+有振8遍+无振2遍。

施工中根据情况采用不同的碾压厚度，有利于满足对层面间隔时间的要求。碾压厚度小于最大骨料粒径的3倍时，则最大粒径骨料将影响压实效果或骨料被压碎。

碾压方向垂直于水流方向，可避免碾压条带接触不良形成渗水通道。碾压条带相互搭接，端头部位搭接的长度应保证振动碾的前后轮都进入搭接范围，其具体长度可根据选用的振动碾轴距来决定。

压实容量的数值是碾压混凝土是否压实的主要标志，故施工过程中应尾随碾压作业进行检测。当所测容重低于规定指标时，可增加碾压遍数，如仍达不到规定指标时应分析原因，采取相应措施。碾压中如果出现弹簧土现象，只要压实容重能够满足要求，可不必处理。

无振碾压可弥合细微的表面裂纹。

为避免拌和物放置时间过长而引起混凝土质量问题，应限制拌和物自拌和到碾压完毕的时间，具体应根据不同气候条件下混凝土*VC*值的变化情况和对压实容重的影响来确定。一般情况下，碾压工作应在混凝土拌和后2 h内完成，对于气温较高的天气，还应缩短，低温或多雨天气，可适当延长。与下一条带同时碾压的部位，完成碾压的时间应严格控制在能够满足结合质量的最大层间间隔时间内。

## 七、成缝

我国工程实践表明，切缝机具切缝、设置诱导孔或预制隔板等方法都可以成功成缝。禹门河水库工程采用设置诱导孔，在混凝土碾压完毕后，用钎子和锤人工打设，成孔后在孔中填干燥砂子。在施工中，为保证诱导孔与设计位置及间距相符合，采用挂线，并在线上用红漆标上孔的位置，以便使诱导孔在上下层相照，有利于混凝土的成缝。

随着工程的进展，成缝工序经过改进，采用简易的自制切缝机切缝（见表5-2），在缝中间填充彩条布。

## 八、层、缝面处理

为了确保混凝土层面结合良好，必须控制施工层间间隔时间。层间间隔时间控制标准采用双重标准，即直接铺筑允许时间和加垫层铺筑允许时间，在禹门河水库工程中，这两个时间分别为6 h和24 h。施工实践表明，只要时间标准选择合适，这种做法完全可以满足层间结合质量和抗剪断要求。由于直接铺筑工序简单、效率高、层间结合质量好，所以在施工安排上应优先采用。

碾压混凝土坝中的施工缝及冷缝是施工中的薄弱环节，往往形成渗漏通道，影响抗滑稳定，必须进行认真处理。施工缝和冷缝，经过毛面处理并冲洗干净后，表面比较粗糙。在禹门河水库工程施工中，大部分采用高压水枪冲毛，效果不错。为了保证垫层能在表面充分填充并有相当的富裕度，应使用1.0～1.5 cm厚的砂浆，其配合比应比碾压混凝土高一个等级。砂浆层铺完应后紧接着摊铺混凝土，防止已铺的砂浆失水干燥或初凝。

碾压混凝土停止铺筑时，停止铺筑处的坡面应不陡于振动碾施工的最陡坡度（1:4），并应将斜坡上的混凝土碾压密实，清除坡脚处厚度小于10～15 cm的尖角部分。

## 九、变态混凝土浇筑

因坝内常态混凝土宜与主体碾压混凝土同步进行浇筑，目的在于保证两种混凝土交界面的结合质量。中孔、底孔、溢流面、闸墩等对表面平整度要求高或者厚度和体积比较大的常态混凝土，与坝体碾压混凝土同步浇筑时，不易保证外观质量，且上升速度也会受到较大影响，同步交叉浇筑比较困难，因此宜分二期分别浇筑，但必须确保一、二期混凝土之间的良好结合。

变态混凝土是在碾压混凝土摊铺施工中铺洒灰浆而形成的富浆碾压混凝土，可以用振捣的方法捣固密实，且应随着碾压混凝土施工逐层进行。铺洒灰浆的碾压混凝土的铺层厚度可以与平仓厚度相同，以减少人工作业量，提高施工效率。为了保证质量，应准确标定铺洒灰浆用具的计量和对应的铺洒面积，并精心组织施工。

变态混凝土施工在碾压前进行，并在碾压时搭接一定宽度才能保证变态区域和碾压区域良好结合，强力振捣是保证变态混凝土均匀性、上下层结合以及与碾压区结合质量的必要措施，也可以采用搅拌机拌制的相同配合比的低坍落度干硬性混凝土，代替变态混凝土。

禹门河水库工程碾压混凝土前期施工（已浇筑碾压混凝土10万余 $m^3$）中的变态混凝

土，特别组织施工、质检和试验等技术人员，在变态混凝土施工中，在不同的升层和不同的浇筑部位，通过不断改变变态混凝土施工的加浆方式、加浆量、每层厚度以及振捣设备等主要相关因素，观察模板拆除后变态混凝土的外观质量和通过试验得出的变态混凝土的压实度，进行对比分析，找出比较好的方法和参数。得到的结论如下：

(1)浇筑大面积的变态混凝土时，直接在拌和楼内拌制，骨料之间拌和均匀，可提高变态混凝土的密实性。如廊道与上游模板之间的变态混凝土可采用拌和站拌和。

(2)浇筑岸坡、止水、观测设备及大坝渗漏排水管道等周边小范围内的变态混凝土可采用由制浆加浆的方法施工，这样不但经济而且有利于保证此部位变态混凝土能按设计宽度进行现场控制。

(3)采用下层和中间层加浆，通过振捣浆液自下而上被提出后，周围混凝土的密实性更好，而且上、下层结合良好，是一种很好的加浆方式。

(4)变态混凝土施工中，宜采用 DN85 型振捣棒和 DN100 型变频振捣器，但是在施工中，优先采用 DN85 型振捣棒。

(5)在人员、机械设备充足的情况下，采用先碾压混凝土后变态混凝土的施工顺序，可提高碾压混凝土表面的平整度和变态混凝土的质量。

## 十、养护与防护

碾压混凝土是干硬性混凝土，受外界条件的影响很大，因此在仓面上要求混凝土保持湿润。碾压混凝土单位用水量少，早期强度较低，为防止裂缝的发生，养护时间应比常态混凝土长。棱角部位，容易发生裂缝和损坏，须加强养护及防护。常温及夏季采用在混凝土表面洒水养护；冬季采用在混凝土外露面覆盖棉帘和彩条布，加强冬季保温和养护。

## 十一、埋件施工

为了不妨碍碾压施工和不损坏埋件，内部观测仪器和电缆的埋设宜采用后埋法。为了保证仪器的完好率和工作精度，根据不同仪器类型，必须保证上部有足够的回填保护层。在回填保护层时，如果碾压混凝土已经超过直接铺筑允许时间，接合部位应使用垫层拌和物，保证回填混凝土与已碾压混凝土结合良好。人工分层回填时，剔除混凝土中的较大骨料，这是保证仪器完好率的重要措施；电缆束容易形成集中渗水通道，所以回填时要保证回填砂浆密实；对于连续铺筑上升的碾压层面，内部观测仪器埋设部位应人工摊铺上一层混凝土，再进行正常的铺筑作业；观测电缆应在埋点附近预留一定的富裕长度，保证碾压施工时不破坏仪器和电缆的连接。

## 十二、特殊气象条件下施工

### (一)高温条件下碾压混凝土的施工

高温条件施工，保证施工质量最根本的途径是大幅削减层间间隔时间，同时应采取控制和补偿表面水分蒸发散失的措施。禹门河水库工程主要采取以下措施。

#### 1. 掺加缓凝减水剂

加入缓凝减水剂对延长碾压混凝土初凝时间，减少拌和用水量等方面具有显著效果。缓凝减水剂的掺量，要根据试验数据，严格控制。特别是粉末状的缓凝减水剂，在稀释时，要控制好用水量，并在使用前一天稀释，使其充分溶解，并在使用时，要定时搅拌，使其密度均匀。

2. 斜层平推铺筑法施工

斜层平推铺筑，人为缩小浇筑仓面，大幅度缩短层间间隔时间，都可保证混凝土的层面结合质量和抗剪能力。

3. 改进的台阶浇筑法

在高温环境下，混凝土的初凝时间大幅度缩短，为保证层间结合质量，需要减少一次摊铺碾压的面积，使上层混凝土能在下层混凝土初凝前或更短时间内被覆盖并碾压密实。采用台阶浇筑法，块与块之间不用模板分隔，而是由混凝土自身形成一定坡度的斜面，在层间间隔时间内，完成一个自下而上的浇筑循环，满足在高温环境条件下碾压混凝土坝连续施工的要求。

4. 碾压混凝土的仓面覆盖

在高温条件下，采用聚乙烯气垫薄膜对仓面及时进行覆盖，不仅可以起到保温保湿的作用，还可以延缓碾压混凝土的初凝时间，减小 *VC* 值的增加。同时对皮带机，下料溜槽，运输车辆设置遮阳、遮雨棚，以降低暴晒或降雨对混凝土拌和物含水量的影响。

5. 施工仓面喷雾

采用喷雾的方法，可以人工形成适宜的小气候，起到降温保湿，减少 *VC* 值的增加，降低混凝土的浇筑温度的作用。碾压混凝土仓面喷雾的主要技术要求是：单位时间内雾雨浸润深度 $H<3$ mm，雾雨最大粒径 $d_{max}<0.5$ mm。

6. 降低浇筑温度

碾压混凝土的浇筑温度一般不应超过 25 ℃，可考虑采用骨料冷却，加冰拌和等常规方法；也可适当增加拌和用水量，降低出机口的 *VC* 值，为 *VC* 值以后的增加留有余地。禹门河水库工程采用深井水，现用现抽，不但经济而且达到了很好的效果。

**（二）雨天施工**

在降雨强度小于 3 mm/h 的条件下，可采取措施继续施工。当降雨强度达到或超过 3 mm/h 时，应停止拌和，迅速完成尚未进行的卸料、平仓和碾压作业，并采取防雨和排水措施。

## 第四节　碾压混凝土坝的工程要求和主要方法

为了满足碾压混凝土坝的工程要求，我国近几十年来在实验室和工地现场做了大量的工作，积累了丰富的经验，并在施工中提出了一些具体措施，以确保其工程质量。

（1）要有足够的容重，尽可能达到设计和规范的要求。

（2）低水泥掺量，但其水泥特性应保持稳定，高掺粉煤灰以降低碾压混凝土的水化热。有较好的抗裂性能。

（3）碾压混凝土的强度不应低于设计结构的力学要求，并有足够的安全系数。有良好的和易性，且经常以控制 *VC* 值来满足。

（4）选择合适的外加剂，包括减水剂、缓凝剂和加气剂，有时几种并用效果更好。

（5）满足碾压混凝土的抗蚀、抗磨、抗渗和抗冻性的要求，以保证有足够的耐久性。

(6)就地取材,尽量采用当地材料以降低造价,经济合理。

为了达到以上的要求,一般设计研究机构所用的办法如下:

(1)搜集类似工程条件下碾压混凝土的配合比参数,初步拟定水泥、粉煤灰、砂、骨料和用水量。确定水与胶凝材料比(即水胶比)及水泥粉煤灰比、砂率及骨料粒径比。

(2)进行室内试验测定抗压、抗拉(极限拉伸)、抗剪等强度,测定抗渗、抗冻、抗蚀性能等。

(3)确定外加剂掺量,岩粉掺量及 *VC* 值。

(4)到现场坝址进行某些重要参数的校核和现场试验并及时适当调整。

通过以上的办法,在所修建的碾压混凝土坝的混凝土配合比的技术资料的基础上,首先对五种原材料(即水泥、粉煤灰、水、砂子骨料和外加剂)等各种参数建立数据库,其次通过数据管理系统进行优化和计算,最后参照各工程实际,选择采用何种配合比更合理经济。

# 第六章　碾压混凝土的施工技术

碾压混凝土具有连续、高强度、快速施工的特点，这也是层间结合的根本保证。从施工布置、机械设备、施工工艺、施工优化、混凝土的入仓手段、仓面规划及工艺设计、仓面施工工艺及高气温条件下碾压混凝土筑坝的连续施工等。通过配套系统的施工技术，可有效地提高碾压混凝土的施工强度，并确保工程质量和工程进度。在施工工艺方面，包括拌和、运输、摊铺、碾压、模板以及养护都已积累了不少经验。在上游面采取不同防渗结构，包括常态混凝土、沥青砂浆、钢筋混凝土面板、预制混凝土块模板勾缝、PVC 塑料薄膜以及二级配富胶凝材料碾压混凝土防渗层等，均有明显的优越性。

## 第一节　施工总体布置

施工总体布置就是根据工程的特点和施工条件，研究解决施工期间所需的交通道路、房屋、仓库、辅助企业及其他施工设施的平面和高程的布置问题，并根据工程规模和复杂程度，必要时还要设计单项工程的施工布置图。对于工期较长的大型水电工程，一般还要根据各阶段施工的不同特点，分期编制施工布置图。这些都是施工组织设计的重要组成部分，也是进行施工服务和现场布置的依据。其目的是合理地组织和使用施工场地，使各项临时设施能最有效地施工，为保证工程施工质量、组织文明施工、加大施工进度、提高经济效益创造条件。

### 一、施工总布置的内容

施工总布置一般包括以下内容：

(1)一切地下和地上原有的建筑物。

(2)一切地上和地下拟建的建筑物。

(3)一切为拟建的建筑物服务的临时建筑物和临时设施，包括导流建筑物、交通运输系统、临时建房及仓库、料场及加工系统、混凝土生产系统；施工辅助企业，包括风、水、电供应系统、金属结构、机电设备安装基地、安全防火设施及其他临时设施等。

施工总体布置的原则是：在满足施工条件的前提下，尽可能地减少施工用地，特别应注意不占用或少占用耕地。临时设施应与工程施工顺序和施工方法相适应，最大限度地减少工地内部的运输，充分利用地形条件，缩短距离，并根据运输量采用不同标准的路面构造。应用已有建筑物或提前修建永久建筑物为施工服务。必须遵守生产技术的有关规定，既要保证工程质量，又要符合安全、消防、环境保护和劳动保护的要求。各项临时建筑和设施的布置既要有利于生产和生存，又要便于管理。

### 二、场内外交通运输

场内外交通运输是保证工程正常运输的重要手段。场外交通运输是指利用外部的运输系统把物资、器材从外地运到工地；场内交通运输是指工地内部的运输系统，在工地范围内将材料半成品或预制构件等物资、器材运到建筑安装地点。

场外交通运输的方式基本上取决于施工地区原有交通系统的运输条件和发展计划、建筑器材运输量、运输强度和重型器材的重量等因素。场外运输方式最常见的有水路、公路和铁路。有水运条件时应充分利用水路；公路运输是一般工程采用的主要运输方式；当工程地点距国家铁路线段较近或年运输量在15万t左右时，可考虑修建准轨铁路专用线。

场内运输方式的选择取决于对外运输方式、运输量、运输距离及地形条件等。汽车运输灵活机动、适应性强，故而应用最广泛。如果地形合适、运输量大，采用窄轨铁路往往较经济。砂石骨料和土料常采用胶带运输机运输。小型工程也常采用双胶轮车、农用机动车作为运输工具。

场内运输道路的布置除应符合施工总体布置的基本原则，还应考虑满足一定的技术要求，如路面的宽度、最小转弯半径，并尽量使临时道路与永久道路相结合。

## 三、临时设施

### （一）仓库

由于供应与使用之间的不协调，必须修建临时仓库储备一定的物料，以保证及时供应。仓库面积的大小应根据仓库的储存量确定，仓库的储存量应满足施工的要求。

仓库中某种物料的储存量可按下式计算：

$$p = Qnk/T$$

式中 $p$——某种物料的储存量，t或$m^3$；

$Q$——计算时段内该种物料的需求量，t或$m^3$；

$n$——物料储存天数指标，见表6-1；

$k$——物料使用的不均衡系数，取1.2~1.5；

$T$——计算时段内的天数。

**表6-1 各种材料储备天数参考**

| 材料名称 | 储备时间(d) | 备注 | 材料名称 | 储备时间(d) | 备注 |
|---|---|---|---|---|---|
| 钢筋钢材 | 120~180 | | 电石、油漆、化工 | 20~30 | |
| 设置配件 | 180~270 | 根据同种配件的多少乘以0.5~1.0的修正系数 | 煤 | 30~90 | |
| 水泥 | 7~15 | | 电线、电缆 | 40~50 | |
| 炸药、雷管 | 60~90 | | 钢丝绳 | 40~50 | |
| 五金材料 | 20~30 | | 地产房建材料 | 10~20 | |
| 油料 | 30~40 | | 砂、石骨料成品 | 10~20 | |
| 木材 | 30~90 | 在工地打捞，储放的木材下年用 | 混凝土制品 | 10~15 | |
| 玻璃沥青、油毡 | 20~30 | | 劳保、生活用品 | 30~40 | |
| | | | 生产杂品 | 30~40 | |

根据物料的储存量,可由下式确定所需的仓库面积:

$$F = p/qa$$

式中 $F$——仓库面积,包括通道及管理室,$m^2$;

$p$——某种物料的储存量,t 或 $m^3$;

$q$——仓库单位有效面积的存放量,见表 6-2;

$a$——仓库有效面积利用系数,参考表 6-2 选定。

表 6-2 仓库面积估算指标

| 材料名称 | 单位 | 堆高(m) | 每平方米有效存量 | 存放方式 | 仓库形式 | 仓库有效面积利用系数 $a$ | 备注 |
|---|---|---|---|---|---|---|---|
| 水泥 | t | 1.5~1.6 | 1.3~1.5 | 堆垛 | 仓库、料棚 | 0.45~0.60 | |
| 圆钢 | t | 1.2 | 3.1~4.2 | 堆垛 | 料棚、露天 | 0.66 | |
| 方钢 | t | 1.2 | 3.2~4.3 | 堆垛 | 料棚、露天 | 0.68 | |
| 扁钢、角钢 | t | 1.2 | 2.4~2.9 | 堆垛 | 料棚、露天 | 0.45 | |
| 工字钢、槽钢 | t | 0.5 | 1.3~1.6 | 堆垛 | 料棚、露天 | 0.32~0.54 | |
| 钢板 | t | 1.0 | 4.0 | 堆垛 | 仓库、料棚 | 0.57 | |
| 钢管 | t | 1.2 | 0.8 | 堆垛 | 料棚、露天 | 0.11 | |
| 铝线 | t | 2.2 | 0.4 | 堆垛 | 仓库 | 0.11 | |
| 电缆 | t | 1.4 | 0.4 | 堆垛 | 仓库 | 0.35~0.40 | |
| 炸药、雷管 | t | 1.5 | 0.66 | 堆垛、料架 | 仓库 | 0.45~0.60 | |
| 油毡 | 卷 | 1~1.5 | 15~22 | 堆垛 | 仓库 | 0.35~0.45 | |
| 石油沥青 | t | 2.0 | 2.2 | 堆垛 | 料棚 | 0.50~0.60 | |
| 小五金 | t | 2.2 | 1.5~2.0 | 料架 | 仓库 | 0.35~0.40 | |
| 石灰 | t | 1.5 | 0.85 | 堆垛 | 仓库、料棚 | 0.50 | |
| 原木 | t | 2.0~3.0 | 1.3~2.0 | 堆垛 | 露天 | 0.40~0.50 | |
| 锯材 | t | 2.0~3.0 | 1.2~1.8 | 堆垛 | 露天 | 0.40~0.50 | |
| 砂石料 | $m^3$ | 5.6~6.0 | 3.0~4.0 | 堆垛 | 露天(机械化) | 0.60~0.70 | |
| 砂石料 | $m^3$ | 1.5~2.0 | 1.5~2.0 | 堆垛 | 露天(非机械化) | 0.60~0.70 | |

### (二)临时房屋

在一般中型水电站及水利工程中,常设的工地临时房屋包括办公室、会议室、半行政办公用房、职工及家属宿舍等居住用房、俱乐部、图书室等文化娱乐用房,以及医院、商店、浴室、食堂、理发店等生活福利用房。

工地各类临时专用房的需要量取决于工程规模、工期长短及工程所在地区的条件。设计时,可根据工地职工及家属的总人数,按国家规定的房屋面积定额,并参照工程所在地区的具体条件,计算出各类临时房屋的建筑面积。

## 四、风、水、电供应

### (一)工地供风系统

工地供风系统包括风动机械供风(凿岩机、风镐等)、风力输送(如风力输送水泥)和其他供风(如风砂轮除锈)。

供风系统由压缩空气站和供风管网两部分组成。压缩空气站规模应根据用气高峰期内同时使用的风动机械化数量和额定耗气量计算。计算公式为:

$$Q = K_1 K_2 K_3 \sum nq K_4 K_5$$

式中 $Q$——压气需用量,$m^3/min$;

$K_1$——因空气压缩机效率降低及未预计到少量用气而采用的系数,取1.05~1.10;

$K_2$——管网漏气系数,一般取1.10~1.30,管网长或铺设质量差时取大值;

$K_3$——压气高原修正系数,见表6-3;

$n$——同时工作的同类型风动机械台数;

$q$——一台风动机械的定额耗气量,$m^3/min$;

$K_4$——各类风动机械同时工作系数,见表6-4;

$K_5$——风动机械磨损修正系数。

**表6-3 压气高原修正系数**

| 海拔(m) | 0 | 305 | 610 | 914 | 1 219 | 1 524 | 1 629 | 2 134 | 2 433 | 2 743 | 3 049 | 3 653 | 4 572 |
|---|---|---|---|---|---|---|---|---|---|---|---|---|---|
| $K_3$ | 1.00 | 1.02 | 1.07 | 1.10 | 1.14 | 1.17 | 1.20 | 1.23 | 1.26 | 1.29 | 1.32 | 1.37 | 1.43 |

**表6-4 凿岩机同时作业系数**

| 同时工作时凿机台数 | 1 | 2 | 3 | 4 | 5 | 6 | 7 | 8 | 9 | 10 | 12 | 15 | 20 | 30 |
|---|---|---|---|---|---|---|---|---|---|---|---|---|---|---|
| $K_4$ | 1.00 | 0.90 | 0.90 | 0.85 | 0.82 | 0.80 | 0.78 | 0.75 | 0.72 | 0.71 | 0.68 | 0.61 | 0.59 | 0.50 |

工地供风应满足风压要求。通常选用空压机的工作压力为588~785 kPa,风动机具的驱动压力为98~196 kPa。为调节管网中的风压、排除压缩空气中的水分和油脂,每台空压机均需设置储气罐,对于较长的管道,还应在中间适当的位置增设储气罐以调节风压。

压气站的位置应尽量靠近耗气负荷中心,接近供电点和供水点,位于空气洁净、通风良好、交通方便,远离需要安静和防振的场所。压气管网一般沿地表敷设,管道应具有0.005~0.01的顺坡,并且每隔200~300 m在管底部设一放水阀,以排除管中的凝结水。压气管网的压力降低值最大不应超过气压站供给压力的10%~15%。

**(二)工地供水**

工地供水主要指生产、生活和消防用水。供水系统由取水工程、净水工程和输配水工程三部分组成。供水设计的主要任务是确定需水地点,根据水质和水量的要求,选择水源,设计供水系统。

1. 生产用水

生产用水是指土石方工程、混凝土工程等施工用水以及施工机械动力设备和施工辅助企业用水等。生产用水的需水量可按计算出来的结果使用。

生产用水可按下式计算:

$$Q_1' = 1.2\sum Kq/(8\times 3\ 600)$$

式中 $Q$——生产用水的需水量，L/s；

$q$——生产用水项目每班(8 h)平均用水量，L，查施工生产用水定额确定；

$K$——用水不均匀系数，见表6-5；

1.2——考虑水量损失和未计入的各种小额用水系数。

**表6-5 用水不均匀系数**

| 用水对象 | $K$ |
|---|---|
| 土建工程施工 | 1.5 |
| 建筑运输机械 | 2.0 |
| 施工辅助企业 | 1.25 |
| 施工现场生活用水 | 2.7 |
| 居住区的生活用水 | 2.0 |

2. 生活用水

生活用水包括生活区用水和现场生活用水等。计算公式如下：

$$Q_2 = K_2K_4\,n_2q_3/(24\times 3\ 600) + K'_2K_4n'_2q'_3/(8\times 3\ 600)$$

式中 $Q_2$——生活用水，L/s；

$n_2$——施工高峰期工地居住最多人数；

$q_3$——每人每天生活用水量定额，见表6-6；

$K_2$——施工期生活给水不均衡系数；

$K'_2$——现场生活给水不均衡系数，见表6-7；

$K_4$——现场用水不均衡系数；

$n'_2$——现场工地居住人数；

$q'_3$——现场每人每班现场生活用水量定额。

**表6-6 生活用水量定额**

| 用水项目 | 单位 | 用水量定额 | 用水项目 | 单位 | 用水量定额 |
|---|---|---|---|---|---|
| 全部综合生活用水 | L/(人·天) | 100~120 | 托儿所、幼儿园 | L/(人·天) | 70~90 |
| 饮用水及盥洗 | L/(人·天) | 25~30 | 医院 | L/(人·天) | 100~150 |
| 食堂 | L/(人·天) | 15~20 | 道路绿化、洒水 | L/(人·天) | 20~30 |
| 浴室 | L/(人·天) | 50~60 | 现场生活 | L/(人·班) | 10~20 |
| 洗衣 | L/(人·天) | 30~35 | 现场淋浴 | L/(人·班) | 25~30 |
| 理发室 | L/(人·天) | 15 | 现场道路洒水 | L/(人·班) | 10~15 |
| 小学校 | L/(人·天) | 12~15 | | | |

表 6-7　给水不均衡系数

| 项目 | 类别 | 不均衡系数 | 项目 | 类别 | 不均衡系数 |
|---|---|---|---|---|---|
| 施工生产用水 | 工程施工用水 | 1.50 | 生活用水 | 居住区生活用水 | 2.0～2.5 |
| | 辅助企业生产用水 | 1.25 | | | |
| | 施工机械用水 | 2.00 | | 现场生活用水 | 1.3～1.5 |
| | 动力设备用水 | 1.05～1.10 | | | |

3. 消防用水($Q_3$)

消防用水按工地范围及居住人数计算，如表 6-8 所示。

表 6-8　消防用水量定额

| 用水项目 | 按火灾同时发生次数(次) | 耗水量(L/s) | 用水项目 | 按火灾同时发生次数(次) | 耗水量(L/s) |
|---|---|---|---|---|---|
| 居住区消防用水 | | | 施工现场消防用水 | | |
| 5 000 人以内 | 1 | 10 | 现场面积在 25 $hm^2$ 以内 | 2 | 10～15 |
| 10 000 人以内 | 2 | 10～15 | 以 25 $hm^2$ 递增 | | 5 |
| 25 000 人以内 | 2 | 15～20 | | | |

施工供水量应满足不同时期的日高峰生产用水和生活用水的需要，并按消防用水量进行校核，即总用水量 $Q = Q_1 + Q_2$，但不得小于 $Q_3$。

供水系统可分为集中供水和分区供水两种方式。一般包括水泵站、净水建筑物、蓄水池或水塔、输水管网等。生活用水和生产用水共用水源时，管网应分别设置。

**(三) 工地供电**

工地供电主要包括动力用电和照明用电，其设计工作包括确定用电量、选定电源和设计供电系统。

工地的用电量应根据施工阶段分别确定，供电系统应保证生产、生活高峰负荷需要，电源选择一般优先考虑电网供电，施工单位自发电作备用电源和用电高峰时使用。

计算水利工地所需临时发电站或变电站的设备容量时，可用下式计算：

$$P = 1.1(K_m \sum K_c P_y / \cos\varphi_0 + \sum K_c P_z)$$

式中　$P$——工地所需的电站设备容量，kVA；

1.1——考虑输电线路中功率损失的系数；

$K_m$——动力用电时负荷系数，可采用 0.75～0.85；

$\cos\varphi_0$——功率因素的平均计算值，可采用 0.5～0.6；

$K_c$——容量利用系数(即需电系数)，见表 6-9；

$P_y$——动力用电的铭牌功率，kW；

$P_z$——照明用电量,kW。

表 6-9 需电系数 $K_c$ 值

| 负荷特征 | $K_c$ | 负荷特征 | $K_c$ |
|---|---|---|---|
| 电动挖掘机 1~3 台 | 0.5 | 水泵、鼓风机、空压机 | 0.6 |
| 塔式和门式起重机 2 台以上 | 0.3 | 电焊变压器 | 0.3 |
| 塔式和门式起重机 1~2 台 | 0.2 | 单个电焊机 | 0.35 |
| 电动挖掘机 3 台以上 | 0.4 | 混凝土工厂电力设备 | 0.6 |
| 连续式运输机械 | 0.5 | 木工厂电力设备 | 0.5 |
| 移动式机械 | 0.1 | | |

工地供电系统由电网供电时,应在工地附近设总变电所,将高压电变为中压电(3 300 V 或 6 600 V),当输送到用电地点附近时,再通过变电站变为低压电(380 V 或 220 V),由变电站送至用户。生产用电和生活用电的配电所应尽可能分开,若混合供电,应在 380/220 V 侧的出线回路上分开。

## 五、施工总体布置的设计

施工总体布置的设计,大体可按以下步骤进行:

(1)收集分析基本资料。设计施工总体布置,必须深入现场调查研究,并收集有关资料,如比例尺为 1/10 000~1/1 000 的施工地区的地形图;对外交通运输设施资料;施工现场附近有无可供利用的住房;当地建筑材料和电力供应情况;河流和水文特性以及施工方法,导流程序和进度安排等资料。

(2)编制临时建筑物项目单。根据工程的施工要求,结合类似工程的施工经验,编制临时建筑物的项目单,并大致拟定占地面积、建筑面积和平立面布置。编制项目单时,应了解施工各阶段的需要,力求详尽,避免遗漏。

(3)对总体布置进行规划。这是施工总体布置中关键的一步,着重解决总体布置的一些重大原则问题。如采用一岸布置还是两岸布置,是集中布置还是分散布置,现场布置几条交通干线及其与外部交通的衔接等。

规划施工场地时,须对水文资料进行认真研究。主要场地和交通干线的防洪标准一般应不低于 20 年一遇。在坝址上游布置临时设施时,要研究导流期间的水位变化,在峡谷冲沟内布置场地时,应考虑山洪突然袭击的可能。

(4)具体布置各项临时建筑物。在对现场布置作出规划的基础上,根据对外交通方式,依次合理安排各项临时建筑物的位置。

当对外交通采用准轨铁路或水路时,先确定车站或码头的位置,然后布置场内运输道路,再沿道路布置施工辅助企业和仓库等各项设施,布置供风、供水、供电系统,最后布置行政管理及文化生活福利等临时房屋。

如对外交通采用公路时，则可与场内运输结合起来布置，然后确定施工辅助企业和仓库位置，再布置风、水、电供应系统，最后布置行政管理和文化福利用房。

(5)选定合理的布置方案。在各项临时建筑物和施工设施布置完成后，应对整个施工总体布置进行协调和修正。主要检查施工设施与主体工程以及各项临时建筑物之间彼此有无干扰，是否协调一致，能否满足多项布置原则，如有问题，则应进行调整修改。

总体施工布置，一般应提出若干个可能的布置方案供选择。选取方案时，常从各种物资的运输工作量或运输总费用进行考虑。临时建筑物的工程量或造价、占用耕地的面积以及生产管理与生活的便利程度等方面进行比较分析，选定最合理的布置方案。方案选定后，再根据该方案绘制施工总体布置图，如图 6-1 所示。

## 六、案例分析

例如，河南省洛宁县禹门河反调节水库的总体布置情况。

**(一)施工总体布置原则**

(1)按照招投标文件、工程的实际进展情况和当地的具体施工条件以及业主对工期的要求等进行总体规划布置。

(2)充分结合本工程施工项目特点和技术要求进行布置。

(3)应根据河床狭窄、现有施工场地较少、特别是生产加工区面积比较狭小等特点精心布置。

**(二)施工道路**

1. 对外交通条件

禹门河反调节水库的特点是对外交通主要有两条公路：一条线路是由兴华沟口经洛河大桥河后沿洛阳至卢氏公路到洛宁县，全长约 24 km，为三级公路；另一条线路是由兴华沟口经刘营、磨头、大源至宜阳县，全长约 89 km，为兴华沟口至宜阳的县乡公路。施工进场和对外交通主要选用洛阳至卢氏公路。

2. 场内施工道路的布置

(1)1#公路：利用右岸上坝公路，由大坝右坝肩 425.5 m 高程，沿右岸山坡修筑，至 414 m 高程左右平台时，折回与导流洞尾水渠桥相接，长约 600 m。在工程施工期间，其作为右岸岸坡开挖进场道路。随着大坝混凝土、金属结构安装施工进度，道路分层填筑至坝顶高程，完成后拆除。

(2)2#公路：即右岸进场公路，设计为永久进场公路，由电站厂房 399.5 m 高程，沿右岸山坡坡脚修筑，跨导流洞尾水渠，与进场公路相接，长约 550 m。随着大坝混凝土、金属结构安装施工进度，道路分层填筑至坝顶高程，完成后拆除。

(3)3#公路：从尾水渠桥到进入施工现场，到基坑下游，沿下游围堰绕左岸进入基坑。其作为 393 m 高程以下坝基电站基础混凝土入仓施工道路。路面宽 6 m，路面长约 300 m。

(4)4#公路：为确保溢流坝段及排沙孔坝段混凝土施工，根据施工进度，沿下游围堰内填筑至溢流面高度，路宽 6 m。

(5)5#公路：为确保上游面施工及导流洞封堵，经临时桥与左岸连接，随坝体施工进度沿左岸山体填筑至坝顶高程，完成后拆除，路宽 6 m。

(6)6#公路：与 4#公路连接，靠左岸边坡修建，进入左岸施工现场高程为 410 m，宽 3.5

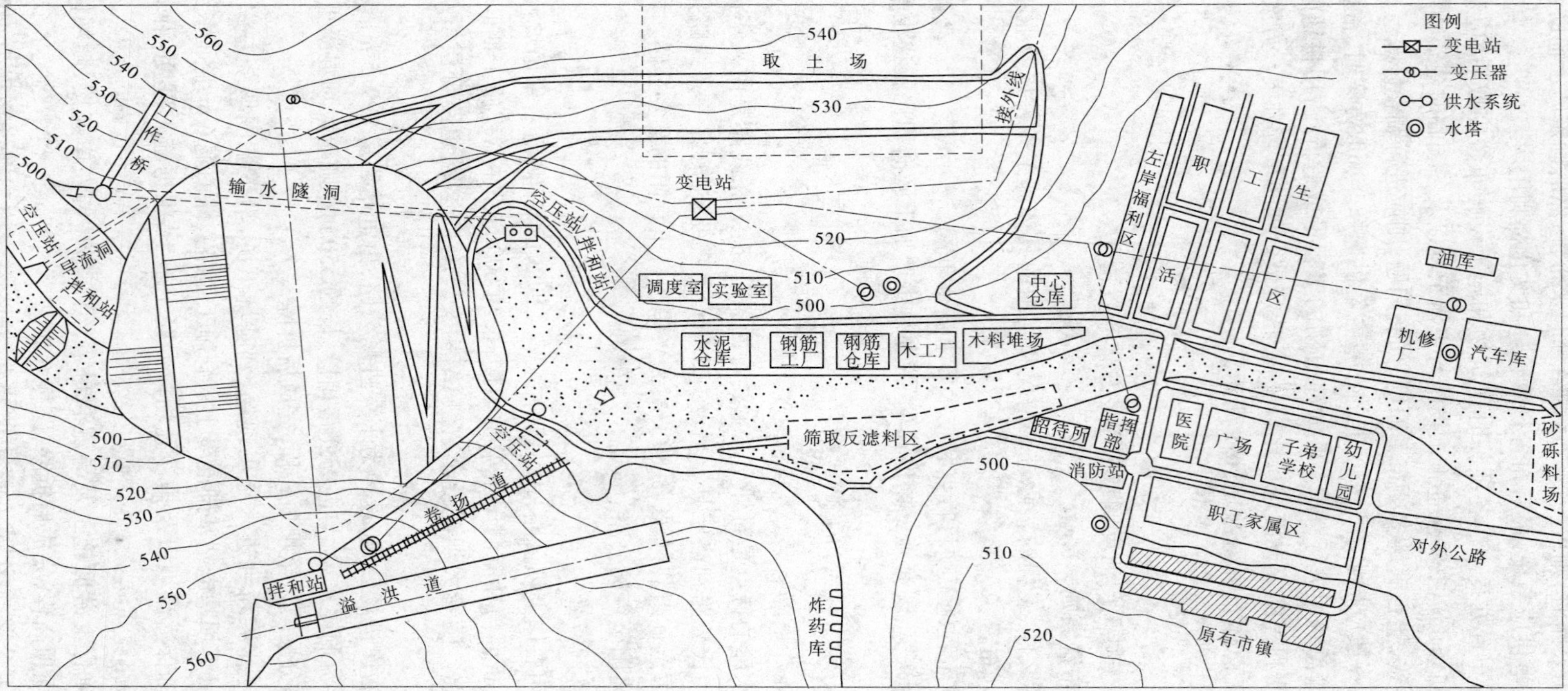


图6-1　某水库施工总布置

m，主要用于410.00 m高程以下混凝土施工。

(7)7#公路：与5#公路连接，靠左岸边坡修建，进入左岸施工现场高程为425 m，从坝顶再沿左岸山体至上游围堰，路宽3.5 m，主要用于左岸挡水坝段混凝土施工、上游围堰拆除出渣。

3. 施工道路养护

配专职养护人员2～3人，施工道路在施工期间应经常维护、清理，洒水湿润，以保证施工道路整洁、畅通。

施工道路具体布置详见图6-2。

**(三)施工供电、供水、供风和通信设施建设**

1. 施工供电

(1)电源情况：业主已将施工电源接入工地现场，并安装630 kVA和200 kVA变压器各一台。

(2)用电负荷情况：基本满足，施工时备用两台84 kW发电机。

(3)用电规划：根据本工程施工总体布置的用电区域情况，施工用电划分成三大区域，即砂砾石筛分加工厂和混凝土拌和站动力、照明用电，施工辅助生产加工厂、生活办公区、仓库等动力及照明用电，大坝、电站施工现场动力、照明用电。

(4)砂砾石筛分加工厂、混凝土拌和站动力、照明用电：采用630 kVA变压器，在现有位置不变。

(5)施工辅助加工厂、生活、办公、仓库等区域动力及照明用电，采用200 kVA变压器，在现有位置不变。

(6)大坝、电站施工现场动力及照明用电，采用现有200 kVA变压器，同时该区域配备两台84 kW柴油发电机作为备用电源。

(7)施工照明布置。

①大坝、电站施工现场：在左右岸坝肩上下游位置，分别设4个10 kW自冷式氙灯组成的塔灯作为大坝、电站施工现场总体照明。施工中局部照明，配备碘钨灯或投光灯。

②砂、砾石筛分加工厂和混凝土拌和站：配备2个10 kW自冷式氙灯组成的塔灯，作为该区域的总体照明，局部照明配备碘钨灯或投光灯。

③生活办公区、施工辅助加工厂和主要施工道路照明选用高压汞灯。

④洞挖施工照明：洞内照明配备36 V安全电压照明灯具。

2. 施工供水

1)施工供水规划

(1)砂、砾石料筛分加工厂和混凝土拌和站供水，就地在河滩开挖大口井，安装$\phi$800无砂混凝土管，配备4台6″潜水泵，在混凝土拌和站修建2座100 $m^3$水池，供混凝土拌制生产用水。砂、砾石筛分加工厂修建一座200 $m^3$水池，供砂、砾石筛分生产用。

(2)施工生活、办公区和施工生产辅助加工厂施工用水：在该区就地打机井一眼，在414 m高程平台上修建20 $m^3$封闭式水池，配备1台4″潜水泵。

(3)大坝、电站施工现场用水：在大坝下游河槽左右两侧，各设1个100 $m^3$水池，配备1台4″潜水泵，在右岸坝肩426 m高程，修建一座50 $m^3$水池，用做大坝电站施工现场用水。

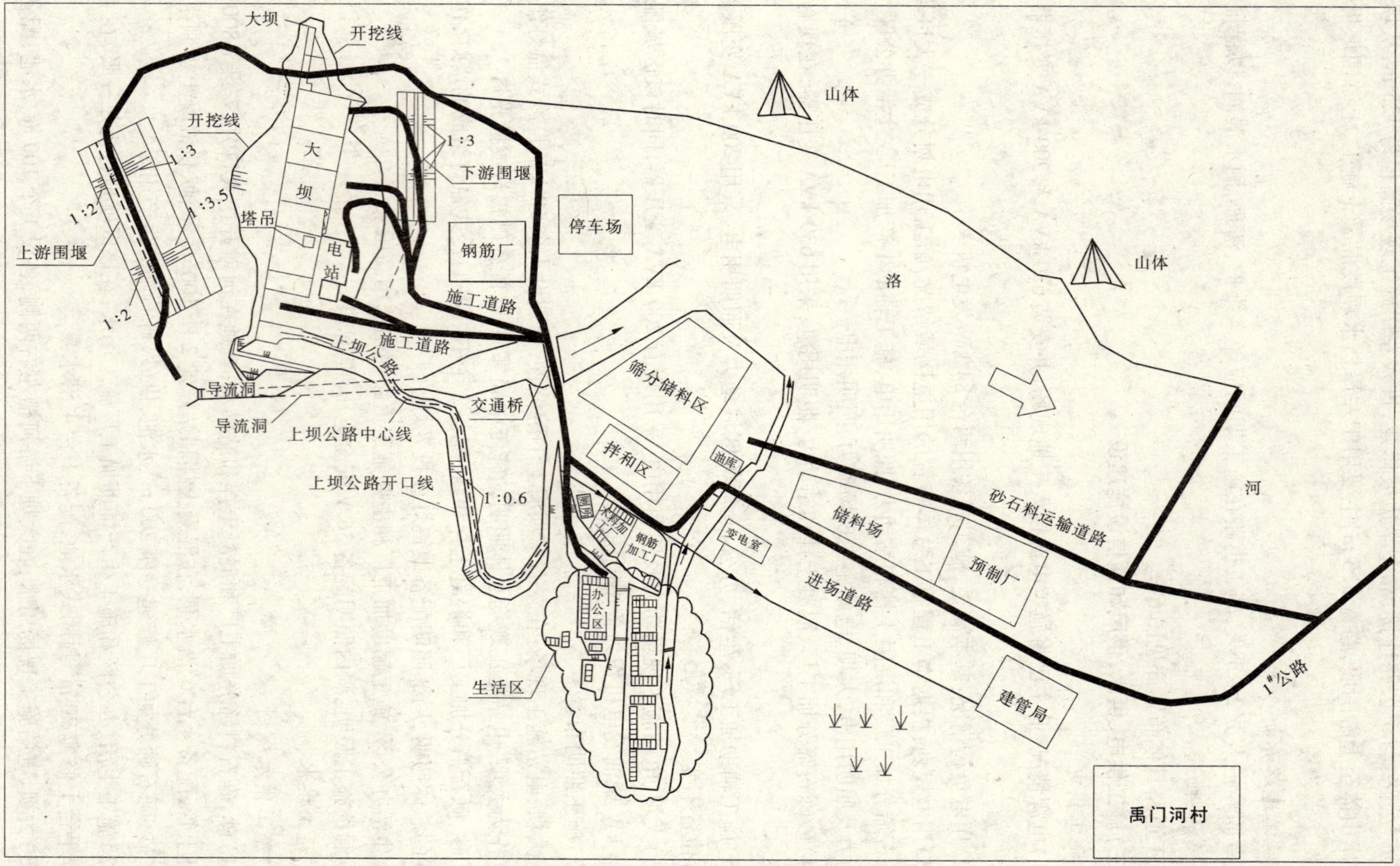


图6-2 禹门河反调节水库工程总平面布置图

2）供水管网

供水干管采用 $\phi$50 塑料管，支管采用 $\phi$30 塑料管。管道敷设主要采取地埋暗敷。

3）施工供风

根据本工程施工供风位置和负荷分布情况，宜采取集中固定供风和分片分散供风相结合，既可缩短供风系统临建及安装时间，又可减少输送管路和风压损耗，同时又提高供风设备的利用率。

上坝、进场公路石方开挖施工供风：采取移动现场分散供风，配备 6 台 2 ~ 15 $m^3$ 移动式油动空压机。

3. 施工通信

本工程所在地对外通信设施比较方便，移动通信已全部覆盖，固定电话线路已接至工地现场。

对外通信：安装固定电话 1 部，用于项目经理部对外通信联络；项目经理部主要人员配备移动电话，作为对外工作联系；配 1 部传真机，用于对外传真业务。

工地内部通信：配备 20 ~ 25 对手持无线对讲机，作为工地内部各项工作联络用。

**（四）施工场地规划**

根据招标文件和业主指定的施工场地规划范围，本工程施工场地规划主要分四大块。

1. 施工现场区

施工现场区即大坝、电站施工现场，即在上、下游围堰范围内，本区域主要作为施工现场作业场地，除施工道路，其他临时工程一般情况下不设在本范围。

2. 辅助生产加工厂、站区

按现有设置不变，筛分系统仍在原位置，并修砌浆砌石墙防护。

3. 办公、生活地区

按现有设置不变，不足部分租用禹门河村住房。

4. 砂砾料场、弃渣场区

本工程设计规划的大坝下游Ⅰ、Ⅳ、Ⅴ、Ⅵ等料场为本工程选定的主要砂砾料场。

弃渣场：根据现场情况，按照监理和业主指定位置弃渣。

**（五）施工辅助生产加工厂、站布置**

1. 钢筋加工厂

本工程钢筋、锚杆总量约 1 386 t。钢筋加工厂内布置钢筋原材料堆放场，成品、半成品堆放场，加工车间、对焊间、成型车间等。

生产人员配置 6 ~ 12 人。

2. 木工加工厂

本工程模板主要采用钢模板，它相对木模板制作工作量较小，主要是电站尾水喇叭口以及排沙孔、引水口、蜗壳、水轮机基座等部位的异形结构木模板制作。场内主要布置木材堆放场、加工车间、成品堆放场等。

生产人员配置 8 ~ 12 人。

3. 机械修配、金属结构加工厂

机械修配、金属结构加工厂布置在上坝公路 414 m 高程平台上和生活区南面，主要布置机械修配车间、地沟、机械停置场、金属结构件加工车间、修钎车间、金属结构件堆放场等。

主要承担施工机械设备、车辆维修、保养,风钻修钎,各种金属预埋铁件的加工,金属结构拼装、简单零配件加工等。

**(六)施工生活、办公营地建设**

本工程施工生活、办公营地集中设在禹门河村搬迁后的村庄旧址位置。根据本工程施工高峰进场人员情况,已建生活住房约 2 000 $m^2$, 办公用房 400 $m^2$,食堂、餐厅 150 $m^2$,浴室 40 $m^2$,合计约 2 590 $m^2$,已满足生产施工用房。

**(七)实验室建设**

为了确保工程施工质量,本工程在工地现场建立实验室,负责本工程原材料、土工、混凝土配合比及混凝土力学性能试验,以及本工程施工过程中质量检测、检验工作。中心实验室设在办公区内及拌和楼附近,建房 100 $m^2$,已完成。

**(八)工地仓库、堆料场建设**

1. 综合仓库

本工程零星材料、机械配件、周转材料等设综合仓库,值班室 20 $m^2$、库房 100 $m^2$、库棚 200 $m^2$、堆料场占地 800 $m^2$,与木工加工厂相邻。

2. 油库

油库设在混凝土骨料料场西北角,占地 400 $m^2$,建工棚 90 $m^2$,设 20 t 油罐 3 个,建值班房 20 $m^2$。

**(九)塔吊布置**

根据工程施工进度,在电站坝段的坝体和副厂房之间的 399.2 m 高程平台上,配置一部塔吊,负责电站坝段、排沙孔坝段和电站厂房钢筋模板的安拆以及部分常态混凝土的垂直运输,局部采用 25 t 汽车吊。

总体布置详见施工总平面布置见图 6-3。

## 七、单项布置

**(一)混凝土生产系统**

(1)砂石料生产、运输系统:对成品的砂石料可由坝址下游附近所设置的人工砂石系统采用湿法生产,并应能满足混凝土月浇筑量强度的要求。对人工砂石系统加工的成品砂石料可采用单洞式单机皮带运输至所布设的混凝土生产系统骨料场(或罐)储存,也可用自卸汽车运输至备料场备用。

(2)混凝土拌和系统:主要由混凝土拌和楼、骨料储运系统、水泥和粉煤灰储运系统、二次筛分系统、混凝土预冷系统、废水处理设施以及其他辅助设施组成。碾压混凝土的生产系统、设备最好采用强制式的拌和楼,但有时由于施工条件的限制也可采用自落式或双卧轴强制式拌和楼和自落式拌和楼相结合的方式。只要控制好下料、拌和时间及用水量,使拌和出来的混凝土符合设计要求即可。

拌和楼容量的选取取决于最大的填筑量,其投放的顺序基本有两种:第一种是先投入少量水,后放入全部骨料(大、中粒径),然后放水泥、粉煤灰进行拌和;第二种是先投入砂、水泥和水制成的砂浆,然后投入骨料进行拌和。投放顺序可根据拌和楼特性及材料情况选定,并不强行规定。许多工地的经验表明,以第二种方法较好,拌和后的混凝土均匀,不粘罐。

在拌和时要注意骨料和砂的含水量。一般骨料脱水很快,不成问题,但对砂冲洗和筛分

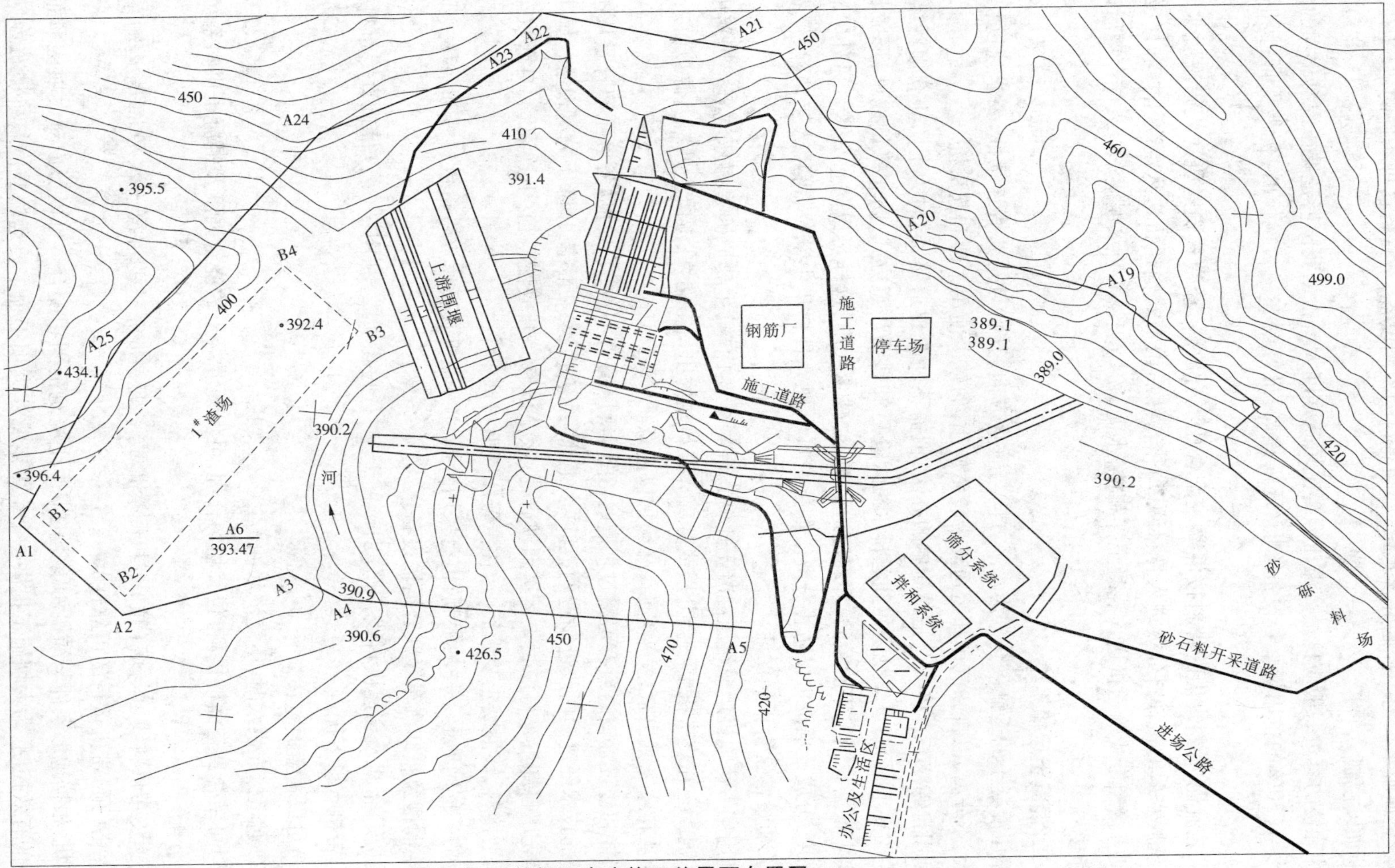


图6-3　禹门河水库施工总平面布置图

后，很难迅速脱水。为了控制好含水量，必须有自动检测设备，不具备这种条件的，只能在备料场地加以控制。

拌和楼的容量一般应比最高碾压混凝土填筑强度大。根据我国所建碾压混凝土坝的经验，最少有30%的备用量。若设备陈旧，还需提高，最好要在一台检修时，仍能保证拌和强度。

工艺流程，骨料罐内的骨料按混凝土配合比混合放料，经带式输送机送入筛洗脱水车间，筛洗脱水后的粗骨料分级进入骨料调节料仓，然后由带式输送机送入混凝土拌和楼，细骨料则直接经带式输送机送入混凝土拌和楼，水泥、粉煤灰经散装水泥罐车打入储存罐后进入拌和楼。

**（二）混凝土运输系统**

碾压混凝土的运输入仓分为水平方向与垂直方向，其特点是要有连续性，要求速度快、体积大、不分离，以自卸汽车和运送皮带较常使用，而较少使用吊罐和起重机。

利用自卸汽车直接入仓是最简单的办法，但需不断改建道路，同时为了防止仓面污染，冲洗轮胎要求很高，进口处还需注意排水。入仓后卸料要注意方式，防止一倒成堆，形成骨料分离。根据我国多年的经验，卸料应边倒边走，减少大堆，这样可以防止分离。另外限制下落高度，分成几堆也可以防止分离。如果一旦出现大骨料集中部位，可用人工消除，但费时费力，质量常常得不到保证。

利用皮带运输机运输碾压混凝土比常态混凝土要优越，主要原因是碾压混凝土坍落度为零。混凝土在皮带机上不会分层或分离。若料斗的出口被堵塞，混凝土熟料又源源而来，熟料会从料斗飞溅出来，发生危险，必须加以注意。

当拌和楼设置较高或有道路过坝肩时，采用负压溜管下料，效果很好，负压溜管是从国外引进的技术经过国内改进制造的，且许多工地实际应用效果不错，排除了分离现象。施工方法是先用自卸汽车将混凝土运送到坝肩处，该处设有一开放性料箱，下连溜管，自卸汽车在仓面上接料，待混凝土装满后，运往拟碾压断面摊铺。

有的工程因地形条件的限制，也有采用台搭（顶）带机及高速皮带机供料线和平移式缆机，真空溜槽及自卸汽车等联合运输设备。

塔（顶）带机及高速供料线，可分别布置于左、右底孔坝段，利用塔（顶）带机直接布料。塔（顶）带机有以下优点：

（1）可以覆盖面宽；

（2）遇超标准供水时，不受洪水冲击；

（3）可结合真空溜槽供料，位置均匀合理，可保证混凝土的浇筑强度及混凝土供料系统的合理分配。

高速皮带供料线可与塔（顶）带机配套形成一机一带完整的混凝土水平、垂直运输系统，确保塔（顶）带机运行的可靠性。

缆机：根据地形条件与缆机所承担的混凝土浇筑范围相配合。可以形成对大坝从平面到立面的有效控制，为大坝施工提供一个空中走廊。大坝工程主要运输与浇筑机械布置见图6-4。

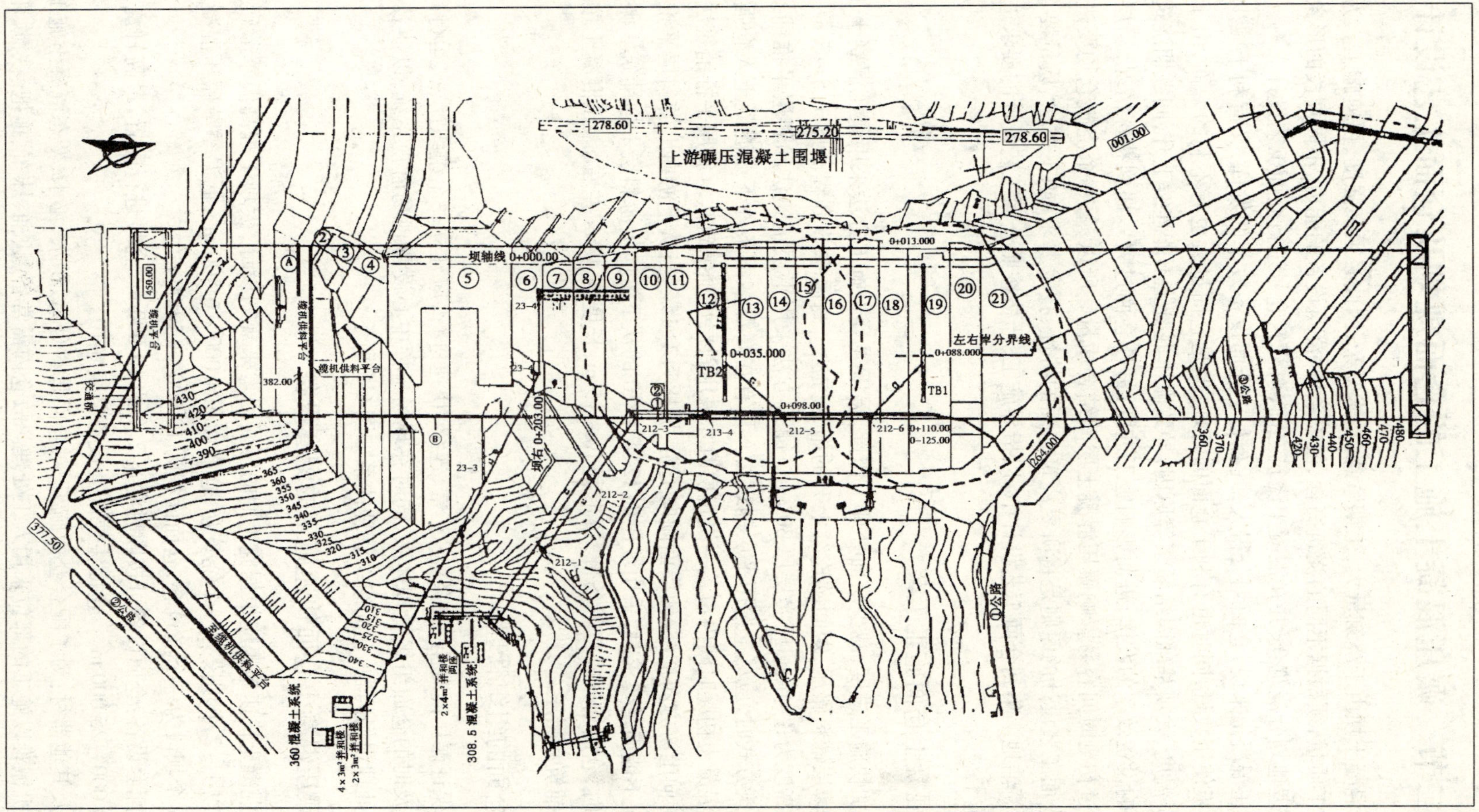


图 6-4 大坝工程主要运输与浇筑机械布置图

## 第二节　碾压混凝土施工的仓面规划及仓面工艺设计

碾压混凝土坝由于浇筑量大,工期紧急,技术复杂,因此必须高强度、快速施工。为保证混凝土施工质量,须根据不同的浇筑高程、气象条件、浇筑设备的能力、不同坝段的形象面貌要求等合理地划分浇筑仓,并在混凝土浇筑之前,对浇筑仓号进行仓面工艺设计。

对碾压混凝土来说,仓面划分得大,既有利于仓面设备效率的发挥,又有利于减少坝段之间的模板使用数量,同时也有利于仓面的管理;但是仓面过大也有不利的一面,由于层间间歇时间、温度、大坝基础固结灌浆等原因,导致碾压混凝土不能连续上升,间歇期浇筑设备闲置会影响设备效率的发挥,进而影响施工进度;另外仓面过大一遇到特殊情况,当层间间隔时间超过初凝时间容易影响碾压混凝土层间结合质量。所以,每一个浇筑仓均要进行仓面设计,仓面工艺设计的原则是将所要浇筑仓面的特性、技术要求、施工方法、质量要求、资源配置等简洁地汇集到仓面工艺设计中,以指导施工,严格按照仓面工艺设计的要求进行有序、高效施工。

### 一、混凝土仓面施工工艺

为了加快施工进度,减少层面处理工作量,碾压混凝土施工方法采用碾压混凝土工艺,即大仓面薄层铺料碾压,短间歇连续上升的施工方法。高温季节升程高度 1.5 ~5 m,低温季节升程高度为 3 ~6 m,压实层厚 30 cm。铺筑方法采用平层铺筑法和斜层平推铺筑法。在选择铺筑方式时,应尽量选用平层铺筑法。只有在高温多雨条件下或混凝土入仓强度不能满足在混凝土初凝时间内覆盖一浇筑层时才采用斜层平推铺筑法。斜层平推铺筑法铺料时,从下游向上游方向推进,使层面倾向上游,坡比为 1:15。当从下游向上游斜层平推铺筑坡比 1:15 不能满足要求时,采用坡比 1:12 或 1:10 的从下游向上游斜层平推铺筑。碾压混凝土施工时,仓面划分成若干条带,条带宽 10 ~15 m,长度为 40 m 左右,碾压混凝土按条带进行下料铺筑和碾压。

### 二、仓面的组织管理

为了保证碾压混凝土“一条龙”正常、连续、快速进行,应建立一个组织严密、运行高效、信息反馈及时的仓面组织管理体系,同时在现场指挥中心设置现场监视系统,以便及时了解、掌握、处理现场问题,仓面组织管理体系如图 6-5 所示。

### 三、碾压混凝土仓面快速施工的配套设备

碾压混凝土快速施工应根据施工期的气候因素来规划设计,大坝工程高温季节碾压混凝土施工以 1 ~2 个坝段为一个浇筑仓,仓面面积 4 000 ~6 500 $m^2$;低温季节碾压混凝土施工以 4 ~5 个坝段为一个浇筑仓,仓面面积为 10 000 ~15 000 $m^2$。

仓面配套设备:仓面设备可按同时浇筑 2 个约 10 000 $m^2$ 仓号进行配置,最高日浇筑能力可达 20 000 ~25 000 $m^2$。仓面主要配套设备见表 6-10。

工具及其他器材:为了配合仓面施工,对仓面骨料分离、积水、泌水、变态混凝土施工、砂浆摊铺及机械难以施工的部位采用人工处理。故仓内需常备瓢、桶、抹布、拖把、铁锹、耙子、

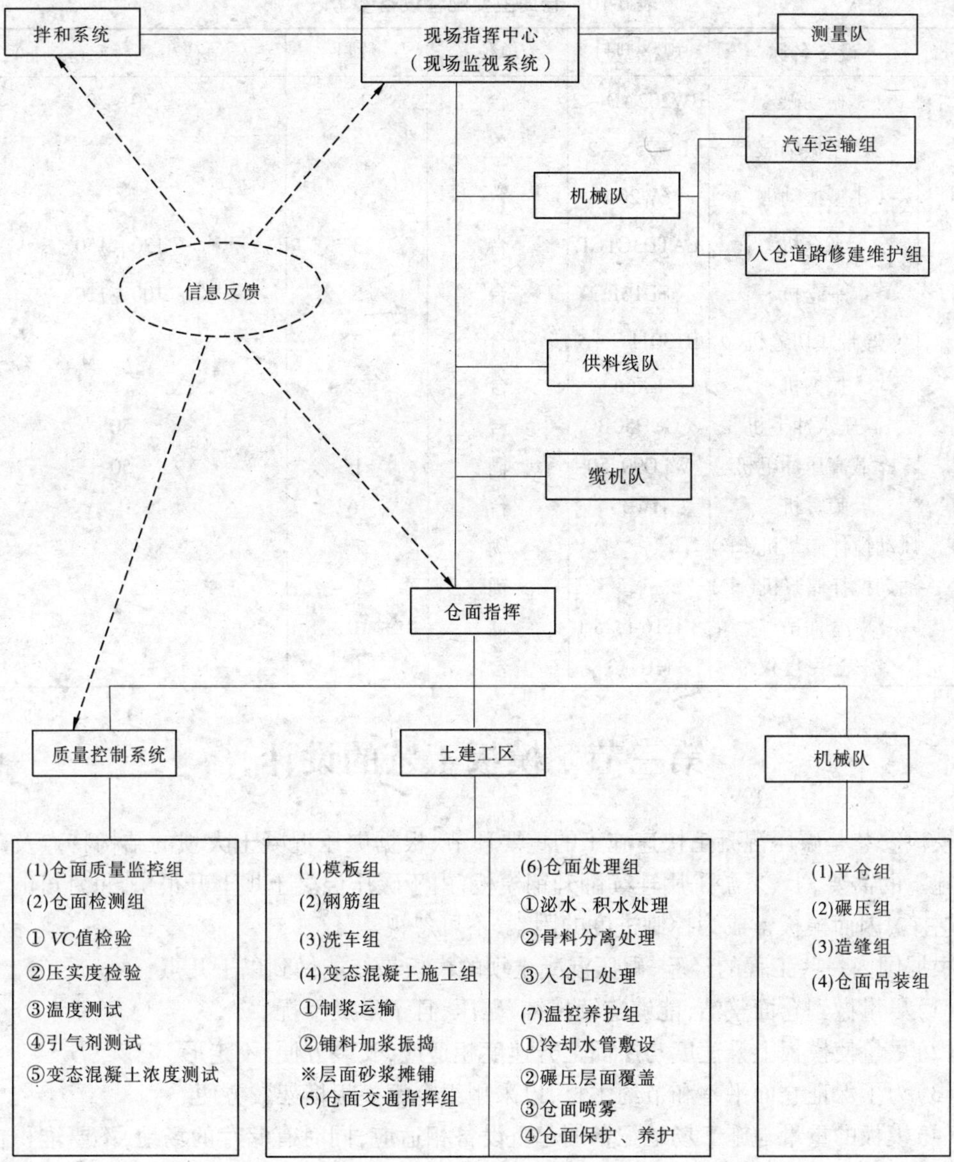


**图 6-5　仓面组织管理体系**

真空吸水器等工具，同时还要配备保温被、彩条布对碾压混凝土进行保温、保湿、防晒及防雨等保护。

例如，河南省洛宁县禹门河水库工程。

按全断面碾压混凝土设计，坝体混凝土材料分为常态混凝土、碾压混凝土和变态混凝土三大部分。根据坝体不同部位混凝土的工作条件、应力状态和施工时的气象、气温、环境等因素及混凝土主要是大坝坝体和电站基础以及辅助、配套工程等混凝土工程，故按工程的特性划分为四个坝段，即溢流坝段、排沙孔坝段、电站进口引水坝段和左右挡水坝段四部分。大坝最大坝高 60.5 m，坝顶长度为 213.25 m，底宽为 49.4 m，顶宽为 5 m。

表 6-10　仓面主要配套设备参考表

| 序号 | 设备名称 | 规格型号 | 单位 | 数量 | 单位生产效率($m^3/h$) |
|---|---|---|---|---|---|
| 1 | 振动碾 | BW202AD－2 | 台 | 13 | 70～80 |
| 2 | 小型振动碾 | BW75S－2 | 台 | 3 | |
| 3 | 小型振动碾 | SW200 | 台 | 3 | |
| 4 | 平仓机 | CATD3G1GP | 台 | 3 | 130～150 |
| 5 | 平仓机 | SD16L | 台 | 5 | 100～120 |
| 6 | 履带式切缝机 | R1301LC－5 | 台 | 2 | |
| 7 | 振捣机 | EX60 | 台 | 2 | |
| 8 | 高压水冲毛机 | GCH50B | 台 | 15 | 50 |
| 9 | 车载高压冲毛机 | WLQ90/50 | 辆 | 1 | 50 |
| 10 | 喷雾机 | HW35 | 台 | 16 | |
| 11 | 风动搅拌储浆机(车) | | 辆 | 1 | |
| 12 | 油动搅拌储浆机(车) | | 辆 | 1 | |
| 13 | 仓面吊 | 8 t,16 t,25 t | 辆 | 10 | |
| 14 | 核子密度仪 | MC－3 | 台 | 1 | |

## 第三节　模板工艺的设计

模板安装是碾压混凝土快速施工的重要环节,根据碾压混凝土大坝的结构特点及薄层连续施工的需要,上、下游采用连续翻升钢模板,由于碾压混凝土坝上升很快,每月可能上升 20 m 左右,因而模板常成为控制进度的因素,不可忽视。

根据国内一些工程的经验,碾压混凝土坝的模板最好能做到以下几点:

(1)尽量做到仓面整洁,能够连续摊铺、碾压,且不形成干扰。

(2)尽量使模板上升速度与层面上升速度相适应,安装方便,不走形。

(3)为了保证仓面平整和节约木材,以采用组合钢模板桁架较方便。

(4)模板的重量与施工场地配备的起重设备相适应,同时有储存的场地,不要堆积在仓面上,阻碍混凝土继续摊铺、碾压。

适合碾压混凝土的模板有连续翻升模板、悬臂模板、混凝土预制模板,对特殊部位(如廊道)可采用组合模板,顶拱可采用特制圆弧钢模板,竖井采用整体提升专用圆筒模板等。通过使用上述模板,可使施工效率大大提高,保证碾压混凝土快速施工和外观质量的需要。

例如,广西省百色碾压混凝土主坝采用的可调式悬臂翻升系列钢模板。在百色碾压混凝土重力坝上游直立面、下游斜面、溢流面、闸墩、导墙、消力池等各部位全面采用了此类钢模板,浇筑的混凝土表面平整、光滑,无明显孔洞、蜂窝、麻面等现象。拆模速度快,可实现连续翻升功能,较好地适应了碾压混凝土快速施工和连续上升的要求。

可调式悬臂翻升系列钢模板的主要类型有:

(1)直立面可调式悬臂翻升钢模板。模板尺寸为 3 m×3 m,设计总重量 1 210 kg/块,采用 6 根 $\phi$25 锚筋固定;模板面采用 2 块 3 000 mm×1 500 mm×5 mm 冷轧钢板,横围檩采用 4

根 10 号槽钢，并兼作面板横肋；竖围檩及板面桁架由 2[ 10 和 2∠50 ×5 组成，面板四周采用∠30 ×5 作装饰条以弥补加工精度不足及相邻面板之间的接缝误差。结构型式如图 6-6 所示。

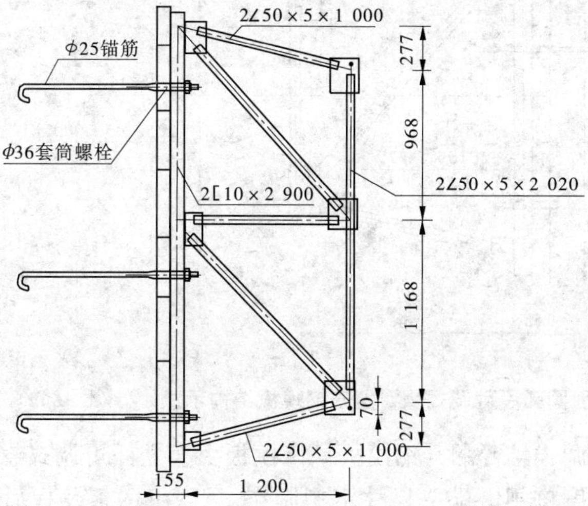


**图 6-6　直立面可调式悬臂翻升钢模板结构示意**　（单位：mm）

（2）斜面可调式悬臂翻升钢模板。总设计重量为 720 kg /块，采用 4 根 ϕ25 锚筋固定；面板采用 1 块 3 000 mm ×1 875 mm ×5 mm 的冷轧钢板；横围檩采用 2 根 10 号槽钢，并兼作面板横筋；竖围檩及板面桁架由 2[ 10 和 2∠50 ×5 组成，面板四周采用∠30 ×3 作装饰条以弥补加工精度不足及相邻面板之间的接缝误差。结构型式见图 6-7。

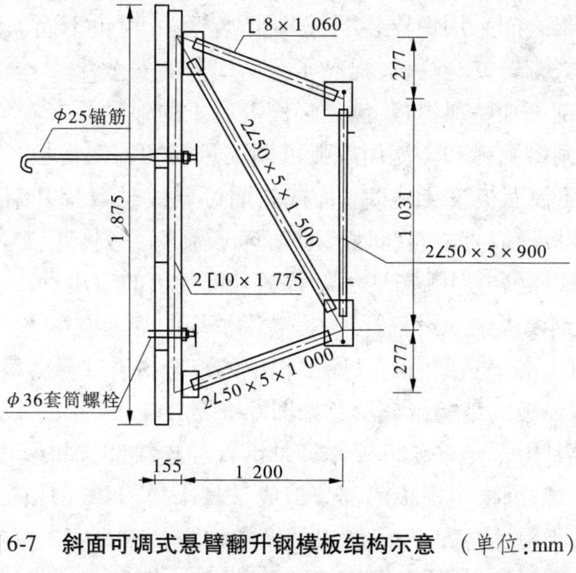


**图 6-7　斜面可调式悬臂翻升钢模板结构示意**　（单位：mm）

（3）溢流面圆弧段可调式悬臂翻升钢模板。该型式模板由斜面可调式悬臂翻升钢模板演变而来，面板系统按所需结构尺寸做成定型外，支撑系统完全采用斜面模板的支撑系统，这样一方面有利于批量生产，确保精度，另一方面支撑系统可与斜面模板支撑系统混用，可以节省投资。结构型式如图 6-8 所示。

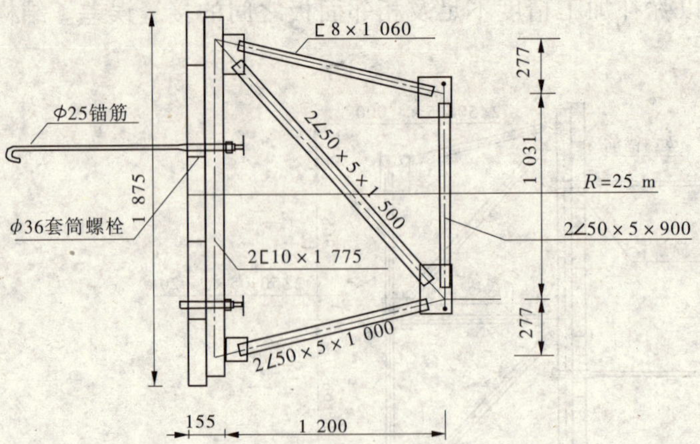


**图 6-8 溢流面圆弧段可调式悬臂翻升钢模板结构示意** （单位:mm）

(4)闸墩端头圆弧段可调式悬臂翻升钢模板。该模板由直立面可调式悬臂翻升钢模板演变而来,其高度为 3 m,宽度按闸墩端头尺寸定型制作,只需将面板及板后的水平肋板及支撑平台按闸墩端头尺寸定型即可实现。其余结构均与直立面可调式悬臂翻升钢模板相同。

可调式悬臂翻升钢模板的技术特点如下:

(1)具备可调式悬臂翻升功能,单块重量适中,有足够的刚度。

(2)配制有装饰条,形成的坝面是网络状,视觉上消除了模板之间的微小错失,具有装饰效果。

(3)后桁架与面板之间采用螺栓装配,方便拆装运输,可供不同工程重复使用。

(4)配置有附着式翻转安全栏杆,提高了仓面作业的安全性。

(5)面板系统后部可加贴保温板,满足坝面混凝土的保温要求。

(6)设计应用了闸墩圆弧和溢流面反弧可调式悬臂翻升钢模板。后支撑桁架与平面模板的桁架通用,可将更换面板改装成直立面或斜面可调式悬臂翻升钢模板,与直立面、斜面可调式悬臂翻升钢模板形成直立面、斜面、圆弧面、反弧面系列,且与常态混凝土通用。直立面与斜面两种模板可以混合使用,拓展了悬臂翻升钢模板的应用。

(7)把悬臂翻升钢模板纳入设备管理,提高了模板的管理应用水平。

具体实例如河南省洛宁县禹门河水库工程中的组合拼装式悬臂模板技术工艺。

组合拼装式悬臂模板的结构组成示意如图 6-9 所示。

该模板技术主要是由单个单元模板体经过钢管和连接装置拼装而成,每个单元模板体又主要由模板支撑系统、面层钢模板两部分组成。每个模板单元体的支撑系统有两个相同的组件分别支撑在模板离边缘 50 cm 处,组件组成如图 6-10 所示。

竖杆 1 和竖杆 2 为槽钢,其他支撑为角钢,搭接板为钢板,竖杆 2 中部割孔,通过 U 形片与面层钢模板连接,两个组件均通过钢管连接,这样钢管、面层模板和两个支撑组件共同形成一个单元模板体,面层模板如图 6-11 所示。

面层模板在与支撑系统的组件竖杆相同位置开孔,再由图 6-12 连接系统中爬行锥穿过

图 6-9　组合拼装式悬臂模板的结构组成示意

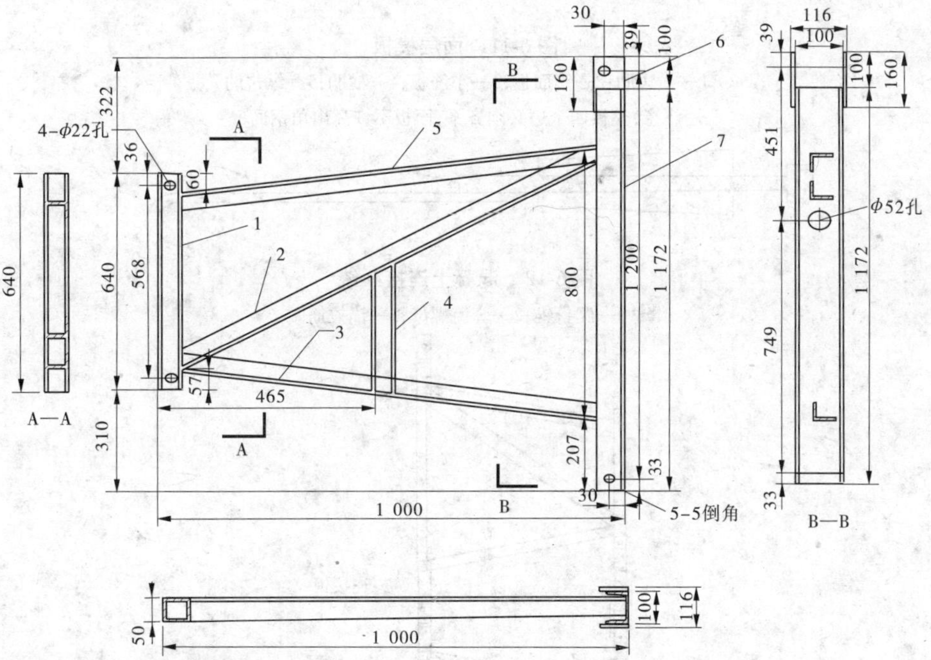


图 6-10　模板支撑系统

1—竖杆 1；2—斜支撑；3—下支撑；4—钢管；5—上支撑；6—搭接板；7—竖杆 2

与已浇筑凝固的混凝土连接固定。

每个模板体之间再分别通过调节螺丝钢管、模板相互连接，最终形成能够在左右和上下方向上运行的整体，如图 6-13 所示。

组合拼装式悬臂模板技术的工艺介绍如下：

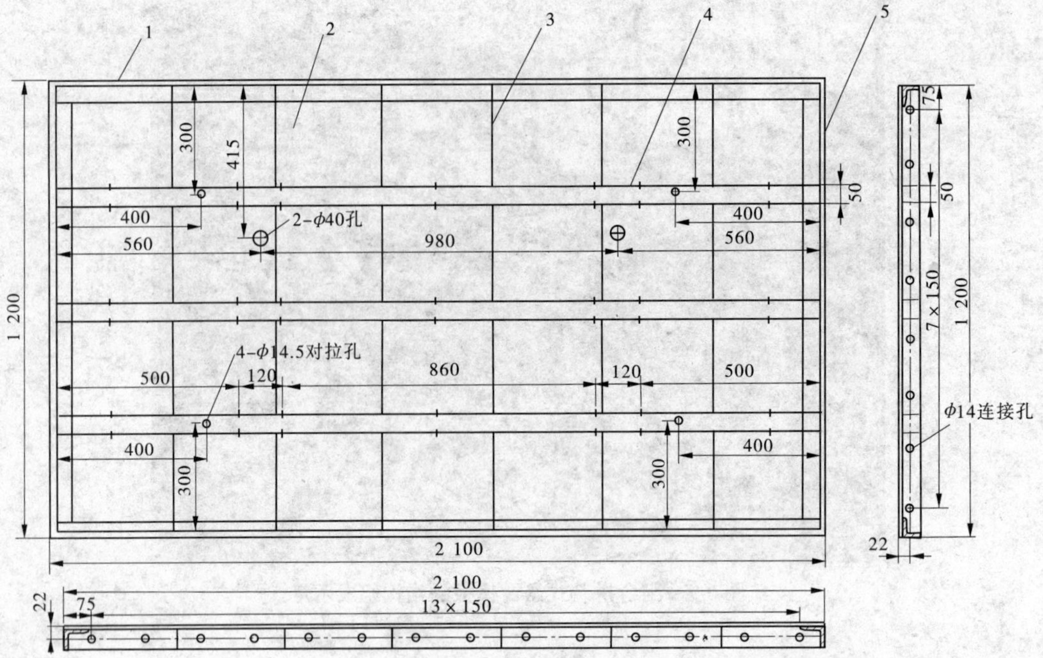


**图 6-11　面层模板**

1—横边肋;2—钢面板;3—小筋板;4—横肋;5—纵边肋

注意:模板四个边必须齐平,面板不许高出角钢面

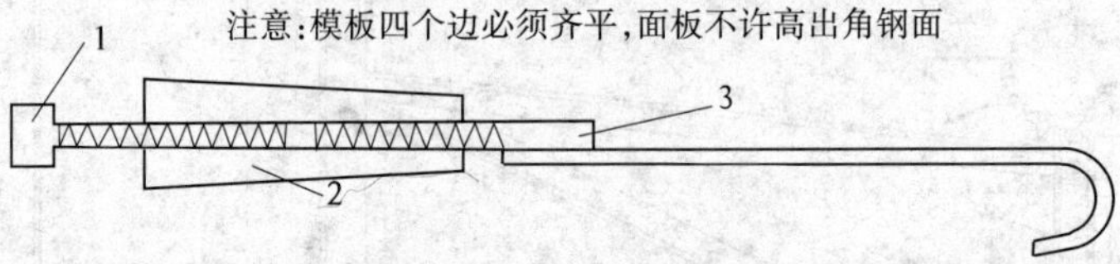


**图 6-12　混凝土连接系统**

1—爬行锥;2—套筒螺母;3—锚拉筋

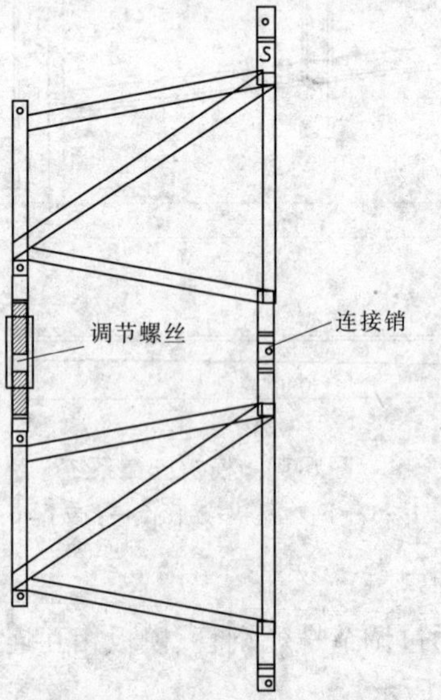


**图 6-13　模板整体连接系统**

(1)组合拼装式悬臂模板的安装要求。

模板在安装前,应进行校正,保证其面板平整光洁,拼缝密合,不漏浆。模板在使用前,首先用磨光机对模板的表面进行打磨,清除表面的锈渍、油漆,旧模板使用前,模板的表面和侧面应同样进行打磨,清除表面污迹和旧混凝土及侧面的双面胶贴,使模板表面露出均匀一致的金属光泽,接着用干净的棉布在模板表面均匀地涂上一薄层新鲜矿物油(机油)以保证混凝土的外观质量。

(2)单侧悬臂模板的安装与加固。

单侧悬臂模板主要应用在大坝轴线上游垂直面和下游1:0.75的斜坡面上,由于整个大坝是碾压混凝土,所以靠近模板的位置是变态混凝土,这样一方面保证了混凝土的外观质量,另一方面变态混凝土又作为大坝的防渗体,保证了很高的内在质量和密实性。

最初层模板的安装与加固。测量放线后,开始安装第一层模板,由于整块较轻,先用小型吊车或其他吊装设备就位后,块体之间通过U形卡连接,为保证模板支架之间的稳定性,在模板接缝处用2 mm的双面胶粘贴。

内部加固时,在老混凝土面上距模板边缘0.6 m左右打设锚钉,通过焊接直径为12 ~ 14 mm的钢筋与模板的锚筋相连,保证模板的稳定性。上层模板与下层模板通过与卡件相连的销钉连接固定。上层模板的调整由上下层的调节,螺丝之间的调整使其垂直度或坡面位置达不到正确部位,而且在施工中必要时要增加临时固定支撑,防止模板倾覆。

(3)双侧悬臂模板的安装与加固。

双侧悬臂模板技术主要用于常态混凝土的墙体施工。施工宽度1.5 m以下的墙体,利用悬臂模板及其支架,采用对拉线代替其预埋拉件,对拉丝通过模板爬行锥的造孔位置,直接对拉,较常用的对拉丝间距大,直径小,而且同样不需要钢管围图。对于较厚的墙壁,可参照单侧悬臂模板的施工方法进行操作。

(4)组合拼装式悬臂模板技术的应用分析。

经济效果评价:

①组合拼装式悬臂模板以支架代替钢管围图,大大减少了模板的安装费用。其与常规模板相比,常规模板采用钢管做围图和站筋,需要浪费很多的钢管,成本加大,而组合悬臂模板后面都有两个相应的支架,减少了钢管的用量,节约了资金。

②组合拼装式悬臂模板采用单块拼装的形式,有利于安装和拆除,提高了施工效率,大大地提高了模板的周转速度。

③结构灵巧,便于操作,节省人力、物力,灵活多用,应用范围广,是一项值得推广的先进模板技术。

实用效果的评价:

①组合拼装式悬臂模板校正方便,有利于保证模板的垂直度,保证了建筑物的结构尺寸,混凝土外观质量良好。

②组合拼装式悬臂模板具有很好的刚度和强度,能够抵御多种组合荷载的冲击,尤其是在变态混凝土施工时,采用高频振捣器,模板不跑模、不变形,保证了混凝土的密实性,提高了混凝土的内在质量。

组合拼装式悬臂模板技术的改进方向:

①适当加大单块模板的面积和支撑,来提高混凝土的施工速度。

②在单块模板的支架上，增设轻型钢脚手架板，方便人员安装和拆除模板作业，增加作业人员的安全性。

③模板与模板之间的水平缝处理方面，建议采用小型U形钢条在靠近模板内侧把水平缝扣上，以避免模板漏浆。另外，模板拆除后，模板缝整齐美观。

## 第四节　钢筋工艺及预埋件工艺

钢筋工艺设计：由于碾压混凝土坝的钢筋大都集中于电站、廊道，孔洞较多，钢筋数量较多。除少部分采用焊接连接，其余均采用轧直螺纹机械连接。直接利用专门的冷轧钢设备，在工厂加工成直螺纹，仓内一般可采用套筒连接即可，大大加快了仓内钢筋施工速度。

预埋件工艺：

(1)止水片架立工艺，可在加工厂制作定型沥青杉板、定型木模板，可分别用于碾压混凝土仓内横缝及碾压仓侧面横缝。用钢筋支撑架和拉筋将模板及止水片固定牢固，在止水片周围50 cm范围内浇筑变态混凝土，施工过程中如果一旦发生偏差，应及时修正。

(2)冷水管的埋设：为了适应混凝土施工的特点要求，冷却水管采用$\phi32$高密度聚乙烯塑料管，分坝段垂直水流方向呈蛇形铺设。每间隔1.5 m用自制U形钢筋卡固定，在坝上游面积约20 m×40 m内，通过预埋导管引入上游廊道，下游侧冷却水管每组长应与两侧冷却管连接并从下游侧引出。同时，为了减少施工干扰，冷却水管采用相邻坝段错层布置。

## 第五节　碾压混凝土运输及入仓工艺的要求

碾压混凝土常用的运输设备有自卸汽车、机车、门塔机、缆机、吊机、塔带机、胎带机、皮带机、胶带机、负压溜槽、斜面滑道等。相比较而言，自卸汽车运输适应性强、机动灵活，直接入仓，可减少分离等，是最基本的入仓工具。其他运输工具常采用组合运输方式。自卸汽车、胶带机、负压溜槽等已成为碾压混凝土运输的主要手段。国内部分碾压混凝土工程使用的施工机械见表6-11。

表6-11　国内部分碾压混凝土工程常用施工机械

| 工程名称 | 运输 | 平仓铺料 | 层面处理 |
|---|---|---|---|
| 坑口 | 8 t自卸车 | PE-50-11平仓机 | 冲毛机 |
| 天生桥二级 | 15 t自卸车、10/30门机，6 $m^3$混凝土搅拌车 | D31S平仓机 | 压力水冲洗 |
| 岩滩 | T-20自卸车吊罐倒入汽车 | D-85推土机，T-20汽车改装摊铺机 | 冲毛机 |
| 水口 | 20 t、32 t、45 t自卸车，NT0606B混凝土搅拌车 | D3B平仓机<br>CAT平仓机 D31P-18A平仓机 | 手联电动刷毛机<br>HCM-M高压水冲毛机 |
| 普定 | 10 t、15 t自卸车，真空；<br>10 t、20 t固定缆车，溜管 | D85推土机<br>D31P推土机 | 冲毛机 |

续表 6-11

| 工程名称 | 运输 | 平仓铺料 | 层面处理 |
| --- | --- | --- | --- |
| 沙牌 | 8 t、15 t 自卸车、真空溜管,20t 缆机 | D3CLGP 平仓机<br>D31 平仓机 | 冲毛机 |
| 棉花滩 | 7 t、5 t 搅拌车,8 t、20 t 自卸车,皮带机,负压溜槽 | D3B 平仓机<br>D31P 推土机 | HCM - 冲毛机 |
| 三峡工程、三峡围堰 | 20 t、25.5 t、32 t 自卸车,MD2200 顶带机,QY - 8 汽吊 TC2400 塔带机,QY - 16 汽吊装载机 MR45 - 7 搅拌车 | BW202AD 振动碾,CC82 振动碾,D85 推土机,D31Q - 20 平仓铲,CAT - D3G1,GP 平仓机 | GCHJ50 冲毛机 |
| 禹门河 | 8 t 自卸车,负压溜槽 | D - 85 推土机,CAT320 反铲挖掘机 | 压力水冲洗、刨毛机 |

碾压混凝土运输入仓工艺的具体要求:

(1)均匀连续。

(2)堆料合理及卸料高度适宜,一般控制在 1 ~ 1.5 m。

(3)堆料应卸在碾压混凝土已摊铺但未碾压的斜面上,即“软着陆”。

(4)卸料分条带进行,且与铺筑方向垂直。

(5)堆料旁出现分离的粗骨料应由人工将其均匀地摊铺到未碾压的混凝土面上。

## 一、直接入仓方式及设备

### (一)汽车运输碾压混凝土直接入仓

它是最简单、最直接的入仓方式,一般适用于低碾压混凝土坝或中、高碾压混凝土坝的低部位混凝土浇筑。国内许多碾压混凝土坝施工都采用了这种入仓方式。葛洲坝集团公司施工科学研究所生产研制的 QT20 汽车碾压混凝土摊铺机,在车箱顶部设置遮阳防晒装置,在车箱尾部设卸料抗分离装置,并在车箱尾部及尾侧部设液控挡板和铺料装置。有效地解决了汽车运输过程中的混凝土辐射温升、卸料过程中的骨料分离、汽车卸料摊铺过程中铺筑层厚度不匀等问题。汽车式碾压混凝土摊铺机基本满足了快速入仓、均匀摊铺的要求,简化或省去了平仓作业及平仓设备。在仓面用这种摊铺自卸车运输和布料是很经济的方法。

汽车入仓:汽车轮胎冲洗先采用活动的手持风水枪,冲洗站距离仓号最少保持 25 m。脱水路面由干净的碎石渣铺成,从冲洗站一直铺至仓号边缘。

汽车入仓口一般宽 6 m,设置在仓号合适的部位,便于汽车运料出入。在仓号立模时,入仓口处模板空出不立。

将仓内其他部位碾压混凝土碾压完成,留取一簸箕型仓口暂不铺料,将混凝土料堆存在仓口周围待用。利用提前预备好的封仓口模板,迅速封堵仓口,平仓机迅速摊铺完存在于封仓口周围的混凝土料。振动碾迅速完成封仓口处的碾压作业,人工辅以变态混凝土浇筑作业。

在封仓口模板内外,人工架立汽车栈桥,形成入仓通路,开始新的一层碾压混凝土作业。封仓是碾压混凝土汽车入仓方式施工的一个关键点,组织上一定要协调好,做到快速简练,否则,将影响碾压混凝土施工的下一个环节。

### （二）皮带布料机直接入仓方法

皮带布料机是各种形式的混凝土输送皮带机、布料机的简称，与汽车直接入仓相比，皮带布料机直接入仓无疑是更为快速、连续、优质的混凝土入仓方式。它将混凝土水平运输、垂直运输及仓面布料功能融为一体，具有很强的混凝土浇筑能力。

### （三）负压溜槽入仓工艺

负压溜槽输送碾压混凝土是在狭窄河谷地区混凝土入仓的一种手段，其结构型式如图6-14所示。

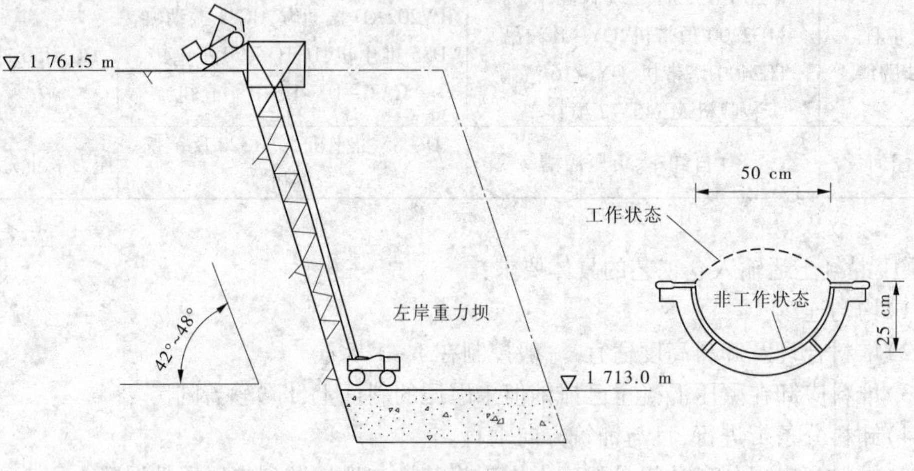


图6-14 岸坡负压溜槽示意

负压溜槽由三部分组成：第一部分是受料斗，斗容18 $m^3$，其底部设气动弧门控制下料；第二部分是溜槽部分，底部采用耐磨钢板（$\delta=6$ mm）及支撑肋板焊接而成，上部为耐磨柔性胶带（$\delta=5$ mm），两者之间用U形卡及螺栓连接密封，为了便于随仓号混凝土施工上升拆卸方便，溜槽做成4 m标准节，节与节之间用螺栓连接；第三部分为支撑件，主要是岩石或混凝土锚杆及角钢支撑，能使溜槽稳定地固定。

## 二、组合入仓方式及设备

### （一）汽车＋吊罐＋缆机组合入仓方式

汽车＋吊罐＋缆机组合入仓方式适用于狭窄陡深河谷地形及部分高坝施工，其可以采用拌和站→汽车→缆机→仓内的入仓方式。由于碾压混凝土坝一般都要求有较高的入仓强度，而缆机的输送强度较低，所以选择这种组合入仓方式有利于加快施工进度。

### （二）汽车＋皮带机组合入仓方式

根据现场的施工条件，临时道路和永久道路的布置情况，可采用汽车＋皮带机组合入仓方式。其特点是皮带布料机直接入仓，虽然具有布置单一、设备效率高等优点，但系统设计和设备系统采购成本高，且对场地布置也有一定的要求。

### （三）汽车＋负压溜槽组合入仓方式

汽车＋负压溜槽组合入仓方式主要适用于由于地形的限制，使得皮带布料机入仓方式难以满足在垂直高差较大、水平距离较短的条件下输送碾压混凝土的需求，或者成本较高，作为狭窄河谷的混凝土垂直运输手段。

**(四)皮带机+负压溜槽组合入仓方式**

负压溜槽虽然具有简单、经济的特点,但其生产能力主要取决于送料强度和仓面受料强度。因此,与汽车组合独立使用时,其系统输送能力受到较大制约,一般仅为负压溜槽输送能力的25%~50%,故在大中型工程较多地采用皮带机+负压溜槽的组合方式。

### 三、碾压混凝土的平仓工艺要求

碾压混凝土入仓布料后,应及时平仓、碾压,平仓应控制堆料的厚度,采取逐层降低,直至达到要求的铺料厚度,平仓要求做到以下几方面:

(1)铺料厚度控制在允许偏差范围内,一般控制在±3 cm以内。

(2)铺料方向尽可能垂直水流方向。

(3)平仓机两侧加挡板,以减少粗骨料向两侧分散,对粗骨料集中部位应采用人工处理。

(4)平仓过程中卸料口应堆成斜面。

## 第六节 碾压工艺

每个铺筑层摊平后,应按要求的碾压参数及时进行碾压,碾压的要求如下:

(1)大坝上下游二级配碾压混凝土防渗区碾压方向应垂直水流方向,其余部位也宜垂直于水流方向。

(2)平仓后由一台振动碾及时跟进无振碾压两遍,其后,数台振动碾应按要求的有振碾压遍数平行错距碾压,碾压带间的搭接宽度应不小于20 cm,接头部位重叠碾压2.4~3 m,最后由一台振动碾无振碾压1~2遍。

(3)振动碾的行走速度控制在1~1.5 km/h。

(4)碾压混凝土允许层间间隔时间应小于混凝土初凝时间1~2 h,碾压混凝土从出机至碾压完毕应控制在2 h以内。

(5)仓面*VC*值应进行动态管理,根据现场的气温、昼夜、阴晴、湿度等气象条件,适当调整出机口*VC*值。仓面*VC*值一般控制在4~6 s,以碾压完毕时混凝土层面达到全面泛浆,人在上面行走微有弹性,仓面没有骨料集中等作为标准。

### 一、碾压混凝土现场碾压工艺试验

**(一)碾压混凝土现场碾压工艺的目的**

常温季节通过现场工艺试验确定碾压混凝土拌和工艺参数及碾压施工参数(包括运输、平仓方式、摊铺厚度、碾压遍数和振动行进速度等)、骨料分离控制措施、层面处理措施、成缝工艺、变态混凝土施工工艺及雨天施工标准及措施。同时,验证室内选定配合比的可碾性和合理性及常温季节碾压混凝土质量控制标准和措施。确定在常温季节各分区混凝土的施工配合比。

**(二)工艺试验的要求**

为尽可能模拟坝体施工工况,工艺试验混凝土采用现场强制式拌和楼生产的与坝体原材料相同的人工砂石料、水泥、粉煤灰和外加剂,采用自卸汽车运输、试验(摊铺、碾压、成缝或加浆、振捣)施工设备与计划用于大坝碾压混凝土仓面的施工设备相同。

**（三）工艺试验内容**

（1）碾压混凝土配合比验证试验。

（2）碾压混凝土工艺、工法试验。

**（四）工艺试验的场地布置**

常温季节碾压混凝土工艺试验可布置在坝址附近的空场地，碾压试验场地面积的大小为 50 m×20 m，其中各标号碾压混凝土试验布置如图 6-15 所示。

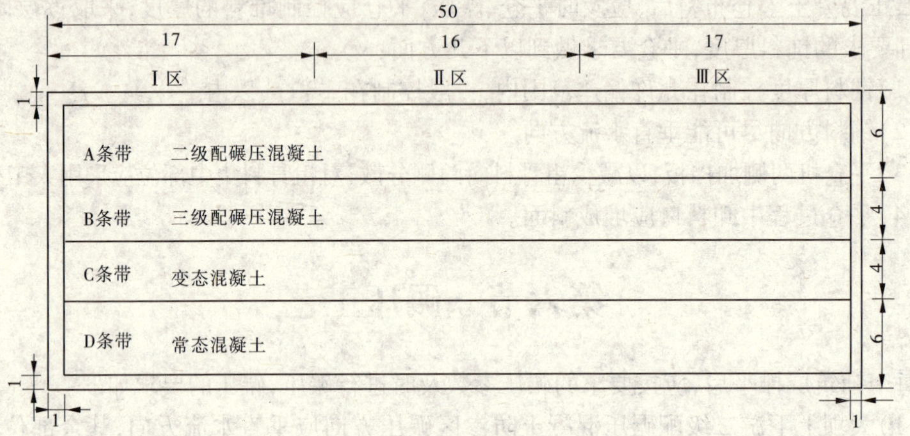


**图 6-15 碾压试验场布置** （单位：m）

根据试验要求通过现场工艺试验来验证室内确定的碾压混凝土配合比。

（1）现场碾压混凝土可碾性综合评价分为亲和性评价和工作性评价。亲和性评价主要通过机口混凝土拌和物外观评价，要求机口拌和物颜色均匀、砂石表面附浆均匀、无水泥粉煤灰结块，刚出机的拌和物用手轻握时能成团块，松开后手心无过多的灰浆黏附，石子表面有灰浆、光亮感；工作性评价主要通过混凝土可碾性反应，混凝土摊铺平仓，有振碾压4～6遍后，混凝土有弹性（塑性回弹），80%以上表面有明显灰浆泛出，混凝土表面湿润、有亮感。

（2）现场碾压混凝土的 *VC* 值。应分别做碾压混凝土 *VC* 值试验、*VC* 值损失测定和入仓碾压混凝土 *VC* 值间歇损失试验。碾压混凝土拌和物的和易性主要通过 *VC* 值来反映，在试验过程中，碾压混凝土出机口 *VC* 值应控制在 5～7 s，且每 2 h 检测一次。

碾压混凝土 *VC* 值损失主要反映在运输过程中，因风、阳光照射等因素的影响，混凝土运输到场地后应进行 *VC* 值测试，测试波动应控制在 ±5 s 范围内，要求每 2 h 检测一次。

碾压混凝土 *VC* 值间歇损失主要是指混凝土拌和物入仓卸料后在摊铺、平仓过程中 *VC* 值的损失。在试验过程中，每层各种强度等级的碾压混凝土均要求 2 h 测一次，在气候变化较大（大风、雨天、高温）时要适当增加检测次数。

（3）碾压混凝土凝结时间。在试验过程中，每层各种强度等级的碾压混凝土均在机口和仓面取样做凝结时间的检测。

（4）碾压混凝土拌和物机口取样检测和仓面取样检测，根据试验大纲规定的项目进行检测并做相应记录。

（5）混凝土力学性能指标现场取样试验应根据试验大纲规定项目进行检测并做相应记录。

例如，龙滩水电站大坝碾压混凝土现场碾压工艺试验施工配合比参数见表 6-12。

**表 6-12　碾压混凝土现场碾压工艺试验施工配合比参数**

| 条带 | 设计强度 | $W/C$ | $W$ | $C+F$ | $F$ (%) | $S$ (%) | JM－Ⅱ (%) | ZB－$1R_{CC15}$ (%) | ZB－1G (万) |
|---|---|---|---|---|---|---|---|---|---|
| A | RⅢ$C_{90}$15W4F50 | 0.49 | 79 | 161 | 65 | 33 | 0.6 | — | 2.0 |
| B | RⅡ$C_{90}$20W6F100 | 0.46 | 78 | 170 | 58 | 32 | 0.6 | — | 3.0 |
| C | RⅠ$C_{90}$20W6F100 | 0.42 | 80 | 190 | 53 | 32 | 0.6 | — | 3.0 |
| D | RⅠ$C_{90}$25W12F150 | 0.41 | 90 | 220 | 55 | 38 | 0.6 | — | 2.0 |
| D条带第五层第Ⅲ区 | RⅠ$C_{90}$25W6F100 | 0.42 | 80 | 190 | 53 | 32 | — | 0.6 | 0.8 |

注：D 条带第五层第Ⅲ区使用 ZB－$1R_{CC15}$，其他部位使用 JM－Ⅱ。

## (五)施工工艺、工法试验

1. 碾压混凝土拌和均匀性工艺参数试验

在现场试验前 14 d，在拌和楼进行碾压混凝土投料顺序、拌和时间及拌和均匀性试验。

(1)投料顺序：首先选择三级配和二级配碾压混凝土进行，其中三级配可选择三种投料顺序，二级配碾压混凝土可选择两种投料顺序。

(2)拌和时间：选择 120 s、150 s 和 180 s 进行试验。

(3)拌和均匀性：碾压混凝土的拌和均匀性主要通过骨料含量和砂浆密度指标衡量。骨料含量采用筛分析法测定，要求两样品差值小于 10%；采用砂浆密度分析法测定砂浆密度时，要求两样品差值不大于 30 kg/m$^3$。碾压混凝土均匀性试验在配合比或拌和工艺改变、拌和楼投产或检修后等情况下分别检测一次。

(4)检测：各强度等级碾压混凝土投料顺序和拌和时间均需进行罐头和罐尾的 $VC$ 值、含气量、7 d 及 28 d 抗压强度以及砂浆密度试验，最后根据试验结果确定碾压混凝土拌和物的投料顺序和拌和时间。

2. 碾压混凝土运输试验

(1)混凝土运输入仓，可采用自卸汽车运输，要求驾驶室内挂牌标明混凝土的级配、标号，重点做拌和楼接料和汽车冲洗试验。

(2)混凝土卸料。分别做两点卸料和一点卸料试验，检查骨料分离情况。在试验过程中，自卸汽车对每种级配混凝土的负荷程度、行驶速度、冲洗水压及脱水道路长度应详细记录，保证骨料在运输过程中不出现分离现象的情况下，选择出最优参数。

3. 铺料与平仓试验

(1)铺料。根据第一次碾压混凝土试验检测项目要求：第一层碾压厚度为 30 cm，摊铺平仓厚度为 35 cm，分两次铺筑到位；第二层碾压厚度为 40 cm，摊铺平仓厚度为 45 cm，分两次铺筑到位；第三层碾压混凝土层厚为 20 cm，摊铺平仓厚度为 25 cm，一次铺筑到位；原位抗剪强度试验在第四浇筑层和第五浇筑层进行，碾压层厚度为 30 cm，摊铺平仓厚度为 35 cm，分两次铺筑到位。

(2)平仓试验。做骨料分散性试验,找出最佳方式。

4. 碾压试验

具体试验以龙滩水电站为例。

第一层铺筑层厚为 30 cm,在第一层的 4 个条带中,控制碾压混凝土机口 *VC* 值为 5 ~ 7 s,每个条带分为 3 个区,其中 1 区按无振 2 遍 + 有振 10 遍、2 区按无振 2 遍 + 有振 8 遍、3 区按无振 2 遍 + 有振 6 遍进行碾压。碾压完 10 min 后测试其密度。

第二层铺筑层厚度为 40 cm,在第二层的 4 个条带中,控制碾压混凝土机口 *VC* 值为 5 ~ 7 s,每个条带分为 3 个区,其中 1 区按无振 2 遍 + 有振 10 遍、2 区按无振 2 遍 + 有振 8 遍、3 区按无振 2 遍 + 有振 6 遍进行碾压。碾压完成后测试其密度。

第三层铺筑层厚为 20 cm,在第三层的 4 个条带中,控制碾压混凝土机口 *VC* 值为 5 ~ 7 s,每个条带分为 3 个区,其中 1 区按无振 2 遍 + 有振 10 遍、2 区按无振 2 遍 + 有振 8 遍、3 区按无振 2 遍 + 有振 6 遍进行碾压。碾压完 10 min 后测试其密度。

模板周边变态混凝土采取 1 区按无振 2 遍 + 有振 24 遍 + 无振 2 遍、2 区按无振 2 遍 + 有振 28 遍 + 无振 2 遍、3 区按无振 2 遍 + 有振 32 遍 + 无振 2 遍进行碾压。

5. 碾压混凝土连续升层允许间歇时间试验

为了确定碾压混凝土连续升层的允许间歇时间,在第一层到第四层浇筑层面上设置成不同的间歇时间,其中第一层到第二层,间歇时间为 8 h,第二层到第三层间歇时间为 12 h,第三层到第四层间歇时间为 16 h,层间间歇时间可以根据仓面测试的混凝土凝结时间适当进行调整,但要控制在混凝土初凝时间以内。在混凝土达到 15 d 龄期后,测试(取心或回弹)混凝土 90 d、180 d 层间接触面抗剪断强度和抗压、抗拉强度,并对层面部位进行分段压水试验,最后根据层面混凝土力学性能指标和压水试验结果确定碾压混凝土连续上升的允许间歇时间。

6. 层面处理试验

(1)连续升层的部位:当层面超过层间允许间歇时间时,采取在层面上铺浆,如水泥掺合料浆和小级配混凝土,再铺筑一层碾压混凝土的对比试验,确定不同施工季节的层间允许间歇时间,适宜的层面处理方式和层面处理材料配合比。

(2)施工缝及冷缝:当层面间歇时间超过加铺垫层的时间时,层面采用高压水冲毛的方法清除混凝土表面浮浆及松动骨料,处理合格后,均匀铺 1.5 ~ 2.0 cm 厚的水泥砂浆或铺 3 cm 厚的小级配混凝土。其强度应比碾压混凝土强度等级高一级,在其上摊铺碾压混凝土后,须在水泥砂浆或小级配常态混凝土初凝前碾压完毕,通过对比试验,选择施工缝和冷缝的处理方式和层面处理材料及配合比。

(3)对上游防渗区内每个层面进行铺砂浆或水泥掺合料浆的对比试验,通过试验,选择层面处理材料及配合比。

(4)层面处理试验与原位抗剪试验结合进行,在第四层与第五层间的层面上设置各种工况进行。

7. 变态混凝土施工工艺试验

在 A、D 条带靠模板侧 0.5 m 处进行变态混凝土工艺试验,将每一层分为 3 段,第一段和第三段长为 34 m,第二段长为 32 m,试验时第一段采用挖槽加浆,在第二段采用底层加浆,第三段采用插孔加浆,条带的两端 1 m 宽带作为护岸坡工作区,试验时采用底层加浆。

试验过程中，在仓面取样测试变态混凝土的7 d、28 d、90 d、180 d的抗压强度。在每一段布置3个直径150 mm的取心孔，取心一直从第五层打到第一层，对心样进行描述和测试28 d、90 d抗压强度，并进行压水试验，最后根据变态混凝土的心样和拆模后混凝土外露石情况，确定变态混凝土的施工工艺。

8. 原位抗剪试验

在第五层和第四层的层面上布置不同层间结合措施的原位抗剪试验，使仓面垂直于条带方向划分为4个区，每个区长为12.5 m。第一区层间间歇6 ~ 8 h，第二区层间间歇10 ~ 12 h，第三区层间间歇18 ~ 20 h，第四区为初凝后冲毛铺砂浆，在混凝土浇筑完成后，未初凝前预先凿槽，每个条带每个区各制作12块试块，在混凝土龄期达到90 d和180 d后，再进行原位抗剪试验，工况布置见图6-16。

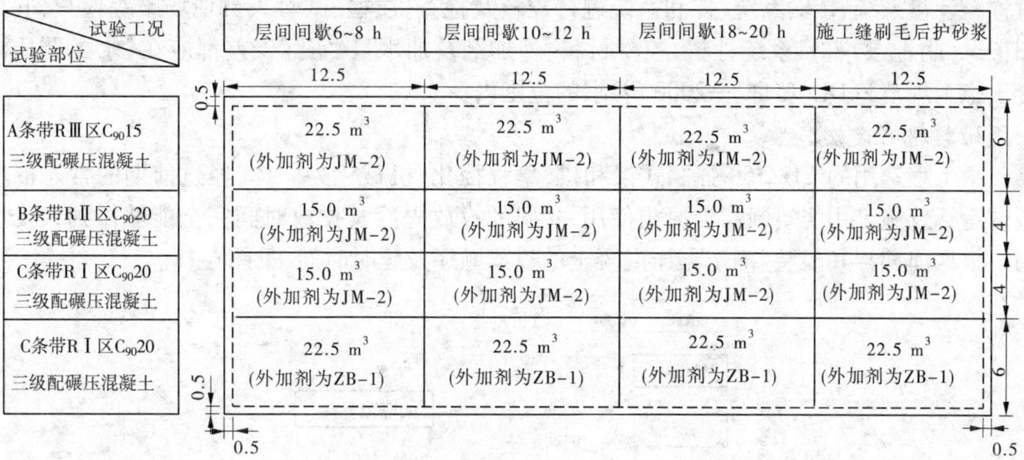


**图6-16　原位抗剪断试验布置**

## 二、碾压试验案例分析

以禹门河水库碾压试验为例对碾压混凝土现场碾压工艺进行分析。

### （一）碾压试验程序执行情况

碾压试验程序：

准备→拌和→运输→卸料和平仓→碾压→成缝→变态混凝土施工→初、终凝时间测定→层面观察及处理

1. 准备

碾压试验场地安排在基础F5断层上，桩号0 + 107 ~ 0 + 113，坝下0 + 020 ~ 0 + 034，试验场地呈长型条带状，宽6 m，长14 m，顺碾压场地长度方向右侧及下端设置模板（见图6-17），中部进行二、三级配碾压混凝土试验，三边进行变态混凝土的试验，同时进行缝面冲毛处理。试验前基础断层已浇筑常态混凝土5 d，混凝土3 d抗压强度平均值为17.8 MPa，在规定的时间间歇3 ~ 7 d范围内，已满足上层碾压混凝土施工需要。在碾压二、三级配试验区域内，设置混凝土初、终凝时间测试点2个（二、三级配各1个），1个变态混凝土初、终凝时间测试点。

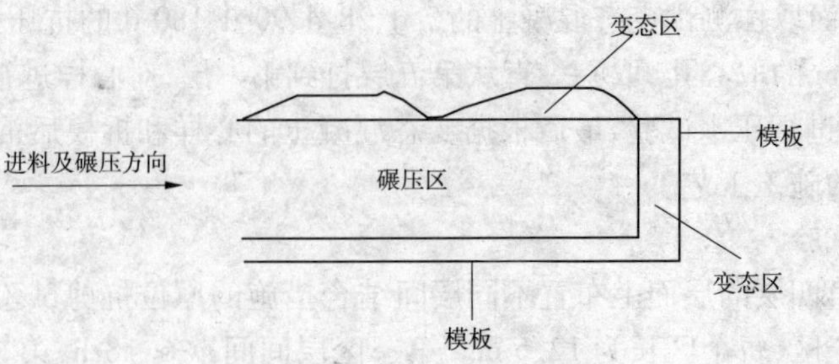


**图 6-17　试验场地示意**

2. 拌和

1）拌和前准备

拌和采用一台 YHZS60 强制式拌和机拌制试验用混凝土，拌和前操作人员分别认真地对称料计量系统、传输系统、拌和系统进行校核及检查，质检、试验人员现场跟踪检查，并详细记录（附记录）称量系统骨料、胶凝材料、外加剂及加水量，实际误差都应在《水工碾压混凝土施工规范》（DL/T5112—2000）要求的范围内。

2）材料的投放工艺

本工程选用的 YHZS60 强制式拌和机，集程控化、机械化为一体，经过前期的常态混凝土试运行及施工用浇筑断层混凝土使用，材料的投放先后及投放时间完全能够做到人工调制。根据前期拌和经验，确定碾压混凝土的投放顺序及延时时间，见图 6-18。

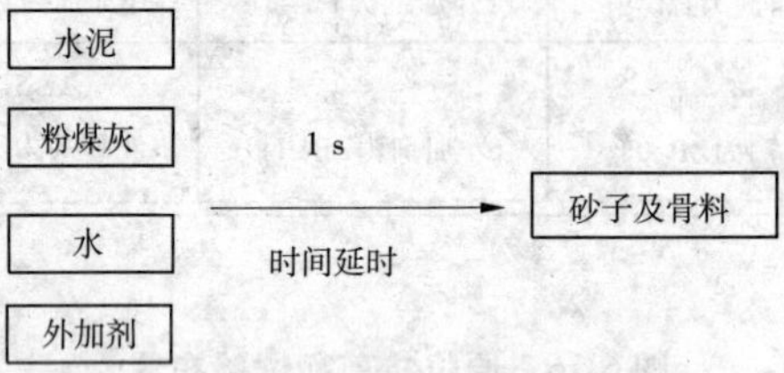


**图 6-18　碾压混凝土的投放顺序及延时时间**

依据前期浇筑时拌和机的投料时间，各种材料进入拌和楼的时间分别为水泥和粉煤灰 4 s、水及外加剂混合 6 s、砂石骨料 8 s。

在上面的投料顺序中需要说明的是，拌和楼设有 4 个投料箱，水泥、粉煤灰各 1 个，水和外加剂称量后混合在一起 1 个，砂、石集中在一起 1 个。尤其在砂、石的投放设置顺序中，先进入投料箱的是砂子，石料覆盖在砂子上面，砂子优先 3～4 s 进入拌和机（见图 6-19），在拌和机内 4 s 后拌和成砂浆，形成的砂浆包裹在石子的表面，从而使拌制的碾压混凝土均匀。

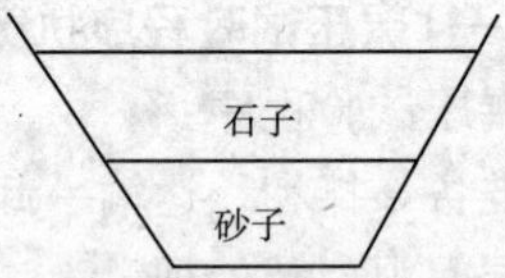


**图 6-19　投料箱砂、石分布**

另外，外加剂的稀释是在拌和楼自配的外加剂容积罐内稀释，制配比例为 1∶5，称量系统在拌和楼的顶部，稀释后的外加剂与水混合后一起被投入拌和机内。

3）拌和时间

拌和量采用 1.5 $m^3$ 容量的混凝土进行试验，拌和时间分别采用 120 s、150 s 两个拌和时间，在首盘（三级配）拌和碾压混凝土，当拌和时间达 120 s 时，卸出 1/2 容积的混凝土，测定工作度 *VC* 值为 5 s；达到 150 s 时再次检测 *VC* 值仍然是 5 s，两次检测混凝土外观质量，均能够达到标准后,落地呈现出混凝土自然散开的状态。水胶比满足设计值及规范要求。

4)出机口卸料

出机口至车厢落料高差实测值为1.3 m,满足《水工碾压混凝土施工规范》(DL/T5112—2000)对机口跌料高差不大于1.5 m的要求。由于碾压混凝土呈现较干硬状,卸料后混凝土在车厢内呈现出下大上小的椭圆锥状(底部直径为2.34 m),有部分粗骨料的分离现象,车厢内混凝土上堆积点距离机口下溜槽仅有60 cm,这样在机口卸料时,为预防卸入车厢内的混凝土堵塞机口溜槽,就必须移动车辆。具体方法为:拌和卸料一次,车辆向前移动一次,保证机口卸料畅通。

5)机口*VC*值检测

在拌和机出料口刚卸入车厢内新拌制的混凝土,人工取出样品,检测拌和机出机口*VC*值及混凝土容重,前者的检测用于满足出机口*VC*值(误差在设计值±3 s范围内)必须符合设计配合比的要求,后者用于标定现场实际压实容重值,便于与实际压实容重对比(见表6-13)。

**表6-13　出机口*VC*值及混凝土容重检测记录**

| *VC*值(s) | 5(三) | 4(三) | 5(二) | 6(二) |
|---|---|---|---|---|
| 实验室测试容重($kg/m^3$) | 2 442(三) | | 2 434(二) | |

注:括号内汉字代表级配。

3.运输

使用4台5 t自卸汽车装料,行驶车速保持匀速,在车辆起步、行驶、错车过程不应出现急刹车情况。

4.卸料与平仓

1)卸料

混凝土运至碾压试验场地外,卸入装载机内,采用退铺法。在卸料前首先采用高于碾压混凝土一个强度等级的砂浆,对基础进行铺浆处理,由于试验面积不大,砂浆铺筑一次完成。卸料时车辆行驶对铺筑后的砂浆层有一定的损坏,主要是车辆行驶后的车辙留下的,处理办法是人工把车轮挤压出的砂浆及时回填到车辙内,这样就解决了这一问题,但卸料时还是有骨料向外分离的现象发生。平仓主要使用挖土机平仓,结合人工辅助。

2)平仓

仓面平整是保证碾压混凝土压实度及均匀性的主要条件之一,本次试验平仓采用挖土机结合人工的方法。对于机械平仓时出现的大骨料向两侧外滚动的情况,人工辅助翻回分散至仓面。平仓时力求仓面整体平整,铺筑厚度要控制好。铺筑厚度的检测方法有:一是在施工模板上标注铺筑与压实厚度,二是用钢筋插入法测量中部铺筑厚度。

3)铺料厚度

碾压铺筑厚度定为34 cm左右,试验前在模板四周及岸坡岩石上测量后画出高程线,此线为摊铺时的标准,中部人工用定尺进行测量,最大铺筑厚度36 cm,最小32 cm,存在高差的原因在于基础面平整程度的限制。碾压后在做密实度测量时,同时对压实厚度进行了检测,压实厚度基本为30 cm左右。

5. 碾压

(1)碾压设备采用 BM225D－3 振动碾碾压,碾压方式采用进退法,振动碾碾压速度控制在一挡,车速为 1.0～1.5 km/h。在先期碾压的三级配混凝土中,无振碾压 2 遍,有振碾压 4 遍时进行了容重检测,此时二级配混凝土摊铺完毕,考虑到碾压试验的条带结合、碾压错距及二级配碾压混凝土的压实度较高,就没有直接进行有振 4 遍的碾压的检测,后分别对二、三级配混凝土进行了有振 6 遍、8 遍的碾压,随后进行了无振碾压 2 遍。

(2)对于 BM225D－3 振动碾不宜碾压到模板附近及与变态混凝土的结合部位,采用了 YSZ－06B 手扶式小型振动碾对其分别进行了 14 遍、16 遍、18 遍的碾压。这部分的碾压工作是在大振动碾完成碾压后再进行的。

压实容重检测:检测采用 MC－3 核子密度仪,采用透射方法对比测量。每次测点检测时间为 30 s,统计出检测结果,判定压实容重的合格率。配合比理论设计容重:二级配为 2 430 kg/m$^3$,三级配为 2 433 kg/m$^3$。从测试结果来看(见表 6-14、表 6-15、表 6-16),碾压压实度能够满足设计要求。

**表 6-14　三级配碾压混凝土压实容重检测**　(单位:kg/m$^3$)

| 遍数 | 实测值 | | | | | | 最大值 | 最小值 | 平均值 | 压实度(%) |
|---|---|---|---|---|---|---|---|---|---|---|
| 4 遍 | 2 341 | 2 329 | 2 377 | 2 379 | 2 350 | 2 364 | 2 379 | 2 329 | 2 358 | 96.9 |
| 6 遍 | 2 397 | 2 422 | 2 441 | 2 397 | 2 428 | 2 410 | 2 441 | 2 397 | 2 414 | 99.2 |
| 8 遍 | 2 389 | 2 423 | 2 442 | 2 422 | 2 431 | 2 440 | 2 442 | 2 389 | 2 429 | 99.8 |

**表 6-15　二级配碾压混凝土压实容重检测**　(单位:kg/m$^3$)

| 遍数 | 实测值 | | | | | | 最大值 | 最小值 | 平均值 | 压实度(%) |
|---|---|---|---|---|---|---|---|---|---|---|
| 6 遍 | 2 384 | 2 383 | 2 441 | 2 418 | 2 402 | 2 413 | 2 441 | 2 383 | 2 404 | 98.9 |
| 8 遍 | 2 425 | 2 410 | 2 445 | 2 420 | 2 435 | 2 408 | 2 445 | 2 408 | 2 423 | 99.7 |

**表 6-16　碾压混凝土与变态混凝土接触部位压实容重检测**　(单位:kg/m$^3$)

| 遍数 | 实测值 | 压实度(%) | 级配 |
|---|---|---|---|
| 14 遍 | 2 386 | 98.0 | 三级配 |
| 16 遍 | 2 402 | 98.8 | 二级配 |
| 18 遍 | 2 389 | 98.3 | 二级配 |

6. 成缝

成缝采用诱导孔成缝,在此次试验场地上,没有横缝,主要目的在于试验。碾压后人工定孔位,人工用大锤将钢钎(直径 50 mm)夯入碾压后的混凝土内成孔,人工旋转将钢钎缓缓拔出,成孔周围混凝土完好无损。试验表明,采用诱导孔成缝是快捷和切实可行的。

7. 变态混凝土施工

由于碾压试验变态混凝土施工量小,采用现场人工按照配合比机械制浆,人工加浆,加浆容器采用塑料桶并标定出桶内浆液上表面线,保证加浆量的精确。

8. 初、终凝时间测定

本次碾压试验共涉及到二、三级配混凝土及变态混凝土三种,所以检测了三个初、终凝时间。首先从拌和楼加水时开始记录，试验人员随车到达现场，随车取试验用料，用 50 mm 筛子筛除石子过滤出砂浆，在浇筑及铺筑好的混凝土面上，挖出 40 mm×40 mm×20 mm（长×宽×高）的试验坑，人工把砂浆回填至坑内，使用捣棒（变态混凝土）插捣 25 次，等覆盖彩条布后，初始按每小时检测一次，但达到初、终凝时增加测试次数，直至测试到混凝土终凝。

9. 层面处理

由于对混凝土进行了终凝前的时间检测，在终凝前采用一般的具有一定压力的自制水枪对其表面进行冲毛处理，处理标准以露出骨料为准，效果很好。

采用自制水枪进行冲毛处理，冲毛以露出砂粒骨料为准，这样效果较好。

10. 同配合比的碾压混凝土，在碾压试验时 VC 值的变化对碾压混凝土的影响情况

由于受到试验用料的限制，在试验时 VC 值的变化范围不大，为 4～6 s，根据现场碾压来看，由于振动碾吨位较大，出现了局部弹簧，这也与 VC 值较小有关，但检测结果满足要求。结合碾压振动碾的实际情况，考虑到规范所举实例机械吨位偏小，及实例大都在我国南方实际气温较高的地区，在以后的实际工程施工中，结合当地气温考虑把 VC 值控制在机口 VC 值即上限的(8±2)s 范围内。

11. 不同级配的混凝土在碾压时表现出各自的特性

从试验结果来看，三级配的碾压混凝土在 6 遍时即可满足压实度的要求，原因在于骨料的级配好。同二级配的碾压混凝土相比，在击实功率相同的情况下，三级配的压实度要好于二级配。

**（二）检测、试验结果统计、分析及整理**

1. 现场检测、试验及取样结果统计及整理

（1）混凝土浇筑现场材料用量计量检测表；

（2）水胶比试验；

（3）碾压混凝土铺筑厚度检测表；

（4）初终凝时间测定表；

（5）现场工艺性碾压试验现场记录；

（6）混凝土设计配合比及现场试验用混凝土配合比配料单。

2. 不同碾压遍数时的容重与碾压遍数的关系

从压实度检测结果看，三级配碾压混凝土在有振碾压 4 遍时，平均值接近 97%，但是低于 97% 的检测结果；当达到有振碾压 6 遍时，压实度提高 2.3%，提升幅度较高，这个阶段的有振碾压，致使骨料更加紧密；当达到有振碾压 8 遍时，提升的压实幅度仅为 0.6%，说明在碾压 6 遍时混凝土密实度已达到紧密，再增大振实功率对提高密实度增加不大，碾压 6 遍是最佳的碾压遍数也同时是最经济的碾压遍数。二级配的碾压混凝土在有振碾压 6 遍时，没有出现三级配时的压实度，原因在于骨料的组成不同，三级配的级配组成好于二级配。在有振碾压时，级配好的骨料便于碾压且碾压遍数少，这符合骨料的离散性特点，考虑到二级配混凝土主要在防渗及抗冻等关键部位使用，故将二级配的碾压遍数提高到有振碾压 8 遍。

**（三）碾压试验目的和完成情况**

1. 确定碾压混凝土的拌和、运输、卸料、平仓等施工程序及方法

（1）拌和。根据现场试验，拌和量为 1.5 $m^3$，拌和时间不小于 120 s，能够满足拌和物的

质量要求。

(2)运输采用5 t自卸汽车,每车次装运3 $m^3$,二挡到三挡匀速行使,下坡及转弯时采用二挡,仓面内一挡行使,大的仓面在铺设砂浆面时外转向调头,倒车进入卸料点,狭窄面垂直于碾压方向卸料。

(3)卸料堆放点宽度在2.5 m左右,间距在4.0 m左右。

(4)平仓主要使用挖土机结合T-160推土机平仓,并结合人工辅助,铺筑厚度在34 cm左右。操作人员应具有较高的操作水平,保证铺筑厚度的均匀性。

(5)碾压。使用BM225D-3振动碾及YSZ-06B手扶式小型振动碾。二级配无振碾压2遍,有振碾压8遍,升程结束面无振碾压2遍,层间不需无振碾压;三级配无振碾压2遍,有振碾压6遍,升程结束面无振碾压2遍,层间不需无振碾压;搭接宽度保持在15~20 cm,进退碾压法;坝脚、坝坡、止水处及与变态混凝土搭接的部位采用YSZ-06B手扶式小型振动碾有振碾压,碾压遍数为16遍。

(6)成缝。在碾压后的仓面上人工采用钢钎形成诱导孔成缝。

(7)变态混凝土施工。碾压混凝土平仓后,在变态混凝土施工部位,人工挖出1/2厚度的碾压混凝土,人工按设计配合比加入水泥浆液,然后覆盖上层碾压混凝土,采用变频100型振捣器振捣,振捣器落点间距50 cm,采取先大型振动碾碾压施工再变态混凝土施工,预防因碾压破坏变态混凝土,同时也便于整理层面的狭窄部位,保证这些部位的混凝土质量。

(8)初、终凝时间测定:本次碾压试验的初、终凝时间如下。

二级配碾压混凝土:初凝5 h20 min;终凝10 h40 min。

三级配碾压混凝土:初凝5 h10 min;终凝10 h20 min。

变态混凝土:初凝7 h10 min;终凝13 h10 min。

应说明的是,试验期间在最高气温27 ℃,最低气温18.5 ℃,平均气温22.8 ℃的情况下,初、终凝时间随气温的变化是一变数,这可以通过添加高效减水缓凝剂增加初、终凝时间。

(9)层面观察及处理。碾压后的层面有光泽,表面略有浮浆,初凝前表面略呈暗灰色,终凝前略呈浅灰色,同时对与原混凝土表面的结合部分也进行了目测及部分点的混凝土凿除后的观察,上下层间结合紧密,终凝前混凝土表面具有一定的强度,并对混凝土表面进行冲毛处理,处理标准以露出骨料为准。

2. 碾压遍数与碾压混凝土容重的关系

在铺设厚度固定时,碾压遍数与碾压混凝土容重的关系见图6-20。

3. 被选定碾压机械的实际作业能力是否能满足高强度的施工需要

根据试验数据,选用的BM225D-3振动碾和YZ-3手扶式小型振动碾均能够满足碾压混凝土高强度的施工需要,但需要配置大、小振动碾各一台,作为备用。

4. 选择相应的施工碾压参数

机口*VC*值选定在(8±2) s范围内,铺筑厚度34 cm,压实厚度30 cm,二级配无振碾压2遍,有振碾压8遍,升程结束面无振碾压2遍,层间不需无振碾压;三级配无振碾压2遍,有振碾压6遍,升程结束面无振碾压2遍,层间不需无振碾压。

5. 确定碾压混凝土的施工工艺与保证措施

1)材料

原材料的检测必须符合以下标准及规程。

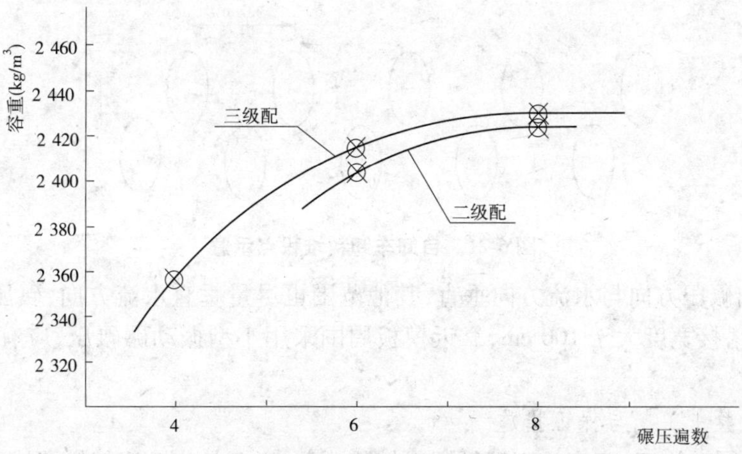


图 6-20　碾压遍数与碾压混凝土容重的关系

水泥：GB175—1999、GB1345—1991、GB/T17671—1999、GB/T208—1994、GB8074—1987、GB12573—1990、GB/T1346—2001。

粉煤灰：GB/T1596—1991。

外加剂：GB8076—1997。

细骨料（砂子）：GB14684—2001、DL/T5151—2001。

粗骨料（石子）：GB14685—2001、DL/T5151—2001。

水工混凝土试验规程：SD105—1982。

水工碾压混凝土试验规程：SL48—1994。

储料场的砂、石骨料堆积高度不低于 5 m，应做好防晒、防雨措施。

2）拌和

（1）严格控制砂子及细骨料的含水量。

（2）各种材料计量系统灵敏、精确、可靠，称量精度符合要求。

（3）投料顺序依次为：水泥，粉煤灰，水和外加剂同时投入拌和机，砂、石滞后 1 s 投入拌和机。

（4）夏季拌和采用地下水。

（5）保证拌和时间不少于 120 s，混凝土外观质量及各项检测、试验结果均符合标准。

3）运输及卸料工艺与保证措施

车辆入仓前冲洗干净，仓面行使无急刹车及急转弯，接料、卸料的跌落高差不超过 1.5 m，在实际的工程施工中根据 10 t 车辆的车厢容积及尺寸，采用梅花形卸料（见图 6-21），分离骨料应人工清回仓面分散摊铺。

4）平仓工艺与保证措施

采用机械与人工结合的方式，每层铺筑厚度不大于 34 cm，边缘部位人工摊铺，仓面平整、无坑洼，厚度均匀。机械操作工应技术过硬，责任心强，平仓与卸料、碾压协调一致，工序衔接合理有序。

5）碾压工艺与保证措施

碾压车速控制在 1.0 ~ 1.5 km/h，操作人员要熟悉碾压遍数及搭接宽度，在坝体迎水面

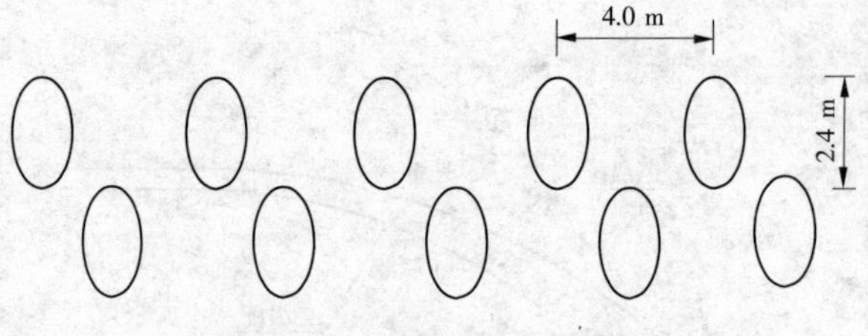


图 6-21 自卸车卸料堆积点示意

3 ~4 m 范围内碾压方向与水流方向垂直，其他范围也尽量垂直水流方向，碾压条带重叠 20 cm，端头部位搭接宽度大于 100 cm，靠近模板周围采用小型振动碾碾压，应有专人指挥，防止冲击模板。

6）变态混凝土工艺与保证措施

随碾压层同时施工，变态施工区域一次铺筑成型，人工挖出 2/3 摊铺厚度或在模板内侧加垫木楔，灰浆机械拌制，专用容器称量，待碾压后人工铺洒灰浆，再用高频振捣器振捣。振捣器插点间距 50 cm，且应落于模板与碾压混凝土的中间。

7）成缝与保证措施

采用钢钎成孔，成缝位置必须准确，垂直于坝轴线，同时保证上下层孔位同心，干砂填入。

8）层间结合与保证措施

碾压之前需要铺筑高一等级砂浆或灰浆，砂浆厚度 1.0 ~ 1.5 cm，灰浆喷洒应均匀，边铺边覆盖上层混凝土，层间铺筑须注意层间间隔时间，严格按初终凝时间控制，施工缝面冲毛时间应在规定时间内完成，冲毛以缝面无乳皮或松动骨料、露出骨料为准。

9）养护、防护与保证措施

铺筑仓面保持湿润，永久露面的养生时间要达到 14 d，水平面养护到上层碾压混凝土铺筑为准。天气炎热时应增加浇水次数，并采用覆盖的方法，坝上、下游暴露面在脱模后也应加强养护，养护时间可适当延长。

10）模板提升工艺及要求

本次试验仅做了一层碾压，立模采用普通站筋围檩式的方法，振动碾距离模板有大约 0.5 m 的距离，没有发现对模板有太大的冲击。考虑到以后的实际工作，中上游采用多卡悬立模板，一次的浇筑高度为 3 m，对模板的侧压力也将增大，现有单块模板加上多卡支架重约 1 500 kg，多卡支架的固定锥及锥内预埋钢筋的处理必须严格控制，这不但涉及模板安装质量，而且涉及施工安全。下游面 386 m 高程以下采用预制模板，在安装过程中应形成“马牙差”状，保证安装牢固，预制块层间铺筑一层 2 cm 厚的高一强度等级的砂浆，砂浆铺筑面积应不低于 90%。

6. 碾压试验中出现的问题

（1）试验的前一天当地下雨一天，原材料的含水量较大，试验开始拌和前，对混凝土上料系统储存箱内的砂子及小石进行了全部换除清理，但是在原材料的重新使用时，堆积骨料的含水量仍然较难以控制，尤其是砂和小石的含水量，所以在拌制的混凝土中，*VC* 值控制不是十分理想。

（2）由于受到工作场地的影响，自卸车辆不能直接进入试验场地，在车辆卸车点对混凝土重新进行了一次倒运，车辆里的混凝土卸入装载机内，装载机再把试验用料卸入试验地点，在这一过程中骨料产生了分离现象，人工清理时，散落至仓面的混凝土不是太均匀且多分部在表层，碾压后混凝土表面有骨料集中的现象。

(3)在垂直于碾压方向一侧模板 1 m 处，由于振动碾达到此部位时要停车换挡，返回的同时产生向前的冲力，此部位的混凝土有壅起现象，同时振动碾撞击了一次模板，使模板产生了变形。故在此部位建议浇筑变态混凝土 1 m，还需在此部位派人指挥振动碾作业，以防此现象的再次发生。

(4)由于在使用 MC－3 核子密度仪检测压实度时，使连续作业的碾压混凝土施工中断，尤其是三级配分别进行了 4 遍、6 遍、8 遍有振碾压后的测试，表面有风干的现象，致使混凝土表面泛浆不足。这也是在特定条件下出现的问题，在以后的实际工作中应做到一次碾压到位。

(5)在加浆的试验过程中，采用两种方法：一种是在靠近模板处挖出 17 cm 厚的混凝土后直接在中部加足水泥浆，然后覆盖，使用高频振捣器振捣；另一种是分两次加入，先在中部加入一半覆盖混凝土后，在表层再加入一半。两种方法的振捣方法和程序一样，但是采用第一种方法在模板拆除后，外表面光滑没有出现麻面，第二种方法出现了两处麻面，两处都发生在中下部，面积分别为 600 $cm^2$ 和 1 000 $cm^2$，这说明在中部的加浆量不足。

7. 结论

通过现场碾压混凝土工艺性试验，确定了拌和、运输、平仓、碾压等设备能够满足工程需要，确定了施工碾压参数的关系，确定碾压混凝土施工的各项工艺措施，能够有效地控制现场坝体碾压混凝土的施工质量，本次碾压试验的结论如下：

(1)严格控制原材料、*VC* 值，为工程提供合格的成品混凝土。

(2)在固定碾压设备的前提下，保证平仓时的厚度、层面的外观平整效果及质量是保证碾压内在质量的前提。

(3)碾压遍数应严格控制，碾压方向在坝体上游必须垂直于水流方向，在场地允许的条件下，都尽量垂直水流方向碾压，狭窄区域可酌情处理。防渗体的压实质量合格率必须保证。

(4)层间结合在初凝之前可直接铺筑，初凝后终凝前层间可铺筑水泥浆或砂浆后直接铺筑，但超过终凝时间时需按冷缝处理。

(5)工作间歇时间养护应及时，在混凝土施工间歇时间内严禁重型设备在仓面上行走。

## 三、碾压混凝土施工方法

针对碾压混凝土工程量大、工期紧的特点，碾压混凝土施工采用平层铺筑和斜层铺筑两种施工方法。对于相对较小的仓面，如因布置有廊道、泄水孔等建筑物的仓面则采用平层通仓浇筑；对于大仓面则采用斜层平推铺筑法浇筑。对于主要建筑物周边、廊道、竖井、岸坡、监测仪器、预埋件等部位，采用“边角”部位的混凝土施工工艺及变态混凝土的碾压工艺。

### （一）平层铺筑法的施工工艺方法

平层铺筑法施工是将坝体划分为若干单元，每个单元一般包括 2～3 个坝块。首先支立浇筑单元四周的模板，预留入仓口，碾压混凝土从一侧（如下游侧）开始，逐层逐条带摊铺，碾压每个浇筑层都是水平的，碾压层厚度一般采用 30 cm，连续 10 层构成一个高 3 m 的浇筑升程。横缝模板拆除后方可浇筑相邻单元的混凝土。平层铺筑法施工工艺流程如图 6-22 所示。

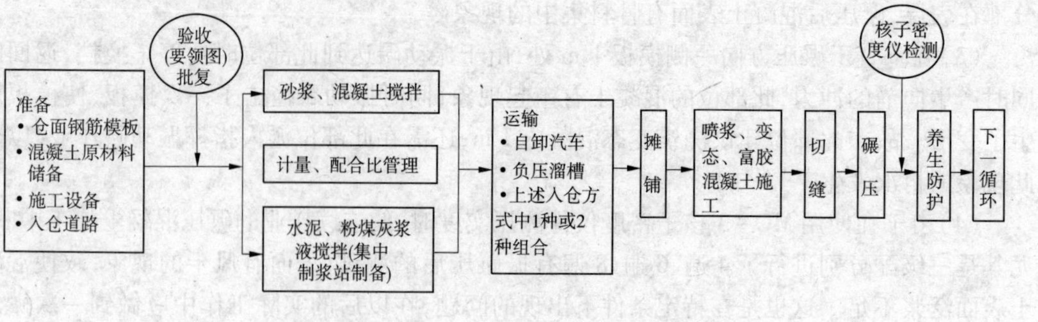


图 6-22　碾压混凝土平层铺筑法施工工艺流程

平层铺筑法浇筑如图 6-23 所示。

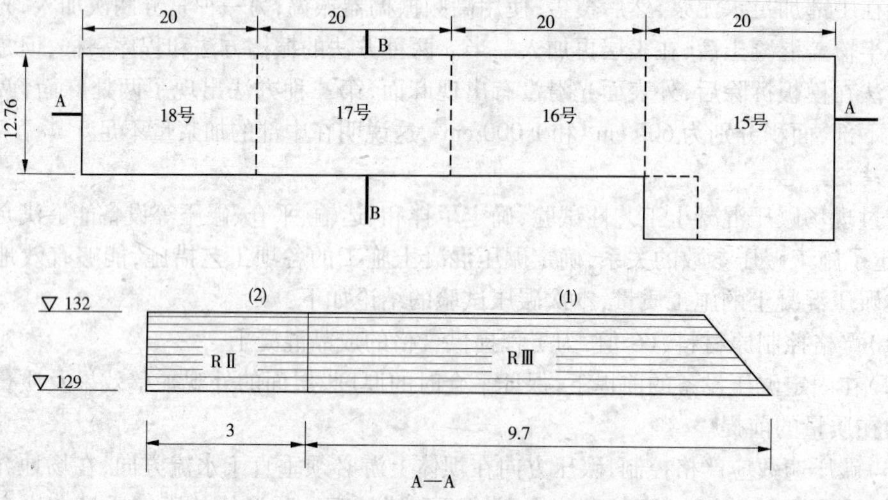


图 6-23　平层铺筑法浇筑示意　（单位：m）

## （二）斜层铺筑法

坝体不再划分单元，整个坝面（或多个坝段）为一个仓面，在大坝的一端先铺料碾压形成一个坡度为 1∶10 ~ 1∶20、端部高度为 3 m 的斜面，在斜面上仍以 30 cm 厚（垂直斜面方向）为一个碾压层，分条带铺料碾压，逐层向对岸推进，到终点处 20 m 左右再转换成平层铺筑。斜层铺筑法施工工艺流程见图 6-24。

斜层浇筑示意见图 6-25。

下面具体介绍斜层施工的基本原理与工艺流程。

1. 基本原理

假设碾压混凝土浇筑仓面的长度为 $L$，宽度为 $B$，由模板及入仓方式决定的一仓连续升程的最大高度为 $H$，每层的压实厚度为 $h$，则采用平层铺筑法一次开仓所能控制的最大浇筑面积为：

$$S = L_1 B = ER_m T_0 / h$$

式中　$L_1$——一次开仓平层浇筑混凝土拌和系统的供料能力；

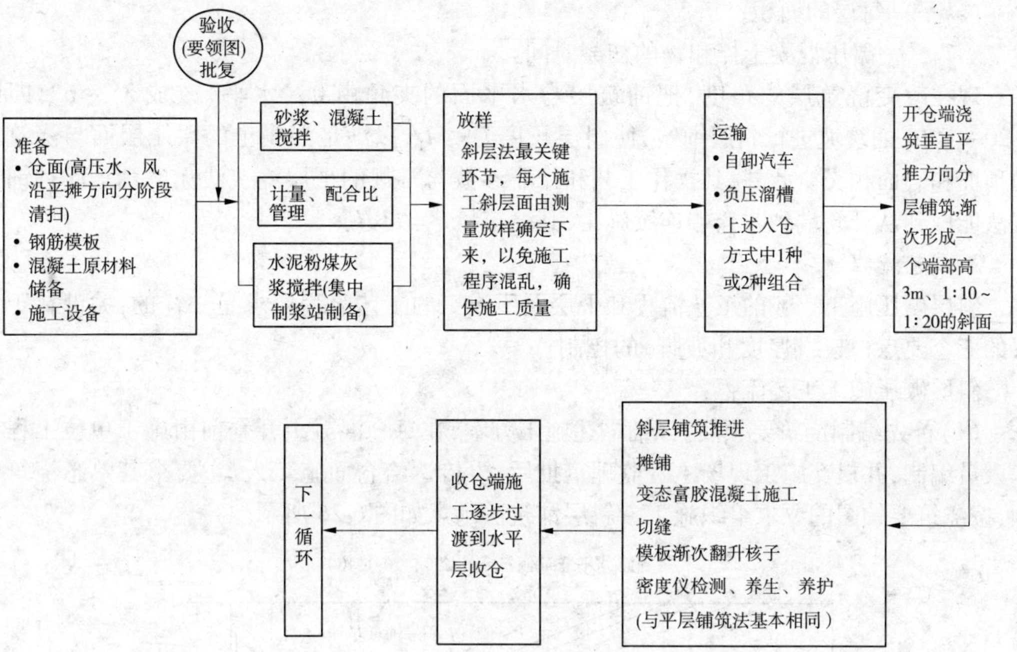


**图 6-24　碾压混凝土斜层平推铺筑法施工工艺流程**

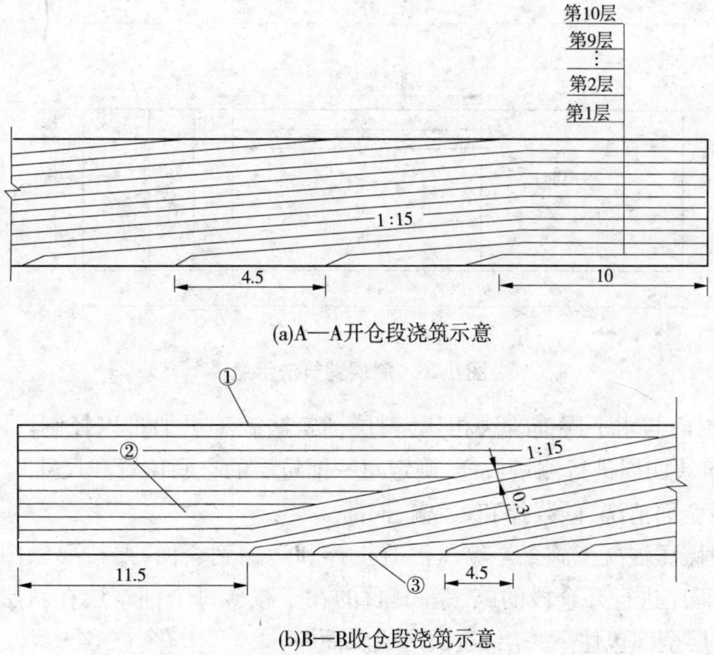


**图 6-25　斜层浇筑示意**　(单位:m)

①—混凝土浇筑终结面;②—插入的平展层;③—起浇的施工面

$R_m$——本仓浇筑混凝土拌和系统的供料能力;

$h$——每层的压实厚度;

$E$——每层的面积；

$T_0$——碾压混凝土拌和物的初凝时间。

现在改变浇筑层的角度，把铺筑层与水平面的夹角由0°（水平）改成3°～6°，即以1∶20～1∶10的缓坡进行斜层铺筑，使斜层长度 $l_2 \leqslant l_1$，以满足混凝土的碾压层面与浇筑块的顶面和底面相交。此外，其操作工艺和作业参数与常规的平层浇筑法无区别。此种铺筑方法能做到从开仓端到收仓端连续施工，其浇筑量 $V = LBH$。

2. 工艺流程

斜层碾压施工一般的工艺流程和平层碾压施工的工艺流程要求是一样的，关键在于斜层的三个要点（坡度、厚度和坡脚）的控制。

斜层碾压施工工艺流程：

(1)首先编制浇筑要领图，详细描述施工方案，在每仓混凝土开仓前由施工单位工程技术人员编制，并提交施工现场主管监理审批后，再传达给仓面施工人员，要求其熟悉浇筑要领，按浇筑要领图的要求组织施工。斜层铺筑法示意如图6-26所示。

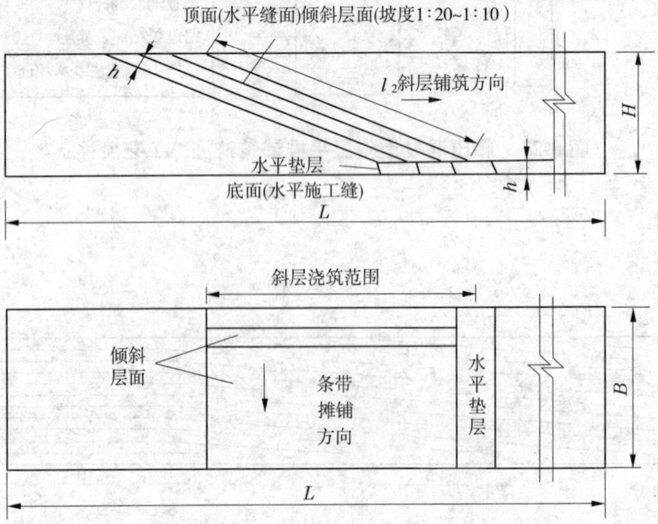


**图6-26　斜层铺筑法示意**

(2)施工放样：与水平层铺筑法相比，斜层铺筑法施工更加难以控制。因此，浇筑前应按要领图在浇筑块四周进行测量放样，确定每一铺筑层的空间位置和尺寸。

(3)开仓段全面清洗，砂浆拌和、运输、摊铺。

(4)开仓段碾压混凝土施工。碾压混凝土拌和运输到仓面，要按要领图规定的尺寸及图6-27所示的程序进行开仓段的施工。其目的在于减薄每个铺筑层在斜层前进方向上的厚度，并使上一层全部包住下一层，逐次形成斜面。

图6-27中 $a$、$l$、$m$ 参数各根据具体仓面确定，并在要领图中绘出，沿斜层前进方向每增加 $l$ 长度都要对老混凝土面（水平缝面）进行清洗，并铺砂浆。碾压时注意控制振动碾不能行驶到老混凝土面上，以免压碎坡脚处的骨料而影响该处的质量。

(5)碾压混凝土斜层铺筑。为了防止坡脚处的碾压混凝土骨料被压碎而形成质量缺陷，施工中可采取平铺水平层的方法，并控制振动碾不得行驶到老混凝土面上去。水平垫层

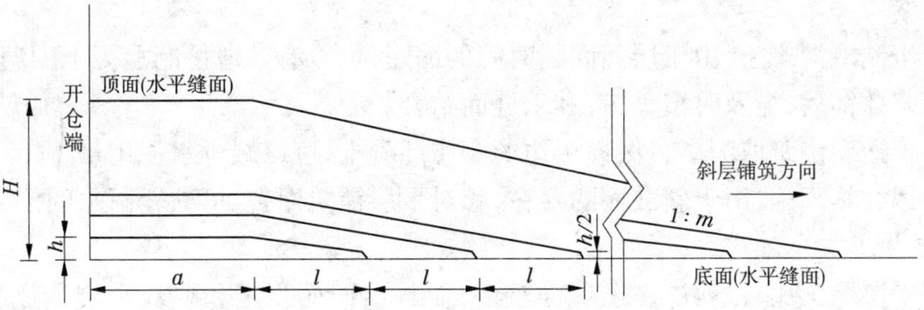


图 6-27　开仓段施工示意

与斜层铺筑的程序如图 6-28 所示，施工按图中①②③④的顺序进行。首先,清扫、清洗①部位的老混凝土面(水平缝面),摊铺砂浆,然后沿碾压宽度方向摊铺并碾压混凝土,形成水平垫层。超出坡脚前缘 30 ~ 50 cm 部分,第一次不予碾压,而与下一层的垫层一起碾压,宽度 $b$ 由坡比及 $h$ 值确定,在要领图中给出。其次,进行②部位的斜层铺筑……如此往复,直至收仓段施工开始。

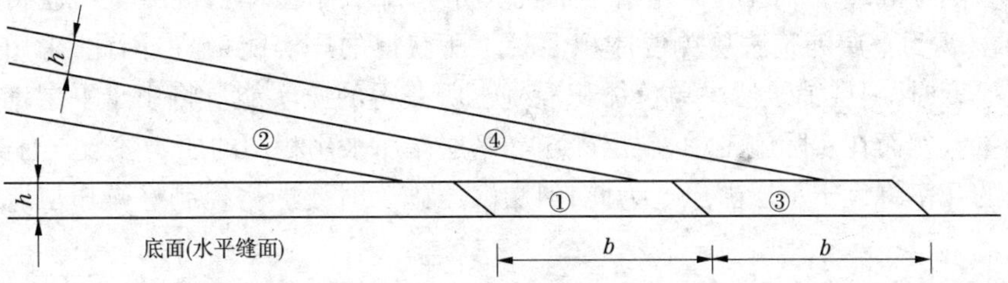


图 6-28　水平垫层及坡脚施工方法示意

(6)收仓段碾压混凝土施工。收仓段施工相对开仓段要简单一些,首先进行清扫、冲洗、摊铺砂浆,然后采用图 6-29 所示折线形施工,既要考虑减少设备运行干扰,又要考虑每个折线层之间的塑性结合。当浇筑面积越来越小时,水平层和折线层交替铺筑就可满足层间塑性结合的要求。

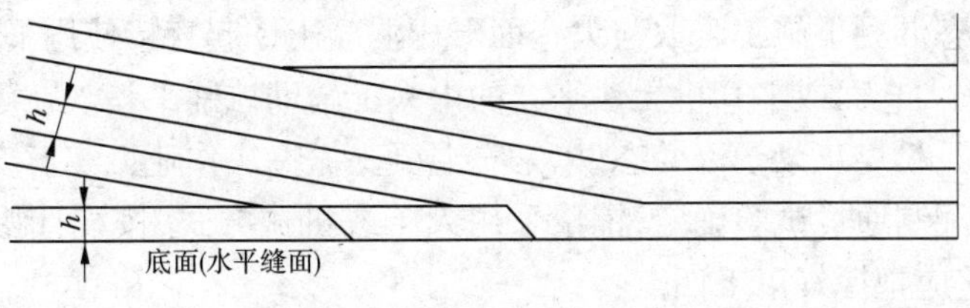


图 6-29　收仓段施工方法示意

(7)在进行(4) ~ (6)工序同时,穿插进行的有切缝、模板和结构物周边的变态混凝土的施工及核子密度仪检测等工序。

(8)养护、冲毛,进行下一循环的斜层铺筑。

3)斜层铺筑法的优越性

斜层铺筑法取消了浇筑单元的分区模板,实现了碾压混凝土长历时的连续铺筑,大大提高了碾压混凝土施工设备(拌和、运输、摊铺及碾压)的系统利用效率,并具有以下优越性:

(1)能缩短碾压混凝土层间间隔时间,提高混凝土层间结合质量。

(2)减少了分区模板支模、拆模等时间,实现了碾压混凝土长历时的连续铺筑,提高了整体施工效率。

(3)对于制冷混凝土,由于层间间隔时间的缩短,可以有效地控制混凝土的温度倒灌。

(4)砂浆摊铺后,能及时覆盖,有利于缝面结合。

(5)由于通仓浇筑取消了分区模板边的变态混凝土,可以减少水泥用量。

(6)若遇突然降雨,由于斜坡面的存在,相对平层铺筑而言,可减轻雨水的侵害。

4)斜层施工中应注意的问题

(1)与平层碾压比较,斜层碾压层面较多,而且层面面积之和要比平层碾压大,若层面处理不好,结合质量不能保证,出现缺陷的几率要大一些,因此斜层碾压铺筑更要加强层面质量的控制。

(2)在斜层向前推进的过程中,水平施工缝面及已收仓面是自卸汽车集中的运输通道,因此二次污染集中,污染程度显得很严重,这就要求在铺砂浆之前,逐条用水进行彻底清理。

(3)斜层铺筑法与平层铺筑法相比,振动碾在塑性状态混凝土拌和物层面上作用时,其作用力的方向都是铅直的,平层铺筑压实厚度为 $h$,则斜层铺筑实际的压实厚度为 $h/\cos\alpha$($\alpha$ 为斜层铺筑法中混凝土铺筑层面与水平面的夹角),那么单位体积混凝土所获得的压实能量为 $E\cos\alpha$($E$ 为平层铺筑法总单位体积混凝土所获得的压实能量)。因此,采用相同的碾压混凝土厚度时,斜层铺筑法中单位体积混凝土所获得的压实能量将小于平层铺筑时获得的压实能量。然而在实际施工中,斜层碾压和平层碾压采用相同的压实参数,这样压实度不满足要求的几率将大于平层碾压。为此,斜层碾压施工时要严格控制好碾压层厚度和碾压遍数。

(4)斜层铺筑变态混凝土施工时,人工铺撒浆液难保均匀,坡脚处浆液较丰富,而坡顶处浆液较缺乏。因此,振捣时要求人工将坡脚富裕的浆液转移到浆液贫乏之处。

**(三)碾压混凝土坝边角施工工艺**

全断面碾压混凝土坝边角部位施工,除基础垫层采用常态混凝土,其余均为变态混凝土,主要有建筑物周边、廊道、竖井、岸坡、监测仪器预埋等部位。如龙滩电站变态混凝土区典型部位布置如图 6-30 所示。

目前,常规变态混凝土施工采取与大仓面碾压混凝土一起直接使用平仓机进行摊铺,局部高出碾压混凝土大仓面或平仓机无法平仓的由人工辅助摊铺平整。在碾压混凝土拌和物摊铺前后洒铺水泥、粉煤灰浆予以变态,以常态混凝土振捣法作业振实。变态混凝土所用水泥、粉煤灰净浆的配制通过试验确定,铺浆采用人工或机械方式,按设计掺量均匀铺洒。变态混凝土施工工艺应把握好以下四点:

(1)摊铺面应比大仓面碾压混凝土面略低。变态混凝土部位高出碾压混凝土仓面,不利于振捣作业,且易造成变态混凝土的灰浆流失,进而影响碾压混凝土质量。因此,为防止变态混凝土的灰浆流入碾压混凝土仓面,一般要求变态混凝土区域摊铺成低于碾压混凝土 6 ~ 10 cm 的槽状。

(2)铺浆尽量均匀,加浆量应有裕度。由于受到施工场地条件的制约,变态混凝土铺浆做到百分之百均匀是不现实的,但可以采取措施尽量做到铺浆均匀,如用带有标刻度的定量加浆桶、铺浆机等,但不能过分地强调铺浆均匀而采取劳民伤财的做法。如插孔器分两层摊铺两次,加浆一次振捣的做法是不切实际的。采用插孔器过程耗用大量劳力且经人工插孔器捣实后净浆更不易下降,既费工费时,又对质量无益处。挖槽或挖沟的做法也应尽量避

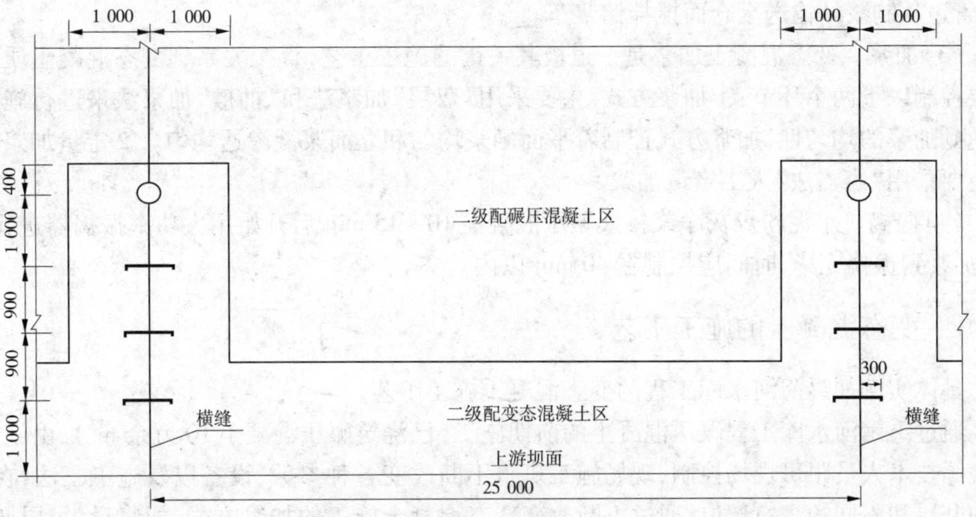


**图 6-30　变态混凝土区典型部位**　（单位：cm）

免，这些不合适的做法在几个大工程的实践中均很少应用，它们会阻碍了碾压混凝土的快速施工。另外，目前所提倡的中底部加浆实际上为顶部加浆，概念应进行纠正。

(3)注意振捣方法。加浆后应稍做停顿，浆液一下渗即开始振捣，振捣重点是把握好振捣深度（深入下层5 cm 左右）及变态混凝土与碾压混凝土交界处，一般是振捣器从变态混凝土区域插入碾压混凝土区，尽量多搭接，振捣时间适当延长，待见到碾压混凝土交界面有液化起浆时停止振捣。该方法可基本解决异种混凝土间鼓包现象。其他的振捣工艺同常态混凝土施工。

(4)注意掌握变态混凝土加浆、振捣的时间，即采用先变态混凝土后碾压混凝土，还是先碾压混凝土后变态混凝土的问题。从几个工程的实践来看，各有优缺点。采用先变态混凝土后碾压混凝土，有利的是可在更早的时间内进行变态混凝土施工，更容易施工，其质量也容易保证，而且可以解决异种混凝土间的鼓包现象；不利的是浆液会渗入碾压混凝土区域，造成碾压过程中出现弹簧土甚至会沉陷振动碾，以及一定程度上会影响碾压混凝土的快速覆盖施工。如果采用先碾压混凝土后变态混凝土的方式，由于混凝土料放置时间相对较长而增加变态混凝土的施工难度。在变态混凝土与碾压混凝土交接处会形成鼓包现象，需要振动碾将搭接鼓包部位碾平。综合比较，两种方式均可，但宜采用先变态混凝土后碾压混凝土的方式。

**(四)快速施工与变态混凝土加浆量随时间动态控制**

变态混凝土同碾压混凝土一样强调快速施工，即从拌和物加水到变态混凝土振捣完毕应控制在2 h 以内。因施工现场各种条件的变化，变态混凝土快速施工不一定都能实现，则因拌和物时间的拖长而出现水分损失、*VC* 值增大，需要有处理措施，故变态混凝土加浆量应随时间动态控制。根据几个大型工程的经验，一般变态混凝土的加浆量应控制在5% ~ 8%。

**(五)变态混凝土施工工艺**

(1)铺料。采用平仓机辅以人工分两次摊铺平整，顶面低于碾压混凝土面3 ~ 5 cm。

(2)浆液生产、输送。浆液采用集中拌制，按配合比拌制的水泥粉煤灰净浆，通过输浆泵、管道从制浆站输送至仓面搅拌储浆车。

(3)加浆。变态混凝土加浆是一道极其关键的施工工艺,直接关系到变态混凝土质量。主要控制以下两个环节:①加浆方式,主要采用“双层”加浆法和“抽槽”加浆法来进行施工,以达到加浆的均匀性,加浆方式控制着平面洒浆均匀和立面浆液渗透均匀。②定量加浆,目前主要采用“容器法”人工定量加浆。

(4)振捣。水泥粉煤灰净浆掺入碾压混凝土 10 ~ 15 min 后开始用大功率振捣器进行振捣,加浆到振捣完毕,时间应控制在 40 min 以内。

## 四、变态混凝土的施工工艺

具体实例如禹门河水库工程的变态混凝土施工工艺。

通过禹门河水库工程碾压混凝土的前期施工(已浇筑碾压混凝土 10 万余 $m^3$),由施工、质检等技术人员跟班现场控制,现场施工班组不断改变各种参数、设备以及施工工法,在不同的升层和不同的浇筑部位,通过不断改变变态混凝土施工的加浆方式、加浆量、每层厚度以及振捣设备等主要相关因素,认真做好变态混凝土施工记录,观察模板拆除后变态混凝土的外观质量和通过试验得出的变态混凝土的压实度,进行对比分析。

### (一)现场加浆振捣法

1. 变态混凝土的配合比

(1)变态混凝土中加浆浆体水胶比、粉煤灰掺量的选择。采用同种碾压混凝土水胶比、粉煤灰掺量。

(2)单位体积浆体各组分材料用量。采用绝对体积法计算单位体积浆体中各组分材料用量。

浆体配合比按下式进行计算:

$$W + C/\rho_c + F/\rho_f = 1\ 000$$

式中 $W$、$C$、$F$——单位浆体用水量、水泥用量、粉煤灰用量,kg;

$\rho_c$、$\rho_f$——水泥、粉煤灰密度,g/ $cm^3$,本工程中 $\rho_c = 3.07\ g/cm^3$、$\rho_f = 2.16\ g/cm^3$。

(3)浆体加浆量确定。变态混凝土的加浆量应保证其坍落度在 1 ~ 3 cm,经试配加浆量为 6%(V/V)。

2. 制浆

本工程采用 2 台 0.35 $m^3$ 的制浆机及高速拌和机统一制备变态混凝土所用的灰浆,严格按照实验室开出的配合比进行制浆,制浆机放置在大坝左右岸现场制浆。沿岸坡设软管自流并均匀喷洒至仓面所用部位或装入胶轮车,然后人工推至变态混凝土的施工仓面,用固定容量的器具泼洒到仓面变态混凝土部位。

3. 碾压混凝土摊铺

在靠近建筑物周边、廊道、止水、岸坡、观测设备以及大坝渗漏排水管道周围等部位,按照设计要求宽度铺筑碾压混凝土。由于在这些部位往往较狭窄,摊铺设备无法施工,因此变态混凝土的摊铺施工靠人工分两层摊铺,两次加浆。摊铺面应比大仓面碾压混凝土略低或持平,但不能高出碾压混凝土仓面,以免灰浆外溢,不利于振捣作业。

4. 加浆与振捣

加浆在施工中采用两种方式:一种是分层加浆,即在中间层和上层或下层分别加浆;另一种是沟槽法加浆，即在碾压混凝土中挖一深约 20 cm 的小槽，填以灰浆，然后振捣，效果也较好。

1)分层加浆法

(1)中间层加浆(中 + 中)：即 10 cm 厚碾压混凝土 +1/2浆液 + 10 cm 厚碾压混凝土 +1/2浆液 +15 cm 厚碾压混凝土。可以看出，插入振捣器后 10 s 浆液上浮，并迅速扩展。

(2)底部 + 中间层加浆：即底部铺 1/2 浆液 +15 cm 厚碾压混凝土 +1/2 浆液 +20 cm 厚碾压混凝土。可以看出，插入振捣器 10 ~15 s 泛出浆液，20 s 左右浆液扩展，振后表面微露粗骨料且密实。

(3)中间 + 上部加浆：即底部 15 cm 厚碾压混凝土 +1/2 浆液 +20 cm 厚碾压混凝土 +1/2浆液。可以看出，振捣器很容易插入，表面全部是浆液，很难辨别是否下部泛浆。

通过对不同形式的对比，分层加浆时，在中间层和上层加浆，往往上层加浆量过大，振捣后混凝土上表面出现过多浆液，形成浮浆层，并发生泌水与离析，在浮浆表面形成粉煤灰浆层，造成混凝土过软，而底层相对较少，从而降低了层缝的抗拉强度和抗剪黏聚力，也易形成渗漏通道；拆模后，易形成明显的分层痕迹，且由于上表面加浆过多，在每层的上部混凝土外表面易形成一层薄薄的灰浆而影响混凝土的外观质量；而且上层浆液过多，导致下部混凝土内的气泡不易排出，易造成混凝土表面出现蜂窝现象。

在下层和中间层加浆时，通过振捣，浆液自下而上被提出后，周围混凝土的密实性更好，而且上下层结合良好，是一种很好的加浆方式。只是在振捣器插入时，由于上表面没有浆液，需用力插入，建议在振捣器上焊制脚踏板，用脚踩入混凝土内，提高作业速度。

2)沟槽法加浆

沟槽法加浆，即在碾压混凝土中挖一深约 20 cm 的小槽，填以灰浆，然后振捣，效果也较好。本法适宜在较狭窄部位施工，不适宜大面积的变态混凝土施工。

现场加浆，不易操作，浆液不易铺匀，导致混凝土的内在质量及外观质量不佳。

3)加浆量对变态混凝土质量影响

浆液控制在 1% ~3% 时，混凝土振捣不易密实，而且外观质量不佳，多出现蜂窝、麻面现象；浆液控制在 4% ~6% 时，混凝土密实性、外观质量都很好；浆液控制在 7% ~8% 时，混凝土密实性很好，但混凝土仓面已形成多余灰浆层，在使用 D100 型振捣器时，由于振捣力过强，易造成跑模，混凝土面易形成泪痕，从而影响混凝土的外观质量，而且加浆量多，直接造成变态混凝土的成本增加。

因此，变态混凝土施工时的加浆量宜控制在 4% ~6%，既经济又能保证混凝土的质量，但一定要控制好浆液的浓度。

根据混凝土浇筑宽度，计算出每米的加浆量或一定长度范围内需要的加浆量，然后均匀泼洒。另外，变态混凝土加浆量是随碾压混凝土 *VC* 值的变化而变化，加浆量控制范围为碾压混凝土体积的 4% ~6%；根据碾压混凝土的级配调整加浆量，二级配比三级配灰浆用量应适当增加。施工时，操作人员不要随意换人，以便更好地控制加浆量；泼洒时，尽量靠近混凝土上表面，不要太高，以免浆液洒在模板或其他混凝土表面而浪费灰浆，洒在模板上的灰浆，干涸后，若不清理将导致混凝土出现麻面，从而影响外观质量。

灰浆洒后，停 10 ~15 min，待灰浆渗入混凝土后开始进行振捣作业。施工中通过采用不同型号的振捣器进行振捣作业对比。本工程分别采用 D50(普通型振捣器)、D85、D100(高频振捣器)对不同的部位进行作业对比,结果表明,普通型振捣器作业速度慢,效果不是很理想;高频振捣器效率高,混凝土的密实性好,由于此种振捣器直径较大,在振捣器拔出时,应缓慢从变态混凝土拔出,尽量避免混凝土表面出现深坑。另外,振捣间距不易过大,或用普通型振捣器在高频振捣器作业面后的深坑附近重振,保证混凝土内部密实和外表面平整。

**(二)拌和站拌和,现场振捣法**

根据试验配合比的加浆量,在原二级配碾压混凝土的基础上,直接在拌和楼内拌制变态混凝土。用自卸汽车或装载机运至施工现场,铺筑到仓面,然后用100型插入式振捣器振捣,振捣棒间距0.5 m,至混凝土无气泡、水平面无显著下沉、出现泛浆、均匀为止,再碾压相邻的碾压混凝土,变态混凝土的局部隆起用小型振动碾整平。此方法与现场加浆法相比,浆液均匀拌入碾压混凝土中,变态混凝土的密实性较好,适用于浇筑大面积的变态混凝土(如廊道与上游模板之间的变态混凝土)。在其他部位采用这种方法时,不宜保证变态混凝土的宽度,容易做宽而不经济。振捣方法同上,根据经验及实践,采用变频振捣器效果更佳,变态混凝土的密实性及外观更优。

**(三)变态混凝土与碾压混凝土的施工先后顺序**

工程实践表明,先变态混凝土后碾压混凝土或先碾压混凝土后变态混凝土两种施工方法,各有优缺点。

(1)先变态混凝土后碾压混凝土施工。如果人员、机械设备不太充足、夏季施工或工期要求紧的情况下可考虑采用此方法施工,但应控制好现场变态混凝土的施工质量,此法进行碾压混凝土施工时容易对模板产生大的冲击力,易造成“跑模”现象,导致外观质量不佳。

(2)先碾压混凝土后变态混凝土施工。在人员、机械设备充足的情况下,用此方法施工能够较好地控制碾压混凝土表面的平整度,且不会对周边模板产生太大的冲击力,相比先变态混凝土后碾压混凝土施工的周期会稍长一些,但外观质量较好。

**(四)注意事项**

因碾压混凝土是干硬性混凝土,随时间、气候条件变化 *VC* 值损失明显,使得混凝土更加干硬,从而增加施工难度,施工质量更难保证。因此,尽量缩短层间覆盖时间是提高变态混凝土质量的关键。故变态混凝土同碾压混凝土施工一样都强调快速施工,即从拌和物加水到变态混凝土振捣完毕应控制在2 h以内。

另外,加浆到振捣完毕应控制在40 min内。若层面连续上升时,按常态混凝土振捣方式应插入下层变态混凝土内5~10 cm。

**(五)结论**

(1)浇筑大面积的变态混凝土时,直接在拌和楼内拌制变态混凝土,骨料之间拌和均匀,可提高变态混凝土的密实性。廊道与上游模板之间的变态混凝土可采用拌和站拌和。

(2)浇筑岸坡、止水、观测设备及大坝渗漏排水管道等周边小范围内的变态混凝土可采用制浆加浆的方法施工,这样不仅经济而且有利于保证此部位变态混凝土能按设计宽度进行现场控制。

(3)采用下层和中间层加浆,通过振捣,浆液被自下而上提出后,周围混凝土的密实性更好,而且上下层结合良好,是一种很好的加浆方式。

(4)变态混凝土施工中,宜采用D85型和D100型高频振捣器,但是在施工中,优先采用DN85型振捣棒。

(5)在人员、机械设备充足的情况下，采用先碾压后变态混凝土的施工方法，可提高变态混凝土的质量和碾压混凝土表面的平整度。

## 五、异种混凝土浇筑工艺

异种混凝土浇筑应注意以下几点：

(1)浇筑完基岩表面的常态混凝土垫层后宜间歇3～7 d，方可在其上铺筑碾压混凝土，以便散热并达到一定强度。在其上铺筑碾压混凝土时，由于垫层混凝土厚度较薄，为避免出现裂缝，间歇时间不能太长。

(2)靠岸坡岩面的常态混凝土垫层，应与主体碾压混凝土同步进行浇筑，同步浇筑的目的在于保证两种混凝土交界面的结合质量。

(3)常态混凝土与碾压混凝土的结合部位应按图5-1所示的方法认真处理。两种混凝土应交叉浇筑，因为碾压混凝土和常态混凝土的初凝时间不同(一般情况下常态混凝土初凝时间较短)，故应在两种混凝土初凝前振捣或碾压完毕。为了保证此部位常态混凝土与碾压混凝土界面的结合质量，不论哪种混凝土先浇都应在初凝时间内完成。

## 六、碾压混凝土碾压的基本要求

碾压混凝土碾压工艺的基本要求有以下几点。

(1)振动碾机型的选择，应考虑碾压效率、起振力、滚筒尺寸、振动频率、振幅、行走速度、维护要求和运行的可靠性。建筑物的周边部位，采用小型振动碾或振动夯板等压实。其允许压实厚度应经试验确定。

根据我国几个工程的实践，西德生产的BW－200及BW－201AD比较适用。BW－200型机型较灵活，适合于中小型工程及小仓面。国内洛阳产YZJ－10A、YZJ－10P以及YZS－60A、YZS－60B等也可用。各种振动碾主要参数见表5-1。

(2)碾压振动时的行走速度直接影响碾压效率及压实质量。国内许多施工实践证明，行走速度过快压实效果差。适当增加碾压遍数，速度可提高至1.5 km/h，故振动碾的行走速度应控制在1.0～1.5 km/h。

(3)碾压厚度应不小于混凝土最大骨料粒径的3倍，施工中采用的碾压厚度及碾压遍数应与混凝土现场碾压试验成果和铺筑的综合生产能力等因素一并考虑。不同的振动碾所能压实的厚度不同，同一配合比的拌和物对于不同的振动碾所需的压实遍数也不同。

(4)碾压方向应垂直于水流方向，可避免碾压条带接触不良形成渗水通道，故迎水面3 m范围内碾压方向一定要垂直于水流方向。

碾压条带相互搭接，碾压条带间的搭接宽度为10～20 cm，端头部位的搭接宽度宜为100 cm左右。这主要是为了改善振动碾轮外侧混凝土的隆起，改善搭接部位的压实质量。

(5)压实容重的数值是碾压混凝土压实与否的主要标志，故施工过程中应尾随碾压作业进行检测。方法按网格布点检测混凝土的压实容重。如所测容重低于规定指标时，可增加碾压遍数，仍达不到规定指标时，应分析原因，采取相应措施。

(6)连续上升铺筑的碾压混凝土，为保证碾压混凝土层间结合良好，必须控制施工层间间隔时间(指下层混凝土拌和物拌和加水时起到上层混凝土碾压完毕为止)。从胶凝材料浆体凝结硬化机理分析可知，在初凝时间以内结合，才能获得良好的质量。拌和物初凝时间可在仓面测定。

为避免因为拌和物放置时间过长而引起的质量问题，对拌和物自拌和到碾压完毕的时间应有所限制，且混凝土拌和物从拌和到碾压完毕的历时应不大于 2 h。

## 第七节　成缝工艺

碾压混凝土坝施工宜不设纵缝，横缝可用切缝机切割、设置诱导孔或隔板等方法形成，缝面位置及缝内填充材料均应满足设计要求。

(1)切缝机切缝有“先碾后切”和“先切后碾”两种形式，“先碾后切”虽然施工干扰较小，但切缝效率较低且容易造成缝边角的破损，故施工时倾向于“先切后碾”。成缝面积每层应不少于设计缝面的60%，余下部分待混凝土自然拉裂。填缝材料可用厚 0.2 ~ 0.5 mm 的金属片或其他材料，几种振动切缝机的主要技术参数如表 5-2 所示。

(2)设置诱导孔宜在碾压后立即进行或在层间间歇期内完成，成孔后孔内应及时用干燥砂子填塞。

(3)当采用薄层连续铺筑施工时，诱导孔可在混凝土碾压后由人工打钎或风钻钻进形成；当采用间歇式施工时，可在层间间歇时间用风钻钻成。成孔后孔内应填塞干燥砂子，以免上层施工时混凝土填塞诱导孔，达不到诱导缝的目的。

采用诱导缝的方法：钻孔可用风钻也可用潜孔钻，在混凝土具有一定(约 7 d 龄期)强度后，内部混凝土水化温升高峰期(实测平均 22 d，最少 14 d)前进行。孔径 90 mm，孔距 1 m，每次孔深 3 m。一条横缝(约 30 个孔)0.5 h 就可打完。实践表明，这种方法造缝简便、灵活、速度快，不与碾压施工发生干扰，分缝位置控制准确，效果好。

(4)设置隔板时，相邻隔板的间距不得大于 10 cm，隔板高度应比压实厚度低 2 ~ 3 cm。限制隔板间距的目的在于保证成缝面积，规定隔板高度是为了不影响混凝土压实及不致破坏隔板。

(5)采用手持式振动切缝机的缺点：成缝不整齐，对周边混凝土松动破坏较大，施工效率低，难以满足大仓面成缝的需要。

采用液压振动切缝机，在振动力作用下使混凝土产生塑性变形，刀片嵌入混凝土而成缝，填缝材料为 4 层彩条布，并随刀片一次嵌入缝中。该方法成缝整齐，在对混凝土振动液化下切时嵌入填缝材料，松动范围小，行走方便，成缝速度是手持振动切缝机的 8 ~ 10 倍，一台切缝机既可满足 10 000 ~ 15 000 $m^2$ 大仓的施工需要，施工干扰小。振动切缝一般采用“先碾后切”，填充物距压实面 1 ~ 2 cm，切缝完毕后用振动碾压 1 ~ 2 遍。

## 第八节　缝面处理工艺

碾压混凝土筑坝中的施工缝及冷缝是施工中的薄弱环节，往往形成渗漏通道，影响抗滑稳定。施工缝及冷缝必须进行缝面处理，处理合格后方能继续施工。

缝面处理可用冲毛、刷毛等方法清除混凝土表面的浮浆及松动骨料(以露出砂粒、小石为准)。其目的是增大混凝土表面的粗糙度，以提高层面黏结能力。根据国内外许多大型碾压混凝土坝工程的施工经验，在处理过的施工缝及冷缝上铺 1.0 ~ 1.5 cm 厚的砂浆能保证上、下层混凝土黏结良好。为使砂浆铺层厚度均匀，可采用刮板进行刮铺。砂浆层铺完应紧接着摊铺混凝土，防止已铺的砂浆失水干燥或初凝，并应在砂浆初凝以前碾压完毕。

冲毛、刷毛时间可根据混凝土配合比、施工季节和机械性能的不同而变化，须经现场试验确定，一般可在混凝土初凝以后终凝之前进行。过早冲毛不仅造成混凝土损失，而且有损混凝土质量。

因施工计划的改变、降雨或其他原因造成施工中断时，应及时对已摊铺的混凝土进行碾压。要求停止铺筑处的坡面应不陡于振动碾施工的最陡坡度（1∶4），并将斜坡上的混凝土碾压密实。

缝面处理时的具体要求如下：

（1）施工缝先采用低压水冲毛，水压力一般为0.2～0.5 MPa，冲毛须在初凝以后终凝之前进行，一般在混凝土收仓后16～24 h进行，夏季取小值，冬季取大值。

（2）采用高压水冲毛，水压力一般为20～50 MPa，冲毛必须在混凝土终凝后进行，一般在混凝土收仓后20～36 h进行，夏季取小值，冬季取大值。高压水冲毛作业时，喷枪口距缝面10～15 cm，夹角为75°左右。

（3）碾压混凝土浇筑前，施工缝必须冲洗干净，且无积水、污物等。

（4）为便于施工缝砂浆均匀摊铺，确保施工质量，砂浆厚度宜控制在140～180 mm。

（5）上游防渗区（二级配碾压混凝土）内每个碾压层面，铺水泥粉煤灰净浆3 mm厚，以提高层间结合及防渗能力。斜层平推法施工上一层碾压时预留的20～30 cm的坡脚边缘，随着斜面的推进，在下一条带施工缝面铺砂浆时，预留的坡脚边缘部分也应铺砂浆并与下一条带同时碾压。预留的坡脚边缘少量失水的混凝土应用人工挖出摊铺在未碾压的混凝土面上。采用间歇上升的碾压混凝土浇筑仓，其间歇时间宜为5～7 d，一般不少于3 d。

（6）连续上升铺筑的碾压混凝土，层间间隔时间应控制在直接铺筑允许时间内，若迎水面8～15 m之外超过直接铺筑允许时间而小于加垫层铺筑允许时间，则面层应铺洒一层水泥粉煤灰净浆后继续施工。为确保层间质量，次高温和高温季节施工已碾压完毕的层面必须覆盖彩条布。施工缝及冷缝必须进行缝面处理。缝面处理可用冲毛等方法清除混凝土表面的浮浆及松动骨料，缝面处理完成并清洗干净，经验收合格后，均匀铺1.5～2.0 cm厚的砂浆，然后摊铺碾压混凝土，并在1.5 h内碾压完毕。砂浆超前碾压混凝土8～12 m，运输车辆不得在摊铺的砂浆上行走。

碾压混凝土层间结合面的处理措施如下：

（1）加强施工管理，在已有的混凝土拌和设备下尽力提高混凝土质量。

（2）根据拌和设备生产能力，在混凝土中适当掺入优质缓凝剂，延长混凝土初凝时间。

（3）在混凝土卸料平仓过程中，采取有效措施，尽量防止骨料分离。

（4）水平施工缝的处理，采用高压冲毛和人工凿毛的方法，接缝材料采用1～1.5 cm厚的高流动水泥砂浆。

（5）当气温较高和日晒时，用塑料编织布进行全仓面覆盖，只露出摊铺和碾压推进区。同时，应采取喷雾、增湿、降温及预防阳光直射等措施，这样可以有效地延缓混凝土的凝结时间。

异种混凝土结合部位的施工工艺如下：

（1）大坝河床部位基础常态混凝土浇筑完毕，并冲毛合格，间歇7～10 d。在碾压混凝土施工前均匀摊铺 1.5 ~ 2 cm 厚的砂浆，然后在其上摊铺碾压混凝土并同步上升。

(2)靠岸坡岩面上的常态混凝土垫层，上游面倒悬结构的常态混凝土及导墙抗冲耐磨混凝土等与坝体碾压混凝土同步上升。

(3)常态混凝土与碾压混凝土结合部位，先进行碾压混凝土作业，后浇筑常态混凝土。在两种混凝土结合处，振捣器应插入到碾压混凝土中，精心振捣，并用振动碾对结合处补充碾压，使其结合部位混凝土密实，以确保坝体施工质量。同一层面碾压混凝土和常态混凝土同时上升。异种混凝土结合施工方法见图 6-31。

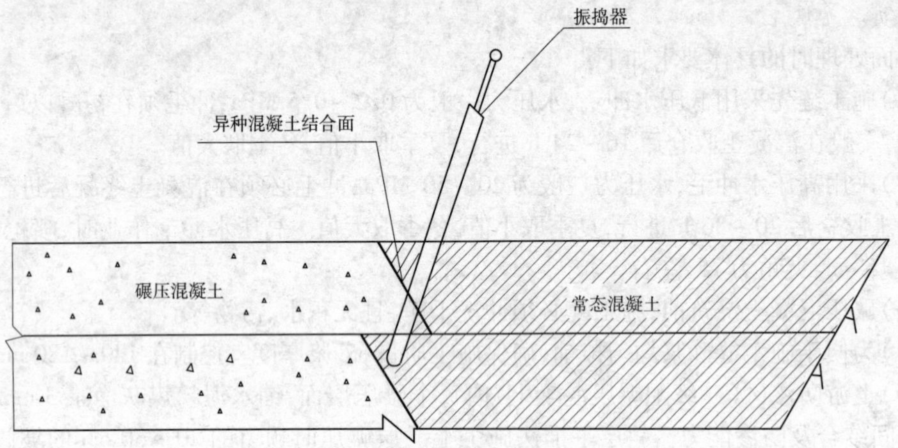


图 6-31　异种混凝土结合施工方法

# 第九节　碾压混凝土的养生与防护

碾压混凝土的养生与防护总的原则是：施工期间，碾压混凝土终凝后即可以开始养护。碾压混凝土单位用水量较少、早期强度较低，为防护裂缝发生，养护时间须比常态混凝土长。在施工过程中，碾压混凝土的仓面应保持湿润。正在施工和刚碾压完毕的仓面，应防止外来水流入。对水平施工层面，养护工作应持续至上一层碾压混凝土开始铺筑为止，对永久暴露面，宜养护 28 d 以上。

碾压混凝土的养护与防护措施如下：

(1)气温较高和日晒时，除对层面立即用保温被或塑料编织布覆盖，还应进行喷雾。待混凝土初凝后，对混凝土表面进行洒水或流水养护，2 ~ 3 d 后低温时段拆除保温被或塑料编制布散热，同时对混凝土长期暴露面进行洒水或流水养护。低温施工时，应对混凝土长期暴露面(含施工层面)用保温被紧贴覆盖，以防冷空气对流，减少坝体内外温差，降低混凝土表面温度梯度。

(2)每一升程的间歇时间内，仓面应进行洒水养护。

(3)对大坝上下游已拆模的永久外露面应进行长期不定时的洒水养护。

(4)度汛期，仓面可采用蓄水漫流法养护。

(5)表面养护：混凝土表面散热是削减混凝土内部最高温度峰值的最有效方法之一。混凝土浇筑升层为 1.5 ~ 2 m 时，能够削减峰值 3 ~ 5 ℃。因此，做好混凝土的表面养护非常重要。一般地,在混凝土浇筑完毕后 10 ~ 15 h 内即开始养护,但在炎热、干燥气候情况下应提前养护。混凝土养护应保持连续性,养护期内不得采用时干时湿的养护方法。同时,对混凝土长期暴露面采用 $\phi$32 花眼塑料管进行流水养护。

## 第十节　特殊气候条件下的施工

碾压混凝土是一种干硬性混凝土,一般采用通仓薄层连续施工,较常态混凝土更易受到高温、日晒、蒸发、相对湿度、风等因素的影响。故碾压混凝土在施工期间应加强气候预报工作,及时了解雨情和气温情况,以便妥善安排施工进度。当 1 h 内降雨超过 3 mm 时,不得进行铺筑、碾压施工,对刚碾压完的仓面应采取防雨保护措施。在大风条件下施工,应采取专门措施,保持仓面湿润。故碾压混凝土施工宜在日平均气温 3 ~ 25 ℃情况下进行,日平均气温高于 25 ℃时,应采取防高温和日晒的施工措施,日平均气温低于 3 ℃时,应采取保温的施工措施。

### 一、高温条件下碾压混凝土坝的连续施工措施

(1)优化混凝土配合比。通过优化混凝土配合比,可提高混凝土抗裂能力,降低水化热温升。优化配合比的目的是使混凝土拌和物具有良好的黏聚性、强塑性、骨料的包裹性和抗分裂能力,最优的 *VC* 值和良好的可碾性、泛浆性。

①采用高温型高效缓凝减水剂。可改善和延长碾压混凝土的初凝时间,减少拌和用水量,降低胶凝材料用量,并抑制水泥水化热速度,对碾压混凝土施工和解决大体积碾压混凝土层面结合极为有利。许多试验和工程实践表明,在高温条件下,掺入适量的高温型高效缓凝减水剂,可将碾压混凝土的初凝时间控制在 8 ~ 12 h,这是一种方便、有效的夏季施工措施。

②采用中(低)热水泥。在满足施工和设计要求的前提下,能尽量减少单位水泥用量或相对减少水泥掺量比例,并选择水化热较低的水泥。

③采用高掺粉煤灰技术。掺粉煤灰可有效降低混凝土绝热温升,提高混凝土抗裂能力。因粉煤灰对改善拌和物的工作性起到与水泥相似的作用,并具有潜在的活性,能与水泥水化反应产生稳定的具有胶结性能的水化产物。粉煤灰的水化发热量比水泥低得多,因此高掺粉煤灰能增加抗裂能力。

(2)拌制预冷混凝土,其主要措施:

①选择适宜的原材料储存方式,如储料罐。

②采用一、二次风冷预冷粗骨料,经骨料调节仓一次风冷后出仓口骨料温度应小于 7 ℃,进入拌和楼料仓时骨料温度应小于 8 ℃,拌和楼料仓用超低温冷风进行二次风冷。

③采用片冰或冷水拌和混凝土:根据理论计算,每立方米混凝土加 10 kg 冰可降低出机口温度 1.2 ℃,每立方米混凝土加 10 kg 冷水可降低出机口温度 0.22 ℃。实测每立方米混凝土加 20 kg 冰可降低出机口温度 2.5 ~ 3 ℃。

(3)减少碾压混凝土运输中的温度回升措施。

①在拌和楼自卸汽车入口设喷雾装置,以降低小环境气温,并对车厢进行降温湿润。

②自卸汽车运输时,在车厢顶部设活动遮阳棚,外侧贴隔热板;高速供料线运输时,机口

放料应均匀连续，供料线皮带上设遮阳、防雨、防晒盖板的保湿隔热设置。

③根据施工强度合理安排运输车辆，严格控制混凝土在车上的滞留时间。

(4)控制碾压混凝土在浇筑过程中温度回升措施。

碾压混凝土在浇筑过程中，应采取综合的降温保湿措施，以减少混凝土温度回升，达到保温、保湿、防晒、延缓碾压混凝土初凝时间、减少 *VC* 值损失以及降低混凝土浇筑温度的作用。其主要措施有以下几项：

①通过合理规划仓号和采用台阶法或斜层平推铺筑法施工，尽可能减少混凝土浇筑仓面面积。

②加快混凝土的入仓速度和提高强度，缩短混凝土层间间隔时间，以改善混凝土层间结合质量。

③严格控制 *VC* 值，*VC* 值是碾压混凝土可碾性的重要指标，将直接影响碾压混凝土的压实度和层间结合质量。一般碾压混凝土碾压时 *VC* 值控制在 3～6 s 较好。因此，碾压混凝土出机口 *VC* 值应根据气温、湿度、混凝土运输方式、入仓温度、层间间隔时间的改善等实行动态控制。

④及时摊铺、碾压、覆盖，防止热气倒灌。由于碾压混凝土通常采用通仓薄层连续浇筑，较常态混凝土更易遭受施工环境的影响，故其施工过程及浇筑后的碾压混凝土外露面的保护和养护工作尤其重要。在高温条件下，仓面碾压混凝土施工应边平仓边碾压，碾压完成后，对已碾压面应立即覆盖保温被，直到下层料物摊铺时方可依次揭开。

⑤在混凝土浇筑过程中，应进行仓面喷雾，形成人工小环境。

(5)加强通水冷却，严格控制坝体内混凝土最高温度的措施。

①冷却水管布置要达到使坝体内混凝土均匀降温。

②为了减少冷却水管敷设对碾压混凝土施工的干扰，主要采取以下措施：

i. 冷却水管采用高密度聚乙烯管；

ii. 需中期通水的冷却水管通过预埋导管引入水平廊道；

iii. 同仓号相邻坝段冷却水管错层布置。

(6)表面养护和保护。高温时段施工时，除对层面立即采用保温被进行覆盖，待混凝土终凝后还应对混凝土表面进行洒水或流水养护；低温时段施工时，应对混凝土长期暴露面(含施工层面)用保温被紧贴覆盖，以防冷空气对流，目的在于减少坝体内外温差，降低混凝土表面温度梯度。

(7)雨季施工的控制措施。汛期加强气象预报和测报工作，以便妥善安排施工进度。当降雨量小于 3 mm/h 时，拌和楼生产的碾压混凝土拌和物的 *VC* 值按上限选取。若降雨持续时间较长，应将水灰比适当缩小。对已进仓的碾压混凝土要快速平仓碾压，严禁未碾压好的混凝土拌和物长时间暴露在雨中。当降雨量大于 3 mm/h 时，暂停施工，并立即通知拌和楼停机。对已进仓的混凝土若来得及平仓碾压时，则迅速进行平仓碾压，并将停止铺筑的混凝土面碾压成缓于 1∶4 的斜坡面，碾压完成后覆盖彩条布。若来不及碾压时，应立刻覆盖彩条布，雨停后仓面的混凝土未初凝时应马上施工。恢复施工时必须有监理单位的主要负责人到场确认，且施工单位的主要领导须在现场值班，协调督促仓面排水、碾压等工序，确保混凝土层间结合的质量。

## 二、案例介绍

下面以禹门河水库工程为例对混凝土冬季施工方案进行分析。

**(一)混凝土冬季施工的一般要求**

现行施工规范规定:寒冷地区的日平均气温稳定在5 ℃以下或最低气温稳定在3 ℃以下,温和地区的日平均气温稳定在3 ℃以下,均属于低温季节,这就需要采取相应的防寒保温措施,避免混凝土受到冻害。

混凝土在低温条件下,水化凝固速度大为降低,强度增长受到阻碍。当气温在 -2 ℃时,混凝土内部水分结冰,不仅水化作用完全停止,而且结冰后由于水的体积膨胀,使混凝土结构受到损害,当冰融化后,水化作用虽将恢复,混凝土强度也可继续增长,但最终强度必然降低。试验资料表明:混凝土受冻越早,最终强度降低越大。如在浇筑后3~6 h受冻,最终强度至少降低50%;如在浇筑后2~3 d受冻,最终强度降低只有15%~20%。如要使混凝土强度达到设计强度的50%以上,应在常温下养护3~5 d时再受冻,最终强度则降低极小,甚至不受影响。因此,低温季节混凝土施工,首先要防止混凝土早期受冻。

**(二)冬季施工措施**

低温季节混凝土施工可以采用人工加热、保温蓄热及加速凝固等措施,使混凝土入仓浇筑温度不低于5 ℃;同时保证混凝土浇筑后的正常养护条件,在未达到允许受冻临界强度以前不遭受冻结。

1. 调整配合比和掺外加剂

(1)对非大体积混凝土,采用发热量较高的快凝水泥。进入冬季,特别是采用泵送混凝土时,应用黄河同力生产的P·O42.5代替原来使用的低热水泥。

(2)提高混凝土的配制强度,在做混凝土配合比试验时,提高混凝土强度的保证系数。

(3)掺早强剂或早强型减水剂。其中氯盐的掺量应按有关规定严格控制,且不适应于钢筋混凝土结构。

(4)采用较低的水灰比。

(5)掺引气剂可减缓混凝土冻结时其内部水结冰时产生的静水压力,从而提高混凝土的早期抗冻性能,但含气量应限制在3%~5%。因为混凝土中含气量每增加1%,强度会损失5%,为弥补由于掺引气剂引起的强度损失,施工时引气剂与减水剂并用。

2. 对原材料实施保温或加热法

砂石骨料宜在进入低温季节前筛洗完毕。成品料堆应有足够的储备和堆高,并进行覆盖,以防冰雪和冻结;拌和用水采用深井温水,随用随抽,并对集水池进行覆盖保温。

当日平均气温为 -2~ -5 ℃时,应加热水拌和;当气温再低时,可考虑加热骨料。水泥不能加热,但应保持正温。

水的加热温度不能超过80 ℃,并且要先将水和骨料拌和,水不超过60 ℃,以免水泥产生假凝。所谓假凝是指拌和水温超过60 ℃时,水泥颗粒表面将会形成一层薄的硬壳,使混凝土和易性变差,而使后期强度降低的现象。

砂石加热的最高温度不能超过100 ℃,平均温度不宜超过65 ℃,并力求加热均匀。

3. 加强混凝土的拌和及运输过程中保温措施

本工程采用的是拌和楼,主机在房间内,有利于保证混凝土的出机口温度。若天气异常恶劣，有必要时，在主机房内用电暖器或生炉取暖，使室内温度高于5 ℃。

拌和混凝土前，应用热水或蒸汽冲洗搅拌机，并将水或冰排除。混凝土的拌和时间应比常温季节适当延长，延长时间应通过试验确定。

对混凝土的运输容器周围用棉垫包围，并尽量缩短运输时间及减少倒运次数，以避免混凝土温度有过多的损失。

4. 对混凝土的施工仓面采用蓄热法和加热养护进行保温

1）蓄热法

蓄热法是将浇筑好的混凝土在养护期间用保温材料加以覆盖，尽可能把混凝土在浇筑时所包含的热量和凝固过程中产生的水化热蓄积起来，以延缓混凝土的冷却速度，使混凝土在达到抗冰冻强度以前始终保持正温。

大体积混凝土特别是碾压混凝土浇筑后，在混凝土的表面和侧面上，先覆盖彩条布再覆盖两层草垫子或棉垫子进行保温。保温、保湿材料必须紧密覆盖模板或混凝土表面，迎风面宜增设挡风措施，形成不透风的围护层。避免在寒流袭击、气温骤降时拆模。当混凝土与外界气温相差20 ℃以上时，拆模后的混凝土表面应加以覆盖。

2）加热养护法

当采用蓄热法不能满足要求时，可以采用加热养护法，即利用外部热源对混凝土加热养护。本工程将采用暖棚法对混凝土进行加热养护。

本工程的排沙孔坝段和电站厂房坝段在进入冬季后，首先对建筑物结构上的孔洞进行暂时封堵，在混凝土结构周围用帆布或棉垫子等保温材料搭成暖棚，在棚内设火炉进行采暖，使棚内温度保持在15～20 ℃以上，保证混凝土浇筑和养护处于正温条件下。虽然暖棚法费用较高，但暖棚为混凝土硬化和施工人员的工作创造了良好的条件。

5. 施工过程中的保温措施

在岩石地基或老混凝土面上浇筑混凝土前，应检查其温度，如为负温，应将其加热成正温，加热深度不小于10 cm，并经验证合格方可浇筑混凝土。在软基上浇筑第一层混凝土时，必须防止与地基接触的混凝土遭受冻害和地基受冻变形。

浇筑混凝土前和浇筑过程中，应注意清除钢筋、模板和浇筑设施上附着的冰雪和冻块，严禁将冰雪、冻块带入仓内。随浇筑、随捣固、随覆盖，以减少热量失散。

混凝土浇筑入仓温度不宜低于10 ℃。浇筑大面积的混凝土时，在覆盖上层混凝土以前，底层混凝土的温度不宜低于3 ℃。施工时，应综合考虑气候条件、材料温度和保温方法、运输过程的热量损失等因素，通过计算和试验合理确定混凝土的出机温度。

在低温季节施工用的模板，一般在整个低温期间都不宜拆除，如果需要拆除，要求混凝土强度必须大于允许受冻的临界强度（未加抗冻剂的外部混凝土或钢筋混凝土允许受冻的临界强度不低于10 MPa，大体积内部混凝土不低于5 MPa）。具体拆模时间，应满足温控防裂要求，当预计拆模后混凝土表面降温可能超过6～9 ℃时，应推迟拆模时间，如必须拆模时，应在拆模后采取保护措施。避免在寒流袭击、气温陡降时拆模。当混凝土温度与外界气温相差20 ℃以上时，拆模后的混凝土表面应加以覆盖，尤其是对细薄结构的棱角部分，应加强保温。

6. 注意天气预报和施工过程中的温度检查

（1）及时准确地收集中长期天气预报，掌握天气信息，及时调整施工进度及安排。

(2)低温季节施工期间,应特别注意温度检查。冷天施工时,必须做好下列各项温度的观测和记录:

①室外气温和暖棚内气温每个工作班测量 2 次。

②水温和骨料温度每个工作班测量 4 次。

③混凝土出机口温度和浇筑温度每个工作班至少测量 4 次。

④在混凝土浇筑后 3 ~ 5 d 必须加强观测其养护温度,并注意边角最易降温的部位。用蓄热法养护时,每昼夜测量 4 次。

⑤室外气温及周围环境温度每昼夜至少定时定点测量 4 次。

**(三)碾压混凝土夏季高温施工技术措施**

以禹门河水库工程为例对碾压混凝土夏季高温施工技术措施进行讲述。

禹门河水库工程施工时已进入 5 月份,中午气温可达 32 ℃以上,有效的温控措施是大坝碾压混凝土施工质量控制的关键。对于在超出规范要求气温的情况下施工,必须采取降温措施,才能保证混凝土的施工质量。根据目前施工的实际情况,考虑到工期的要求,参考其他工程的高温施工经验,结合碾压混凝土水泥用量少、产生的水化热低、混凝土收缩小等特点,制定夏季高温施工技术措施。高温季节不间断施工,在保证混凝土质量的前提下,加快整个工程的施工进度。具体温控措施如下所述。

1. 优化施工配合比

高温季节施工配合比采用低脆性、低热水泥,高掺粉煤灰,加入高温型缓凝高效减水剂。

1)采用高温型缓凝高效减水剂

在混凝土原材料中掺入由武汉青山武钢实业浩源化工有限公司生产的 FDN - 5B 缓凝高效减水剂,一般条件下其掺量为 0.6%,温度升高时,其掺量适当增加,保证初凝时间在 9 ~ 12 h,同时可相应降低水泥水化热。

2)采用低脆性、低热水泥

本工程采用渑池建方水泥厂生产的具有高铁、低铝、高硅的低脆、低水化热水泥,其水化热 7 d 为 260 J/g,远低于中热水泥。

3)掺入粉煤灰

根据施工要求,加大粉煤灰含量,可超过 65%,以减小由于水泥含量多而产生过多的水化热。

2. 降低原材料自身温度

1)水泥和粉煤灰

在水泥罐和粉煤灰罐周围布设几道水管,水管外壁均匀造孔,用低温井水通过水管淋湿罐壁达到降低水泥和粉煤灰自身温度的目的。

2)骨料

(1)堆高骨料在 6 m 以上,使得骨料堆内部温度降低。

(2)高温时尽量取内部骨料,并对骨料搭设凉棚。

(3)用地下水冲洗骨料表层,降低骨料温度。

3)水

直接采用地下深处冷水拌和混凝土,水温控制在 10 ~ 14 ℃,可有效降低混凝土内部温度。

3. 混凝土运输

在每个混凝土运输汽车上用遮阳布搭设凉棚，避免太阳直射，保证混凝土运输过程中混凝土熟料的温度增加不大。

4. 混凝土浇筑施工

(1)混凝土施工现场设置喷雾枪和自制喷雾器，根据现场温度和地面情况，不时地向施工面上空喷射水雾，形成仓内局部小气候，避免太阳直射，缩短混凝土暴晒时间，降低仓内碾压混凝土温度，同时减少混凝土表面水分的损失。

(2)混凝土浇筑时，采用分仓薄层铺筑，斜层法施工，尽量减小上下层结合的时间，严格控制在初凝时间之内。

(3)混凝土浇筑后，及时采用遮阳布覆盖，避免太阳直射，并及时进行洒水养护。

(4)覆盖坝基及岸坡岩石，以降低基础温度。

# 第七章 碾压混凝土坝的施工质量控制和安全技术

在水利水电工程的施工中,碾压混凝土坝必须根据单位工程或分部工程的建筑结构特点、施工条件、技术要求,拟定保证工程质量的施工技术措施和规程。它是进行施工作业交底,明确施工技术要求和标准,预防可能发生的工程质量事故的一项重要内容,也是施工管理中的不可缺少的重要环节。

工程的施工质量控制是指碾压混凝土坝在施工中积极推行全面质量管理,并加强质检人员的培训,建立健全各级责任制,以保证施工质量达到设计标准、工程安全可靠与经济合理。为了搞好施工质量控制,在工程中应做到以下几点:

(1)施工人员必须对工程质量负责,认真做好质量管理工作,实行"三检制"(即自检、互检、交接班检查的制度)。施工单位必须建立在施工主要负责人领导下的专职质量检查机构,实行一级管理或分级管理并具有业务垂直领导关系。

(2)所有参建人员都必须树立"预防为主"和"质量第一"的观点,必须相互密切配合,控制每一道工序的操作质量,防止事故发生。

(3)在落实施工技术措施,确定施工方法和施工工艺时,应根据现场实际情况制定每一工序的质量指标。施工中必须使前一工序向后一工序提交合格产品,从而保证总体工程的质量。业主单位应组织设计、监理、地质、质检等部门的有关负责人逐项落实施工措施后方可开工。

(4)质量控制应按国家和部颁的有关技术标准、工程的设计和施工图、技术要求以及工地制定的施工规程进行。质检部门对所有检查对象或取样点的平面布置、高程检验结果等均应如实记录,并逐班逐日填写质量报表,分送有关部门和负责人,质检资料必须妥善保存,防止丢失。

(5)质量检查部门应在验收小组领导下,参加施工期的分部工程验收工作,特别是隐蔽工程,应详细记录工程质量情况,必要时应拍照或取原状样品保存。

(6)施工过程中,每班出现的质量问题、处理经过及遗留问题应在现场交接班记录本中详细记录说明,并由值班负责人签署针对每一质量问题在现场做出的处理决定,必须由主管技术人签署,作为施工质量控制的原始记录。

发生质量事故时,施工部门应会同质检部门查清原因,提出补救措施并及时处理,提交书面报告。

## 第一节 施工质检与质量管理

检验工作是施工企业管理的重要内容和基础工作,也是生产过程中的独立工序和特殊职能,是质量保证活动的组成部分。绝对不能由于推行全面质量管理而忽视检验工作,相反,应该加强和提高检验工作并给以重视。施工单位要正确认识和处理质量与信誉、质量与效益的关系,推行全面质量管理,建立完善的质量管理保证体系,设置专职质检(科、处)进行质量检查与内部监督。在各施工单位应设置与任务相适应的质检机构,配备专职质检员,进行质量检查和控制,并主动接受质量监督部门和建设(监理)单位的监督检查。

## 一、施工质量检查的依据

施工质量检查应按下列技术文件和有关标准规定进行:

(1)已批准的设计文件及相应的设计变更与修改文件、施工图纸、设计通知单。

(2)已批准的施工组织计划和施工技术措施设计。

(3)国家和行业(或部颁)的现行施工规程、质量等级评定标准以及有关操作规程等。

(4)建设(监理)单位和施工单位双方签订的承包合同中规定的有关质量要求和施工中达成的有关质量要求协议。

## 二、施工质量检查内容

施工质量检查的内容主要有下列五项组合:①施工准备检查;②施工过程检查;③隐蔽工程检查;④质量事故检查;⑤验收签证检查。

施工准备检查不合格,不得进行相应的主体工程施工。施工过程检查必须坚持"三检制"(初检、复检、终检),各工序施工必须在质量检查合格的基础上进行衔接,隐蔽工程和关键部位需经检查验收合格后方准覆盖。验收签证检查须按承包合同或施工任务书的要求,进行联合检查,验收签证。发生质量事故应按"三不放过"(事故原因不查清楚不放过、主要事故责任者和职工未受到教育不放过、补救和防范措施不落实不放过)的原则进行事故检查和处理。

## 三、施工准备工作检查

施工准备工作是保证主体工程施工正常进行和保证施工质量的重要环节。施工单位的质检机构应随时检查施工准备工作的完成情况,并做好记录。检查中发现的问题应向有关部门提出,及时进行处理。

施工准备工作检查的主要内容包括下列几个方面。

(1)检查下列各项是否已向施工人员交底:①施工规程、规范、质量标准、施工细则及操作规程;②施工技术措施;③有关的设计文件、施工说明书、技术标准等。

(2)检查下列各项能否满足保证施工质量的要求:①附属工程、临时设施;②防冻与降温措施、防自然灾害措施、保养保护措施;③主要施工设备与机具;④劳动组织与技术水平。

(3)检查材料的规格、性能是否符合设计要求。凡没有出厂合格证的水泥、掺合料、外加剂、金属化工、电工等材料,每批产品均需经过检查鉴定。

(4)检查混凝土结构、金属结构、木结构、预制件及半成品的质量,并进行鉴定。

(5)检查在一定时段内需连续施工的工程(混凝土浇筑、灌浆等)所需的材料储备和施工设备、机具配置数量是否能满足计划时段内连续施工的需要。

(6)检查施工测量定位放线用的控制网是否已经设立,并且达到设计要求精度。

(7)检查试验人员和试验设备能否满足施工质量试验控制和鉴定的需要。

(8)主要工程部位在施工过程中经过一段较长时间停歇,如汛期过水、严寒冬季施工停止等,在复工前,应进行详细的工程质量和施工准备工作检查,并做好记录,当确认均已合格,才能继续施工。

## 四、施工过程中的检查

在施工过程中,施工单位是否按照设计要求、施工图纸、技术交底以及技术操作规程和质量标准的要求施工,直接涉及到工程质量能否达到要求或标准。因此,质检人员必须在施工中加强现场的监督与检查,以保证在施工过程中工程对象始终全面处于质检人员的监控之下,确保工程质量,避免工程质量事故的发生。在施工过程中应进行以下几点的检查:

(1)水利水电工程的施工过程检查必须对每道工序按"三检制"的程序进行。

①搞好班组的施工质量的管理,进行初检是保证质量的基础。每道工序完成后,应由班组兼职质检员填写初检记录,班组长复核签字。一道工序由几个班组连续施工时,要做好班组交接记录,由完成该道工序的最后一个班组填写初检记录。

②搞好施工质量复检,它是考核评定施工班组工作质量的依据,要努力提高一次合格率。由质检科的专职质检员或施工单位的兼职质检员与施工技术人员一起搞好复检工作,并填写复核意见。

③搞好施工质量终检是保证施工质量的关键,必须由质检科(处)或施工单位的专职质检员进行终检,终检合格后,按规定签发合格证。对分工序施工的单元工程,若上一道工序未经终检或终检不合格,不得进行下一道工序的施工。

(2)质检员在检查中发现质量问题,应及时向施工人员提出,并要求其限期改正。

(3)施工质检的内容和评定标准,应按部颁《水利水电基本建设工程单元工程质量评定标准》(SDJ249—88)执行。

(4)搞好施工质量初检,这是提高施工人员的质量意识,开展质量管理小组活动的基础,要逐步做到初检记录齐全、正确,对无初检记录的单元工程不得进行复检。对初检资料严重不全或失实的单元工程不得评为优良。

## 五、隐蔽工程和关键部位的验收检查

水工建筑物的基础开挖、地下建筑物的岩石开挖、地基防渗、加固处理和排水工程等隐蔽工程和关键部位的检查验收工作,由建设(监理)单位主持,并组织设计和运行管理单位、地质部门、质量监督部门成立联合检查验收组进行检查验收。

当建设(监理)单位接到施工单位检查验收报告后,在36 h内联合检查验收组进行现场检查验收,确认合格后,填写施工质量联合检验合格(开仓)证。严禁未经共同检验或检验不合格就开仓,无合格证不准施工。

隐蔽工程联合检查验收时,地质部门和施工单位提供检查所需的施工地质测绘图和相应的地质资料图。

## 六、质量施工检查

水利工程的质量事故按照《水利工程质量事故处理暂行规定》可分为一般质量事故、较大质量事故、重大质量事故和特大质量事故四类,分类标准见表7-1。

**表 7-1　水利工程质量事故分类标准**

| 损失情况 | | 事故类别 | | | |
|---|---|---|---|---|---|
| | | 特大质量事故 | 重大质量事故 | 较大质量事故 | 一般质量事故 |
| 事故处理所需的物质、器材、设备、人工等直接损失(万元) | 大体积混凝土金属结构制作和机电安装工程 | >3 000 | 500～3 000 | 100～500 | 2～100 |
| | 土石方工程、混凝土薄壁工程 | >1 000 | 100～1 000 | 30～100 | 10～30 |
| 事故处理所需合理工期(月) | | >6 | 3～6 | 1～3 | ≤1 |
| 事故处理后对工程功能和寿命的影响 | | 影响工程正常使用,需限制条件运行 | 不影响正常使用,但对工程寿命有较大影响 | 不影响正常使用,但对工程寿命有一定影响 | 不影响正常使用和工程寿命 |

施工过程中发现质量事故后,项目法人必须将事故情况简要向项目主管部门报告。项目主管部门接到事故报告后,按照管理权限向上级水行政主管部门报告。一般质量事故向项目主管部门报告;较大质量事故逐级向省级水行政主管部门或流域机构报告,重大质量事故向省级水行政主管部门或流域机构报告,并抄报水利部;特大质量事故逐级向水利部和有关部门报告。

质量事故发生后,应坚持“三不放过”的原则,认真调查事故原因,研究处理措施,查明事故责任,做好事故处理工作,必须针对事故原因提出工程处理方案,经有关单位审定后实施。一般质量事故,由项目法人负责组织有关单位制订处理方案并实施,上报主管部门备案。较大质量事故,由项目法人负责组织有关单位制订处理方案,经上级主管部门审定后实施,报省级水行政主管部门或流域机构备案。重大质量事故,由项目法人组织有关单位提出处理方案,征得事故调查组意见后,报省级水行政主管部门或流域机构审定后实施。特大质量事故,由项目法人负责组织有关单位提出处理意见和方案,征得事故调查组意见后,报省级水行政主管部门或流域机构审定后并报水利部备案。

质量事故发生后,事故单位要严格保护现场,采取有效措施抢救人员和财产,防止事故扩大,因抢救人员、疏导交通等原因移动现场物体时,应当做出标志,绘制现场简图并做出书面记录,妥善保管现场重要痕迹、物证并进行拍照或录像。

## 七、验收签证检查

验收签证检查,首先强调施工单位保证体系内的最终检查并具备交工条件,再由建设(监理)单位组织验收与签证。单元工程中的分部、单元工程验收签证,是水利水电基本建设工程验收工作的基础,也是施工单位向建设(监理)单位交工的重要资料。

当单位工程的某一部分分部工程已经完工，或按承包合同要求已经完成，施工单位的质检机构应在单元工程质量检查等级评定的基础上，进行一次系统的整体检查，检查中发现的问题应及时处理。

单位工程的各分部、单元工程经施工单位质检机构自检合格后，先按格式要求草填分部分项工程验收签证，即可向建设（监理）单位申请验收签证，并提供下列资料备查：

（1）设计和竣工图纸；

（2）设计变更说明和施工要求；

（3）施工原始记录、原材料试验资料、半成品及预制件鉴定资料和出厂合格证；

（4）施工质量检查、试验、测量观测等记录单元工程质量等级的评定资料；

（5）地质部门提出的地质结论及地质素描图；

（6）特殊问题处理说明和有关技术会议纪要；

（7）其他与验收签证有关的文件和资料。

建设（监理）单位应及时组织设计、运行管理单位和质量监督部门联合检查，除审核研究施工单位提供的签证文件、资料，还要进行现场检查，其主要内容如下：

（1）工程部位的位置高程、轮廓尺寸、外观是否与设计相符；

（2）各项施工记录是否与实际情况相符；

（3）对施工中出现过质量事故或缺陷而经过处理的部位，处理后是否能够满足设计要求。

检查中发现对工程质量有怀疑的部位，可进行必要的抽样试验、压水（抽水）检查等，以便对工程质量做出符合实际的结论。

## 第二节　碾压混凝土坝各项工序的质量控制要求

### 一、碾压混凝土原材料的质量控制

用于碾压混凝土的原材料主要有水泥、粉煤灰、骨料和外加剂等。对所有进场的原材料均需要有质量合格证，并按规定进行试验和检验。

碾压混凝土的原材料现场检测项目和抽样次数按表 7-2 的规定进行。

要严格控制细骨料的含水率和级配，混凝土用砂要求细度模数和含水率稳定，当砂子细度模数的变化值超过 ±0.2 时，应调整碾压混凝土的配合比。所以，砂料场应设三个料仓，即湿砂仓、正在排水砂仓和可用砂仓，并有良好的排水设施，砂洗后的脱水时间应不少于 48 h，以后使砂的含水率基本稳定，一般宜小于 6%。砂子含水率的波动对混凝土的质量影响很大，所以要求砂子含水率的波动应控制在 ±0.5% 以内。否则，应调整碾压混凝土的用水量。

现场生产的骨料，应严格控制各级粗骨料超、逊径含量和各级石子的表面含水率。其控制标准为：超径为零，逊径小于 2%，石子表面含水率的波动应控制在 ±0.2% 之内。骨料超、逊径的检验应采用超、逊径筛进行，超、逊径筛的筛孔规格和超、逊径的评定标准如表 7-3所示。

在混凝土拌和楼现场取样检测逊径率，可以了解骨料转运中的破碎情况。当骨料中有严重破碎，超过规定要求时，进行二次筛分处理。

**表 7-2　原材料的检测项目和抽样次数**

| 名称 | | 检测项目 | 取样地点 | 抽样数 | 检测目的 |
|---|---|---|---|---|---|
| 水泥 | | 快速测定标号 | 拌和厂水泥库 | 每 200 ~ 400 t 一次 | 验证水泥活性 |
| | | 细度、安定性、标准稠度用水量、凝结时间、标号 | 水泥库 | 每 200 ~ 400 t 一次 | 检定出厂水泥质量 |
| 粉煤灰 | | 密度、细度、需水量比、烧失量 | 仓库 | 每批或每 200 ~ 400 t 一次 | 评定质量等级 |
| | | 强度比 | | 必要时进行 | 检定活性 |
| 细骨料 | | 细度模数 | 拌和厂及筛分厂 | 每天一次 | 筛分厂控制调整配合比 |
| | | 含水率 | 拌和厂 | 每 1 ~ 2 h 一次 | 调整混凝土用水量 |
| | | 含泥量、表观密度 | 拌和厂、筛分厂 | 必要时进行 | |
| 粗骨料 | 大、中、小石 | 超、逊径 | 拌和厂、筛分厂 | 每班一次 | 筛分厂生产控制，调整配合比 |
| | 小石 | 含水率 | 拌和厂 | 每 1 ~ 2 h 一次 | 调整混凝土用水量 |
| | 小石 | 黏土、淤泥、细屑含量 | 拌和厂、筛分厂 | 必要时进行 | |
| 外加剂 | | 有机物含量（或浓度） | 拌和厂 | 每班一次 | 调整外加剂掺量 |

**表 7-3　超、逊径筛的筛孔规格和超、逊径的评定标准**

| 美国垦务局 | | | | | 水工混凝土有关规范 | | | | |
|---|---|---|---|---|---|---|---|---|---|
| 骨料规格尺寸（mm） | 方孔筛筛孔尺寸（mm） | | 评定结果 | | 骨料规格尺寸（mm） | 筛孔尺寸（mm） | | 评定结果 | |
| | 逊径试验用 | 超径试验用 | 逊径 | 超径 | | 逊径试验用 | 超径试验用 | 逊径 | 超径 |
| 19.1 | 4.0 | 22.2 | 不得超过 2%（按重量计） | 全部通过超径筛 | 5 ~ 20 | 4 | 23 | 不得超过 2%（按重量计） | 全部通过超径筛 |
| 38.1 | 15.9 | 44.4 | | | 20 ~ 40 | 17 | 47 | | |
| 26.2 | 31.7 | 88.9 | | | 40 ~ 80 | 33 | 93 | | |
| 152 | 63.5 | 177.8 | | | 80 ~ 150 | 67 | 175 | | |

骨料质量的控制程序为：

骨料生产系统 $\xrightarrow{\text{检测 OK}}$ 拌和系统骨料罐 $\xrightarrow[\text{监理抽测 OK}]{\text{承包商检测 OK}}$ 拌和系统拌和楼

凡碾压混凝土坝所使用的水泥，质量标准应符合碾压混凝土试验规程和合同文件技术条款的要求。所有进入现场使用的中热硅酸盐水泥,必须要保证水泥的物理性能检测指标,并有出厂合格证,对于检验不合格的产品坚决不允许使用。水泥质量的控制按以下程序进行:

$$\text{水泥生产厂}\xrightarrow[\text{驻厂监理检测 OK}]{\text{厂家检测 OK}}\text{工地料罐}\xrightarrow[\text{监理抽测 OK}]{\text{承包商检测 OK}}\text{拌和系统料罐}\longrightarrow\text{拌和楼}$$

粉煤灰质量控制程序与水泥的质量控制程序相同。经过对粉煤灰的质量检测,符合碾压混凝土试验规程要求,保证粉煤灰的细度、烧失量、需水量比、含水量、三氧化硫含量、碱含量等性能指标均要达到 1 级粉煤灰的标准,才能在施工中使用。

外加剂应按品种、进场日期分别存放,存放场所应通风干燥。外加剂溶液必须搅拌均匀,储存在室内的容器内,避免污染。外加剂要按碾压混凝土试验规程对减水率、泌水率、含气量、初凝时间、终凝时间及 3 d、7 d、28 d 抗压强度比等项目进行检测。严格控制掺引气剂的碾压混凝土含气量,其变化范围宜为 ±1% 。

外加剂的质量控制程序如下:

$$\text{外加剂生产厂}\xrightarrow{\text{厂家检测 OK}}\text{工地}\xrightarrow[\text{监理抽测 OK}]{\text{承包商检测 OK}}\text{溶液池配制溶液}\xrightarrow[\text{监理抽测 OK}]{\text{承包商检测 OK}}\text{拌和楼}$$

碾压混凝土配料称量偏差检验标准如表 7-4 所示的规定。

**表 7-4　配料称量偏差检验标准**

| 材料名称 | 水 | 水泥、粉煤灰 | 粗、细骨料 | 外加剂 |
|---|---|---|---|---|
| 检验次数 | 1 次/回 | | | |
| 称量误差 | ±1% | ±1% | ±2% | ±1% |

## 二、碾压混凝土施工配合比的确定和控制

在碾压混凝土大坝工程施工中,由承包单位实验室根据混凝土配合比设计和具体情况进行试验,并调整和优化。经过专家组进行研究讨论后制定出适合现场施工的"混凝土施工配合比设计研究报告",报送监理工程师审批通过。在现场施工时,严格根据设计图纸的要求确定施工区域内的混凝土强度,严格按照该报告规定的配合比生产混凝土,规定任何人不得擅自更改混凝土配合比,并要求做到:

(1)优选出品质优良、货源充足、技术先进、经济合理的混凝土原材料;

(2)为现场所使用的碾压混凝土配合比参数;

(3)提出满足设计要求的具有高耐久性、抗裂性、稳定性、良好工作性和经济合理的高性能碾压混凝土配合比;

(4)为监理单位审批混凝土配合比提供依据。

## 三、碾压混凝土生产质量控制

为确保碾压混凝土大坝工程的混凝土供应,应在现场放置成套的混凝土生产系统及其配套设备和安装砂石料的粉碎筛分系统。其基本要求:混凝土拌和系统正式投入生产前由承包商进行混凝土试拌,以确定最佳拌和时间和最优的投料顺序,使生产的混凝土机口各项指标达到规定的要求。经过反复的试验和成果论证并报送监理工程师审核批准,以此来确

定碾压混凝土的生产投料顺序和拌和时间。根据国内部分工程的试验资料，碾压混凝土的生产投料顺序和拌和时间如下。

**（一）强制式拌和系统**

二级配碾压混凝土的投料顺序为：（砂＋水泥＋粉煤灰）、（水＋外加剂）、（小石＋中石），拌和时间为90 s。

三级配碾压混凝土的投料顺序为：（砂＋水泥＋粉煤灰）、（水＋外加剂）、（小石＋中石＋大石），拌和时间为90 s。

**（二）自落式拌和系统**

二级配碾压混凝土的投料顺序为：（小石＋外加剂＋水）、（水泥＋粉煤灰＋砂）、中石，拌和时间为150 s。

三级配碾压混凝土的投料顺序为：（中石＋小石＋外加剂＋水）、（水泥＋粉煤灰＋砂）、大石，拌和时间为150 s。

另外，如果在高温季节，需要在碾压混凝土的生产过程中采取加冰等其他措施时，投料顺序不变，强制式拌和系统的拌和时间在原有的基础上再延长15 s，自落式拌和系统的拌和时间在原有基础上再延长30 s。

三大系统混凝土生产质量控制网点按工序划分，从原材料入口→配合比→称量精度→拌和物品质→混凝土机口质量等多方面入手，严把质量关。质量控制检验项目和抽样频率可按表7-5进行。

**表7-5　混凝土生产质量控制网点检验**

| 名称 | 项目 | 检查内容 | 检查频率 |
|---|---|---|---|
| 原材料 | 水泥 | 入罐温度、批号、材质证明 | 每班每批一次 |
| | 砂 | 含水量 | 每班一次 |
| | 骨料 | 超、逊径 | 每4 h一次 |
| | | 含水量 | 每天一次 |
| | 粉煤灰 | 批号、材质证明 | 每班每批一次 |
| | 外加剂 | 批号、材质证明 | 每班每批一次 |
| 混凝土拌制 | 计量器 | 率定（校称） | 计量器具检修后每月一次 |
| | 定称 | 配料单输入核对 | 每班开楼前新开仓前 |
| | 配料 | 给定量、实际量、称量误差 | 每班每仓抽查1个标号 |
| | 拌和 | 拌和时间，外观情况 | 前三罐、班中随机抽查 |
| 出料 | 出机口 | 坍落度 | 前三罐、班中随机抽查 |
| | | 温度 | 开楼前三罐，每4 h一次 |
| | | *VC*值 | 每班6～7次 |

## 四、碾压混凝土拌和物的质量控制

凡碾压混凝土拌和物出现下列情况时，应按废料处理：

(1)配料单算错、用错或输入配料指令错误，无法补救且不能满足质量要求的碾压混凝土拌和物。

(2)配料时，任意一种材料计量失控或漏配的不符合质量要求的碾压混凝土拌和物。

(3)碾压混凝土原材料未经质量验收，或实用原材料类别与施工配料单不符。

(4)出机口碾压混凝土拌和物任一盘 *VC* 值超过 15 s。

(5)拌和不均匀，夹少量生料或冰块等的碾压混凝土拌和物。

总之，碾压混凝土拌和物的废料不得入仓，同时对混入仓内的废料必须挖除。

## 五、碾压混凝土的运输质量控制

为了保证碾压混凝土在运输过程中不受到损害，针对不同的运输方式，不同的手段，采取不同的措施，力争使仓面的混凝土的质量能满足要求。其具体控制措施如下：

(1)对于高速皮带机供料线及塔(顶)带机运输时，供料线、皮带机供料线、塔(顶)带机运行和维修人员必须经专门的技术培训，持有效证件才能上岗。要切实做好设备的保养工作，认真填写设备运行记录。开机前应对胶带输送机全线进行认真检查，清除胶带上的积水及所有杂物。开机后先空载运行若干分钟，确认正常后方可加载。运行中运行人员必须集中思想，提高觉悟，坚守岗位。要经常沿线巡视，及时发现并排除胶带跑偏、打滑、绷跳等故障。运行中应利用生产间隙，使用高压水冲洗刮刀装置、胶带托辊及机架上的混凝土，以保持机件清洁。每次浇筑完成或告一段落后，应对输送系统进行彻底清洗、保养与检修，清除首尾刮削装置以及托辊转料和机架上的残留混凝土，更换或修复损坏的部件。设备的管理必须要遵守设备管理条例。

(2)当采用汽车运输时，运输能力应与拌和、浇筑能力和仓面具体情况相适应。混凝土运输过程中不得发生分离、漏浆、严重泌水等现象。在强烈阳光或大风天气，或气温不小于 25 ℃时，汽车车厢顶部应加帆布遮盖，以减少运输途中混凝土温度回升。汽车行驶时要保持路面有效宽度和路面平整，及时清除各种障碍物，特别要保证脱水路面的平整和清洁。汽车司机在上岗前应把车箱内外、底部、叶子板及车架的污泥冲洗干净。运输车辆必须挂牌，标明混凝土种类、级配来源，便于仓面管理。当运输混凝土的汽车入仓前，必须冲洗轮胎和汽车底部黏结的泥土、污物，严禁将水冲到车厢内的混凝土上。防止车轮夹带的污物、泥土等影响混凝土层面的胶结质量。水分的带入将改变混凝土的工作度和水胶比，进而影响混凝土质量。汽车急刹车和急转弯将破坏强度还不高的混凝土表面，并影响层面胶结。

(3)规定不得用溜槽直接运输混凝土，因用溜槽直接运输混凝土容易使骨料分离。

(4)用皮带机输送碾压混凝土时，可在皮带机上设防阳棚，减少水分蒸发；设置刮浆板减少水泥砂浆损失。输送时设置缓冲装置以减少骨料分离。

(5)采用吊罐直接运料入仓，混凝土骨料分离较严重，可采用吊罐卸料于集中储料斗，再由自卸汽车、装载机等分送至仓面的方法。

## 六、仓面施工质量控制

对于即将进行混凝土浇筑的部位和仓面，必须经过严格的检查验收程序，坚持“三检制”，认真参考规范要求和碾压混凝土大坝现场施工质量标准要求，对仓面的建基面、施工缝、模板、钢筋、预埋件、灌浆系统等进行检查验收，按实际核实混凝土生产系统和输送系统，仓面施工设备（振动碾、平仓机、振捣器、核子密度仪、VC值测定仪器等）和高温施工的喷雾设备应准备完善，保持良好状态；仓面施工工具、保温（保湿）材料等应准备就绪，仓面管理和施工人员全部到位，在得到监理工程师的认同并签发开仓证后方可开仓。

开仓后碾压混凝土的浇筑，包括混凝土入仓的卸料，平仓摊铺，碾压成缝，施工缝处理，收仓养护，变态混凝土和异种混凝土的浇筑都必须按照制定的质量控制措施和标准严格执行，控制好每一道工序。

## 七、卸料与平仓

碾压混凝土的铺筑作业应均衡连续上升，要求铺料方向和卸料方向垂直，铺筑层应以固定方向逐条带铺筑。施工中根据仓面特征，可采用间歇铺筑方式，以利用混凝土顶面散热。采用退铺法依次卸料，经平仓后可减少骨料分离。平仓方向与坝轴线平行，避免形成顺水流方向的薄弱面。采用平铺法和斜层平推法两种碾压混凝土浇筑方式。斜层平推法施工时，斜面坡度应控制在1∶10～1∶20，坡脚部位应避免形成尖角和大骨料集中，并应注意以下几点：

（1）开仓段应在混凝土入仓后，按规定方向摊铺，并对老混凝土面进行铺砂浆处理。

（2）斜坡坡脚不允许延伸至二级配碾压混凝土防渗区，二级配防渗区混凝土必须采用平层铺筑。

（3）收仓段应先在老混凝土面上摊铺砂浆，然后采取折线形施工。

（4）限制混凝土坍落度，目的在于减少分离。

（5）碾压混凝土的平仓方法：如层厚为30 cm时，一般分两次铺料，每次铺17 cm，压实后为30 cm左右。这样多次薄层平仓除了改善骨料分离状态，同时还起到一定的预压实作用。

采用布料机卸料时，布料方向与平仓方向垂直，下料导管管口距碾压面的高度控制在0.9 m，最大不能超过1.5 m，并顺铺料方向缓慢均匀移动，卸料应在已平仓未碾压的面上，以减少骨料分离。自卸汽车卸料时，料应卸在新铺未碾压的混凝土斜面上。汽车在碾压混凝土面上行驶应避免急刹车、急转弯，转弯半径应不小于15 m，车速控制在5 km/h以内。平仓机严禁在已平仓的或碾压过的混凝土面上急转弯。缆机下料时，下料高度不得大于1.5 m。

采用斜层平推法施工时，汽车只能从指定的斜面入仓口处入仓。铺料时平仓机自上而下铺料。为减少骨料分离，卸料平仓应做到：

（1）平仓后的混凝土料口保持斜面，让汽车能在新平仓的混凝土层面上卸料，避免直接卸在已碾压的层面上。

（2）卸料后，料堆周边集中的大骨料用人工分散至料堆上，不允许继续在未处理的料堆附近卸料。

（3）平仓机平仓过程中两侧出现的骨料集中，由人工分散在条带上，铺筑层应以固定方式逐条带铺筑。在坝体迎水面3 m范围内，平仓方向应与坝轴线方向平行。在廊道及沥青衫板两侧，应对称布料，防止其走样。距模板边（或钢筋、预埋件等）1.2 m、距边坡基岩1 m范围内辅以人工平仓。严禁在模板（钢筋、预埋件等）基岩面出现骨料集中的现象。

平仓机平仓后，要求做到平整，平整度为±5 cm，由质量测量员检查控制，尤其严禁整个仓面向下游面倾斜。

为了保证压实质量，碾压厚度应一致。厚度不均会导致厚处未压实、薄处过振，影响施工质量和施工速度。向下游面倾斜对坝体抗滑稳定和抗渗不利。

## 八、碾压与成缝

仓面碾压时，混凝土在快速平仓后应立即碾压，碾压条带距平仓条带的最大距离应控制在15 m以内，以确保层面的泛浆效果，保证混凝土层面结合质量。碾压施工时，振动碾的行走速度直接影响碾压效率及压实质量，故振动碾作业时的行走速度应控制在1.0～1.5 km/h。碾压厚度及遍数应根据碾压试验后所确定的参数而定。

坝体迎水面3 m的范围内碾压混凝土必须垂直于水流方向碾压，这样可以避免碾压条带接触不良形成渗水通道。碾压条带相互搭接，主要是为了改善振动碾碾轮外侧混凝土的隆起，改善搭接部位的压实质量。对大型振动碾碾压不到的边缘及拐弯部位，应采用小型振动碾碾压密实。小型振动碾碾压作业程序按碾压试验数据确定，并要求条带清楚，条带宽度同振动碾轮压宽度，并必须重叠15～20 cm，同一条带分段碾压时，其接头部位应重叠碾压2.4～3 m。碾压层内铺筑条带边缘、斜层平推法的坡脚边缘，碾压时振动碾不得穿越坡脚边缘。该部位应预留20～30 cm的宽度与下一条带同时碾压，其最终完成碾压的时间应控制在层间允许间隔时间内。两条碾压带间因碾压作业形成的高差，一般应采用有振慢进碾压1～2遍。在正常的碾压过程中严禁喷水，以免影响混凝土的强度，每次碾压作业开始后，仓面应指派专人对局部骨料集中的部位分散处理，及时撒铺碾压混凝土拌和物的细料，以消除局部大骨料集中形成的麻面。

为了确保碾压混凝土层间结合良好，必须控制施工层间间隔时间。从胶凝材料浆体凝结硬化机理分析可知，在初凝时间以内结合才能获得良好的质量。拌和物初凝时间可在仓面测定，根据国内经验，碾压混凝土从出机至碾压完毕，宜在1.5 h内完成。碾压混凝土的层间允许间隔时间必须控制在混凝土初凝时间1～2 h以内，层间间隔时间，高温季节（6～9月）小于4 h，次高温季节（3～5月、10月、11月）小于6 h，低温季节（12月～次年2月）小于8 h。碾压作业完成后，试验检测人员按检测网格布点检测。混凝土密实度应大于98.5%。当所测容重低于规定指标时，应及时通知施工单位增加碾压遍数，补碾压，仍达不到规定指标时，应分析原因，采取相应措施。

碾压作业后的混凝土面，要求有微浆出露，振动碾滚轮前后略呈弹性起伏。通仓方式碾压的大坝横缝，用切缝机形成诱导缝，采用先碾后切。

在碾压完成后的混凝土面进行切缝施工，采用间断切缝时，间距不大于10 cm。规定成缝面积每层应不少于设计缝面的60%，余下部分待混凝土自然拉裂。缝内填充4～6层彩条布，填充物顶部距压实面1～2 cm，切缝完毕后用振动碾碾压1～2遍。

当采用薄层连续铺筑施工时，诱导孔可在混凝土碾压后由人工打钎或风钻钻进形成；当采用间歇式施工时，可在层间间歇时间用风钻钻成。成孔后孔内应填塞干燥砂子，以免上层施工时混凝土填塞诱导孔，达不到诱导缝的目的。

## 九、层间结合与缝面的处理

连续上升铺筑的碾压混凝土，层间间隔的时间应控制在直接铺筑允许时间以内，若迎水面8～15 m范围以外超过直接铺筑允许时间而小于加热垫层铺筑允许时间，则对层面采取铺洒一层水泥粉煤灰净浆措施后继续正常施工。为确保层间质量,次高温和高温季节施工时,对已碾压完毕的层面必须覆盖彩条布。施工缝及冷缝必须进行缝面处理,因碾压混凝土筑坝中的施工缝及冷缝是个薄弱环节,往往形成渗漏通道,影响抗滑稳定,故必须进行认真处理。缝面处理可用刷毛、冲毛等方法,刷毛、冲毛的目的是增大混凝土表面的粗糙度,以提高层面黏结能力,清除混凝土表面的浮浆及松动骨料。缝面处理完成并清洗干净、经验收合格后,均匀铺上 1.0 ~ 2.0 cm 厚的砂浆,能保证上、下层混凝土黏结良好。为使砂浆铺层厚度均匀,可采用刮板进行刮铺。砂浆层铺完应紧接着摊铺混凝土,防止已铺的砂浆失水干燥或已初凝,并在 1.5 h 内碾压完毕。砂浆超前碾压混凝土 8 ~ 12 m,运输车辆不得在摊铺的砂浆上行走。

为了便于施工缝砂浆均匀摊铺,确保施工质量,砂浆的稠度宜控制在 140 ~ 180 mm。上游防渗区(二级配碾压混凝土)内每个碾压层面、铺水泥粉煤灰净浆 2 mm 厚,以提高层间结合及防渗能力。斜层平推法上一层碾压时预留的 20 ~ 30 cm 宽度的坡脚边缘,随着斜面推进,在下一条带施工缝面铺砂浆时,预留的坡脚边缘部分也应铺砂浆并与下一条带同时碾压。预留的坡脚边缘少量失水的混凝土应用人工挖出摊铺在未碾压的混凝土面上。

刷毛、冲毛时间应随混凝土配合比、施工季节和机械性能的不同而变化。一般可在混凝土初凝以后、终凝之前进行。过早冲毛不仅造成混凝土损失,而且有损混凝土质量。

采用间歇上升的碾压混凝土浇筑仓面,其间歇时间宜为 5 ~ 7 d,一般不小于 3 d。

因施工计划的改变、降雨或其他原因造成碾压混凝土停止铺筑时,停止铺筑处的坡面应不陡于振动碾施工的最陡坡度(1:4),并应将斜坡上的混凝土碾压密实。

## 十、变态混凝土施工质量控制

(1)变态混凝土主要用于大坝上下游面、靠岸坡部位、止水埋设处、廊道周边、电梯井和其他孔口周边以及振动碾碾压不到的地方。变态混凝土的运输、卸料、摊铺与同浇筑高程、同部位的碾压混凝土施工同时进行。

变态混凝土施工部位均为细部结构等狭小部位,为使埋件、止水、模板等不受到冲击、破坏,施工时混凝土可卸料在变态混凝土附近的碾压混凝土施工部位,然后采用小型平仓机配合人工平仓摊铺。混凝土料推到离模板、止水、埋件等细部机构 30 cm 左右时,小型平仓机即停止前进,辅以人工平仓。

变态混凝土灰浆的配置,在施工现场设置专门的制浆系统,在拌制站应有醒目的配合比标识。灰浆拌制应严格按实验室提供的配合比进行控制。灰浆配合比如需调整应由实验室报监理工程师批准。灰浆从制浆站用灌浆泵压入仓面的加浆机储存待用。灰浆在运输和储存过程中必须对其进行搅拌,以保证灰浆均匀性。

变态混凝土中掺浆量为变态混凝土量的 4% ~6% 。如龙滩水电站实验室确认的灰浆掺量为:二级配变态混凝土的灰浆掺量为 60 L/m$^3$,三级配变态混凝土的灰浆掺量为 40 L/m$^3$;禹门河水库二级配变态混凝土的灰浆掺量为 60 L/m$^3$,三级配变态混凝土的灰浆掺量为 L/m$^3$。不得随意更改灰浆掺量,如需改变灰浆掺量,应由实验室报监理工程师批准。

迎水面变态混凝土的掺浆应采用底部和中部两层加浆的方式并按以下要求进行:混凝土分两层摊铺,在处理好的层面上水平铺设一层水泥及掺合料浆,其量为变态混凝土中规定浆液掺量的一半。摊铺碾压层的第一层碾压混凝土后的层面上水平铺设另外一半的水泥及掺合浆,再摊铺第二层混凝土。加浆应严格计量,均匀铺洒在碾压混凝土面上。其他部位的变态混凝土采用沟槽法加浆的方式。具体要求为:在已经摊铺好的碾压混凝土上,人工采用钉耙将碾压混凝土掏出沟槽,然后将灰浆均匀地掺入沟槽内。灰浆可采用装有计量装置的加浆机或人工掺入,灰浆应均匀掺入混凝土沟槽内。

灰浆掺入碾压混凝土内 10 ~ 15 min 后开始振捣,加浆到振捣完毕应控制在 40 min 内,振捣采用与常态混凝土同样的大功率振捣器或振捣机将碾压混凝土和灰浆的混合物振捣均匀密实。层面连续上升时,要求浇筑上层混凝土时振捣器应插入下层变态混凝土内 5 ~ 10 cm。如采用 D100 型振捣器,插入混凝土的间距不超过 75 cm,采用 D50 型软轴振捣器插入混凝土的间距不超过 35 cm。振捣器应垂直按顺序插入混凝土,避免漏捣,振捣时间以振捣后混凝土表面完全泛浆为准,一般振捣时间不小于 15 s,振捣器应缓慢拔出变态混凝土,拔出时混凝土表面不得留有孔洞。

在止水和埋件处的变态混凝土的施工过程中,应采取措施妥善保护止水及埋件等设施不致变位,对该部位混凝土中的大骨料应用人工予以合理剔除,振捣应仔细谨慎,以免产生任何渗水通道。变态混凝土相邻的碾压混凝土条带,在变态混凝土施工完成后碾压,相邻区域混凝土碾压时与变态混凝土区域搭接宽度应大于 20 cm。变态混凝土与碾压混凝土的结合部位用小碾补碾 2 ~3 遍。

## 十一、异种混凝土浇筑的控制

常态混凝土垫层在基岩表面浇筑完后,宜间歇 3 ~7 d,方可在其上铺筑碾压混凝土,但应避免长期间歇。靠岸坡岩石的常态混凝土垫层,应与主体碾压混凝土同步进行浇筑,其目的在于保证两种混凝土的交界面质量。两种混凝土的初凝时间不同(一般情况下常态混凝土初凝时间较短),当仓面内有两种混凝土时,为了保证此部位常态混凝土与碾压混凝土层面结合质量,不论哪种混凝土先浇,都应在初凝时间内完成。

## 十二、收仓及养护的要求

收仓面应基本水平,不得有明显的脚踏痕迹,混凝土收仓后,水平止水片上的覆盖厚度不得小于 30 cm。在施工过程中,严禁踩踏止水片。碾压混凝土面收仓后需 2 ~3 d 强度后方可允许设备通过。

在施工过程中,碾压混凝土的仓面应保持湿润。正在施工和刚碾压完毕的仓面应防止外来水流入。在施工间歇期间,碾压混凝土终凝后应开始养护工作,对水平施工层面养护工作应持续至上一层碾压混凝土开始铺筑为止。在炎热及干燥气候情况下,碾压混凝土在施工中必须进行喷雾。碾压混凝土施工完毕 24 h 后,即应进行洒水养护。对坝上下游及长期暴露的混凝土面必须养护 28 d;对溢流面、导墙、底孔等有抗冲耐磨要求的部位,应进行长期养护,直至整个施工期结束。有温控要求的碾压混凝土应根据温控设计采取相应的防护措施。

## 十三、碾压混凝土的温度控制

碾压混凝土的温度控制是保证大坝工程质量的一个重要前提,故应参照各个工程的质量标准和各项质量规范指标来拟定各个工程碾压混凝土的温控要求和标准，并严格执行。

**（一）碾压混凝土浇筑温度的控制**

碾压混凝土浇筑温度的控制主要从降低混凝土出机口温度、减少混凝土运输途中和仓面的温度回升两方面进行控制。为有效降低混凝土出机口温度，混凝土生产要求采取一、二次风冷及加冷水或加冰拌和；严格控制混凝土运输时间和仓面浇筑层的覆盖时间，对混凝土运输设备要加遮阳、防雨棚，施工仓面采用喷雾机喷低温水以降低仓面工作温度，要求在气温高于25 ℃时，仓面平均气温降温4～6 ℃，仓面平均湿度不小于80%，喷雾强度每6 min小于0.3 mm。

当外界气温高于25 ℃时，混凝土出机口温度控制在10 ℃，当外界气温低于20 ℃时，混凝土出机口温度按12 ℃控制。龙滩电站的温度标准如下：

（1）上下层温差：指在老混凝土面（龄期超过28 d）上下各$L/4$范围内，上层混凝土最高平均温度与新混凝土开始浇筑时下层实际平均温度之差。对常态混凝土和碾压混凝土，当出现长间歇，上下层允许温度分别取16～18 ℃和10～12 ℃，当浇筑块侧面长期暴露时，上下层允许温差取小值。

（2）根据基础温差及内外温差的最高温控标准，对常态混凝土及碾压混凝土在基础强约束区范围内要求允许浇筑温度$T_p \leqslant 17$ ℃，弱约束区允许浇筑温度$T_p \leqslant 20$ ℃，脱离基础约束区允许浇筑温度$T_p \leqslant 20$ ℃。坝体采取的主要温控措施见表7-6、表7-7。

**表7-6　上部混凝土温控措施**

| 月份 | | 1 | 2 | 3 | 4 | 5 | 6 | 7 | 8 | 9 | 10 | 11 | 12 |
|---|---|---|---|---|---|---|---|---|---|---|---|---|---|
| 允许浇筑温度（℃） | 常态混凝土 | 13 | 15 | 18 | 20 | 20 | 22 | 22 | 22 | 20 | 20 | 18 | 15 |
| | 碾压混凝土 | 13 | 15 | 20 | 22 | 22 | 22 | 22 | 22 | 22 | 22 | 20 | 15 |
| 温控措施 | | 自然入仓 | 自然入仓 | A | A+B | A+B | A+B | A+B | A+B | A+B | A+B | 自然入仓 | 自然入仓 |

注：表中A表示加冰或冷水拌和；B表示风冷骨料。

（3）内外温差的控制。坝体内外温差不大于20 ℃，为便于施工管理，以控制混凝土的最高温度不超过允许值，并对脱离基础约束区（坝高大于0.4$L$）的上部坝体混凝土、常态混凝土最高温度按不大于38 ℃控制，碾压混凝土最高温度按不大于36 ℃控制。

**（二）最高温度不超过温控标准的综合措施**

（1）控制浇筑温度。根据基础温度及内外温差提出的最高温度控制指标，对常态混凝土及碾压混凝土在基础强约束区范围要求允许浇筑温度$T_p \leqslant 17$ ℃，弱约束区允许浇筑温度$T_p \leqslant 20$ ℃，脱离基础约束区允许浇筑温度$T_p \leqslant 22$ ℃。应从降低混凝土出机口温度、减少混凝土运输途中和仓面的温度回升两方面来控制温度。

（2）降低混凝土的水化热温升。施工过程中水泥水化热温升的控制主要从浇筑层厚、层间间隔时间和初期通水冷却等方面控制，并应在满足常态混凝土和碾压混凝土技术要求的前提下，采用发热量较低的水泥，优化配合比设计，施工中应采用合理层厚、间歇期和初期通水冷却等措施降低混凝土的水化热温升。

**表 7-7　基础约束混凝土温控措施**

| 月份 | | 1 | 2 | 3 | | 4 | | 5 | | 6 | | 7 | | 8 | | 9 | | 10 | | 11 | | 12 |
|---|---|---|---|---|---|---|---|---|---|---|---|---|---|---|---|---|---|---|---|---|---|---|
| 气温(℃) | 月平均 | 11.0 | 12.6 | 16.9 | | 21.2 | | 24.3 | | 26.1 | | 27.1 | | 26.7 | | 24.8 | | 21.0 | | 16.6 | | 12.7 |
| | 月平均最高 | 15.8 | 17.4 | 22.1 | | 26.6 | | 29.5 | | 31.2 | | 32.6 | | 32.8 | | 31.0 | | 26.6 | | 22.0 | | 18.1 |
| | 月平均最低 | 8.1 | 9.6 | 13.4 | | 17.6 | | 20.9 | | 22.8 | | 23.9 | | 23.5 | | 21.4 | | 17.8 | | 13.6 | | 9.6 |
| 自然出机口温度(℃) | | 13.7 | 15.1 | 19.3 | | 23.6 | | 26.8 | | 28.3 | | 29.2 | | 28.9 | | 27.2 | | 23.4 | | 19.2 | | 15.2 |
| 允许浇筑温度(℃) | | 13 | 15 | 17 | 20 | 17 | 20 | 17 | 20 | 17 | 20 | 17 | 20 | 17 | 20 | 17 | 20 | 17 | 20 | 17 | 20 | 15 |
| 温控措施 | | | | A+B | A | A+B+C | A+B | A+B+C | A+B | A+B+C | A+B | A+B+C | A+B | A+B+C | A+B | A+B+C | A+B | A+B+C | A+B | A | 自然入仓 | |

注:1. 表中 A 表示加冰或冷水拌和;B 表示风冷骨料;C 表示冷却水管。

2. “允许浇筑温度”栏中左半格为强约束区允许浇筑温度,右半格为弱约束区允许浇筑温度。

3. 混凝土自然入仓是指自然出机口温度不大于混凝土允许浇筑温度,否则应按超出温度值的情况采取温控措施。

## 十四、表面防渗的质量控制

表面防渗主要在大坝上游坝面，在施工过程中要求在坝体上游迎水面侧 8 m 宽范围层面处理时，采用铺设水泥粉煤灰净浆的办法。每一层碾压混凝土层上面在覆盖上一层碾压混凝土前铺洒 2 mm 厚的水泥粉煤灰净浆，边洒净浆边摊铺混凝土。水泥粉煤灰净浆的水胶比值应小于同部位碾压混凝土的水胶比值，水泥粉煤灰净浆覆盖时间控制在初凝时间以内。另外，在大坝上游坝面要涂刷防渗涂料，施工过程严格按照施工作业指导书进行。

禹门河水库的表面防渗质量控制介绍如下：禹门河水库工程大坝上游防渗体的做法是严格按照设计图纸的要求在上游坝轴线以下 2 ~ 8 m 范围内浇筑二级配碾压混凝土，每一层碾压混凝土层上面再覆盖上一层碾压混凝土前铺洒 2 mm 厚水泥粉煤灰净浆。施工时，严格控制碾压混凝土的铺筑厚度，特别是上游靠近模板的位置，做 80 ~ 100 cm 宽的变态混凝土。变态混凝土施工时，严格按照作业指导书中指出的加浆方式（采用底部 + 中间层加浆，即底部铺 1/2 浆液 +15 cm 厚碾压混凝土 +1/2 浆液 +20 cm 厚碾压混凝土）和加浆量（加浆量宜控制在 4% ~6%），并采用变频 DN85 高频振捣器振捣。在施工廊道与上游模板之间的变态混凝土，由于此部位面积较大，在本工程施工中，采用拌和站加浆法（根据试验配合比的加浆量，在原二级配碾压混凝土的基础上，直接在拌和楼内拌制变态混凝土，用机动翻斗车或装载机运至施工现场，铺筑到仓面，插入振捣器振捣）。在拌和站加浆的方法与现场加浆法相比，浆液均匀拌入碾压混凝土中，变态混凝土的密实性较好，防渗效果很好。施工过程中，项目部成立变态混凝土质量研究 QC 小组，深入地研究了碾压混凝土施工中的变态混凝土施工质量，使变态混凝土的内在质量和外观质量有了很大的提高，并将此 QC 成果申报"全国优秀 QC 小组"。通过对变态混凝土钻孔取心试验结果和对混凝土外观质量的评定，强度保证率为 97.1%，变态混凝土 C20W8 抗压强度评定为优良，外观质量得分率为 88.5%。

## 十五、碾压混凝土 *VC* 值的质量控制

碾压混凝土 *VC* 值的波动范围宜控制为 ±5 s，当超出控制界限时，应调整碾压混凝土的用水量，并保持水胶比不变。在 1994 年颁布的《水工碾压混凝土施工规范》（SL53—94）中规定为：人工砂中石粉（$d \leqslant 0.16$ mm）含量以 8% ~17% 为宜，超过 17% 应经过试验论证；机口 *VC* 值宜在 5 ~15 s 范围内选用。至 2000 年颁布的 DL/T5112—2000 相同的规范中修改为：人工砂中石粉含量宜控制在 10% ~22%，最佳石粉含量应经过试验论证，机口 *VC* 值宜在 5 ~12 s 范围内选用。

高可塑性的碾压混凝土采用低 *VC* 值在施工上极为有利，首先最直接的效果是提高了碾压混凝土的可碾性、层间结合能力和抗骨料分离的能力；其次有利于激振力的传播，使碾压混凝土密实度更大、更有利于振动机械作业。

正常控制时，*VC* 值为 3 ~5 s 的碾压混凝土，层间结合和条带之间的结合效果都非常好。另外，*VC* 值控制较小时增大了碾压混凝土的自身密实程度和保水性能，从而在高温高蒸发的条件下大幅降低了 *VC* 值的值失。

*VC* 值的动态控制，在现场施工中 *VC* 值按（6 ±3）s 控制，这样有利于保证强度。在（6 ±

3)s:即3 ~9 s范围内划分为3 ~5 s、5 ~7 s、7 ~9 s三个范围进行动态控制,即高温季节控制为3 ~5 s,常温季节控制为5 ~7 s,降雨(雨强 <3 mm/h)季节控制为7 ~9 s。在上述动态控制过程中,*VC*值范围的变化仅通过调整配合比单位用水量的方式来实现。

仓面的*VC*值的调整可根据现场碾压试验结果对原规范规定的*VC*值(5 ~12 s)进行调整和细化,可确定出控制参数值。*VC*值以3 ~6 s为宜,阳光暴晒且气温高于20 ℃时,一般取3 ~4 s,降雨时且出现雨强3 mm/h时,*VC*值为6 ~10 s。

*VC*值对层间结合性能的影响:*VC*值的大小在一定程度上反映了碾压混凝土拌和物的可压实性。施工中对碾压混凝土稠度(*VC*值)的最基本要求是既能承受振动碾在其上做振动碾压作业时碾轮不陷落,又不能过于难压实。*VC*值大小一般与灰浆砂浆的含量和用水量有关。而在实际的施工中,在配合比确定之后,多采用增减用水量的方法来调整*VC*值。一般是:用水量减少,*VC*值增大,碾压混凝土本体强度提高。但振动碾在其上进行振碾作业时,能量沿深度方向衰减快,压实效果差,砂浆和骨料移动能力弱;水胶比增大,混凝土本体强度降低,砂浆内聚力降低,砂浆和骨料的移动能力增强,容易使上下层碾压混凝土中的砂浆和粗骨料互相渗透嵌入(上下层塑性结合),从而使上下层界面结合密实。表7-8和图7-1是以改变水胶比(用水量)引起*VC*值变化对接缝性能的影响试验成果。

**表7-8 *VC*值与碾压混凝土强度的关系试验成果**

| 序号 | 水胶比 | *VC*值(s) | | 90 d本体强度 | | | | 层面暴露18 h初凝前接缝抗拉强度(90 d) | |
|---|---|---|---|---|---|---|---|---|---|
| | | | | 抗压 | | 抗拉 | | | |
| | | 下层 | 上层 | 强度(MPa) | 百分比 | 强度(MPa) | 百分比 | 强度(MPa) | 百分比 |
| 1 | 0.72 | 6 | 6 | 18.45 | 100 | 2.39 | 100 | 1.42 | 100 |
| 2 | 0.68 | 9 | 9 | 22.36 | 121.2 | 2.65 | 110.9 | 1.39 | 97.9 |
| 3 | 0.62 | 13 | 13 | 24.20 | 131.2 | 2.83 | 118.4 | 1.18 | 83.0 |
| 4 | 0.59 | 20 | 20 | 24.81 | 134.5 | 2.95 | 123.4 | 1.01 | 71.1 |
| 5 | 0.55 | 28 | 28 | 24.18 | 131.0 | 2.68 | 112.1 | 0.92 | 64.8 |
| 6 | 0.62 ~0.72 | 11 | 5 | 层面暴露24 h(初凝后)结合 | | | | 1.13 | 100 |
| 7 | 0.62 | 11 | 13 | | | | | 0.81 | 71.7 |
| 8 | 0.62 ~0.56 | 11 | 26 | | | | | 0.61 | 54.0 |

由表7-8中可知:在一定范围内,接缝抗拉强度随*VC*值降低而增大;当水胶比由0.62增大至0.72时,*VC*值由13 s降至6 s,*VC*值每降低1 s用水量增加1.74 $kg/m^3$。如三峡工程三期碾压混凝土围堰,*VC*值每降低1 s用水量增加0.7 $kg/m^3$。百色工程*VC*值每降低1 s用水量增加1.7 $kg/m^3$,碾压混凝土90 d本体抗压强度由24.20 MPa降至18.45 MPa,降强率23.8%。本体抗拉强度由2.83 MPa降至2.39 MPa,降强率15.5%;但接缝抗拉强度提高较多,层面暴露18 h(初凝前结合)的90 d接缝抗压强度由1.18 MPa提高到1.42 MPa,升幅为20.3%;层面暴露24 h(初凝后结合)的90 d接缝抗拉强度由0.81 MPa提高到1.13

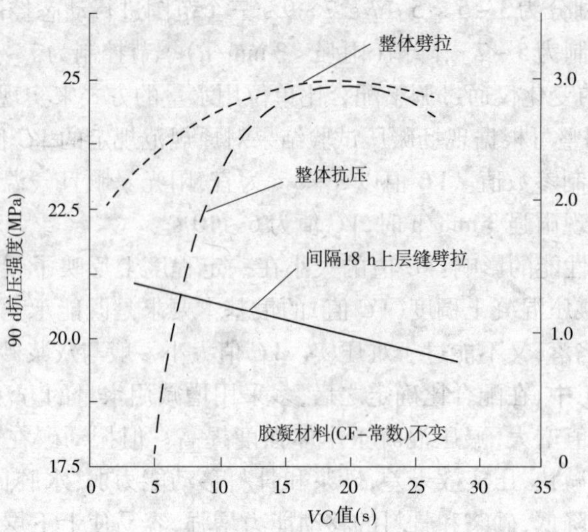


**图 7-1　碾压混凝土稠度与强度的关系**

MPa,升幅为 39.5%。

尽管由于 *VC* 值降低而引起用水量增加,但总用水量都在 100 kg/m³ 左右。水胶比在 0.6~0.7,与常态混凝土比较其游离水仍是较小的,故对碾压混凝土的变形性能(如干缩等)不会产生实质性影响。故近期我国已建和在建工程多采用较低 *VC* 值。可见,在碾压混凝土施工中采用较低 *VC* 值获得较好压实效果和改善层间结合性能,已逐步取得共识。

## 十六、特殊季节的施工要求

在高气温条件下,碾压混凝土连续施工应对原材料、配合比、混凝土出机口温度控制、运输过程温度控制、浇筑过程中的温度控制以及混凝土浇筑后的养护和冷却用水等一系列的综合措施给出具体的实施方法。

### (一)对原材料进行优选

(1)水泥:宜优先选用中热水泥且需要含有一定量的 MgO 以补偿混凝土固凝过程中的自身体积变形。其 MgO 含量不宜超过 5%,以 3%~4.5% 为宜,以免难以控制混凝土的微膨胀,从而破坏混凝土的结构。

(2)粉煤灰:应采用 1 级粉煤灰,可显著减少胶凝材料用量,有利于混凝土温控。

(3)外加剂:宜选用缓凝高效减水剂。通过降低单位用水量来减少混凝土的总发热量,降低混凝土的水化热温升,通过缓凝来保证在夏季施工时,仓面混凝土在上下层间歇时间内不初凝,并延缓水泥水化热温度峰值出现的时间,从而预防混凝土早期裂缝。根据混凝土的高耐久性要求,还须选用引气剂。

(4)砂的含水率:必须控制不超过 6% 且保持恒定。

(5)拌和制冷运行温控参数的调整:在高温时段,为保证混凝土出机口温度,对拌和制冷实际运行监控参数必须进行调整,例如景洪水电站温控参数调整情况如表 7-9 所示。

从骨料预冷的设计上看,一次风冷骨料时,将骨料温度从 20~22 ℃降到 8~10 ℃,其降温幅度为 12 ℃;二次风冷只将骨料温度降低 2 ℃。

表 7-9 景洪水电站拌和制冷运行调整参数与设计参数对照

| 部位 | 温控项目 | | 设计参数(℃) | 实际调整参数(℃) | 备 注 |
|---|---|---|---|---|---|
| 一次风冷料仓 | 骨料冷却终温 | 大石 | 8~10 | 6~9 | 没有浇筑四级配混凝土 |
| | | 中石 | | | |
| | | 小石 | | | |
| 拌和楼二次风冷料仓 | 骨料冷却终温 | 大石 | 6~8 | 5~7 | |
| | | 中石 | | | |
| | | 小石 | | | |
| 拌和楼 | 冰水温 | | 4 | 3~4 | |
| | 片冰温度 | | -5~-8 | 0~-3 | |
| | 砂温 | | ≤25 | 22 | |
| 水泥 | 进罐温度 | | <60 | <60 | |
| | 拌和楼上温度 | | ≤45 | 45 | |
| 粉煤灰温度 | | | 45 | 45 | |

**(二)施工过程的温控措施**

(1)对碾压混凝土的运输,采取遮阳、仓面覆盖。仓面隔热材料一般选择保温被,保温被采用两层1 cm厚的聚乙烯卷材外套塑料编织彩条布。为使现场使用方便,保温被一般做成2 m×3 m一块。仓面喷雾通常采用风机喷雾和掺气管喷雾。风机喷雾是将定型喷雾设备接上水源后从喷头喷出水雾;掺气管喷雾是将掺气管固定在仓面两侧的模板上,沿掺气管长度方向每30~50 m钻一个直径1.0~1.5 mm的小孔,掺气管端部接0.4~0.6 MPa高压水及0.5~0.8 MPa高压风。风、水在管内混合后由掺气管小孔喷出,这种喷雾方法由于喷射距离有限,适用于面积小于500 $m^2$ 的仓面。

禹门河水库的喷雾机采用轴流式风机在出风口配置有压水管改装而成。风机的技术参数为:型号为JK255-2,直径46 cm,功率5.8 kW,风压1 000~1 820 Pa,风量2.1~3.7 $m^3/s$;水管采用直径4″的铝塑管,带压力水。在风机出风口绕一道水管并开孔,喷水孔径为1.5 mm,间距80 mm,水流射向风机出风口:喷射距离15~22 m,直径1.5~4 m。工程实践表明,采用该喷雾机收到了很好的效果。

(2)预埋水管冷却降温。对坝体基础垫层及强约束区的常态混凝土和高温期施工的基础约束区碾压混凝土,以及通航坝段等需要进行横缝接缝灌浆部位和坝坡需进行接触灌浆的部位、孔洞周边的混凝土等,应埋设冷却水管进行通水冷却。初期冷却应在混凝土浇筑开始后进行通水,混凝土温度与水温之差不超过22 ℃,冷却时混凝土日降温幅度不应超过1 ℃;为降低坝体内外温差、防止或减少表面裂缝,应在低温季节来临前将坝体温度降至设计要求的温度。对有灌浆要求的部位,需进行后期通水冷却,中、后期通水水温与混凝土内部温度之差不应超过20 ℃。

(3)改变浇筑工艺。采用斜层平推法施工,其主要施工工艺如下:①砂浆铺设;②开仓段碾压混凝土施工;③碾压混凝土的斜层铺筑;④收仓段碾压混凝土施工;⑤上述③、④工序同时穿插有切缝、模板周边变态混凝土施工以及质量检测工序。

斜层平推法的具体做法：先计算碾压混凝土的入仓温度和浇筑温度，当采用汽车和门塔机等常规方式入仓时，根据以下经验公式计算入仓温度和浇筑温度：

$$T_{B,p} = T_o + (T_a - T_o)(Q_1 + Q_2 + \cdots + Q_i)$$

$$T_p = T_{B,p} + 0.003t(T_a - T_{B,p})$$

式中 $T_{B,p}$——混凝土入仓温度，℃；

$T_o$——混凝土出机口温度，℃；

$T_a$——混凝土运输过程中的气温，℃；

$T_p$——混凝土浇筑温度，℃；

$t$——浇筑平仓碾压到上层覆盖前的全部时间，240 min；

$Q_i(i=1、2、3\cdots,n)$——有关的系数，其数值为混凝土装卸和转运，每次 $Q=0.032$，混凝土运输时，$Q=At=0.002\times20$ min。

对于碾压混凝土而言，只存在拌和楼转料 1 次，混凝土运输时间平均取 20 min，当出机口温度为 14 ℃，外界气温取各日气温的平均值。

在斜层平推法正式实施前，选择块段进行生产性试验。在试验块段浇筑时从下游往上游平推，以最长的斜面为 35 m、密宽度为 15 m、每层计 157 m$^3$ 为例，按照入仓强度为 110 m$^3$/h，层间间歇期约 1.5 h。与平层浇筑覆盖时间 4.5 h 相比，大大缩短了层间覆盖时间，以此计算混凝土温度回升将减少 5.4 ℃，从而有效地削减了混凝土内部最高温度的峰值。

(4)表面养护。混凝土表面散热是削减混凝土内部最高温度峰值的最有效方法之一。对于浇筑升层为 1.5~2.0 m 的混凝土，能够削减峰值 3~5 ℃。因此，做好混凝土的表面养护非常重要。

在施工过程中，碾压混凝土仓面应保持湿润，在施工间歇期间，碾压混凝土终凝后，一般在混凝土浇筑完毕后 10~15 h 内即开始养护。对水平施工层面，洒水养护应持续至上一层碾压混凝土开始浇筑为止；对于永久暴露面，应进行长期养护。在高温季节，可采用表面流水冷却的方法进行散热，当日平均气温低于 3 ℃或遇气温骤降冷击时，为防止碾压混凝土的暴露面产生裂缝，坝面及仓面必须覆盖保温材料，并适当延长拆模时间，所有孔、洞及廊道等入口应设帘以防受到冷击。

## 十七、案例分析

以禹门河水库工程为例对施工碾压混凝土施工质量控制进行分析。

### (一)工程概况、施工特点及方法

1. 工程概况

禹门河反调节水库位于河南省洛宁县兴华乡禹门河村黄河一级支流洛河干流上，主要建筑物由碾压混凝土重力坝和坝后式电站组成。坝体和电站基础主要为碾压混凝土，其方量为 12.4 万 m$^3$。大坝工程由四部分组成，即溢流坝段、排沙孔坝段、电站引水进口坝段和左右挡水坝段。大坝最大坝高 59.5 m，坝顶长度 213.25 m，大坝最大底宽 49.4 m，坝顶宽 5 m。目前，碾压混凝土已从基础 366.4 m 高程填筑到 380.0 m 高程，填筑方量约为 30 000 m$^3$。

2. 施工特点

(1)碾压混凝土是一种干硬性混凝土,单位用水量和水泥用量较少,粉煤灰掺量可达114 kg/$m^3$,无流动性。

(2)振动碾代替振动器对混凝土进行密实振动,振动碾在仓面上行走碾压密实,水平运输采用自卸汽车,平仓采用推土机或挖掘机,实现施工机械化,充分提高混凝土的施工强度。

(3)坝体上游面、廊道周围、止水周围以及岸坡岩基接触带等部位采用变态混凝土施工技术。

(4)坝体下游面采用预制混凝土挡块,既可充当模板,又可作为坝体的一部分。

(5)只设横缝,上游侧设置铜止水和橡胶止水两道止水,下游设一道铜止水。

(6)碾压混凝土掺入大量粉煤灰,减少水泥用量,因此产生水化热少,施工过程中又常采用大仓面薄层浇筑,自然散热条件好,但气温对碾压混凝土的施工影响大。

3. 施工方法

根据基坑实际开挖情况和工期的要求,从开挖最低362.0 m高程至366.4 m高程采用大体积抛石混凝土,在高程366.4 m形成平台后,开始碾压混凝土的填筑。考虑到结构和现场施工要求,高程366.4～380.0 m分为两个碾压混凝土升程,在371.5 m高程分开,每个碾压混凝土升程以30 cm厚为一个碾压层连续填筑。

每个碾压层碾压混凝土施工程序为:

仓位准备→骨料筛分→配料→拌和→运输→入仓→摊铺→碾压→检测→分缝→养护→下一个仓位准备

上一个碾压混凝土升程填筑后,适时冲毛,在下一个碾压混凝土升程填筑前,用水清洗干净仓面后即可进行碾压混凝土的施工。

**(二)质量控制要点**

1. 仓位准备质量控制

1)填筑仓面清理控制要点

(1)岩石基岩面。表面清洗干净,无风化岩石,无爆破松动岩石,无污泥,无积水,无杂物。地质缺陷必须按规范要求处理,大的断层、破碎带等开挖清理后用混凝土回填,小的裂隙、孔洞清理后用微膨混凝土回填。

(2)碾压混凝土升程面。表面必须冲毛处理(可在上一升程结束后及时冲毛),以粗砂微露为标准,填筑前,表面冲洗干净,无杂物,无乳皮,无积水,无松动骨料。

(3)碾压混凝土碾压层面。表面平整干净,无杂物。

2)模板安装控制要点

(1)上游迎水面模板安装。为了便于模板安装,380.0 m高程以下的碾压混凝土边浇筑边回填,采用组合钢模板。模板的刚度和平整度满足规范要求,光洁无污物。安装后,用全站仪校正模板后再对模板微调,确保偏差在规范要求范围内。支撑牢固结实。

(2)下游背水面预制混凝土挡块安装。背水面采用混凝土预制块充当模板,预制块为棱台,长度为180 cm,剖面为与设计坡度相一致的直角梯形,上顶长50 cm,高90 cm,坡度为1:0.75。按进度计划至少提前15 d预制,安装时用全站仪校正。

(3)廊道交叉处异形模板安装。按照尺寸要求,制作异形木模板,内衬三合板,刷机油。支撑牢固结实。

3）止水安装质量控制要点

（1）铜止水安装。必须深入基岩面50 cm，每3 m一段在施工现场根据进度焊接，焊接采用搭接焊，搭接长度控制在2～3 mm。

（2）橡胶止水安装。橡胶止水安装焊接检验操作符合规范要求，浇筑混凝土时要保护好橡胶止水，坝段分缝处采用低发泡塑料板，用$\phi$20薄壁钢管固定，全站仪校核。

4）预制廊道安装控制要点

预制廊道包括大坝灌浆廊道和交通廊道，380.0 m高程以下只涉及到大坝灌浆廊道，为壁厚20 cm的城门洞形预制钢筋混凝土，高3.5 m，宽3.0 m，预制时预留吊装孔，提前预制，保证强度达到设计要求。吊装采用25 t汽车吊，用钢管搭设排架以固定预制廊道，用全站仪校核位置。

2. 混凝土生产和运输质量控制

1）原材料质量控制要点

合格的原材料是保证工程质量的基础，严格按照相关试验标准、规程要求对进场原材料及时按批次进行检验。不合格的原材料坚决不允许用于工程施工。

水泥采用渑池建方"会盟牌"普通32.5级硅酸盐水泥，200～400 t/批次进行检验。检验结果均符合规范及标准要求，且质量较稳定。

粉煤灰采用洛阳热电厂Ⅱ级粉煤灰和洛阳首山电厂Ⅰ级粉煤灰。由于粉煤灰质量的优劣直接影响到碾压混凝土的质量，为了更好地控制粉煤灰质量，除严格按照试验标准、规程要求进行常规试验，还采取了强制性措施：实验室会同质检、物检部门及供货商，每车粉煤灰进场时必须进行细度试验检测，细度试验检测合格后方可卸料，不合格坚决退回。经多次试验，两粉煤灰生产厂家各项指标均达到规范要求，且较稳定。

粗骨料为禹门河卵石，细骨料为禹门河河砂。按照试验标准、规程要求，每500 $m^3$为一个批次抽取试验，检测中对于不合格的粗、细骨料，及时通知工程办、筛分厂进行返工，同时做好技术改进避免再次生产不合格骨料，以免直接影响到碾压混凝土质量。

2）混凝土拌和质量控制要点

混凝土拌和采用山东泰岳集团生产并安装的两套HZS60型混凝土拌和楼，意大利进口主机，专人负责。拌和楼按规定率定，其误差控制在允许范围内。通过现场试验，确定投料顺序为骨料（砂、小石、中石、大石）、水泥和粉煤灰、水，拌和时间确定控制在90～120 s，并根据细骨料含水率和天气情况，适时微调碾压混凝土配合比，出机口检测*VC*值控制在5～10 s。

3）碾压混凝土运输质量控制要点

混凝土碾压熟料运输主要使用8台5 t自卸汽车；大方量变态混凝土熟料运输使用3 $m^3$装载机，小方量的变态混凝土熟料采用制浆机制浆，人工在现场按配合比量分层注入灰浆。自卸汽车和装载机运输混凝土熟料前一定要清洗干净，在主坝入仓前设置专用洗车平台，使用高压水枪冲洗车轮。为更好地保证混凝土拌和物的和易性，拌和物进行二次出料，运输汽车分别用前、后两半部分接料，卸料时也分二次卸料。

3. 碾压混凝土现场浇筑质量控制与检测

碾压混凝土应保证铺料厚度均匀，无粗骨料窝及离析现象；压实容重达到设计要求；采取必要的温控措施；在允许间隔时间内及时进行下一层混凝土的铺筑碾压工作，保证层间结合质量。

1）摊铺质量控制要点

为保证铺筑厚度，根据运输方量计算出卸料面积，并由专人负责卸料，挖掘机平料时现场施工员和质检员用钢钎检测控制铺筑厚度。

2）碾压质量控制要点

采用25 t宝马光面振动碾碾压，行走速度控制在1～1.5 km/h，碾压10遍，其中先静碾2遍，然后振碾8遍，每一升程的最后一碾压层再静碾2遍。混凝土逐条带碾压，每碾压条带与前一条带搭接宽度不小于20 cm，边角及混凝土结合处采用小型手扶振动补碾，以保证边角压实度。每层碾压后用核子密度仪测定压实度，每100～200 $m^2$ 检测一次，压实指标均不能小于设计值，否则应补碾达到要求。若碾压混凝土局部出现弹簧区，只要压实容重合格也为合格。

碾压混凝土铺筑后，专人检查混凝土表面是否有局部粗骨料窝、表面失水产生白干，如有应及时挖除，立即进行补料碾压。

3）层间结合质量控制要点

（1）主要控制碾压层层间间隔时间，一般直接铺筑允许时间在正常天气条件下采用初凝时间（禹门河水库采用5～6 h，气温超过30 ℃时，通过试验加入缓凝减水剂和引气剂，初凝时间可达10 h），也可加灰浆垫层，层间允许时间一般在18～22 h。

（2）升程与升程层面之间的处理与常态混凝土相似，在上一升程结束后，采用高压水枪冲毛，下一升程混凝土铺筑前，把仓面冲洗干净铺筑砂浆垫层，砂浆均匀摊铺厚度控制在1～1.5 cm。

（3）因计划改变、降雨或其他原因中断施工，停止铺筑处的坡面最陡坡度应小于1∶4，并将坡角处厚度小于15 cm的尖角清除。

4）施工缝质量控制要点

止水附近横缝内填塞底发泡塑料板。诱导孔是在碾压层间间隔时间内人工使用特制钢钎打的孔，孔距为30～20 cm，钢钎直径为3～5 cm，缝内填塞干砂。

5）养护质量控制要点

在完成好的混凝土上铺盖麻袋片，水泵抽水洒水使麻袋片湿润养护，直至下一个循环结束。

6）碾压混凝土温度质量控制要点

碾压混凝土从2005年5月开始大量施工，由于进入夏季，施工温度较高，为保证碾压混凝土质量应制定有效的温度措施。

对骨料搭设凉棚，用地下水冲洗骨料表层，降低骨料温度；采用地下深处冷水拌和混凝土，水温控制在10～14 ℃，有效地降低了混凝土内部温度。运输混凝土自卸车安装隔热遮阳棚，缩短混凝土暴晒时间。将混凝土施工尽量安排在早晚和夜间施工的低温时期碾压；覆盖坝基及岸坡岩石，以降低基础温度。骨料堆高在6 m以上，以利于降低骨料内部温度。采用分仓薄层铺筑，斜层法施工，缩短混凝土层间间隔时间。仓内设喷雾装置，形成仓内局部小气候，降低仓内碾压混凝土温度。避开高温时段施工也是有效的降温措施。

**（三）小结**

（1）碾压混凝土必须保证混凝土施工作业强度且形成流水作业才能保证其施工质量，

禹门河水库大坝混凝土施工填筑强度为700～1 200 $m^3$/d,如混凝土生产或填筑达不到施工强度而又处理不当,容易造成混凝土初凝以及后来的多次处理,影响施工质量。

(2)因地制宜地选用经济合理的运输入仓方式,提高混凝土的入仓效率,这是施工质量的基本保证。

(3)层间结合面、止水、变态混凝土施工是大坝碾压混凝土施工质量控制的重点。

(4)有效的温控措施是大坝碾压混凝土施工质量控制的关键。

## 第三节　全面质量管理

全面质量管理是以数理统计的方法为基本手段,充分发挥专业技术和管理技术作用,建立一整套质量保证体系,以最经济的方法改善生产技术和施工工艺,设计、施工出业主满意的水利水电工程。

全面质量管理是用系统工程的观点进行质量管理,是管理系统工程的一个重要组成部分,即把企业生产经营活动中影响产品质量的各种因素,全面、系统地管起来,以保证和提高产品的质量。

### 一、全面质量管理的特点

全面质量管理的特点是突出一个“全”字,主要表现在以下几个方面。

#### (一)质量全过程的管理

产品的质量是设计制造出来的,而不是检验出来的,质量的形成是一个过程。水利水电工程的质量是可行性的论证、勘测、设计、施工以及管理各个阶段质量的综合和延伸,因此质量控制也应是全过程的,而不能仅限于传统施工过程中的质量管理。

#### (二)全员性的质量管理

质量管理人人有责。QC 小组就是全员质量管理的基础,质量管理责任制是全员管理的质量保证。建设单位、监理单位要组织所有行政管理、生产技术等共同对工程质量做出保证,发动所有参建单位的全体人员,通过保证每个人的工作质量来保证整个工程的质量。

#### (三)综合质量管理

全面质量管理是采用多种管理方法和技术的综合性质量管理。由于影响工程质量的因素错综复杂,如人、物、技术、管理、环境、社会等因素,综合运用不同的管理方法和措施才能有效地确保工程质量。

### 二、全面质量管理的基本观点

#### (一)以预防为主的观点

在水利水电工程全部的施工过程中,每个分部单元工程的质量随时都受到操作者、施工工艺、原材料、施工机具、施工环境等的影响,只要其中某个因素发生异常,工程质量就会随着波动,从而出现不同程度的质量问题。过去一般是工程竣工或达到检查条件后才进行质量检查,确定工程质量是否合格,习惯称为事后把关。以预防为主、实行质量控制是全面质量管理的一个重要的观点,要实现这一观点,必须应用各种科学手段,对各道工序进行质量控制,使工程质量始终处于管理之中,从而及时发现问题,把质量缺陷和事故消灭在萌芽状态。例如,在碾压混凝土施工中随着工程的进展进行抽样检查,将检查测试结果随时记录在控制图表上,就可以方便操作人员和管理人员随时掌握工程的质量动态,以便采取相对应的对策,及时消除隐患。运用数理统计方法对工程质量进行的这种预测、预报可以达到预防的目的。

**(二)用数据说话的观点**

全面质量管理区别于传统的质量管理,它是依靠数据及广泛地运用数据理论和统计的方法。科学的质量管理必须依据准确无误的数据资料,才能做出正确的判断,进而采取正确的措施。例如,在碾压混凝土的施工过程中,取得数据后,经过加工、分析、处理,找出规律,进而采取正确的措施,即结合专业技术和实际情况,对存在的问题做出正确判断,然后才能采取正确的措施。可见,正确的管理来源于正确的数据,因此科学的质量管理必须用数据来说话。在工程管理中,一定要克服过去那种"凭经验"、"拍脑袋"等不科学的管理方法,要认真搜集和积累数据,并保证数据的真实性,否则,假的数据比没有数据更有害。

**(三)一切按PDCA循环办事的观点**

管理从广义上来说,就是P(计划)、D(执行)、C(检查)、A(处理)循环的工作程序。推行全面质量管理就是让整个工地的工作都按PDCA循环来进行。每个科室、工作单位或专业队、班组直到每个人的工作也要根据总体要求,具体地制定自己的PDCA工作循环,以此来推动整个工程的工作不断向前发展,使大、小PDCA工作循环都能转动起来。

## 三、全面质量管理的保证体系

质量保证体系是施工管理单位以控制、保证和提高工程质量为目标,运用系统的概念和方法,把各参建单位、各环节的质量管理职能组织起来,形成一个有明确任务、职责、权限、互相协调、互相促进的有机整体,使质量管理规范化、标准化。建立质量体系保证要抓好以下六个环节。

**(一)要有明确的质量管理目标和质量保证工作计划**

目标应是解决工程质量问题,缩小和消灭与先进质量水平的差距,达到新的质量标准和设计要求。目标要层层分解、层层交底、层层落实,一直落实到每个职工的具体工作岗位,形成一个从上到下、从大到小的目标管理体系。

质量工作计划是实现质量目标、组织与协调质量管理活动的手段和各部门、各环节质量工作的行动纲领。施工单位要有提高工程质量的综合计划,也要有分项目、分部分的具体计划,形成一套完整的质量计划体系。

**(二)要建立一个完整的信息传递和反馈系统**

要实事求是认真调查研究,及时掌握大量准确而又齐全的第一手资料,包括工程施工过程中每个环节的质量信息、基础数据、原始记录验收结果、统计分析以及监理建设的意见等。这些信息和情报资料的收集整理、分析和反馈常常是提高和保证质量的巨大动力。

**(三)要有一个可靠有效的计量系统**

只有搞好检测计量工作,才有可能及时掌握质量动态与规律,以便控制质量的波动范围,保证工程质量的稳定,也才有可能正确保证工程质量,从而衡量施工单位的生产技术水平和管理水平。

**(四)要建立健全质量管理组织机构,明确分工各负其责**

建立各级质量保证组织管理机构,确定各级的责任和职责权限及相互关系,明确规定各参建单位、各类在岗人员在实现质量总目标中必须完成的任务及承担的责任和具体权限。

**(五)组织开展质量管理小组活动**

质量管理小组又叫 QC 小组,它是质量管理的群众基础,是参建人员参加管理的好形式,有利于发动全体参建人员参加质量管理,可以充分发挥全体参建人员的智慧和干劲,不断地把质量管理工作和工程质量提高到新的水平。

**(六)要努力实现管理业务规范化和管理流程程序化**

要确定管理业务活动的规律,把经常重复出现的管理业务分类归纳,形成有效的制度和规范化的程序及方法,并成为参建人员的准则。这样才能保证施工质量工作,同时对管理过程中的各环节、各管理岗位、各工作步骤加以分析研究,尽力使之规范化、程序化。

## 四、质量保证体系基本运转方式

质量保证体系运转的基本方式是按计划(P)、执行(D)、检查(C)、处理(A)的管理循环进行的。在处理阶段,把本次循环合理的行之有效的质量管理措施制成标准,以备再次推行,对不合理的或尚须进一步解决的问题放到下一循环过程中,重复以上四个阶段来加以解决。这种方法通常称为 PDCA 循环工作法,也是质量保证体系运转的基本方式,它包括四个阶段和八个工作步骤。

**(一)四个阶段**

(1)计划阶段。按使用的要求,根据具体的技术条件,找出工程施工中存在的问题及其原因,拟定对策和措施计划。

(2)执行阶段。按预定对策和生产措施计划,组织实施。

(3)检查阶段。对工程施工过程进行必要的检查和测试,即把执行的工作结果与预定目标计划对比,检查执行过程中出现的情况和问题。

(4)处理阶段。把经过检查发现的各种问题及各类意见进行处理,凡符合计划要求的予以肯定,成文批准,对不符合计划要求和不能解决的问题转入下一循环以便进一步研究解决。

**(二)八个步骤**

(1)分析现状,找出问题,不能凭印象和表面判断,结论要用数据表示。

(2)分析各种影响因素,要把可能因素一一加以分析。

(3)找出主要影响因素,进行解剖,才能改进工作提高工程质量。

(4)研究对策,寻找解决问题的办法,针对主要因素,拟定措施,制订计划,确定目标。

以上 4 个步骤均属 P(PLAN)阶段的工作内容。

(5)执行措施为 D(DO)阶段的工作内容。

(6)检查工作成果,对执行情况进行检查,找出经验教训为 C(CHECK)阶段的工作内容。

(7)巩固措施:制定标准把成熟的措施定成标准(规程、细则)形成制度。

(8)遗留问题转入下一个循环。

以上(7)、(8)为 A(ACTION)阶段工作内容,PDCA 管理循环的工作程序如图 7-2 所示。

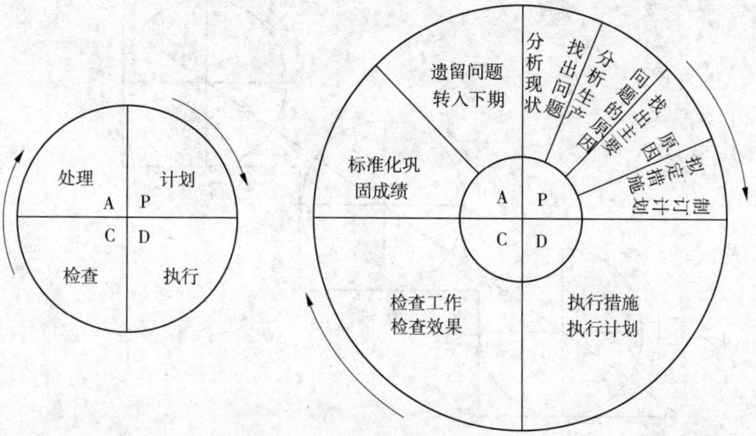


**图 7-2　PDCA 工作程序示意**

**（三）PDCA 循环的特点**

（1）四个阶段缺一不可，先后次序不能颠倒，就好像一只转动的车轮，在解决质量问题中滚动前进，逐步使工程质量提高。

（2）施工单位内部 PDCA 循环各级都有，整个施工单位是一个大循环，施工单位各部门、各科室都有自己的循环，如图 7-3 所示。大循环是小循环的依据，小循环是大循环的具体和逐级贯彻落实的体现。

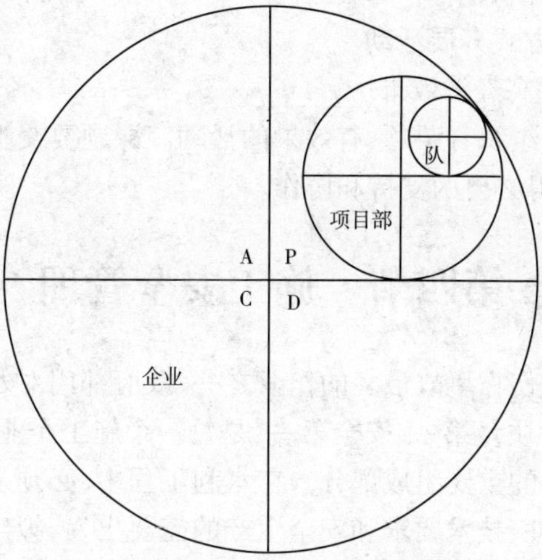


**图 7-3　PDCA 循环运转示意**

（3）PDCA 循环不是在原地转动中前进，每个循环结束，质量提高一步，图 7-4 为循环上升示意图。它表明每一个 PDCA 循环都不是在原地周而复始地转动，而是像爬楼梯那样，每转动一个循环都有新的目标和内容，因而就意味着前进了一步，从原有水平升到了新的水平，每经过一次循环，也就解决了一批问题，质量水平就有了新的提高。

（4）A 阶段是一个循环的关键，这一阶段（处理阶段）目的在于总结经验，巩固成果，纠正错误，以利于下一个管理循环，为此，就必须把成功的经验纳入标准，定为规程，使之标准化、制度化，以便在下一循环中遵照办理，使质量水平逐步提高。

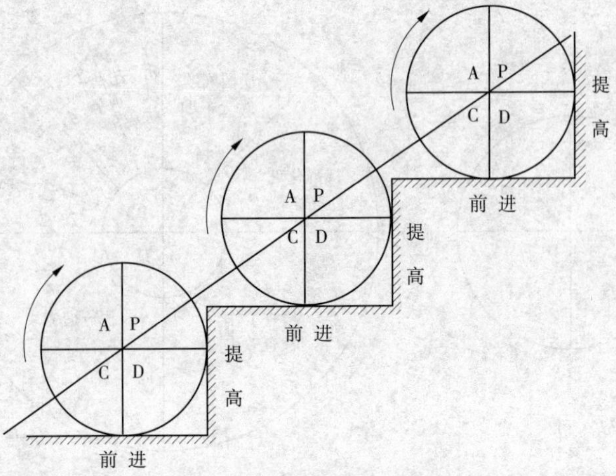


图 7-4　PDCA 循环上升示意

## 五、质量管理小组活动组织与实施

质量管理小组就是 QC 小组，在建立 QC 小组的活动中要做好三方面工作，即 QC 小组的建立、QC 小组的活动及其成果发表，其主要内容如下：

(1) 由群众自愿参加的分工明确的正式组织。

(2) 围绕施工方针选择课题。

(3) 按 PDCA 循环的方式开展活动。

(4) 研究工程质量，提高经济效果。

总之，QC 小组要开展组织有课题、有效果的活动。课题要交上级部门和技术部门审查或同有关部门商量，以取得必要的支持和协作。

# 第四节　施工安全管理

水利工程施工作业是伤亡事故最多的作业之一，政府部门对水利施工颁布有许多安全生产的法规。"建筑生产，质量第一，安全第一"是每一个施工企业必须落实的口号，施工安全技术是施工组织管理中的重要组成部分。在水利工程中，必须从单位工程或分部工程的建筑及结构特点、施工条件、技术要求和安全生产的需要出发，拟定保证工程质量和施工安全的技术措施和规程。它是进行施工作业交底、明确施工技术要求和质量标准、预防可能发生的工程质量事故和生产安全事故的一项重要内容，也是施工管理中不可缺少的重要环节。

安全管理是为了安全施工。安全工作是指在施工生产活动中，生产环境的条件，职工的安全和健康、机械设备的安全使用以及器材物质的安全保护等工作，是安全管理、控制的具体执行。

## 一、施工安全控制的具体内容

(1) 认真贯彻执行国家"安全第一，预防为主"的方针，保护广大职工在施工中的安全和健康。

(2)各级领导必须认真贯彻执行国家有关劳动保护的政策、法令和指示。单位行政第一负责人是安全生产(工作)的第一负责人,在计划、布置、检查、总结和评比生产时,应同时计划、布置、检查、总结、评比安全工作。

(3)根据国家规定,建立健全安全机构,配备有专业技术的专职安全管理人员(由建管处、质安科)监督检查安全工作,做到安全管理与群众监督相结合,防止各类事故发生。

(4)必须建立健全各级人员安全生产责任制,定期进行安全活动和安全检查。

(5)对现场的广大职工及施工人员进行三级安全教育,对特殊工种工作人员必须进行专业培训,取得合格证后,才能从事本专业工作。

(6)认真执行安全技术措施计划制度,坚持按国家规定编制安全技术措施计划。

(7)在编制项目工程(包括单元、分部、单位工程)和临时工程施工组织设计时,必须同时编制安全技术措施并在技术交底时同时把安全技术交待清楚。

(8)施工人员应服从安全人员提出的意见。施工单位领导应重视和支持安全人员的工作。若施工中不遵守安全规程,安全人员有权制止,直至通知停工,待隐患处理后,方可恢复工作。

## 二、安全管理

### (一)建立安全组织,制订安全管理计划

组织是保证。要推进有效的安全管理必须有适当的组织。安全管理机构的设置(或设安全管理员)应根据规模的大小分级设置,层层负责,确定安全生产责任制。其主要职责是贯彻国家有关安全的规定,检查监督执行情况,制定安全施工制度和安全技术操作规程,进行安全检查,宣传教育和事故处理,工地各级负责人应亲自领导相应机构的安全工作。

计划是行动的指南,为了确保工程安全施工,在制订施工计划的同时可制订安全管理计划。制订时,必须针对工地上的实际情况,充分听取基层负责人的意见,对其他工地的经验应仔细地加以选择采用。当安全管理项目的内容确定之后,应制定切实可行的实施办法和安全生产责任制。

### (二)制定安全技术措施

为了保证安全施工,对某些易造成不安全的因素,应制定相应的技术措施进行预防,以确保工程安全。

(1)根据施工现场的布置与管理,制定安全技术措施。施工现场的布置与管理是创造和改善安全施工、安全环境的重要条件。应根据施工条件合理布局,加强安全管理建立良好的施工顺序:

①进入施工现场人员,必须按规定戴好安全帽和防护用品及用具,严禁穿拖鞋、高跟鞋或赤脚工作。

②施工现场的洞、坑、沟、升降口、漏斗等危险处应有防护设施或明显标志。

③交通频繁的交通路口、交叉路口,应设立标牌和专人指挥,危险地段要悬挂“危险”或“禁止通行”标志牌,夜间设置红灯示警。

④爆破作业必须统一指挥,统一信号,划定安全警戒区,并明确安全警戒人员,在装药、联线开始前,无关人员一律退出作业区。

(2)在挖掘过程中,必须制定安全施工的规章制度,防止由于边坡破坏或挖掘机作业引

起的伤亡。在隧洞(输水洞)施工中,要注意防止塌顶,浮石和旧混凝土块的滑脱。

(3)在制订土石方工程及大型设备安装和构件吊装的安全技术方案时,认真分析施工条件和作业环境,确定合理的施工方案,充分做好施工准备工作,防止土石塌方。做好安全爆炸、拆除等工作。

(4)在机械化施工中,要严格执行各种机械安全操作规程。施工机械操作人员必须经过培训,安全操作考核合格后,方准独立操作。加强机械设备的管理工作,做好机械设备的定期检查、保养、维修,做到安全运行。还要在防止施工机械的倾覆、山体(坝体)的坍塌、起重机械臂杆突然降下、打桩和拔桩机械的倒毁、起重机钢丝绳折断、槽轮滑轮装置以及安装部位的破坏、桩在吊沉中倾覆等方面,制定安全技术操作规程。

(5)随着技术革新的不断发展,新的施工方法、施工工艺、先进的施工机械不断涌现,但在试行阶段,常易出现安全问题,因此必须同时制定安全技术操作规程。

(6)临时工程中的脚手架、平台、斜道、靠梯、跳板等,应对搭设材料、结构设计、平台空间尺寸、安全措施等提出具体要求。横板支架的安装与拆除应定出具体的操作规程。

(7)针对夏季、雨季、冬季的施工特点制定季节性的安全技术措施,保证不同季节施工的安全。

(8)要对上岗职工进行安全教育。教育内容应以正确的作业方法为主,学习安全规程和有关政府所发布的安全教育文件。

(9)施工现场电气设备和线路(包括照明、手持电动工具等)应配装触电保护器,以防止因潮湿漏电和绝缘损坏引起触电及设备事故。并制定必要的技术操作规程。

**(三)安全检查**

(1)每项工程开工之前,都应按规程、制度进行安全检查,一项不合格就不允许开工。工程施工中还应进行抽查,或隔一定时间进行一次全面大检查。

(2)安全检查执行“安全第一,预防为主”的方针、国家现行的安全生产的法律法规,建设行政主管部门的安全生产的规章和制度。

(3)检查施工单位落实安全生产的组织保证体系,建立健全安全生产责任制。

(4)检查施工组织制定时的安全技术措施的制定情况。

(5)检查按建筑施工安全技术标准和规范要求,落实分部、单元工程和各工序关键部位的安全防护措施。

(6)不定期地组织安全综合检查,可按《水利水电施工安全检查评分标准》进行评价,提出处理意见,并限期整改。

**(四)做好事故的调查与分析**

通过对事故的调查与分析,能及时找出事故的作业内容,这样就有了防止事故的重点,从而明确了措施的方向,减少事故发生。

工伤事故按照人身伤亡的性质分为死亡、重伤、轻伤。重伤是指受伤后造成残废;轻伤是指不造成残废,但需休息在 8 h 以上。造成事故的原因有物体打击、车辆伤害、机械伤害、起重伤害、触电、淹溺、灼烫、火灾、高处坠落、坍塌、窒息、中毒、爆炸等。

事故发生后,对事故发生的时间、地点、原因、伤亡性质由责任者进行登记,并及时做出严肃认真的处理,按年、月份类型及性质统计,以便从中找出事故发生的主要原因,作为以后防范的借鉴。

## 三、文明施工

随着社会的进步，人们对环境条件的要求越来越高。由于水利工程的施工对当地的环境造成一定的影响，如施工机械的噪音、灰尘等，因此我们要提倡文明施工。具体要求如下：

(1)施工道路平整，做到硬地施工。

(2)施工现场的排水设置应全面规划其设置位置，不得妨碍交通，并须组织专人进行养护，保持排水通畅，做到施工区域无积水。

(3)施工现场存放的设备、材料应做到场地安全可靠、存放整齐、通道完整，必要时设专人进行守护。

(4)重视环境保护。主要工作场所的灰尘、噪音应符合劳动保护规定，废弃、有害物质的排放和处理符合国家环保条例的规定。

(5)职工能自觉遵守纪律，严格遵章作业，遵守劳动纪律，语言、举止文明，钻研业务，勤奋学习。

(6)上岗着装符合安全规程或有关规定要求，坚守生产工作岗位，接待来访或检查工作要热情，有礼貌，解答问题主动耐心，交接班全面细致。

# 第八章　碾压混凝土大坝施工的检测试验方法

碾压混凝土大坝施工的检测试验方法，常用的有核子水分－密度仪法、声波检测、压水试验与钻孔取心、层间间隔允许时间测定仪和方法、原位层面抗剪强度试验、抗剪断试验及碾压混凝土强度评定、灌砂法取样试验等。

## 第一节　碾压混凝土现场质量检测的要求和评定标准

碾压混凝土的检测项目和取样次数如表 8-1 所示。

表 8-1　碾压混凝土的检测项目和取样次数

| 检测项目 | | 取样次数 | 检测目的 |
|---|---|---|---|
| VC 值 | | 每 2 h 一次① | 检测碾压混凝土的可碾性，控制工作度变化 |
| 容重及含气量 | | 每班一次② | 调整外加剂量 |
| 抗压强度 | 快速测定法 | 每 300～500 $m^3$③ 碾压混凝土一次或每班 1～2 次 | 评定碾压混凝土质量及施工质量 |
| | 常规测定法 | | |
| 温度 | | 每 2 h 一次 | 温控要求 |

注：①气候条件变化较大（如大风、雨天、高温）时，应适当增加检测次数。

②使用引气剂时，每班取样 2～4 次。

③方量大的碾压混凝土工程取上限；反之，取下限。

碾压混凝土铺筑时，按表 8-2 的规定进行检测，并做好记录。

表 8-2　碾压混凝土铺筑现场检测项目和标准

| 检测项目 | 检测次数 | 控制标准 |
|---|---|---|
| VC 值 | 不少于 2 次/班 | 对 VC 值大于 35 s 或小于 5 s 的碾压混凝土应视为废料 |
| 抗压强度 | 相当于机口取样的 5%～10% | 应符合设计标准 |
| 压实容重 | 每 100～200 $m^2$ 一个点，每层 3 个，宜在压实后 1 h 内进行 | 每个铺筑层测得的容重应有 80% 不小于设计值 |

搅拌机机口取样除成型 90 d 龄期标准试件，还应成型一定数量的设计龄期试件及 28 d 龄期试件。

应将搅拌机机口取样成型的 15 cm 标准立方体试件测得的 90 d 龄期抗压强度换算成 28 d 龄期的抗压强度，以此作为碾压混凝土生产质量的评定指标。

碾压混凝土生产质量管理水平评定标准见表 8-3，抗压强度的均方差应由一批（至少 30 次）连续机口取样的试验值求得。一次试验值是由同一盘碾压混凝土取样制作 3 个试件测得平均抗压强度。

**表 8-3　碾压混凝土生产质量管理水平评定标准**

| 评定项目 | 生产质量水平 | | |
|---|---|---|---|
| | 优良 | 合格 | 差 |
| 混凝土抗压强度均方差(MPa) | ≤3.5 | ≤4.5 | >4.5 |
| 抗压强度不低于设计强度等级的百分数(%) | ≥95 | >85 | ≤85 |

碾压混凝土质量按抽样次数的多少,分大样本和小样本两种方法验收。

(1)大样本。当碾压混凝土连续取样次数大于 30 次时,用大样本评定。验收函数为:

$$F(x) = \bar{x} - tS \geqslant R$$

式中　$F(x)$——验收函数;

$\bar{x}$——$N$ 次试验抗压强度平均值;

$S$——$N$ 次试验抗压强度均方差;

$R$——碾压混凝土强度等级;

$t$——强度保证率系数,与试验次数 $N$ 和保证率 $P(x)$ 有关。

当 $N \geqslant 30$ 时,具体各项数值见表 8-4。当 $F(x) \geqslant R$ 时,碾压混凝土质量合格。

**表 8-4　碾压混凝土分类及强度保证率系数 $t$**

| 分类 | | 保证率 $P(x)$ | $t$ |
|---|---|---|---|
| Ⅰ | 按极限强度设计的混凝土 | 90% | 1.282 |
| Ⅱ | 按容许应力设计的结构混凝土 | 80% | 0.842 |

(2)小样本。当混凝土取样连续试验次数小于 10 次时,验收标准见表 8-5。

**表 8-5　连续试验平均强度评定标准**

| 求平均强度($\bar{x}$)的连续试验次数 | 允许最低平均强度($\bar{x}_{min}$) | | | |
|---|---|---|---|---|
| | Ⅰ类混凝土 $P(x)=90\%$ | | Ⅱ类混凝土 $P(x)=80\%$ | |
| | 离差系数 =0.15 | 离差系数 =0.20 | 离差系数 =0.15 | 离差系数 =0.20 |
| 1 | 0.86$R$ | 0.79$R$ | 0.79$R$ | 0.71$R$ |
| 2 | 0.97$R$ | 0.95$R$ | 0.90$R$ | 0.85$R$ |
| 3 | 1.02$R$ | 1.03$R$ | 0.94$R$ | 0.92$R$ |
| 4 | 1.05$R$ | 1.07$R$ | 0.97$R$ | 0.96$R$ |
| 5 | 1.07$R$ | 1.10$R$ | 0.99$R$ | 0.98$R$ |
| 6 | 1.08$R$ | 1.12$R$ | 1.00$R$ | 1.00$R$ |

注:$R$ 为碾压混凝土强度等级。

当 $\bar{x} \geqslant \bar{x}_{min}$ 时,碾压混凝土质量合格。

钻孔取样是评定碾压混凝土质量的综合方法,钻孔取样可在碾压混凝土铺筑 3 个月后进行,钻孔数量应根据工程规模确定。

钻孔取样评定的内容如下:

(1)心样获得率:评价碾压混凝土的均质性。

(2)压水试验:评定碾压混凝土抗渗性。

(3)测定心样容重:抗压强度、抗拉强度、抗剪强度、弹性模量和拉伸变形等性能,评定碾压混凝土的均质性和结构强度。

(4)心样外观描述:评定碾压混凝土的均质性和密实性,评定标准见表8-6。

**表8-6 碾压混凝土心样外观评定标准**

| 级别 | 评定标准 | | |
|---|---|---|---|
| | 表面光滑程度 | 表面致密程度 | 骨料分布均匀性 |
| 优良 | 光滑 | 致密 | 均匀 |
| 合格 | 基本光滑 | 稍有孔 | 基本均匀 |
| 差 | 不光滑 | 有部分孔洞 | 不均匀 |

注:采用金钢石钻头取心样。

测定抗压强度的心样直径以15~20 cm为宜。对于大型工程或混凝土的最大骨料粒径大于80 μm的工程,可采用直径20 cm或更大直径的心样。

以高径比为2.0的心样试件为标准试件,不同高径比的心样试件的抗压强度与高径比为2.0的标准试件抗压强度的比值见表8-7,高径比小于1.5的心样试件不得用于测定抗压强度。

$\phi$15×30 cm标准试件与15 cm立方体试件的抗压强度换算关系见表8-7。

**表8-7 不同高径比和圆柱体试件立方体试件抗压强度换算系数**

| 强度等级(MPa) | 不同高径比试件抗压强度换算系数高径比① | | $\frac{\phi 15\times 30\ \text{cm抗压强度}}{15\ \text{cm立方体抗压强度}}$ |
|---|---|---|---|
| | 1.5 | 2.0 | |
| 10~20 | 1.166 | 1.0 | 0.775 |
| 20~30 | 1.066 | 1.0 | 0.821 |
| 30~40 | 1.039 | 1.0 | 0.867 |
| 40~50 | 1.013 | 1.0 | 0.910 |

注:弹性模量抗拉强度和拉伸变形试验试件高径比为2.0~3.0。

①高径比为1.5~2.0的换算系数可用内插法求得。

相对压实度是评价碾压混凝土压实质量的指标。对于建筑物的外部混凝土,相对压实度不得小于98%;对于内部混凝土,相对压实度不得小于97%。

对于设计龄期为180 d或365 d的工程,除了成型90 d龄期标准试件,应同时成型一定数量设计龄期及28 d龄期的试件,用于求得换算系数或检验换算结果的准确性。

根据《混凝土强度检验评定标准》(GB107—87)的规定,混凝土生产质量水平的评定采用的是28 d龄期的抗压强度,故将测得的90 d龄期抗压强度换算成28 d龄期的抗压强度作为碾压混凝土生产质量水平的评定标准。

## 第二节　表层型核子水分 - 密度仪现场测试的要求

近20多年以来，应用表层型核子水分 - 密度仪检测和控制工程质量，得到了碾压混凝土筑坝专业委员会和有关建设、设计、科研、工程及监理单位的关心和支持，经历了引进试验、研制开发和推广三个阶段。目前已趋成熟，但具有自己的特色，为了统一规范使用表层型核子水分 - 密度仪现场测定土石材料的原位密度、含水量和混凝土、沥青混凝土材料的原位密度的方法以及辐射安全方面的要求，应遵守下列规定。

### 一、一般规定

表层型核子水分 - 密度仪在出厂前应经过厂家标定，并应同时具备产品合格证和厂家的标定报告。

表层型核子水分 - 密度仪在用于现场测试之前，应由用户进行现场标定。同时，用标准块检验仪器的准确度，用微机对测量数据进行计算和校准。因此，测量精度和可靠性优于常规的试验方法，现场的标定方法主要是标样法（压实箱法）和常规比较法。在现场标定试验中有时会出现偏差较大的数据，除了常规试验法误差，还应注意表层型核子水分 - 密度仪测量方法，最好采用透射法测量。透射法测量精度大大高于背向散射法，且能真实反映碾压的压实质量，背向散射法受表面平整度影响大，测量深度仅为7.5 ~ 10 cm。

表层型核子水分 - 密度仪在连续测量过程中应每隔3 ~ 6个月进行一次现场标定。当被测材料化学成分有明显改变时，尚应及时进行现场标定，而且每隔18个月或大修后，应由有资质的专门机构进行检定，检定合格方可使用。

表层型核子水分 - 密度仪的使用、保管、运输和报废应符合国家放射防护有关法规和标准的规定。

在现场测试前或对仪器工作状态产生怀疑时，都应对仪器标准计数进行测量和检测，检验合格后方可使用。

每次测量标准计数所采用的方式和测量条件应完全相同，并符合仪器使用说明书的有关要求。

标准块可放置在干燥或平坦的压实土面、混凝土、沥青混凝土和其他建筑材料表面，其密度不宜小于1.6 g/cm$^3$，含水量不宜大于0.24 g/cm$^3$。对某些型号仪器标准块也可放在所配置的运输箱上。

进行标准计数测量时，应将仪器放置在标准块上，并将仪器源杆打在安全位置。标准块表面和仪器底面应无油污、尘土，两者应有良好的接触。

进行标准计数测量时，仪器周围8 m以内不应有放射源，3 m以内不应有大型建筑物，测量人员应与仪器保持2 m以上距离。

当室内外温差很大时，仪器应在现场放置大约20 min后再进行标准计数测量。测取标准计数的环境温度与现场测量的环境温度应相近。如测量当日温度变化很大，宜在现场测试过程中适当增加标准计数测量次数。

表层型核子水分 - 密度仪在出厂前应经过厂家标定，并将标定结果以标定曲线或标定曲线的数学表达式和相关常数表示。厂家提供的仪器标定曲线应适合一般的土面、混凝土、沥青混凝土在以下范围内测量：密度为1.2～2.7 $g/cm^3$、水分为0～0.6 $g/cm^3$。

由于厂家所采用的模拟密度和水分标样材料与现场被测材料化学成分上的差异，碾压施工工艺和测量条件不同以及使用过程中仪器的电气与机械部件变化等因素都会给测量结果带来一定误差。因此，表层型核子水分－密度仪在现场测试前和进行现场连续测试时每间隔一定时间都应由用户进行现场标定，以便对仪器的测量结果进行校核。

仪器经过一段时间的使用，其机械部件如底板、源杆和滑块会变形和磨损，会造成γ射线到达γ射线探测器的路径发生变化，以及仪器内部探测器的灵敏度等特性也会改变，这些因素会造成仪器探测条件的改变，引起标定曲线的变化。仪器大修时，探测器更换或机械部件修理也会造成仪器探测条件改变，引起标定曲线的变化。因此，仪器需要定期或在大修后进行检定。仪器的检定工作是一项要求很高的专业性工作，故需要采用的标定设备和仪器应由有资质条件的专门机构进行。

## 二、标准计数检验的规定

表层型核子水分－密度仪测取和检验标准计数的方法基本上分为两种：第一种是手松单次测量方法，每次测量时间为4 min，其中某些型号的仪型还有自动计算和检验所测取的标准计数的功能。第二种是自动连续多次测量方法，通常测量总时间为256 s，如每8 s测取一次标准计数，共测取32个，或是每1 s测取1次共测取256个，某些型号的仪器还可以自动将$\sigma/\sqrt{n/f}$值计算和显示出来，供用户检验新测取的标准计数。

手动单次测量方法的要求如下。

(1)在现场测试前或对仪器工作状态产生怀疑时，都应对仪器的标准计数进行测量和检验。用手动单次测量方法测取新的标准计数，如新测取的密度或水分标准计数符合下式的规定范围，则该新测取的密度或水分标准计数为合格；否则，视为不合格。

$$|n-n_0| \leqslant 2.0(n_0/f)^{1/2}$$

式中 $n$——新测取的密度或水分标准计数；

$n_0$——仪器先前已测取的4个密度或水分标准计数的平均值；

$f$——预置比例因子。

(2)用手动单次测量方法测取新的标准计数。如新测取的密度和水分标准计数分别符合以下两式的规定范围，则该新测取的密度或水分标准计数为合格；否则，视为不合格。

$$|n-n_0| \leqslant 0.01n_0$$

$$|n-n_0| \leqslant 0.02n_0$$

式中 $n$——新测取的密度或水分标准计数；

$n_0$——仪器先前已测取的4个密度或水分标准计数的平均值。

(3)如仪器还没有测取和存储过合格的标准计数；或者已有，但是在2个月以前测取的；或者新的测量地区的环境放射性本底有明显异常，则都应先重新测取4个密度或水分标准计数并取其平均值，再按标准计数检验的规定对以后新测取的标准计数进行检验。

自动连续多次测量方法测取标准计数的检验应符合下列要求：

在现场测试前或对仪器工作状态产生怀疑时，都应对仪器标准计数进行测量和检验。用自动连续多次测量方法测取新的标准计数。如新测取的密度或水分标准计数符合下式的规定范围，则该新测取的标准计数为合格；否则，视为不合格。

$$0.75 \leqslant \frac{\sigma}{(n/f)^{1/2}} \leqslant 1.25$$

式中 $n$——新测取的密度或水分标准计数，即一组所有单次测取的密度或水分标准计数的平均值；

$\sigma$——该组单次测取的密度或水分标准计数的标准差；

其他符号意义同前。

根据不同型号的仪器，选择上述各项规定方法，进行标准计数的检验。如第一次检验不合格，可再次检验。其间可让仪器开机继续稳定一段时间，按规定检查标准计数测取条件，如不符合应及时纠正后再继续检验。如多次检验仍不合格，则认为仪器不能正常工作，需要检查和修理。

测取和检验标准计数有以下两方面的作用：一方面是用来检验仪器的工作状态，即标准计数检验合格的仪器应处于正常工作状态；另一方面也将标准计数直接引入测量结果的计算处理，对仪器起到一种校正作用。

对不同型号的仪器其测取标准计数的条件和要求有所不同，应按仪器使用说明书要求进行标准计数测取。

在一种温度下测取标准计数而又在另一种不同温度下进行现场测试，而且温度相差较大，会给测量结果带来误差。

$f$ 为预置比例因子。某些型号仪器为减少所显示的测量计数的位数，而将实际测量计数预先除以该比例因子后再显示。该比例因子一般为 1，如果该值不为 1，则仪器生产厂家会提供该值。

对不是采用 $^{137}Cs$ 和 $^{241}Am-Be$ 放射源的仪器，其标准计数的有效性不应以 2 个月为限，而应根据仪器所采用的 γ 射线源和中子源的半衰期确定。

## 三、现场标定

### （一）表层型核子水分－密度仪现场标定的一般规定

表层型核子水分－密度仪现场标定，是在采用仪器厂家标定曲线的前提下确定不同化学成分的被测材料和不同测量条件以及在使用过程中仪器电气和机械部件变化可能给仪器密度和含水量测量结果带来的总偏差，用以校正仪器测量结果。这与厂家标定（用来建立仪器标定曲线）和仪器定期或大修后标定（用来检验或修改仪器标定曲线）都有一定区别。

对不同的被测材料和不同测量条件，仪器在现场测试前，应进行现场标定。相同被测材料在相同测量条件下，进行现场连续测试时，每隔 3～6 个月应进行一次现场标定。

仪器的现场标定可采用密度和水分标样法，也可采用原位取样法。密度和水分标样法标定是指采用现场被测材料，制作已知密度或含水量的密度和水分标样，对仪器进行标定。原位取样法标定是指仪器在现场进行密度或水分测量后，立即在仪器测量原位采用常规取样法。如灌砂法、灌水法、环刀法或钻孔取心法对仪器进行标定。

为保证现场标定中仪器的测量精度高于仪器现场测试时的精度，仪器现场标定时采用的测量时间宜是现场测试时的 4 倍，一般应采用 4 min。

密度或水分标样的最佳合适尺寸是这样通过试验确定的，即密度或水分标样的三维尺寸在大到某个尺度后如再增加其任一维方向尺寸，仪器的密度或水分测量计数都不会再发生变化。此时该标样大小则为最佳合适尺寸。

密度和水分标样的最佳合适尺寸与仪器所采用的放射源射线能量有关，射线能力愈高，相应的尺寸就愈大。密度标样和水分标样尺寸是指仪器采用$^{137}Cs$和$^{241}Am-Be$放射源的情况。如采用其他不同种类放射源，则密度和水分标样的最佳合适尺寸也有所不同，应根据试验确定。

制作成的密度和水分标样，可采用在标样表面覆盖塑料薄膜的方法来防止水分蒸发。对采用黏性土制作的水分标样，宜采用塑料涂膜的方法覆盖 48 h 以上，以使标样内部水分扩散均匀。

制作混凝土密度标样时，应使骨料分布均匀。如果用钢模板制作混凝土密度标准样，在仪器测量前应将其拆除，以避免铁原子对射线的吸收和散射。

原位取样法，现场标定不宜在暴雨后或在非常干燥的空气进行。此时地层水分布不均匀、变化大，会给仪器测量结果和原位取样法测量结果带来较大的误差。

仪器现场标定所采用的被测材料和所处的测量条件应与仪器现场测试时的被测材料和测量条件相同。被测材料的密度和含水量范围应包括现场测试中被测材料的密度和含水量变化范围。

现场标定时仪器应距其他放射源 8 m 以上，应距大型建筑物 3 m 以上。仪器操作人员在测量过程中应与仪器保持 2 m 以上距离。

现场标定时仪器测量时间应采用 4 min。

**（二）密度和水分标样法现场标定**

密度和水分标样的制作应符合下列规定：

（1）采用现场被测材料和使用钢模报告工作密度和水分标样。标样应不小于以下尺寸：背向散射法密度测量，600 mm × 450 mm × 250 mm；透射法密度测量，600 mm × 450 mm × 350 mm；水分测量，600 mm × 450 mm × 350 mm。

（2）密度和水分标样数量分别应有 3 个。

（3）土石材料密度标样制作。应准备 3 个容器，其尺寸应符合上述规定。分别向容器内充填现场被测土石材料。充填时应保持材料原有级配和分布均匀并夯实，分层厚度可为 50 mm 或 100 mm 直至将容器填满夯实到容器顶面并最后刮平。测量容器充填体积和称量所充填的土石材料质量，可计算出每个密度标样的密度，密度值误差应在 ±0.005 g/cm$^3$ 以内。

（4）混凝土材料密度标样的制作。应准备 3 个容器，其尺寸应符合上述要求，分别向容器内充填混凝土材料。该混凝土材料和级配应与现场浇筑使用的混凝土材料相同。充填时应分层充填和压实，最后刮平。测量容器充填体积和称量所充填的混凝土质量，可计算出每个密度标样的密度。密度误差应在 ±0.005 g/cm$^3$ 以内。

（5）土石材料水分标样制备。应准备 3 个容器，其尺寸如上述要求，分别向容器内充填现场被测土石材料，充填时应分层充填和压实，并使其密度与现场情况大体相同。填充完后，应采用塑料薄膜覆盖其表面。当仪器对以上各个水分标样测量完成后，应取样并采用烘干法测定出每个水分标样的含水量，含水量值误差应在 ±0.005 g/cm$^3$ 以内。

标样法密度现场标定应符合下列要求：

（1）仪器开机，经预热和自检程序后进入工作状态，测取和输入合格的密度标准计数。

（2）将仪器分别放置在已制作好的土石或混凝土材料的 3 个密度标样表面，使仪器底面与已制作好的标样表面在长边方向相一致，并且其位置前后和左右对称。

(3)根据土石和混凝土材料标样不同，对每个标样采用现场测试所选择的测量深度，测量时间采用4 min，启动仪器测取3次密度值，取这3次密度值的平均值作为仪器测量结果。

(4)计算每个密度标样的仪器密度测量结果与标样实际密度值的差值。应取这3个差值的平均值作为仪器在采用该测量深度时的密度测量结果的校正偏差。

标样法水分现场标定应符合下列要求：

(1)仪器开机，经预热和自检进入工作状态。应按规定测取和输入合格的水分标准计数。

(2)应将仪器分别放置在制作好的3个土石材料水分标样表面，使仪器底面与标样表面在长边方向一致，并且其位置前后和上下对称。

(3)按规范规定，每个标样的测量时间采用4 min，启动仪器取3次含水量值，取这3次含水量的平均值作为仪器测量结果。

(4)计算每个水分标样的仪器含水量测量结果与标样实际含水量的差值，应取这3个差值的平均值作为仪器含水量测量结果的校正偏差。

**(三)原位取样法现场标定**

根据被测材料的种类和性质可采用不同的原位取样方法。对土石材料的密度测量可采用灌砂法或环刀法，含水量测量可采用烘干法；对于混凝土和沥青混凝土密度测量，可采用灌砂法和钻孔取心法。

现场标定应选择有代表性的测点。仪器测试与原位取样应在相同的位置进行，并在仪器测量后立即进行原位取样。

原位取样所取心样应为直径200 mm的圆柱体。该圆柱体应正好坐落在仪器$\gamma$射线源和$\gamma$射线探测器连线中间位置。当采用背向散射法密度测量时，圆柱体高度可为75 mm左右；当采用透射法密度测量时，圆柱体高度应为仪器测量深度；当进行含水量测量时，圆柱体高度可为150 mm左右。

可采用相关法确定仪器密度和含水量测量结果分别与原位取样法密度和含水量测量结果的相互关系。对比测点不应少于30个，且相关曲线的相关系数应不小于0.9。

原位取样法现场标定应符合下列规定：

(1)仪器开机，经预热和自检后进入工作状态。按规范规定测取和输入合格的密度和水分标准计数。

(2)应在选定的测量位置上放置好仪器，若被测材料为土石、混凝土和沥青混凝土则分别按上述规定采用现场测试所选择的测量深度和测量时间采用4 min，启动仪器进行密度和含水量测量，记录相应的密度和含水量测量结果。

(3)按规范规定进行原样取样并将所取试样送实验室测定其密度和含水量。

(4)按规范规定整理和控制原位取样法密度和含水量测量结果分别与仪器密度和含水量测量结果的相关曲线。

(5)计算所有测点的原位取样法密度测量结果的平均值和仪器密度测量结果的校正偏差。

(6)计算所有测点的原位取样法含水量测量结果的平均值和仪器含水量测量结果的平均值，应取两者之差作为仪器含水量测量结果的校正偏差。

## 四、现场测试

### (一)一般规定

现场测试前,应检查仪器电源储电状况,如不能满足现场测试需要,应及时充电或更换干电池。

现场测试前,应对仪器的各项测量功能进行检查,检查结果应符合仪器使用说明书的要求。

现场测试前,应按规范规定测取和检验仪器的标准计数,检验合格后方可使用。

现场测试前,仪器应按规范的规定进行现场标定。

现场测试前,应按被测材料种类、碾压层厚度、现场标定所确定的校正偏差和测量精度要求等设计和设置仪器相关测量参数。

现场测试时仪器测量地点周围 8 m 以内不应有任何放射源,3 m 以内不应有大型建筑物,仪器测量人员在测试过程中应与仪器保持 2 m 以上的距离。

当仪器放在沟渠内测试时,应按仪器说明书要求确定适合仪器测量的沟渠最小宽度。当沟渠宽度小于规定宽度时,仪器测量结果应按仪器说明书的要求进行校正。

对土石和混凝土密度测量,仪器测量深度应稍大于或等于碾压层厚度,对薄面层压实密度测量,仪器背向散射法测量深度应稍小于或等于该薄面层厚度。如仪器背向散射法测量深度大于该薄面层厚度,应按仪器使用说明书要求对仪器测量结果进行校正。

当碾压层厚度大于或等于 100 mm 时,宜采用透射法密度测量方式。如被测材料不宜或不易成孔时,则可采用背向散射法密度测量方式。

采用背向散射法测量密度时,测量时间应不小于 1 min。无论采用背向散射法或透射法,只要是包含有含水量的测量,测量时间均不应小于 40 min。如进行单一的含水量测量,仪器源杆宜设置在背向散射法测量位置。

仪器测量精度和测量误差均应符合工程实际要求。仪器测量精度和误差分析可按下面的要求进行:

(1)测量精度。仪器测量精度是指仪器测量计数一个标准差幅度的变化量所引起的密度或含水量测量值变化量。仪器测量精度取决于仪器测量计数标准差和仪器标定曲线斜率,应按下式计算:

$$\rho = \frac{\sigma}{\delta}$$

式中 $\rho$——仪器密度或水分测量精度,g/cm$^3$;

$\sigma$——仪器密度或水分测量计数的标准差,计数;

$\delta$——密度或水分测量标定曲线斜率,计数/(g/cm$^3$)。

密度测量、仪器密度测量计数与被测材料密度是非线性相关,不同密度在密度标定曲线上对应的斜率 $\delta$ 是不同的。对确定的仪器,测量计数标准差与测量次数,测量计数相关给定仪器测量精度应同时说明被测材料的密度、含水量、测量时间和测量计数。延长测量时间和增大测量计数可减小测量计数的标准差,可提高仪器的测量精度。

仪器测量精度可按以下任一种方法计算:①对有确定密度和含水量的被测材料,固定仪器测量位置进行连续多次测量(如 10 次或 20 次),分别计算出仪器密度或水分测量计数标准差 $\sigma$,再根据被测材料密度或含水量分别查出密度或水分标定曲线上对应的斜率 $\delta$,分别计算出仪器密度或含水量测量的精度。②对有确定密度和含水量的被测材料，固定仪器位置进行一次性测量。若其密度或水分测量计数为 $N$，则以公式 $\sigma = N^{1/2}$ 估算出密度或水分测量计数标准差 $\sigma$，再根据被测材料密度或含水量分别查出密度或水分标定曲线上对应的斜率 $\delta$，分别计算出仪器密度或水分测量精度。

对直读式仪器其测量精度可采用以下方法直接确定，即对有确定密度或含水量的被测材料，固定仪器位置进行多次测量，计算出该组测数的密度值或含水量值的标准差即是仪器测量精度。

对表层型核子水分－密度仪，密度测量精度一般要求是：当被测材料密度为 2.250 g/cm³，采用背向散射法测量精度应在 ±0.018 g/cm³ 范围以内，采用透射法测量精度应在 ±0.05 g/cm³ 范围内。水分测量精度一般要求是：当被测材料含水量为 0.160 g/cm³，测量精度应在 ±0.005 g/cm³ 范围以内。

检验或新设置仪器标定曲线时，应确定仪器测量精度，而这项工作应当由专人来进行。

（2）测量误差。仪器测量误差是指仪器密度或含水量测量值分别与被测材料密度或含水量值之间的偏差。现场测量中，对表层型核子水分－密度仪除了仪器测量精度带来的误差，还会有被测材料化学成分变化、测面不平整以及人为操作不当等因素带来的误差。经现场标定仪器，按规范进行测试时，密度测量误差应在 ±0.03 g/cm³ 范围以内；对水分测量，当含水率小于 40% 时，测量误差应在 ±1% 范围以内，当含水率大于或等于 40% 时，测量误差应在 ±2% 范围以内。

现场测试中的仪器使用、保养和运输中有关辐射防护安全要求如下：

（1）凡使用表层型核子水分－密度仪的单位均必须办理和取得放射性同位素工作许可证和放射性同位素工作登记证，并且操作人员应办理和取得放射工作人员证。

（2）仪器应由受过专门培训的人员使用、维护、保养和保管，严禁拆装仪器内放射源。

（3）测量时仪器放置地点的 3 m 范围应设置明显警戒线，无关人员应退至警戒线外，应防止施工机械和其他车辆碰坏仪器。

（4）仪器在不使用时，应将仪器手柄置于安全位置，即将 γ 射线源收进铅或钨钢的防护套内。表层型核子水分－密度仪应装在箱内上锁，放在符合辐射安全规定的专门地方，并由专人保管。

（5）仪器操作人员在使用仪器时，必须佩戴个人射线剂量计，以使监测和记录操作人员所受射线剂量，并建立个人辐射剂量记录档案。

（6）应由用户按厂家要求或由具有资质条件的专业部门定期对仪器进行放射源泄漏检查。一般应每隔 6 个月进行一次，检查结果不符合要求的仪器严禁再投入使用。

（7）仪器交付有关部门运输时，应有省或市、县一级卫生部门的辐射剂量检查证件，并按运输部门有关要求，办理托运手续。自备车辆运输时，应有专人监护仪器运输过程中的安全。

（8）一旦发生表层型核子水分－密度仪丢失、被盗或仪器放射源损坏事故。有关单位和人员应立即采取措施妥善处理并应及时报告本单位安全主管部门和上级所在地卫生、公安部门并协助进行事故调查和处理。

**（二）混凝土密度现场测试的基本要求**

仪器测试前按规定做好仪器现场测试前的检查和准备工作。采用背向散射法测量应符合以下规定：

(1)测量场地的准备：①选择和确定测量位置，对钢筋混凝土材料，测点处混凝土保护层厚度应不小于仪器测量深度。②对尚未硬化的混凝土，可用导板等工具将测量表面修整抹平。③对已硬化的混凝土，则应选择较平整表面，清理其上松散砂粒。若有凸凹不平处，应使用细砂充填，但充填料厚度不应大于 3 mm，充填面积不应大于仪器底面面积的 10%，最后用导板抹平。

(2)按规范要求进行测试，并按规定表格记录和填写密度测试结果数据、相关参数和有关内容。

(3)对于未硬化的混凝土用透射法进行测量时应符合以下规定：①按规定要求做好测量场地准备。在钢筋混凝土测点位置的下面预定的测量深度内 γ 射线所穿过的路径上不应有钢筋存在。②按规范的规定做好测孔准备和仪器安放位置标记。③按规范的规定进行仪器测试，并可按规定表格填写记录及密度测试结果数据、相关参数和有关内容。

仪器显示屏出现电源储电不足信号时，应及时充电或更换干电池。充电时间宜为 12 ~ 14 h，特殊情况下，也可短时间应急充电。

仪器只有在各项功能（如键盘、显示器、软件程序等）工作正常，并且标准计数检验也合格时方可使用。

设计和设置的相关参数有土石、混凝土、沥青混凝土等测量模式；密度测量方式有背向散射法和透射法；测量参数有密度（湿密度、干密度）、含水量、含水率、压实度、孔隙率等，以及计量单位，测量深度时间和测量结果校正偏差等。

当仪器放置在沟渠内测量，如沟渠的宽度小于一定距离时，沟渠的侧壁对快中子和 γ 射线有反射作用，会影响仪器水分测量结果和背向散射法以及 100 mm 深度以内透射法密度测量结果。不同型号的仪器对沟渠最小宽度的要求和对仪器测量结果的校正方法也有所不同，应按仪器使用说明书要求进行。

对填土和碾压混凝土，当采用透射法测量时，其测量深度宜包含整个碾压层。当采用背向散射法对薄层压实密度进行测量时，由于 γ 射线会穿过该薄面层而被具有与面层不同密度的垫层材料反射，从而影响仪器的测量效果。对这种情况，可使用专门测量薄层材料的某些型号仪器，其背向散射法测量深度可为 50 mm，甚至可为 38 mm，也可采用一般型号的仪器测量，再按仪器使用说明书要求对测量结果进行校正。

相同测量条件下，背向散射法的测量精度要低于透射法。采用背向散射法测量时，为了提高测量精度应增加测量时间。

采用背向散射法测量时，应仔细地将测量表面平整好，以减小表面粗糙误差。

测孔的深度应大于仪器源杆插入深度 25 mm 以上。测孔垂直度要求是：在仪器源杆插入预定测量深度后，不应造成仪器底面翘起，且仪器底面与测量表面有良好接触。如钻孔不符合上述要求应废弃重打。

一般情况下，导板形状、大小与仪器底面相同且导孔在导板上的相对位置与仪器源杆出口在仪器底面上的相对位置完全相同，因此在测孔造好以后，可用导板的四个角为定位依据，在测点地面上轻轻划上定位标志线。在将导板拿走后，参照已做好的定位标志线将仪器轻放在测点位置上。此时，仪器底部的源杆出口会正好对准已造好的测孔孔口上方，十分便于源杆插入。

当仪器结果有明显异常，怀疑有超大粒径颗粒和孔洞存在时，可在仪器测量原位取样检查和确认，并对测量结果的代表性做出评价。

如果测点处的钢筋混凝土保护层小于仪器测量深度，钢筋会影响仪器测量试验结果。对专门用来测量薄面层的某些型号仪器，可允许仪器底面下钢筋混凝土保护层厚度为 50 mm 左右或 38 mm 左右。

应在混凝土尚未硬化时进行造孔。对常态混凝土宜在浇筑后 5 ~ 20 min 内进行造孔和测试，对碾压混凝土宜在碾压后 1 h 内进行造孔和测试。对钢筋混凝土可采用钢筋位置测定仪预先测定钢筋位置，以便于选择合适的位置造孔。

由于沥青种类和成分极其复杂，因此现场测试前应对每一种不同类型和级配的沥青混凝土进行现场标定。沥青混凝土路面面层较薄，一般不宜造孔而采用背向散射法测量。所测沥青混凝土路面面层厚度不应小于仪器背向散射法测量深度，不宜将仪器放在较热的沥青混凝土上测量，以免仪器受损。受温度变化影响，沥青混凝土的密度宜在冷却后进行测试。

## 第三节　深层型核子水分 - 密度仪现场测试的要求

深层型核子水分 - 密度仪探棒通过钻孔或测量导管放至地面下预定深度，分别采用 γ 射线散射法和快中子被氢原子慢化法测定材料原位密度和含水量，以及固定在同一测点进行重复性测量、监测密度和含水量的变化。

深层型核子水分 - 密度仪在出厂前，应经过厂家标定并应同时具备产品合格证和厂家标定报告，并在现场测试前应由用户进行现场标定。当被测材料化学成分明显变化时，尚应及时进行现场标定并且每隔 18 个月或在大修后，应由有资质的专门机构进行检定，检定合格后方可使用。其保管、运输和报废应符合国家放射防护有关法规和标准的规定。

### 一、深层型核子水分 - 密度仪标定计数的一般规定

现场测量前或对仪器工作状态产生怀疑时，都应对标准计数进行测量和检验，合格后方可使用。

用于测取标准计数的参数标准体，可采用仪器辐射防护体，也可采用充水圆桶，该桶内径应不小于 500 mm，高度应不小于 1 000 mm。

每次测量标准计数采用的方式和测量条件完全相同，并符合仪器使用说明书的有关要求。

在测量标准计数时，仪器周围 10 m 以内不应有放射源，3 m 以内不应有大型建筑物，测量人员应与仪器保持 2 m 以上距离。

测取标准计数时，仪器周围环境温度应与现场测试时环境温度相近，宜在 10 ~ 30 ℃范围。

在仪器整个使用期间应完整记录并保留仪器标准计数测量结果及相关资料。如时间、地点、条件和环境等，并建立档案长期保存。

测取和检验标准计数有以下两方面作用：一方面用来检验仪器的工作状态，即标准计数检验合格的仪器应处于正常工作状态；另一方面也将标准计数直接引入测量结果的计算处理，对仪器起到一种校正作用。

不同型号仪器其测量标准计数的方法和条件有所不同，应按仪器使用说明书要求进行。

深层型核子水分 - 密度仪在测取标准计数时对周围环境要求较为严格，过于靠近的建

筑物甚至测量人员身体也会对射线起反射作用,从而影响标准计数测量结果。

采用仪器辐射防护体作为参考标准体测取标准计数时,其环境温度变化会使辐射防护体屏蔽材料收缩或膨胀而产生密度变化,从而影响标准计数测量结果。

深层型核子水分－密度仪测取和检验标准计数的方法基本上分为两种:第一种是手动单次测量方法,每次测量时间为4 min。第二种是自动连续多次测量方法,通常测量总时间为256 s,如每8 s测取一次标准计数,累计测取32个。有些型号仪器还具有自动计算检验所测取的标准计数功能。

## 二、深层型核子水分－密度仪标准计数检验

深层型核子水分－密度仪标准计数检验与表层型核子水分－密度计标准计数检验相同,这里不再详述。

## 三、现场标定

当仪器储存的标定曲线(包括厂家标定曲线)不适用于现场被测材料和拟采用的测量导管时,仪器应重新进行现场标定。

现场标定可采用密度和水分标样法,也可以采用原位取样法。

仪器现场标定所采用的被测材料性质和化学成分、测量导管和测量方法等应与现场测试时相同,现场标定时被测材料的密度和含水量范围应包含仪器现场测试中被测材料的密度和含水量变化范围。

采用原位取样法进行仪器现场标定时,所采集的土样数量不宜少于20个。

原位取样法现场标定不宜在大雨后、灌溉后或暴雨天气进行。现场测点应有代表性。在仪器测量和原位取样期间被测地层的含水量分布稳定。

原位取样法现场标定时,在沉放仪器探棒前应采用空白探棒检查测量导管。测量导管的测量段应通畅并无积水。

现场标定时仪器测量时间应采用4 min。

现场标定所获得的仪器标定曲线,可用图线或表格表示,也可采用数学表达式及相关标定常数表示。对设置有标定曲线常数计算和输入功能的仪器可借助仪器完成标定曲线常数计算和输入工作。

现场测试前应取得测量地区土层的质地和化学成分等资料,必要时应去现场察看,如确认现场被测材料在质地、化学成分上与先前标定过的被测材料相同或相近,且可采用相同测量导管,则可不再进行现场标定。

密度和水分标样法标定是指采用现场被测材料或其他合适的材料,制作已知密度或含水量的密度或水分标样,对仪器进行标定。原位取样法标定是指采用取土钻在测量导管原位或其周围的各个测量深度上取土样,送实验室进行土样密度或含水量测定,用来对仪器进行标定。

对深层型核子水分－密度仪,测量导管是影响测量结果的重要因素。因此,应选择合适的测量导管并在现场标定和现场测试中保持测量导管在材质和尺寸上的一致性。

由于现场被测材料密度和水分空间分布的复杂性,为了减小所取土样的密度或含水量测量结果随机误差对标定结果的影响,并使所取土样的密度或含水量分布有较大的变化范

围,应钻取足够数量的土样。所钻取试样数量不宜少于 20 个,一般是指建立一条标定曲线所需的土样总数,可以是在不同地点的几个测点的测量导管周围所取土样数量总和。在测量导管周围同一深度上所取的一对土样,由于是取其密度或含水量结果的平均值作为该深度土样的测量结果,因此仅能算一个土样。

为了保证现场标定试验中仪器的测量精度高于仪器现场测试的精度,在现场标定中仪器测量时间宜是现场测试时的 4 倍,一般应采用 4 min。

密度或水分标样的最佳合适尺寸是这样通过试验确定的,即密度或水分标样的三维尺寸在大到某个尺度后,如再增加其任一维方向尺寸,仪器的密度或水分测量计数都不再发生变化,此时该标样大小则为最佳合适尺寸。

密度和水分标样的最佳合适尺寸与仪器所采用的放射源射线能量有关,射线能量愈高相应的尺寸就愈大。《核子水分－密度仪现场测试规程》(SL275—2001)所规定的密度标样和水分标样尺寸是指仪器采用$^{137}$Cs 和$^{241}$Am－Be 放射源的情况。如采用其他种类的放射源,则密度和水分标样的最佳合适尺寸也有所不同,应根据试验确定。

密度标样数量至少应有 3 个是求解联立方程 $CR_D = A\mathrm{e}^{-BD} - C$ 的需要,式中 $A$、$B$、$C$ 为密度测量标定常数,其中 $A$、$C$ 与 $\gamma$ 射线源活度和核探测条件有关,$B$ 与被测材料对 $\gamma$ 射线吸收特性有关,该方程是含有 3 个未知数的指数曲线方程。水分标样数量至少应有 2 个是求解联立方程 $CR_M = FM + E$ 而得的,式中 $E$、$F$ 为水分测量标定常数与核探测条件以及被测材料和测量导管对中子的慢化吸收特性有关,该方程是含有 2 个未知数的直线方程。

采用混凝土材料制作密度标样时,宜选择较小粒径的骨料,这样有利于充填料拌和,充填均匀。宜采用在标样表面覆盖塑料薄膜的方法来防止标样水分蒸发。对于用黏性土制作的水分标样宜采用塑料薄膜覆盖并保持 48 h 以上,以使标样内部水分扩散均匀。

探棒的探测灵敏区是指探棒内 $\gamma$ 射线探测器或热中子探测器的中心位置或这种探测器连线的中部位置,一般在探棒上有标记。

在钻孔和埋设测量导管的过程中,应留心观测所取土样的质地、分层、大粒径颗粒和孔洞情况,并选择有代表性、成分一致性和颗粒均匀性较好的层段作为拟定的标定层,记录其相应深度。

在使用套筒式取土钻时,可在拟定的标定层中钻取一段未扰动的原状土心样;在使用麻花钻取土样时,可在拟定的标定层中将其中一段土样分次取出,并按钻孔孔径和取样高度计算出土体实际体积。土体取样高度应以 10～20 cm 为宜,取出的土样应立即放进已称量过的铝盒或塑料袋中密封起来,送实验室测定其密度和含水量。

采用原位取样法现场标定时,标定试验的结果一般都以绘制的标定曲线或图表示,也可根据用户需要和仪器功能情况计算出相应的标定常数并输入仪器。

## 四、现场测试的要求

### (一)现场测试的一般规定

现场测试前应检查仪器电源储电情况。如不能满足现场试验要求,应及时充电或更换干电池。

现场测试前应对仪器的各项测量功能进行检查,检查结果应符合仪器使用说明要求。

现场测试前按《深层型核子水分－密度仪现场测试规程》(SL275.2—2001)的规定,测取和检验仪器标准计数，检验合格后方可使用。

同一测量地区如地下土层质地和成分相同或相近，现场测试中可采用同一条密度或水分测量标定曲线。如土层质地和成分上有较大差异应采用适合于这些不同土质的测量标定曲线。

现场测试前仪器应采用拟定的测量导管，针对测量地区不同土壤进行现场标定，获得一条或若干条适合于现场测试的密度和水分测量标定曲线。

在将仪器探棒沉放到测量导管前，应使用空白探棒检查测量导管。测量导管的测量段应通畅且无积水。

测量最小深度不宜小于 300 mm。

进行密度测量时，测量时间不宜小于 1 min，进行含水量测量时，测量时间不宜小于 4 min。

仪器的测量精度和测量误差应符合工程实践的需要，仪器的测量精度和误差分析可按规定进行，即测量精度。仪器测量精度是指仪器测量计数一个标准差幅度的变化量所引起的密度或含水量测量值变化量。仪器测量精度取决于仪器测量计数标准差和仪器标定曲线斜率，应按下式计算：

$$\rho = \frac{\sigma}{\delta}$$

式中 $\rho$——仪器密度或水分测量精度，$g/cm^3$；

$\sigma$——仪器密度或水分测量计数的标准差，计数；

$\delta$——密度或水分测量标定曲线斜率，计数/$(g \cdot cm^{-3})$。

对密度的测量：仪器密度测量计数与被测材料密度是非线性相关。不同密度在密度标定曲线上对应的斜率 $\delta$ 是不同的。对确定的仪器、测量计数标准差与测量次数、测量计数相关。给定仪器测量精度应同时说明被测材料的密度、含水量、测量时间和测量计数延长测量时间和增大测量计数可减少测量计数的标准差，可提高仪器的测量精度。仪器测量精度可按以下任一种方法计算：①对有确定密度和含水量的被测材料，固定仪器测量位置进行连续多次测量，如 10 次或 20 次，分别计算出仪器密度或水分测量计数标准差 $\sigma$。再根据被测材料密度或含水量分别查出密度或水分标定曲线上对应的斜率 $\delta$，分别计算出仪器密度或含水量测量的测量精度。②对有确定密度和含水量的被测材料，固定仪器测量位置进行一次性测量，若其密度或水分测量计数为 $N$，则以公式 $\sigma \approx \sqrt{N}$ 估算出密度或水分计数标准差 $\sigma$，再根据被测材料密度或含水量分别查出密度或水分标定曲线上对应的斜率 $\delta$，分别计算出仪器的密度或水分测量精度。

对直读式仪器其测量精度可采用以下方法直接确定，即对于有确定密度或含水量的被测材料，固定仪器位置进行多次测量，计算出该组测取的密度值或含水量值的标准差即仪器测量精度。

对深层型核子水分－密度仪，密度测量精度一般要求是：当被测材料密度为 2.000 $g/cm^3$，精度应在 ±0.008 $g/cm^3$ 范围以内；水分测量精度一般要求是：当被测材料含水量为 0.200 $g/cm^3$，精度应在 ±0.005 $g/cm^3$ 范围以内。

检验或新设置仪器标定曲线时，应确定仪器测量精度，而这项工作应由专业人员来进行。

测量误差：仪器测量误差是指仪器密度或含水量测量值分别与被测材料密度或含水量真值之间的偏差。现场测量中对深层型核子水分－密度仪，除了仪器测量精度给测量结果带来误差,还有标定曲线的不适用性,被测地层含水量非常稳定性、探头深度不准确性以及人员操作不规范等因素给测量结果带来误差。经过现场标定后的仪器对密度测量其误差应在 ±0.03 g/cm$^3$ 范围以内;对水分测量,当含水率小于 40% 时,测量误差应在 ±1% 范围以内,当含水率等于或大于 40% 时,测量误差应在 ±2% 范围以内。

现场测试中的仪器安全使用、保管和运输中有关辐射防护安全事项按前述规定。

仪器显示屏出现电源储电不足信号时,应及时充电或更换干电池。充电时间宜为 12 ~ 14 h,特殊情况下也可短时间应急充电以满足现场测试需要。

仪器只有在各项测量功能(如键盘、显示器和软件程序等)工作正常并且标准计数检验也合格时方可使用。

如随着测量位置和深度的变化,土层质地、化学成分有较大差异,则应采用适合于该土层的密度或水分标定曲线,甚至同一测量导管只要不同深度上土层质地、化学成分不同也应采用不同的标定曲线。

在测量之前都应采用空白探棒在测量导管内试放,检查测量导管是否通畅。如不通畅,应处理解决好,否则可能会发生卡孔,致使含有放射源的探棒无法取出造成事故。

仪器探棒一般不具备水密封性能,因此当测孔比较深而且可能有地下水渗入时,测量导管下端应预先采用快干水泥或塞子堵塞死,以防止地下水渗入。管内积水会产生错误读数并会造成探棒损坏。

测量深度小于 300 mm 时,一部分 γ 射线或快中子会从土壤表层逃逸出去,使得仪器的密度或水分测量计数减小,从而影响测量结果。

应避免选择低洼处,以免地表水集中和下渗到测量位置,影响仪器测量。铺架操作平台可避免在钻孔、埋设测量导管和测试时踏实表层土壤和损坏地表植物。

在钻孔过程中应探明土层土质变化、地下水水位并记录相应深度,如土壤质地和化学成分上有较大差异,则应选择不同的密度或水分测量标定曲线。

测量导管埋设时应露出地面同样高度,以便在电缆上做适合现场所有测量导管的深度标记。测量导管不宜露出地面过高,一方面可防止仪器搬运时将其碰坏,另一方面也减少操作者沉放探头时所辐射剂量。测量导管应加盖,以防止杂物和雨水落入。

没有直读功能的仪器,应预先准备好相对应的标定曲线的图表,以供现场查对及确定密度和含水量测量结果。

对直读仪器,现场测试时宜同时记录下密度或水分测量计数和密度或含水量测量值,以防止一旦发生标定曲线选择错误时,可重新进行数据计算处理。

**(二)材料密度和含水量现场测试**

应做好仪器测量前的检查和准备。

测量场地应选择有代表性的测量地点,平整测点及周围,架好工作平台。

钻孔和测量导管埋设,应依据被测材料性质、测量深度,选择合适的钻孔工具。

应使用空白探棒检查测量导管。

仪器测试的要求如下:

(1)仪器开机,经预热和自检进入工作状态并按规定测取和输入合格的水分标准计数。

(2)应将仪器架在测量导管之上,将探棒沉放至测量导管内预定深度,固定好电缆,记录相应深度。

(3)对具有标定曲线设置功能的仪器,应预先设置合适的密度和水分测量标定曲线,按设置的测量时间,启动仪器进行密度和含水量测试,并按记录填写密度和含水量测试结果。

现场测试结果的确定:

(1)对具有标定曲线设置功能的直读仪器,可直接按记录到的密度和含水量测试结果确定现场测试结果。

(2)如标定曲线无法输入仪器内,可根据仪器记录到的密度和水分测量计数,计算出对应的计数比 *SR* 值,再分别根据仪器所适用的密度和水分标定曲线的图线和表格,查出所对应的被测材料密度和含水量测试结果。

现场测试结果影响因素的处理应符合下列规定:

(1)现场测试所选择的测量标定曲线不适合于现场被测材料和测量导管时,应检查被测材料化学成分和核对测量导管材质和尺寸,并针对该种被测材料和测量导管进行现场标定,重新建立测量标定曲线。

(2)被测材料不均质,应通过钻孔察看不同深度土层的质地情况,针对不同质地土层选择更适合的测量标定曲线。

(3)测量导管周围存在超大粒径颗粒或空洞,应记下测量结果异常的相应深度。在现场测试完毕后,用取土器在该处取样,检查该处超大粒径或空洞存在情况,并对测量结果予以说明。

(4)测量导管的接头应在埋设测量导管时记录下各个接头的部位、深度,并避免在该部位测量。

## 第四节　碾压混凝土采用超声波法检测的技术要求

采用超声波法检测混凝土质量,是在吸收国外超声波检测仪器最新成果和超声波检测技术的新经验,并结合我国建设工程中混凝土质量控制与检测的实际需要而产生的。其主要内容包括:超声波法检测混凝土缺陷的适用范围,检测设备技术要求,声学参数测量方法,混凝土裂缝深度,混凝土不密实区新老混凝土结合质量,灌注桩和钢管混凝土缺陷的检测及判断方法。

### 一、超声波检测仪的技术要求

超声波检测仪的技术要求如下所述。

(1)用于混凝土的超声波检测仪分为以下两类:①模拟式,接收信号为连续模拟量,可由时域波形信号测声学参数;②数字式,接受信号转化为离散数字量,具有采集、储存数字信号、测读声学参数和对数字信号处理的智能化功能。

(2)超声波检测仪应符合国家现行有关标准的要求,并在法定计量检定有效期限内使用,且有产品合格证。

(3)超声波检测仪应满足:①具有波形清晰、显示稳定的示波装置;②声时最小分度为 0.1 μs;③具有最小分度为 1 dB 的衰减系统;④接受放大器频响范围 10～500 kHz,总增益不小于 80 dB,接收灵敏度(在信噪比为 3∶1时)不大于 50 μV;⑤电源电压波动范围在标准值 ±10% 的情况下能正常工作;⑥连续正常工作时间不少于 4 h。

(4)模拟式超声波检测仪还应满足:①具有手动游标和自动整形两种声时读数功能;②数字显示稳定,声时调节在 20 ~ 30 μs 范围,连续 1 h 数字变化不大于 ±0.2 μs。

(5)对于数字式超声波检测仪还应满足下列要求:①具有手动游标测读和自动测读两种方式。当自动测读时,在同一测试条件下,1 h 内每隔 5 min 测读一次,声时的差异应不大于 ±2 个采样点;②波形显示幅度分辨率应不低于 1/256,并具有可显示、存储和输出打印数字化波形的功能,波形最大存储长度不宜小于 4 kB;③自动测读方式下,在显示的波形上应有光标指示声时、波幅的测读位置;④宜具有幅度谱分析功能(FFT 功能)。

## 二、换能器的技术要求

常用换能器具有厚度振动方式和径向振动方式两种类型,可根据不同测试需要选用。厚度振动式换能器的频率宜采用 20 ~ 50 kHz。径向振动式换能器的频率宜采用 20 ~ 60 kHz,直径不宜大于 32 mm。当接收信号较弱时,宜选用带前置放大器的接收换能器。换能器的实测主频与标称频率相差应不大于 ±10%。对用于水中的换能器,其水密性应在 1 MPa 水压下不渗漏。

## 三、超声波检测仪的检定

超声仪声时计量检验应按"时 - 距"法测量空气声速的实测值 $V^s$ 并与按下式计算的空气声速标准值 $V^c$ 相比较,二者的相对误差应不大于 ±0.5%。

$$V^c = 331.4\sqrt{1 + 0.00367T_k}$$

式中　331.4——0 ℃时空气的时速,m/s;

$V^c$——温度为 $T_k$ 时空气的声速,m/s;

$T_k$——被测空气的温度,℃。

超声仪波幅计量检验。可将屏幕显示的首波幅度调至一定高度,然后把仪器衰减系统的衰减量增加或减少 6 dB,此时屏幕波幅高度应降低一半或升高一倍。

## 四、声学参数测量

### (一)一般规定

检测前应取得以下有关资料:①工程名称;②检测目的与要求;③混凝土原材料品种和规格;④混凝土浇筑和养护情况;⑤构件外观质量及存在的问题;⑥构件尺寸和配筋施工图或钢筋隐蔽图。

依据检测要求和测试操作条件确定缺陷测试的部位。

被测试混凝土表面应清洁、平整,必要时可用砂轮磨平或用高强度的快凝砂浆抹平。抹平砂浆必须与混凝土黏结良好。

在满足首波幅度测读精度的条件下,应选用较高频率的换能器。

换能器应通过耦合剂与混凝土测试表面保持紧密结合,耦合层下不得夹杂泥沙或空气。

检测时应避免超声波传播路径与附近钢筋轴线平行,如无法避免,应使两个换能器连线与该钢筋的最短距离不小于超声测距的 1/6。

检测中出现可疑数据时,应及时查找原因,必要时进行复测校核或加密测点补测。

### (二)声学参数测量

采用模拟式超声检测仪测量应按下列方法操作:

(1)测量之前应根据超声传播距离(简称测距)大小将仪器的发射电压调在某一挡,并以扫描基线不产生明显噪音干扰为前提,将仪器"增益"调至较大位置保持不动。

(2)声时测量。应将发射换能器和接收换能器分别耦合在测位中的对应测点上。当首波幅度过低时,可用"衰减器"调节至便于测读,再调节游标脉冲或扫描延时,使首波前沿基线弯曲的起始点对准游标脉冲前沿,读取声时值 $t_i$(读至 0.1 μs)。

(3)波幅测量。应在保持换能器良好耦合状态下采用下列两种方法之一进行的读数:①刻度法:将衰减器固定在某一衰减位置,在仪器示波屏上读取首波幅度(格数)。②衰减值法:采用衰减器将首波调至一定高度,读取衰减器上的 dB 值。

(4)主频测量。应先将游标脉冲调至首波前半个周期的波谷(或波峰),读取声时值 $t_1$(μs),再将游标脉冲调至相邻的波谷(或波峰),读取声时值 $t_2$(μs),按下式计算出该点(第 $i$ 点)第一个周期波的主频 $f_i$(精确至 0.1 kHz)。

$$f_i = 1\,000/(t_2 - t_1)$$

(5)在进行声学参数测量的同时,应注意观察接收信号的波形或包络线的形状,必要时进行描绘或拍照。

采用数字式超声检测仪测量应按下列方法操作:

(1)检测之前根据测距大小和混凝土外观质量情况,将仪器的发射电压、采取频率等参数设置在某一挡并保持不变。换能器与混凝土测试表面应始终保持良好的耦合状态。

(2)声学参数自动测读。停止采样后即可自动读取声时、波幅、主频值。当声时自动测读光标所对应的位置与首波前沿基线弯曲的起始点有差异或者波幅自动测读光标所对应的位置与首波峰(或谷底)有差异时,应重新采样或改为手动游标读数。

(3)声学参数手动测量。先将仪器设置为手动判读状态,停止采样后,调节手动声时游标至首波前沿基线弯曲的起始位置,同时调节游标幅度使其与首波峰(或谷底)相切,读取声时和波幅值,再将声时光标分别调至首波及其相邻的波谷(或波峰),读取声时差值 $\Delta t$(μs),取 $1\,000/\Delta t$ 即为首波的主频(kHz)。

(4)波形记录。对于有分析价值的波形应予以存储。

混凝土声时值应按下式计算:

$$t_{ci} = t_i - t_0 \text{ 或 } t_{ci} = t_i - t_\infty$$

式中 $t_{ci}$——第 $i$ 点混凝土声时值,μs;

$t_i$——第 $i$ 点测读声时值,μs;

$t_0$、$t_\infty$——声时初读数与终读数,μs。

当采用厚度振动式换能器时,$t_0$ 应参照仪器使用说明书的方法测得;当采用径向振动式换能器时,$t_\infty$ 应按"时－距"法测得。

超声传播距离(简称测距)测量:

(1)当采用厚度振动式换能器对测时,宜用钢卷尺测量 T、R 换能器辐射面之间的距离。

(2)当采用厚度振动式换能器平测时,宜用钢卷尺测量 T、R 换能器内边缘之间的距离。

(3)当采用径向振动式换能器在钻孔或预埋管中检测时,宜用钢卷尺测量放置 T、R 换能器的钻孔或预埋管内边缘之间的距离。

(4)测距的测量误差应不大于±1%。

## 五、裂缝深度的检测

**(一)一般规定**

被测裂缝中不得有积水或泥浆等。

**(二)单面平测法**

(1)当结构的裂缝部位只有一个可测表面,估计裂缝深度又不大于500 mm时,可采用单面平测法。平测时应在裂缝的被测部位,以不同的测距,按跨缝和不跨缝布置测点(布置测点时应避开钢筋的影响)进行测量,其测量步骤为:

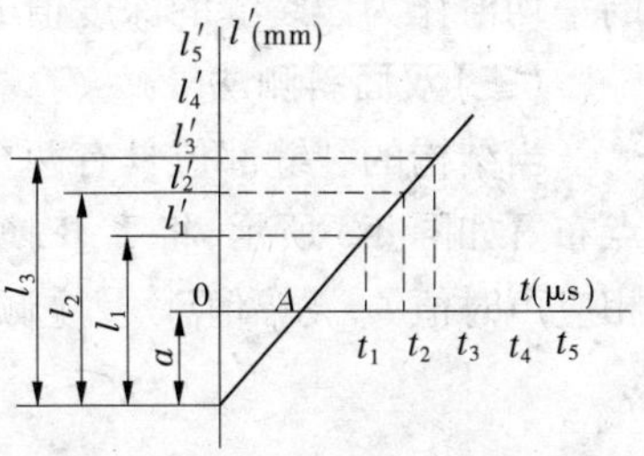


图8-1 平测"时-距"图

①不跨缝的声时测量:将T和R换能器置于裂缝附近同一侧,以两个换能器内边缘间距($l'$)等于100 mm、150 mm、200 mm、250 mm、…分别读取声时值($t_i$),绘制"时-距"坐标图(见图8-1)或用回归分析的方法求出声时与测距之间的回归直线方程,即:

$$l_i = a + bt_i$$

每测点超声实际传播距离$l_i$为:

$$l_i = l'i + |a|$$

式中 $l_i$——第$i$点的超声实际传播距离,mm;

$l'$——第$i$点的R、T换能器内边缘间距,mm;

$a$——"时-距"图中$l'$轴的截距或回归直线方程的常数项,mm。

不跨缝平测的混凝土声速值为:

$$V = (l_n' - l_1')/(t_n - t_1)$$

或

$$V = b$$

式中 $l_n'$、$l_1'$——第$n$点和第1点的测距,mm;

$t_n$、$t_1$——第$n$点和第1点读取的声时值,μs;

$b$——回归系数,km/s。

②跨缝的声时测量:如图8-2所示,将T、R换能器分别置于以裂缝为对称的两侧,$l'$取100 mm、150 mm、200 mm、…分别读取声时值$t_i^0$,同时观察首波相位的变化。

(2)平测法检测,裂缝深度应按下式计算:

$$h_{ci} = \frac{l_i}{2}\sqrt{\left(\frac{t_i^0}{l_i}\right)^2 - 1}$$

$$m_{hc} = \frac{1}{n}\sum_{i=1}^{n} h_{ci}$$

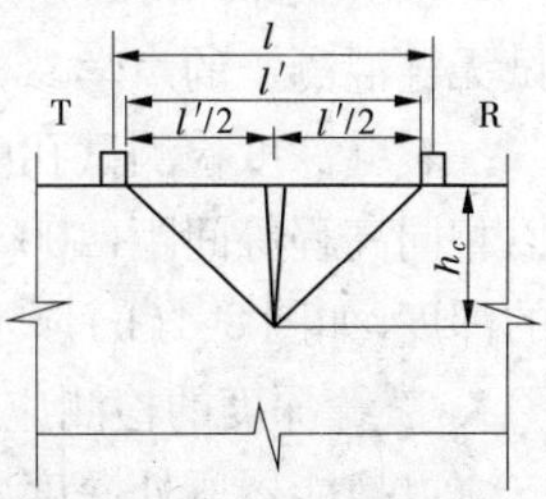


图8-2 绕过裂缝测试图

式中 $l_i$——不跨缝平测时第$i$点的超声波实际传播距离,mm;

$h_{ci}$——第$i$点计算的裂缝深度值,mm;

$n$——测点数;

$t_i^0$——第$i$点跨缝平测的声时值,μs;

$m_{hc}$——各测点计算裂缝深度的平均值,mm。

(3)裂缝深度的确定方法如下：

①跨缝测量中，当在某测距发现首波反相时，可用该测距及两个相邻测距的测量值按 $h_{ci}$ 计算式计算 $h_{ci}$ 值，取此三点 $h_{ci}$ 的平均值作为该裂缝的深度值 $h_c$。

②跨缝测量中如难以发现首波反相，则以不同测距按上两式计算 $h_{ci}$ 及其平均值 $m_{hc}$。将各测距 $l_i'$ 与 $m_{hc}$ 相比较，凡测距 $l_i'$ 小于 $m_{hc}$ 和大于 $3m_{hc}$ 的应剔除该组数据，然后取余下 $h_{ci}$ 的平均值作为该裂缝的深度值 $h_c$。

**(三)双面斜测法**

当结构的裂缝部位具有两个相互平行的测试表面时，可采用双面穿透斜测法检测。测点布置如图 8-3 所示，将 T、R 换能器分别置于两测试表面对应测点：1、2、3、…的位置，读取相应声时值 $t_i$，波幅值 $A_i$ 及主频率 $f_i$。

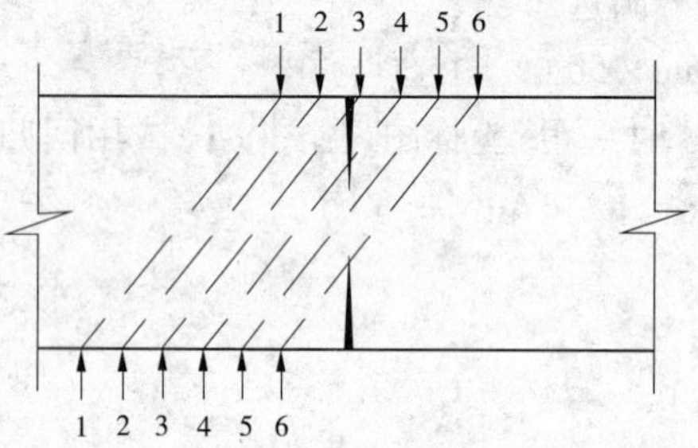

(a)平面图

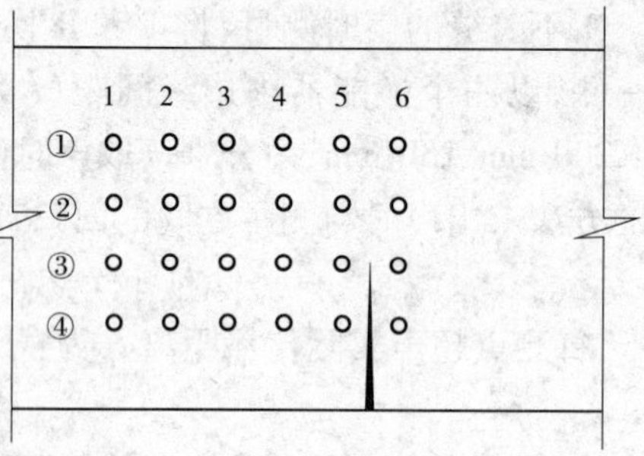

(b)立面图

**图 8-3　斜测裂缝测点布置示意**

裂缝深度判定：当 T、R 换能器的连线通过裂缝，根据波幅、声时和主频的突变，可以判定裂缝深度以及是否在所处断面内贯通。

**(四)钻孔对测法**

钻孔对测法适用于大体积混凝土，预计深度在 500 mm 以上的裂缝检测；被检测混凝土应允许在裂缝两侧钻测试孔。所钻测试孔应满足下列要求：

(1)孔径应比所用换能器直径大 5 ~ 10 mm。

(2)孔深应不小于裂缝预计深度深 700 mm，经测试如浅于裂缝深度，则应加深钻孔。

(3)对应的两个测试孔(A、B)，必须始终位于裂缝两侧，其轴线应保持平行。

(4)两个对应测试孔的间距宜为 2 000 mm，同一检测对象各对测孔间距应保持相同。

(5)孔中粉末碎屑应清理干净。

(6)如图 8-4(a)所示，宜在裂缝一侧多钻一个孔距相同但较浅的孔 C，通过 B、C 两孔测试无缝混凝土的声学参数。

裂缝深度检测试孔中应注满清水，然后将 T、R 换能器分别置于裂缝两侧的对应孔中，以相同高程等间距(100 ~ 400 mm)，从上到下同步移动，逐点读取声时、波幅和换能器所处的深度，如图 8-4(b)所示。

裂缝深度的检测应选用频率为 20 ~ 60 kHz 的径向振动式换能器。

以换能器所处深度 $h$ 与对应的波幅值 $A$ 绘制 $h \sim A$ 坐标图，如图 8-5 所示。随换能器位置的下移，波幅逐渐增大，当换能器下移至某一位置后，波幅达到最大并基本稳定，该位置所

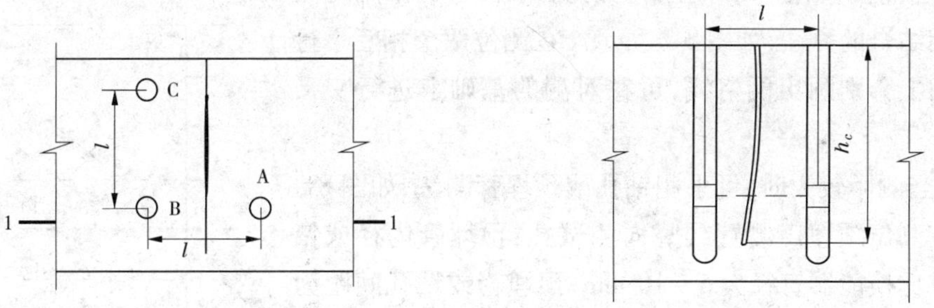


(a)平面图(C为比较孔)　　(b)1—1剖面图

**图 8-4　钻孔测裂缝深度示意**

对应的深度便是裂缝深度值 $h_c$。

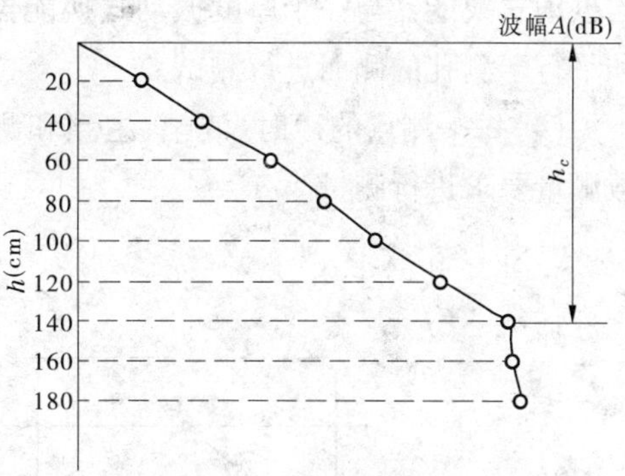


**图 8-5　$h \sim A$ 坐标图**

## 六、不密实区和空洞检测

### (一)一般规定

用超声法检测混凝土内部不密实区,空洞的位置和范围。检测不密实区和空洞时,构件的被测部位应满足以下要求:

(1)被测部位应具有一对(或两对)相互平行的测试面。

(2)测试范围除应大于有怀疑的区域,还应有同条件的正常混凝土进行对比,且对比测点数不应少于 20 个。

### (二)测试方法

根据被测构件的实际情况,选择下列方法之一布置换能器。

(1)当构件具有两对相互平行的测试面时,可采用对测法,如图 8-6 所示。在测试部位两对相互平行的测试面上,分别画出等间距的网格(网格间距:工业与民用建筑为 100 ~ 300 mm,其他大型建筑物可适当放宽)。并编号确定对应的测点位置。

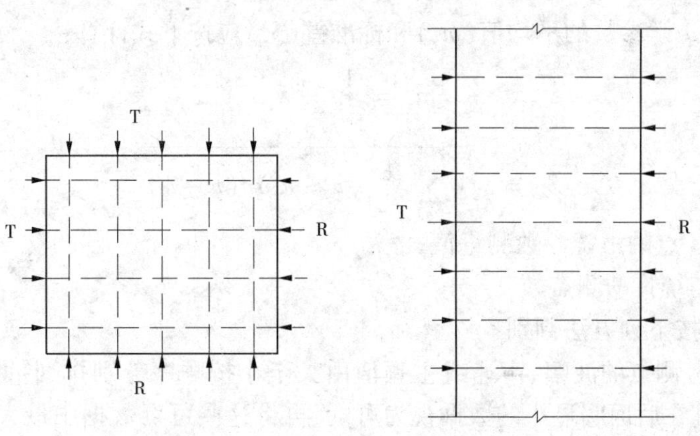


(a)平面图　　(b)立面图

**图 8-6　对测法示意图**

(2)当构件只有一对相互平行的测试面时，可采用对测和斜测相结合的方法，如图8-7所示。在测位两个相互平行的测试面上分别画出网格线，可在对测的基础上进行交叉斜测。

(3)当测距较大时，可采用钻孔或预埋管测法，如图8-8所示。在测位预埋声测管或竖向测试孔，预埋管内径或钻孔直径宜比换能器直径大5～10 mm，预埋管或钻孔间距为2～3 m，其深度可根据测试深度而定。检测时可用两个径向振动式换能器分别置于两侧孔中进行测试，或用一个径向振动式换能器与一个厚度振动式换能器分别置于测孔中和平行于测孔的侧面进行测试。

(4)每一测点的声时、波幅、主频和测距按上述声学参数测量要求进行测量。

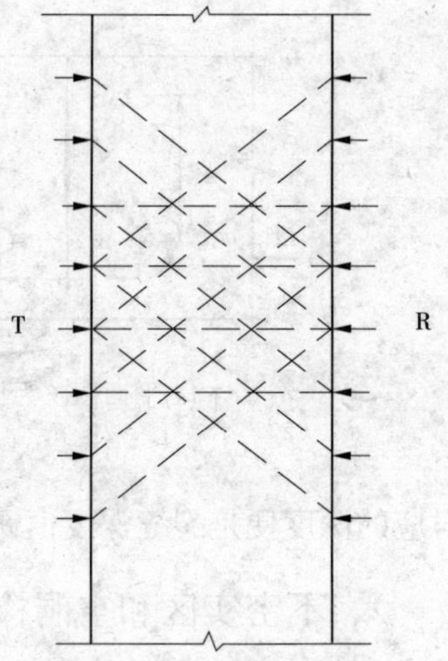


图8-7　斜测法立面图

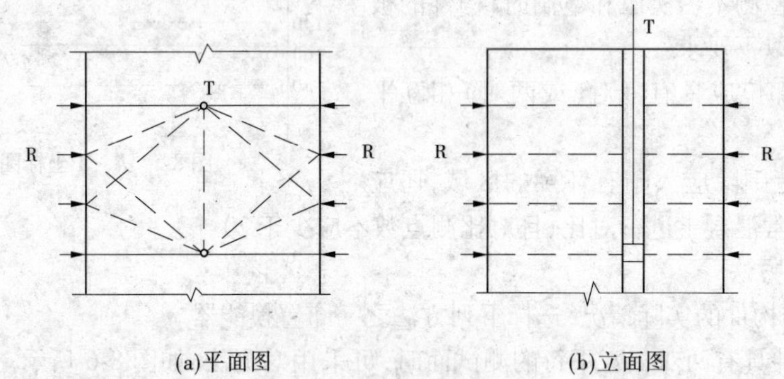


(a)平面图　　(b)立面图

图8-8　钻孔法示意图

**(三)数据处理及判断**

测位混凝土声学参数的平均值($m_x$)和标准差($S_x$)应按下式计算：

$$m_x = \frac{1}{n}\sum X_i$$

$$S_x = \sqrt{\left(\sum_{i=1}^{i=n} X_i^2 - n \cdot m_x^2\right)/(n-1)}$$

式中　$X_i$——第$i$点的声学参数测量值；

$n$——参与统计的测点数。

异常数据可按下列方法判别：

(1)将测位各测点的波幅、声速或主频值由大至小按顺序分别排列：即$X_1 \geq X_2 \geq \cdots \geq X_n \geq X_{n+1} \cdots$，将排在后面明显小的数据视为可疑，再将这些可疑数据中最大的一个(假定为$X_n$)连同其前面的数据按上两式计算出$m_x$及$S_x$值，并按下式计算异常情况的判断值$X_0$：

$$X_0 = m_x - \lambda_1 S_x$$

式中，$\lambda_1$按表8-8取值。

将判断值 $X_0$ 与可疑数据的最大值 $X_n$ 相比较。当 $X_n$ 不大于 $X_0$ 时,测 $X_n$ 及排列于其后的各数据均为异常值,并且去掉 $X_n$,再用 $X_1 - X_{n-1}$ 进行计算和判别,直至判不出异常值为止;当 $X_n$ 大于 $X_0$ 时,应再将 $X_{n+1}$ 放进去重新进行计算和判别。

(2)当测位中判出异常测点时,可根据异常测点的分布情况按下式进一步判别其相邻测点是否异常。

$$X_0 = m_x - \lambda_2 S_x \text{ 或 } X_0 = m_x - \lambda_3 S_x$$

式中,$\lambda_2$、$\lambda_3$ 可按表 8-8 取值,当测点布置为网格状时取 $\lambda_2$;当单排布置测点时(如在声测孔中检测)取 $\lambda_3$。

表 8-8　统计数的个数 $n$ 与对应的 $\lambda_1$、$\lambda_2$、$\lambda_3$ 值

| $n$ | 20 | 22 | 24 | 26 | 28 | 30 | 32 | 34 | 36 | 38 |
|---|---|---|---|---|---|---|---|---|---|---|
| $\lambda_1$ | 1.65 | 1.69 | 1.73 | 1.77 | 1.80 | 1.83 | 1.86 | 1.89 | 1.92 | 1.94 |
| $\lambda_2$ | 1.25 | 1.27 | 1.29 | 1.31 | 1.33 | 1.34 | 1.36 | 1.37 | 1.38 | 1.39 |
| $\lambda_3$ | 1.05 | 1.07 | 1.09 | 1.11 | 1.12 | 1.14 | 1.16 | 1.17 | 1.18 | 1.19 |
| $n$ | 40 | 42 | 44 | 46 | 48 | 50 | 52 | 54 | 56 | 58 |
| $\lambda_1$ | 1.96 | 1.98 | 2.00 | 2.02 | 2.04 | 2.05 | 2.07 | 2.09 | 2.10 | 2.12 |
| $\lambda_2$ | 1.41 | 1.42 | 1.43 | 1.44 | 1.45 | 1.46 | 1.47 | 1.48 | 1.49 | 1.49 |
| $\lambda_3$ | 1.20 | 1.22 | 1.23 | 1.25 | 1.26 | 1.27 | 1.28 | 1.29 | 1.30 | 1.31 |
| $n$ | 60 | 62 | 64 | 66 | 68 | 70 | 72 | 74 | 76 | 78 |
| $\lambda_1$ | 2.13 | 2.14 | 2.15 | 2.17 | 2.18 | 2.19 | 2.20 | 2.21 | 2.22 | 2.23 |
| $\lambda_2$ | 1.50 | 1.51 | 1.52 | 1.53 | 1.53 | 1.54 | 1.55 | 1.56 | 1.56 | 1.57 |
| $\lambda_3$ | 1.31 | 1.32 | 1.33 | 1.34 | 1.35 | 1.36 | 1.36 | 1.37 | 1.38 | 1.39 |
| $n$ | 80 | 82 | 84 | 86 | 88 | 90 | 92 | 94 | 96 | 98 |
| $\lambda_1$ | 2.24 | 2.25 | 2.26 | 2.27 | 2.28 | 2.29 | 2.30 | 2.30 | 2.31 | 2.31 |
| $\lambda_2$ | 1.58 | 1.58 | 1.59 | 1.60 | 1.61 | 1.61 | 1.62 | 1.62 | 1.63 | 1.63 |
| $\lambda_3$ | 1.39 | 1.40 | 1.41 | 1.42 | 1.42 | 1.43 | 1.44 | 1.45 | 1.45 | 1.45 |
| $n$ | 100 | 105 | 110 | 115 | 120 | 125 | 130 | 140 | 150 | 160 |
| $\lambda_1$ | 2.32 | 2.35 | 2.36 | 2.38 | 2.40 | 2.41 | 2.43 | 2.45 | 2.48 | 2.50 |
| $\lambda_2$ | 1.64 | 1.65 | 1.66 | 1.67 | 1.68 | 1.69 | 1.71 | 1.73 | 1.75 | 1.77 |
| $\lambda_3$ | 1.46 | 1.47 | 1.48 | 1.49 | 1.51 | 1.53 | 1.54 | 1.56 | 1.58 | 1.59 |

应注意的是,若保证不了耦合条件的一致性则波幅值不能作为统计法的判据。

当测位中某些测点的声学参数被判为有异常值时,可结合异常测点的分布及波形状况确定混凝土内部存在不密实区和空洞的位置及范围。

当判定缺陷是空洞,空洞的尺寸估算方法如图 8-6 所示。设检测距离为 $L$,空洞中心(在另一对测试面上声时最长的测点位置)距一个测试面的垂直距离为 $L_n$,声波在空洞附近无缺陷混凝土中传播的时间平均值为 $m_{ta}$,绕空洞传播的时间(空洞处的最大声时)为 $t_n$,空

洞半径为 $r$,设 $X=(L_n-m_{ta})/m_{ta}\times100\%$,$Y=L_n/L$,$Z=r/L$。根据 $X$、$Y$ 值可由表 8-9 查得空洞半径 $r$ 与测距 $L$ 的比值 $Z$,再计算空洞的大致半径 $r$。

当被测部位只有一对可供测试的表面时,只能按空洞位于测距中心考虑空洞尺寸,按下式计算:

$$r=\frac{L}{2}\sqrt{(t_h/m_{ta})^2-1}$$

式中 $r$——空洞半径,mm;

$L$——T、R 换能器之间的距离,mm;

$t_h$——缺陷处的最大声时值,μs;

$m_{ta}$——无缺陷区的平均声时值,μs。

表 8-9

| Z / X / Y | 0.05 | 0.08 | 0.10 | 0.12 | 0.14 | 0.16 | 0.18 | 0.20 | 0.22 | 0.24 | 0.26 | 0.28 | 0.30 |
|---|---|---|---|---|---|---|---|---|---|---|---|---|---|
| 0.10(0.90) | 1.42 | 3.77 | 6.26 | | | | | | | | | | |
| 0.15(0.85) | 1.00 | 2.56 | 4.06 | 5.97 | 8.39 | | | | | | | | |
| 0.20(0.80) | 0.78 | 2.02 | 3.18 | 4.62 | 6.36 | 8.44 | 10.9 | 13.9 | | | | | |
| 0.25(0.75) | 0.67 | 1.72 | 2.69 | 3.90 | 5.34 | 7.03 | 8.98 | 11.2 | 13.8 | 16.8 | | | |
| 0.30(0.70) | 0.60 | 1.53 | 2.40 | 3.46 | 4.73 | 6.21 | 7.91 | 9.38 | 12.0 | 14.4 | 17.1 | 20.1 | 23.6 |
| 0.35(0.65) | 0.55 | 1.41 | 2.21 | 3.19 | 4.35 | 5.70 | 7.25 | 9.00 | 10.9 | 13.1 | 15.5 | 18.1 | 21.0 |
| 0.40(0.60) | 0.52 | 1.34 | 2.09 | 3.02 | 4.12 | 5.39 | 6.84 | 8.48 | 10.3 | 12.3 | 14.5 | 16.9 | 19.6 |
| 0.45(0.55) | 0.50 | 1.30 | 2.03 | 2.92 | 3.99 | 5.22 | 6.62 | 8.20 | 9.95 | 11.9 | 14.0 | 16.3 | 18.8 |
| 0.5 | 0.50 | 1.28 | 2.00 | 2.89 | 3.94 | 5.16 | 6.55 | 8.11 | 9.84 | 11.8 | 13.3 | 16.1 | 18.6 |

## 七、混凝土结合面质量检测

### (一)一般规定

前后两次浇筑的混凝土之间接触面的结合质量检测,在检测混凝土结合面时,被测部位及测点的确定应满足下列要求:

(1)测试前应查明结合面的位置及走向,明确被测部位及范围。

(2)构件的被测部位应具有使声波垂直或斜穿结合面的测试条件。

### (二)测试方法

混凝土结合面质量检测可采用对测法和斜测法,如图 8-9 所示。布置测点时应注意以下几点:

(1)使测试范围覆盖全部结合面或有怀疑部位:

(2)各对 $T-R_1$(声波传播不经过结合面)和 $T-R_2$(声波传播经过结合面)换能器连线的倾斜角测距应相等。

(3)测点的间距视构件尺寸和结合面外观质量情况而定,宜为 100 ~ 300 mm。

按布置好的测点分别测出各点的声时、波幅和主频值。

### (三)数据处理及判断

(1)将同一测位各测点声速、波幅和主频值分别按上述进行统计和判断。

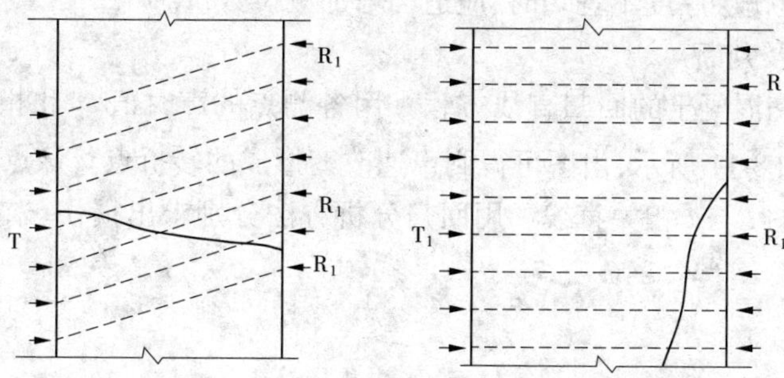


(a)斜测法　　(b)对测法

**图 8-9　混凝土结合面质量检测示意**

(2)当测点数无法满足统计法判断时,可将 $T-R_2$ 的声速、波幅等声学参数与 $T-R_1$ 进行比较,若 $T-R_2$ 的声学参数比 $T-R_1$ 显著低时,则该点可判为异常测点。

(3)当通过结合部位的某些测点的数据被判为异常,并查明无其他因素影响时,可判定混凝土结合面在该部位结合不良。

## 八、表面损伤层检测

### (一)一般规定

由于因冷冻害、高温或化学腐蚀等引起混凝土表面损伤层厚度的检测。检测表面损伤层厚度时,被测部位和测量的确定应满足下列要求:

(1)根据构件的损伤情况和外观质量选取有代表性的部位布置测位。

(2)构件被测表面应平整并处于自然干燥状态,且无接缝和饰面层,其测试结果宜作局部破损验证。

### (二)测试方法

(1)表面损伤层检测宜选用频率较低的厚度振动式换能器。

(2)测试时 T 换能器应耦合好,并保持不动,然后将 R 换能器依次耦合在间距为 30 mm 的测点 1、2、3、…位置上,如图 8-10 所示,读取相应的声时值 $t_1$、$t_2$、$t_3$、…并测量每次 T、R 换能器内边缘之间的距离 $l_1$、$l_2$、$l_3$、…。每一测位的测点数不得少于 6 个,当损伤层较厚时,应适当增加测点数。

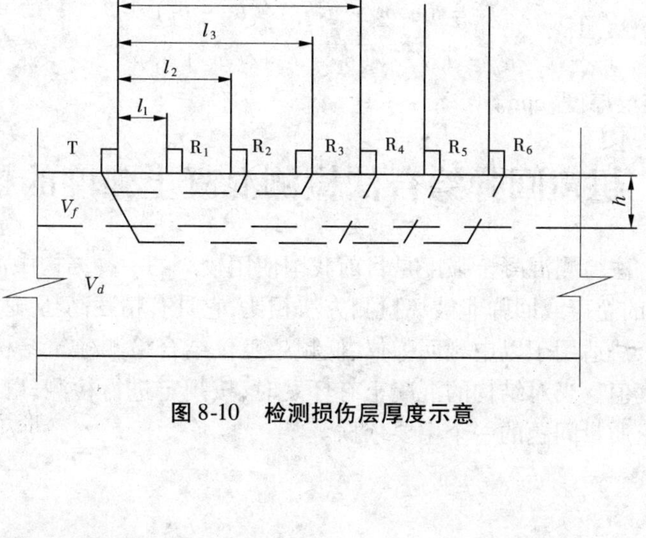


**图 8-10　检测损伤层厚度示意**

(3)当构件的损伤层厚度不均匀时,应适当增加测位数量。

**(三)数据处理及判断**

求损伤和未损伤混凝土的回归直线方程。用各测点的声时值 $t_1$ 和相应测距值 $l_1$ 绘制"时-距"坐标图,如8-11所示,由图可得到声速改变形成的转折点。该点前、后分别表示损伤和未损伤混凝土的 $l$ 与 $t$ 相关直线。用回归分析方法分别求出损伤、未损伤混凝土 $l$ 与 $t$ 回归直线方程。

损伤混凝土:

$$l_f = a_1 + b_1 t_f$$

未损伤混凝土:

$$l_a = a_2 + b_2 t_a$$

式中 $l_f$——拐点前各测点的测距对应于图8-11中的 $l_1$、$l_2$、$l_3$,mm;

$t_f$——对应于图8-11中的 $l_1$、$l_2$、$l_3$ 的声时 $t_1$、$t_2$、$t_3$,μs;

$l_a$——拐点后各测点的测距对应于图8-11中的 $l_4$、$l_5$、$l_6$,mm;

$t_a$——对应于测距 $l_4$、$l_5$、$l_6$ 的声时 $t_4$、$t_5$、$t_6$,μs;

$a_1$、$b_1$,$a_2$、$b_2$——回归系数,即图8-11中损伤和未损伤混凝土直线的截距和斜率。

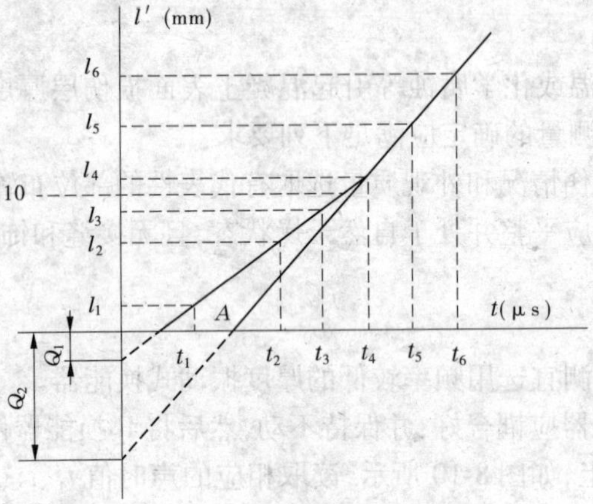


**图8-11 探伤层检测"时-距"图**

损伤层厚度应按下式计算:

$$l_0 = (a_1 b_2 - a_2 b_1)/(b_2 - b_1)$$

$$h_f = L_0/2\sqrt{(b_2 - b_1)/(b_2 + b_1)}$$

式中 $h_f$——损伤层厚度,mm。

# 第五节 超声回弹综合法检测混凝土强度的技术要求

超声回弹综合法检测混凝土强度是目前我国使用较广的一种结构中混凝土强度非破损检测方法,与单一的超声或回弹非破坏检测方法相比,它具有精度高超、适用范围广等优点。

超声回弹综合法适用于以中型回弹仪、低频超声仪结合检测建筑结构和构筑物中的普通混凝土抗压强度值。当对结构的混凝土有怀疑时,按规定进行检测,以推定混凝土强度,并作为处理混凝土质量问题的一个主要依据。

在具有用钻心试件作校核的条件下，对结构或构件长龄期的混凝土强度进行检测推定。所测得的混凝土强度换算值($f_{cu,c}$)是根据综合法取得的检测换算成相当于被测结构物所处条件及龄期下，边长 150 mm 立方体试块的抗压强度。

应用超声回弹综合法时，混凝土强度曲线应根据原材料品种、龄期和养护条件等，通过专门试验确定。专用测强曲线和地区测强曲线需经主管质量的部门审定。专用或地区测强曲线的强度误差规定如下：①专用测强曲线相对标准误差 $e_r \leq \pm 12\%$；②地区测强曲线相对标准误差 $e_r \leq \pm 14\%$。当检测构件或结构的混凝土强度时，应优先选用专用测强曲线或地区测强曲线，当缺少该类曲线时，经过检验证明符合要求后方可采用规定的通用测强曲线。

## 一、回弹仪的技术要求

测定回弹值时，应采用中型的回弹仪。回弹仪应通过技术鉴定，并必须具有产品合格证及检验证。

回弹仪应符合下列标准状态的要求：

(1)水平弹击时，在弹击锤脱钩的瞬间，回弹仪的标称动能应为 2.207 J。

(2)弹击锤与弹击杆碰撞的瞬间，弹击拉簧应处于自由状态，此时弹击锤起点应位于刻度尺的零点处。

(3)在洛氏硬度为 $HRC_{60} \pm 2$ 的钢砖上，回弹仪的率定值应为 $80 \pm 2$。

回弹仪的率定试验宜在气温为$(20 \pm 5)$℃的条件下进行。率定时钢砖应稳固地平放在坚实的混凝土地坪上，回弹仪向下弹击，弹击杆应旋转 4 次，每次旋转 90°左右，弹击 3 ~ 5 次，取连续 3 次稳定回弹值计算平均值。弹击杆每旋转一次的率定平均应符合上述要求。

当遇有下列情况之一时，回弹仪应送专门检定机构检验：

(1)新回弹仪启用前。

(2)超过检定有效期。

(3)累计弹击次数超过 6 000 次(弹击拉簧、弹簧座、弹击秤、缓冲压簧、中心导杆、异向法兰、弹击锤、指针轴、指针块、挂钩及调零螺丝)后。

(4)弹击拉货前端不在拉簧座，原孔位或调零螺丝松动。

(5)遭受严重撞击或其他损害。

检验合格的回弹仪应具有检定合格证，其有效期为一年。

当遇下列情况之一时，应在钢贴上进行率定试验：

(1)回弹仪当天使用前。

(2)测试过程中对回弹值有怀疑时，当仪器率定值不在 $80 \pm 2$ 的范围内时，应对回弹仪进行常规保养后再进行率定，若再次率定仍不合格，则应送专门机构检验。

回弹仪的操作要求：在测试过程中，仪器的总轴线应始终与被测混凝土表面保持垂直，其操作程序应符合使用说明书的规定。

回弹仪的维护。仪器每次使用完毕后，应及时进行维护，先把仪器外表和伸出机壳的弹击杆及前端球擦拭干净，然后将弹击杆压入仪器内，待弹击后用按钮锁住机心装入套筒，置于干燥阴凉处。

仪器有下列情况之一时，应将仪器拆开维护：①弹击超过 2 000 次；②仪器发生故障或零件损坏时；③率定试验不合要求。

回弹仪拆开维护应按下列步骤进行：

(1)使弹簧键脱钩取出机心，然后卸下弹击杆，中心导杆(连同异间法兰)、缓冲压簧、刻度尺、指针轴和指针。

(2)清洗机心的中心导杆、弹击拉簧、拉簧座、弹击杆及其内孔和冲击面，指针滑块及其内孔、指针片、指针轴、刻度尺、卡环及仪器外壳的内壁和指针导槽。清洗完毕后组装仪器做率定试验。

回弹仪的拆开维护，应注意下列事项：

(1)经过清洗的零部件，除中心导杆需涂上微量的轻油，其他零部件均不得涂油；

(2)应保持弹击拉簧前端钩入拉簧座的原孔位；

(3)不得旋转尾盖上已定位紧固的调零螺丝；

(4)不得自制或更换零部件。

## 二、超声波检测仪器的技术要求

超声波检测仪应通过技术鉴定，并必须具有产品合格证。

仪器的声时范围应为0.5～9 999 μs，测读精度为0.1 μs。

仪器所具有良好的稳定性，声时显示调节在20～30 μs范围内时，2 h内声时显示的漂移不得大于±0.2 μs。

仪器的放大频率相应宜分为10～200 kHz、200～500 kHz两频段。

仪器宜具有示波屏显示及予动游标测读功能，显示应清晰稳定。若采用整形自动测读混凝土超声测距不得超过1 m。

仪器应能适用于温度为-10 ℃、0～40 ℃，相对湿度不大于80%，电源源电压波动为(220±24) V的环境中，且能连续4 h正常工作。

换能器的技术要求：

(1)换能器宜采用厚度振动形式压电材料；

(2)换能器的频率宜在50～100 kHz范围以内；

(3)换能器实测频率与杆称频率相差应不大于±10%。

超声仪器的检验和操作分述如下：

(1)超声仪器检验时应满足下列要求：①缓慢调节延时旋钮、数字显示满足十进位递变的要求；②调节聚焦、灰度和扫描延时旋钮，扫描基线清晰稳定；③换能器与标准棒耦合良好，衰减器及发射电正常；④超声波在空气中传播的计算声速与实测声速值相比，相差不大于±0.5%。

(2)超声仪器应按下列步骤进行操作：①操作前应仔细阅读仪器使用说明书；②仪器在接通电源前，应检查电源电压，接上电源后，仪器宜预热10 min；③换能器与标准棒应耦合良好，调节首波至30～40 mm后测读声时值。有调零装置的仪器，应调节调零电位以扣除初读数；④在实测时，接收信号的首波幅度均应调至30～40 mm后，才能测读每个测点的声时值。

超声仪的仪器维护：

(1)如仪器在较长时间内停用，每月应通电一次，每次不少于1 h；

(2)仪器需存放在通风、阴凉、干燥处，无论存放或工作，均需防尘；

(3)在搬运过程中,需防止碰撞和剧烈运动;

(4)换能器应避免摔损和碰撞,工作完毕应擦拭干净,单独存放。换能器的耦合面应避免磨损。

测区回弹值及声速值的测量与计算介绍如下。

(1)测试前应具备下列有关资料:

①工程名称及设计、施工、建设单位名称;

②结构或构件名称、施工图纸及要求的混凝土强度等级;

③水泥品种、标号、用量、出厂厂名、砂石品种、粒径、外加剂或掺合料品种,掺量以及混凝土配合比等;

④模板类型混凝土浇筑和养护情况以及成型日期;

⑤结构或构件存在的质量问题。

(2)测区布置应符合下列规定:①按单个构件检测时,应在构件上均匀布置测区,每个构件上的测区数不应少于 10 个。②对同批构件按批抽样检测时,构件抽样数应不少于同批物件的30%,且不少于10 件,每个构件测区数不应少于10 个。③对长度小于或等于2 m 的构件,其测区数量可适当减少,但不应少于3 个。

(3)当按批抽样检测时,符合下列条件的构件才可视为同批构件:①混凝土强度等级相同;②构件种类相同;③混凝土原材料、配合比、成型工艺、养护条件及龄期基本相同;④在施工阶段所处状态相同。

(4)测区应满足的要求为:①测区布置在混凝土浇筑方向的侧面。②测区均匀分布,相邻两测区的间距不宜大于2 m。③测区避免钢筋密集区和预埋件。④测区尺寸为200 mm × 200 mm。⑤测试面应清洁、平整、干燥,不应有接缝、饰面层、污浆和油垢,并避免蜂窝麻面部位,必要时可用砂轮片清除杂物和磨平不平整处,并擦尽残面粉尘。

(5)混凝土测区应注明编号,并记录测区位置和外观质量情况。

(6)在每一测区宜先进行回弹测试后进行超声测试。

(7)非同一测区的回弹值及超声声速值,在计算混凝土强度换算值时不得混用。

## 三、回弹值的测量与计算

用回弹仪测试时,宜使仪器处于水平状态,测试混凝土浇筑的侧面或底面。

应按《回弹法评定混凝土抗压强度技术规程》的要求,对构件上每一测区的两个相对测试面各弹击 8 点,每一测点的回弹值测读精确至 1.0。

测点在测区范围以内宜均匀分布,但不得布置在气孔或外露石子上。相邻两测点的间距一般不小于 30 mm,测点距构件的边缘或外露钢筋铁件的距离不小于 50 mm,同一测点只允许弹击一次。

计算侧面平均回弹值时应从该区两侧相对测试的 16 个回弹值中剔除 3 个最大值和 3 个最小值,然后将余下的 10 个回弹值按下式计算:

$$R_n = \sum_{i=1}^{10} R_i \ / \ 10$$

式中 $R_n$——测区平均回弹值,计算至 0.1;

$R_i$——第 $i$ 个测点的回弹值。

非水平状态测得的回弹值应按下式修正：

$$R_a = R_m + R_{aa}$$

式中　$R_a$——修正后的测区回弹值；

$R_{aa}$——测试角度为 $\alpha$ 的回弹值修正值，按表 8-10 选用。

**表 8-10　测试角度的回弹修正值**

| 测试角度 | 向上 | | | | 向下 | | | |
|---|---|---|---|---|---|---|---|---|
| | -90 | 90 | 60 | 45 | 30 | -30 | -45 | -60 |
| 20 | -6.0 | -5.0 | -4.0 | -3.0 | 2.5 | 3.0 | 3.5 | 4.0 |
| 30 | -5.0 | -4.0 | -3.5 | -2.5 | 2.0 | 2.5 | 3.0 | 3.5 |
| 40 | -3.0 | -3.5 | -3.0 | -2.0 | 1.5 | 2.0 | 2.5 | 3.0 |
| 50 | -3.0 | -3.0 | -2.5 | -1.5 | 1.0 | 1.5 | 2.0 | 2.5 |

由混凝土浇筑方向的顶面或底面测得的回弹值应按下式修正：

$$R_a = R_m + (R_u^t + R_u^b)$$

式中　$R_u^t$——修正后的测区回弹值；

$R_u^b$——测底面的回弹修正值，按表 8-11 选用。

**表 8-11　测试面的回弹修正值**

| 测试面 | 20 | 25 | 30 | 35 | 40 | 45 | 50 |
|---|---|---|---|---|---|---|---|
| 顶面 | 2.5 | 2.0 | 1.5 | 1.0 | 0.5 | 0 | 0 |
| 底面 | -3.0 | -2.5 | -2.0 | -1.5 | -1.0 | -0.5 | 0 |

注：1. 在侧面测试时修正值为 0。

2. 表中未列数值可用内插法求得。

在测试时，如仪器处于非水平状态，同时构件测区又非混凝土的浇筑侧面，则应对测得的回弹值先进行角度修正，然后进行顶面或底面修正。

## 四、超声声速值的测量与计算

超声声速值的测量与计算，超声测点应布置在回弹测试的同一测区内。

测量超声声时值时，应保证换能器与混凝土耦合良好。

测试的声时值应满足精确至 0.1 μs，声速值应精确至 0.01 km/s，超声测距的测量误差应不大于 ±1%。

在每个测区内的相对测试面上应各布置 3 个测点，且发射和接收换能器的轴线应在同一轴线上。

测区声速应按下列公式计算：

$$v = l/t_m$$

$$t_m = (t_1 + t_2 + t_3)/3$$

式中　$v$——测区声速值，km/s；

$l$——超声测距，mm；

$t_m$——测区平均声时值，μs；

$t_1$、$t_2$、$t_3$——测区中 3 个测点的声时值。

当在混凝土浇筑的顶面与底面测试时，测区声速值应按下式修正：

$$v_a = BV$$

式中 $v_a$——修正后的测区声速值，km/s；

$B$——超声测试面修正系数，在混凝土顶面及底面测试时，$B = 1.034$，在混凝土侧面测试时，$B = 1$。

五、混凝土强度的推定

构件第 $i$ 个测区的混凝土强度换算值 $f_{cu,i}^{c}$，应根据上面所规定的修正后的测区回弹值 $R_{ai}$ 及修正后的测区声速值 $v_i$ 优先采用专用或地区测强曲线推定。当无该类测强曲线时，经论证后也可按下列公式计算。

（1）粗骨料为卵石时：

$$f_{cu,i}^{c} = 0.003\,8(v_i)^{1.23}\cdot(R_{ai})^{1.95}$$

（2）粗骨料为碎石时：

$$f_{cu,i}^{c} = 0.008(v_i)^{1.72}\cdot(R_{ai})^{1.57}$$

式中 $f_{cu,i}^{c}$——第 $i$ 个测区混凝土强度换算值，MPa，精确至 0.1 MPa；

$v_i$——第 $i$ 个测区修正后的超声声速，km/s，精确至 0.01 km/s；

$R_{ai}$——第 $i$ 个测区修正后的回弹值，精确至 0.1。

当结构所用材料与制定的测强曲线所用材料有较大差异时，须用同条件试块或从结构件测区钻取的混凝土心样进行修正。试件数量应不少于 3 个。此时，得到的测区混凝土强度换算值应乘以修正系数，修正系数可按下列公式计算：

（1）有同条件立方试块时

$$n = \frac{1}{n}\sum f_{cu,i}/f_{cu,1}$$

（2）有混凝土心样试件时

$$n = \frac{1}{n}\sum f_{cot,i}/f_{cu,i}$$

式中 $n$——修正系数精确至小数点最后两位；

$f_{cu,i}$——第 $i$ 个立方体试块抗压强度值（以边长为 150 mm 计），MPa，精确至 0.1 MPa；

$f_{cu,1}$——对应于第 1 个立方体试块或心样试件的混凝土强度换算值，MPa，精确至 0.1 MPa；

$f_{cot,i}$——第 $i$ 个心样试件抗压强度值（以 $\phi100\times100$ mm 计），MPa，精确至 0.1 MPa。

结构或构件的混凝土强度推定值 $f_{cu,0}$ 可按下列条件确定：

（1）按单个构件测验时，单个构件的混凝土强度推定值 $f_{cu,0}$ 取该构件各测区中最小的混凝土强度换算值 $f_{cu,\min}$。

（2）当按批检验抽样检测时，该批构件的混凝土强度推定值应按下式计算：

$$f_{cu,e} = mf_{cu,t} - 1.645\delta f_{cne}$$

（3）当同批测区混凝土强度换算标准差 $\delta f_{ccu}$ 过大时，批构件的混凝土强度推定值也可按下式计算：

$$f_{cue} = mf_{cuc,\min} = \frac{1}{m}\sum f_{cuc,\min J}$$

式中　$mf_{cuc.\min}$——该批每个构件中最小的测区混凝土强度换算值的平均值，MPa；

$f_{cuc,\min J}$——第 $i$ 个构件中最小的测区混凝土强度换算值的平均值，MPa；

$m$——每批中抽取的构件数。

(4)当属同批构件按批抽样检测时，若全部测区强度的标准差出现下列情况时，则该批构件全部按单个构件检测：①当混凝土强度等级低于或等于 C20 时，$\delta f_{cuc}>4.5$ MPa；②当混凝土强度等级高于 C20 时，$\delta f_{cuc}>5.5$ MPa。

(5)建立专用或地区混凝土强度曲线的基本要求：

①采用中型回弹仪及低频超声波检测仪均要满足各自的要求。

②选用的换能器应符合其各项要求。

③混凝土用水泥应符合现行国家标准《硅酸盐水泥、普通硅酸盐水泥》(GB175—1999)和《矿渣硅酸盐水泥、火山灰质硅酸盐水泥与粉煤灰硅酸盐水泥》(GB1344—1999)的要求，混凝土用砂、石应符合现行部标准：《普通混凝土用碎石或卵石质量标准及检验方法》(JGJ53—92)和《普通混凝土用砂质量标准及检验方法》(GBJGJ52—92)的要求。

(6)选用本地区常用水泥。粗骨料、细骨料按最佳配合比制作混凝土强度等级为 C10～C50 的边长为 150 mm 立方体试块。

试块试验应按下列步骤进行：

(1)分别以龄期为 7 d、14 d、28 d、60 d、90 d、180 d 和 365 d 进行立方体试块强度试验。

(2)每一龄期的每组试件由 3 个(或 6 个)试块组成。

(3)每种混凝土强度等级的试块不应少于 30 块，并宜在同一天内用同条件的混凝土成型。

(4)试块采用振动台成型，成型后的第二天拆模。

(5)如果自然养护，也应将试块移至不直接受日晒雨淋处，按"品"字形堆放，盖上草袋并浇水养护。如用蒸汽养护则试块静停时间和养护条件应与构件预期的相同。

试块声时值测试，应按下列规定进行：

(1)试块声时测量，应取试块浇筑方向的测试面，宜采用黄油为相合剂。

(2)声时测量应采用对测法，在一个相对测试面上测 3 点，发射和接收换能器轴线应在一直线上，试块声时值 $t_m$ 为 3 点平均值，保留小数点后一位数字，试块边长测量精确至 1 mm，测量误差不大于 1%。

(3)试块的声速值按下式计算：

$$v=\frac{l}{t_m}$$

式中　$v$——试块声速值，km/s，精确至 0.01 km/s；

$l$——超声测距，mm。

试块回弹值应按下列规定进行测试：回弹值测量应选用不同于声时测量的另一相对侧面。将试块油污擦净放置在压力机上下承压板之间，加压至 30～50 kN，并在此压力下在试块相对测试面，按规定各测 8 点回弹值，剔除 3 个最大值和最小值，将余下 10 个回弹值的平均值作为该试块的回弹值 $R_a$，计算精确至 0.1。

回弹的测试完毕，测强曲线应按下述步骤进行计算：

(1)将各试块测试所得的声速值 $v_a$、回弹值 $R_a$ 及试块抗压强度值 $f_{ccu}$ 汇总进行多元回归分析和误差分析。

(2)回归分析时,可采用下列回归方程式:

$$f_{ccu} = a(v_a)b(R_a)c$$

式中 $a$——常数项系数;

$b$、$c$——回归系数;

$f_{ccu}$——混凝土强度换算值,MPa。

用超声仪在空气中实测声法的检验方法介绍如下。

(1)测试步骤。取常用平面换能器一对,接于超声波仪器上,开机预热 30 min,在空气中将两换能器制射面对准,在变动间明射面彼此相隔距离的情况下(如 0.10 m、0.15 m、0.20 m、0.25 m、0.30 m、0.35 m、0.40 m),将接收信号尽可能放大,以手动游标或自动关门方式测出相应于各间距的声速读数:$t_1$、$t_2$、…、$t_n$,同时测 1 注空气温度 $T$(精确至 0.2 ℃),测试时应注意下列事项:

①换能面间应小于或等于 0.5%。

②换能面宜悬空相对若置于地板或桌上时须在换能器下面垫以海绵块。

(2)计算空气声速。以换能面距离为纵坐标,声速读数为横坐标,将各组数据点绘在直角坐标图上,点应在一直线上。在坐标纸上面画出该直线,并算出直线斜率,即为空气声速实测值 $v_c$。

(3)空气声速计算值按下式计算:

$$v_0 = 340.3\sqrt{0.948 + 0.00347T}$$

式中 $v_0$——空气声速计算值,m/s;

$T$——空气温度,℃。

(4)误差计算:空气声速实测值 $v_c$ 与空气声速计算值 $v_0$ 之间相对误差 $e_r$,按下式计算:

$$e_r = (v_c - v_0)/v_c \times 100\%$$

超声仪在正常情况下,相对误差值不应大于 0.5%。

## 第六节 碾压混凝土压水试验和钻孔取心心样性能试验

碾压混凝土坝的施工特点是通仓、薄层连续铺筑并碾压。碾压混凝土坝施工速度快,这在世界范围内得到广泛的认可,但人们对碾压混凝土防渗性能又存在疑虑。这种疑虑来自碾压混凝土的施工方法及筑坝材料的特殊性。由于分层碾压施工层面出现薄弱环节的几率要比常规混凝土大。这些薄弱环节对抗剪强度和渗透性影响是相当大的。大坝作为挡水建筑物,稳定性、渗透性是人们最关心的问题。坝体中的渗流将使混凝土中的氢氧化钙等水化产物溶出,造成混凝土强度降低,同时坝体中渗流如果控制不好,有可能在坝体中产生较大的扬压力,对坝体沿层面的稳定构成威胁。坝体廊道内及坝体表面渗水不仅影响 RCC 的耐久性,且不利于维护、观测检查,也影响大坝的美观。

在碾压混凝土坝施工技术日趋成熟,碾压混凝土坝施工质量不断提高的同时,如何正确测试碾压混凝土的渗透性,特别是碾压混凝土渗透性的现场精确测试,关系到对碾压混凝土防渗效果的正确评价。现场取心样和压水试验是评价碾压混凝土渗透性的重要方法,其可靠性、准确性是至关重要的。

## 一、碾压混凝土渗透性的测试方法

目前,国内研究碾压混凝土渗透性的方法主要有三种:

(1)按工程使用碾压混凝土的配合比,在实验室成型试件,测定碾压混凝土本体和层面的渗透性。

(2)在已填筑的碾压混凝土上钻取心样,测定其本体和层面的渗透特性。

(3)在已填筑的碾压混凝土上进行现场压水试验,测定其实际的渗透性(包括碾压混凝土本体、层面及坝体的特殊部位)。

室内试验条件与现场的施工条件有很大差异,室内试验不能反映现场填筑碾压混凝土的不均匀性。现场施工受各种外界因素的影响,施工条件复杂。虽然心样渗透试验来自现场,也只能测定能做成试件的心样,在取心时如果层面(缝面)结合较差或有冷缝及碾压不实,则心样在此断裂或破碎,不能通过心样渗透试验测验这些部位。只有通过现场压水试验才能克服室内试验及心样渗透试验的不足,较为真实地测定碾压混凝土的渗透特性。

钻孔压水试验应随碾压混凝土坝段的结构型式而设计取心孔和压水孔孔位,并要求充分考虑坝体、廊道、钢筋密集部位和混凝土品种、标号、级配等,内部结构避开检测电缆和排水孔、止水等预埋件,有意识地选择部分孔位分布在地质缺陷部位。目的就是使检查孔尽可能覆盖不同部位和不同品种的混凝土,取得全面可靠的数据,同时检查基础混凝土与基岩结合情况、地质缺陷部位固结灌浆的质量情况、地质缺陷部位的情况。

## 二、孔位布置和施工技术要求

### (一)孔位的布置

坝体混凝土质量检查取心孔孔径有 150 mm、200 mm 和 250 mm 三种,可布置 10 个孔,其中在碾压混凝土不同坝段布置 6 个孔,即在岸边挡水坝段和其他进水口坝段,在二、三级配区各布置 2 个孔,坝体混凝土压水孔孔径与孔数及试验段长度根据现场实际情况确定。

### (二)施工技术要求

在同时布置有压水孔和取心孔的坝段内先进行压水试验检查孔施工,完成后再进行取心施工。

钻孔取心时,要求按获得心样次序统一编号,填牌装箱,绘制钻孔柱状图并进行心样描述,钻进应保证最大限度地取得心样,无论心样有多长,一旦发现心样卡钻或被磨损应立即取出。对于 1 m 或大于 1 m 的钻进循环,若心样获得率小于 80%,则下一次应减少循环深度 50%,以后依次减少 50%,直至到 50 cm 为止。如果心样的回收率很低,应更换钻孔机具或改进钻孔方法,钻孔过程中,应对钻孔冲洗水、钻孔压力、心样长度及其他能充分反映混凝土特性的因素进行检查、观测记录,不允许出现颈缩心样。

压水试验应在钻孔冲洗后进行,试验段长度为 3 m,采用"单点法"进行试验。压力采用分段升压,第一段不大于 0.3 MPa,第二段不大于 0.6 MPa,第三段以下各段不大于 1.0 MPa。在稳定压力下每 3 ~ 5 min 测读一次压入流量,当流量无连续增长趋势时,且连续 5 次读数中最大值与最小值之差小于最终值的 10%,本阶段试验即取最终值作为计算值。压水试验质量标准:常态混凝土和碾压混凝土二级配透水率 $q$ 不大于 0.5 Lu,三级配碾压混凝土透水率 $q$ 不大于 1.0 Lu。试验过程中,若发现吕容值大于设计值,应立即对廊道、坝面进行检查,察看是否存在渗水通道,并缩小压水段长到找出渗水通道为止。

试验段压力的确定应遵守下列规定:

(1)当用安设在与试段连通的测压管上的压力计测压时,试段压力按下式计算:

$$P = P_p + P_2$$

式中 $P$——试段压力,MPa;

$P_p$——压力计指示压力,MPa;

$P_2$——压力计中心至压力计算零线的水柱压力,MPa。

(2)当用安设在进水管上的压力计测压时,试段压力按下式计算:

$$P = P_p + P_2 - P_s$$

式中 $P_s$——管路压力损失,MPa;

其余符号含义同前。

## 三、试验钻孔取心施工和压水试验

### (一)压水试验钻孔的施工

压水试验孔的孔径宜为59~150 mm。

压水试验钻孔宜采用金刚石或合金钻头钻进,如采用SGZ-ⅢA型钻机,配金刚石钻头钻进,钻孔孔径为76 mm。BW-3250型三缸往复式泥浆泵具有压力稳定、出水均匀、性能可靠等优点,是压水试验的首选供水设备,止水栓塞应采用单管顶压式,栓塞位置要求准确。

在同一地点布置两个以上钻孔(孔距10 m以内)时,应先完成拟做压水试验的钻孔。压水试验每3 m为一个试验段,随钻孔的加深自上而下分段进行。每钻进完一个试验段应及时起钻取出岩心,不允许超钻。压水试验前用水应保持清洁,当水源的泥沙含量较多时,应采取沉淀措施。用清水对钻孔进行冲洗,清除孔内岩粉,直至肉眼观察无岩粉为止。压水试验人员应经过专门培训,持证上岗。压水试验前应对压力管路接头、止水栓塞等进行通水试压检查,确保管路中已充满了水。试验设备安装完毕后即可进行试验性压水。

调整阀门使压力趋于稳定并进行流量观测,在稳定的压力下每3~5 min测读一次压入流量,当流量无连续增长趋势,且连续5次读数中最大值与最小值之差小于最终值的10%,本阶段试验即可结束,取最终值作为计算值。

全孔各段压水试验结束,并经验收后用压力灌浆法进行回填封孔,对于吕容值超出质量标准的孔段做灌浆处理,灌浆段长5 m,第1段施灌压力为0.6 MPa,其他各段为1.0 MPa。

1.施工工艺流程

坝体混凝土钻孔压水试验工艺流程见图8-12,坝体混凝土钻孔取心工艺流程见图8-13。

2.碾压混凝土钻孔取心施工

碾压混凝土钻孔取心采用SGZ-ⅢA型钻机,可采取预埋螺杆或安装螺栓的办法将钻机固定在混凝土面上,安装钻机时使用吊锤对钻机立轴和主动钻杆进行垂直校正,同时通过增减钻机底部垫片高度调节钻机至水平状态。金刚石钻头胎体硬度应与混凝土层相适应,尽量减少起钻、下钻次数,延长纯钻进时间,以防频繁起、下钻造成孔内心样破坏。开钻前,应对钻机立轴重新校对,开孔时轻压慢钻,随钻孔加深逐步加长钻具。钻具不安装卡簧,以防钻进遇阻起钻时卡断心样。钻头、扩孔器必须排队转换使用,每次起钻后用游标卡尺检测钻头和扩孔器磨损情况。

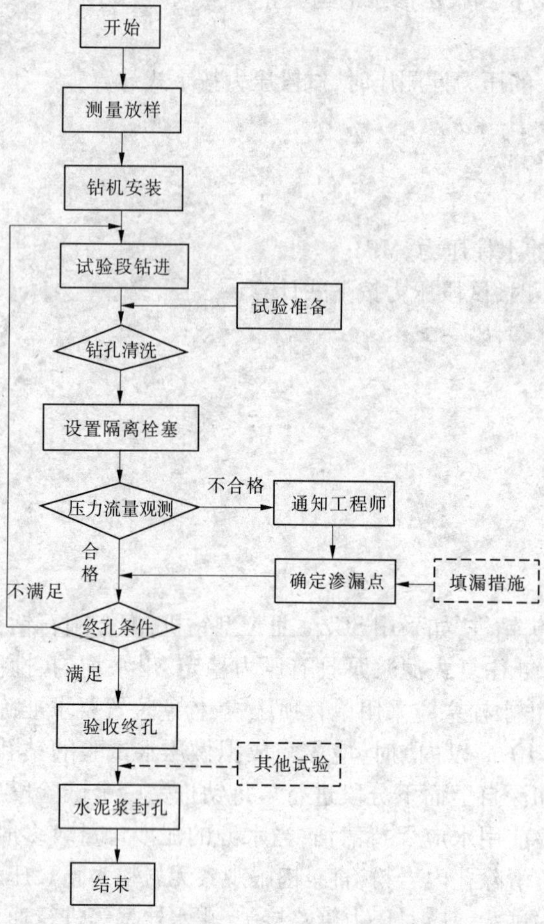


**图 8-12　坝体混凝土钻孔压水试验工艺流程**

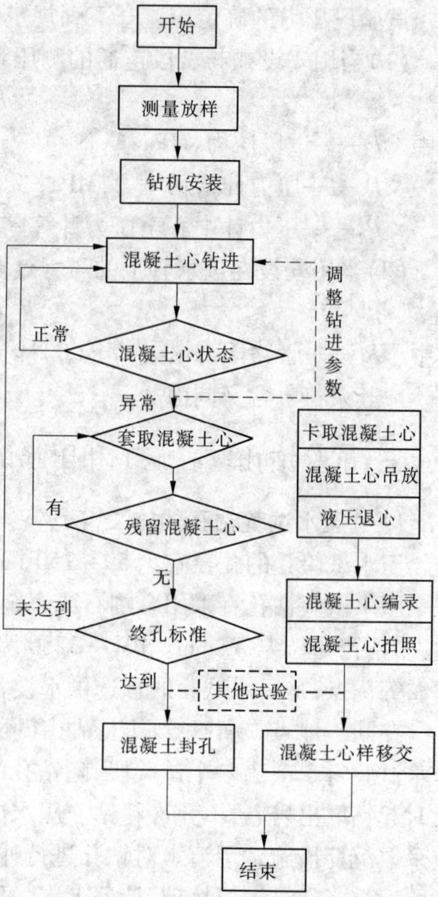


**图 8-13　坝体混凝土钻孔取心工艺流程**

钻进过程密切关注各种情况，如孔内心样已断裂应立即起钻，并把孔内残留心样处理干净，以防心样与心样之间发生对磨。卡取岩心前必须加大清水供应量，以便将孔内岩粉冲洗出来，保证孔内清洁，避免在下钻取心时因心样周围岩粉过多而使卡簧中途受阻，进一步造成心样断裂。

当钻取的心样长度达到 8 m 左右时，应及时卡取心样（在成功取得长心样后，可逐渐加长取心长度）。取心前先起钻并用游标卡尺测量钻头内径，安装合适卡簧（卡簧内径宜比钻头胎体内径小 0.3～0.5 mm）和专用卡簧座。岩心管被吊至孔口时，用管卡卡住岩心管，拆开沉淀管接头，根据心样长短及岩心管内壁与心样之间的缝隙大小，分四个方向垫入管壁与心样之间，以防放置岩心管时，心样在管内晃动而断裂。

岩心管采用吊车等起重设备吊离孔口并平放，在此过程中若不采取加强措施，岩心管会产生弯曲变形。为避免管内混凝土心样因岩心管弯曲而折断，每隔 500 mm 用螺栓将两根槽钢对称固定在岩心管变形最大部位，以此来加强岩心管的刚度。水平摆放岩心管时，先准备两根长度、宽度与心样直径相适应的槽钢，一根用来摆放岩心管，另一根用来承接从岩心管内退出的心样。调整好槽钢的轴线方向和水平面，使两根槽钢前后、高度一致。准备就绪后，将岩心管缓慢而平稳地吊放在槽钢上，利用千斤顶顶推心样退出卡簧，拆除卡簧及卡簧座,最后利用水压使混凝土心样从岩心管内全部退出。确认取心工作已达到封孔标准后,将孔内积水排干,用小级配混凝土逐段回填。

对取出的心样及时进行标识、编录、拍录和养护等工作,选定合适的心样保存地点,尤其是长心样,要提前制定合理的心样保存和运输方式,以保证长心样的完好性,防止散失和混装。

按一般规定,心样直径应大于混凝土最大骨料粒径的2.5~3.0倍。碾压混凝土最大骨料粒径为80 mm,则心样直径应为200~240 mm。考虑到我国目前钻机的特点,特规定心样直径以15~20 cm为宜。对于大型工程或混凝土最大骨料粒径大于80 mm的工程,可采用直径20 cm或更大直径的心样。

试件高度大于1.7倍直径时,可以认为端面约束已减弱到可以不予考虑的程度,所以把高径比为2.0的心样试件定为标准试件。这也是根据我国的试验资料并参考美国(ASTMC42—77)及英国(BS1881.4)规范编制而成的。考虑到工程一般使用最大骨料粒径为80 mm,以及端面约束问题,规定高径比小于1.5的心样不得用于测定抗压强度。

**(二)钻孔取样的质量评定**

钻孔取样是评定碾压混凝土质量的综合方法,其可在碾压混凝土铺筑3个月后进行。钻孔数量应根据工程规模确定。钻孔取样评定的内容如下:

(1)心样获得率:评价碾压混凝土的均质性。

(2)压水试验:评定碾压混凝土抗渗性。

(3)测定心样的容重、抗压强度、抗拉强度、抗剪强度、弹性模量和拉伸变形等性能,评定碾压混凝土的均质性和结构强度。

(4)心样外观描述:评定碾压混凝土的均质性和密实性,评定标准见表8-6。

(5)测定抗压强度的心样直径以15~20 cm为宜,对于大型工程或混凝土的最大骨料粒径大于80 cm的工程,可采用直径20 cm或更大直径的心样。

(6)以高径比为2.0的心样试件为标准试件,不同高径比的心样试件的抗压强度与高径比为2.0的标准试件抗压强度的比值见表8-7。高径比小于1.5倍的心样试件不得用于测定抗压强度。

$\phi$15×30 cm标准试件与15 cm立方体试件的抗压强度换算关系见表8-7。

**(三)现场压水试验的操作过程**

试验开始时,应对各种设备、仪表的性能和工作状态进行检查,发现问题立即处理。

现场压水试验的操作程序包括钻孔、洗孔、下置栓塞隔离试段、水位测量、仪表安装、压力和流量观测等步骤及试验资料整理。

1. 钻孔

采用$\phi$59~150 mm范围内的金刚石钻头回旋钻进,不应使用泥浆等护壁材料钻进。在碳酸盐类地层钻进时,应选用合适的冲洗液。

试验钻孔的套管脚必须止水。钻孔应保持垂直及相应倾角、孔深的误差应小于2.0 cm,钻孔内可能残留有少量岩心,不致影响压水段的长度。

2. 洗孔

洗孔应采用压水法,钻孔完成后即采用高压水冲洗。洗孔时钻具应下到孔底,保证水量充足、流量大,应大到水泵的最大出力。洗孔应到孔口回水清洁为止,肉眼观察无岩粉时方可结束。当孔口无回水时，洗孔时间不得少于 15 min。

3. 试段隔离

下栓塞前应对压水试验工作管进行检查，不得有破裂、弯曲、堵塞等现象。接头处应采取严格的止水措施。

采用气压式或水压式栓塞时，充气(水)压力应比最大试段压力 $P_3$ 大 0.2 ~ 0.3 MPa，在试验过程中充气(水)压力应保持不变。栓塞应安设在岩石较完整的部位，定位应准确。

当栓塞隔离无效时，应分析原因，采取移动栓塞、更换栓塞或灌注混凝土塞位等措施。移动栓塞时只能向上移，其范围不应超过上次试验的塞位，灌注混凝土塞位的方法应按下列规定要求：

(1) 当岩石风化破碎，栓塞止水困难时，可采用灌注混凝土塞位法进行压水试验。

(2) 用较大孔径(其直径比下部拟进行压水试验的孔段的直径至少大 20 mm)钻入风化破碎岩石内 2 m 以上。

(3) 向孔底注入水泥砂浆，高度不小于 2 m。必要时并将护壁套管插至孔底。

(4) 待凝足够时间后，钻开混凝土及下部孔段，将栓塞置于混凝土段或套管内进行压水试验。

(5) 如待试孔段已钻开，则在扩孔灌注混凝土之前，应首先用中粗砂将待试孔段填实。钻开混凝土后，清除试段内填砂，进行压水试验。

常用的压水试验是用单栓塞隔离试段，随着钻孔的加深自上而下分段进行。同时，还规定，可以使用双栓塞进行压水试验，其主要优点是：①试验工作和钻探工作可以部分或全部分离，因而可提高工效。②可以根据孔内实际情况合理地确定栓塞置放位置和试段长度，试验成果与地质条件之间的相关性较好。

目前的压水试验求得的透水率是试段的平均值，如试段过长，势必影响成果的精度，如试段过短，又会增加压水试验的次数和费用。国外规定试验长度为 3 ~ 6 m，多数为5 m，与我国规定基本上一致。在实际操作时，由于诸多因素的影响试段长度通常不是整数。

对于地质构造条件特殊(如断层、裂隙密集带、岩溶洞穴等)的孔段，应根据具体情况确定试段的位置和长度，同时还应考虑下一试段栓塞止水的可靠性。

4. 水位观测

试验前地下水位观测的主要目的是确定水柱压力的起算点，即确定压力计算零线。下栓前应首先观测 1 次孔内水位，试段隔离后，再观测工作管内水位。工作管内水位观测应每隔 5 min 进行一次。当水位下降速度连续 2 次均小于 5 cm/min 时，观测工作即可结束，用最后的观测结果确定压力计算零线。在工作管内水位观测过程中如发现承压水时，应观测承压水位，当承压水位高出管口时，应进行压力和涌水量观测。

5. 压力和流量观测

压力和流量观测工作有两种方式：一种是调节压力使之稳定不变，观测流量随时间变化的情况；另一种是调节流量使之稳定不变，观测压力随时间变化的情况。流量观测的间隔：为了了解试验时流量的变化情况，原则上每分钟观测 1 次，对于直读式流量计来说，这样做并无困难。但目前我国大多数试验采用水表测流量，每分钟观测 1 次过于紧张，故规定每隔 1 ~ 2 min观测 1 次，视工地的具体情况而定。观测结束标准和取值，理论上，流量在向稳定值趋近的过程中，其变化值是随时间递减的。为了使试验成果更可靠，要求在某一时段内流量的变化值不大于某一标准。这样试验虽未达到真正稳定,但至少已进入缓变段,因而可以把试验误差控制在一定范围之内。按规定,5 次流量读数的相对差不大于10%,或绝对差不大于1 L/min,试验段试验即可结束。绝对差的标准主要是依据流量计实际可能达到的精度确定的,取最后一次读数作为计算值,比取该时段内的平均值更合理些,也较方便。当压力保持不变,流量随时间持续增大时,应进行检查。如果不是设备、仪表发生故障,则应延长试验时间,直至流量不再持续增大,且达到上述标准方可结束。

在现场压水试验采用的压力应既能满足现场压水要求又不对大坝产生抬动破坏。碾压混凝土层面中渗透压力的大小及压水孔距临空面距离大小是坝体能否产生抬动变形和破坏的关键。坝体抬动除克服上部压重,还要克服层面间混凝土镶嵌、咬合作用所形成的结构力。如果某一压水渗水量大,或压水孔距临空面较近,则应调整压水试验,压力以避免坝体产生抬动变形和破坏为宜。试验段的场地宜为5 m。试验段是编制渗透剖面图的基本单位。目前的压水试验求得的透水率是试段的平均值,如果试段过长,势必影响成果的精度,如试段过短,又会增加压水试验的次数和费用。国内外的规范中规定的试段长度为3～6 m,多数为5 m。在实际操作时,由于诸多因素的影响,试段长度应根据现场实际情况确定,试验段长度通常不是整数。同时,还应考虑下一试段栓塞止水的可靠性。

压水试验应按三级压力、五个阶段(即 $P_1$—$P_2$—$P_3$—$P_4$( $=P_2$)—$P_5$( $=P_1$),$P_1<P_2<P_3$)进行。$P_1$、$P_2$、$P_3$ 三级压力宜分别为0.3 MPa、0.6 MPa和1.0 MPa。当试段埋深较浅时,宜适当降低试段压力,试段压力的确定应遵守下列规定:

(1)试段压力确定实质上是最大试段压力确定,最大试段压力确定之后,其余两级压力可按等分原则确定。

(2)多数国家采用的最大试段压力为1 MPa。由于吕容值的定义压力是1 MPa,故一般说来,最大试段压力应达到该值,此外能了解到此范围内的压力—流量($P\sim Q$)变化关系,一般也可以满足要求。

(3)当试段位置埋深较浅(小于15 m)时,采用最大试段压力为1 MPa进行试验,则可能会导致碾压混凝土体抬动,故宜适当降低试段压力。

(4)压水试验时,碾压混凝土体是否会产生抬动变形取决于很多因素,如裂隙中渗透压力的大小和分布情况、上覆盖层自重、上层坝体的结构力等。因此,很难规定具体的不引起岩体抬动变形的最大试验段压力值。各工程在工作开始时,可对浅部试段进行少量试验,以确定适宜的试段压力。

对管路压力损失的确定方法:初期的吕容试验是不考虑管路压力损失的,由于这样做过于粗糙,后来所有的国外规程都规定必须计入管路压力损失。我国目前使用的钻杆内径与接头内径不一致,管路压力损失问题更为突出。实测资料表明,当流量较大(如大于50 L/min)时,管路压力损失急剧增大,不计管路压力损失将导致成果产生较大误差。此外,不计压力损失还会改变 $P\sim Q$ 曲线的形状,使出现B(紊流)型曲线的比例增大。

确定管路压力损失的方法有公式计算法和实际测定法两种。对内径不一致的管路,用公式计算法与实际测定法测定结果差异较大。因此,当采用钻杆对工作管进行压水试验时,应测定每米钻杆和每副接头在不同流量下的压力损失,并编制出图表供现场试验时使用。由于我国目前使用的钻杆和接头在规格和内表面粗糙精度等方面不尽相同,因此实测工作只能由各单位自行进行,而不能采用全国统一的图表。以东北勘测设计院实测的管路压力损失资料表为例,其管路压力损失实测见表8-12。

表8-12 管路压力损失实测

| 流量(L/min) | 每米钻杆压力损失 | 每副接头压力损失 | 管长 $x$(m)的压力损失 | | | |
|---|---|---|---|---|---|---|
| | | | $x=25$ | $x=50$ | $x=75$ | $x=100$ |
| 25 | 0.010 | 0.090 | 0.61 | 1.31 | 2.01 | 2.71 |
| 50 | 0.085 | 0.211 | 2.97 | 6.15 | 9.33 | 12.51 |
| 75 | 0.140 | 0.591 | 5.86 | 12.32 | 18.77 | 25.23 |
| 100 | 0.212 | 1.177 | 10.01 | 21.19 | 32.38 | 43.56 |

注:1. 设每根钻杆长5 m。

2. 压力损失单位为 $1\times10^{-2}$ MPa。

3. 钻杆外径50 mm,内径38 mm,接头外径50 mm,内径22 mm。

从表8-12中可以看出,管路压力损失随流量的增大而急剧增大,且压力损失主要产生在接头部位。

管路压力损失测定的基本要求:

(1)当使用钻杆作为单管柱栓塞的工作管,且钻杆内径与接头内径不一致时应实测管路压力损失。

(2)测定压水损失所用的钻杆和接头应与实际使用的规格一致。

(3)测试管路为两套,每套管路总长不少于40 m,第一套管路与第二套管路的长度相差不大于0.2 m,但接头数相差3副以上。

(4)管路底平置于地面,末端高于首端,两端安装压力表,并在末端安装流量计,流量计后的出水口应抬高1~2 m,实测两端压力表的高差。

(5)将流量不同的水输入管路,流量范围10~100 L/min,测点不少于15个,管路的压力差即为该流量下的管路压力损失。

(6)每套管路的实测工作应进行2次,取其平均值。

(7)绘制两套管路的压力损失与流量关系曲线,量得各流量值相应的压力损失差 $\Delta P_s$ 如图8-14所示。

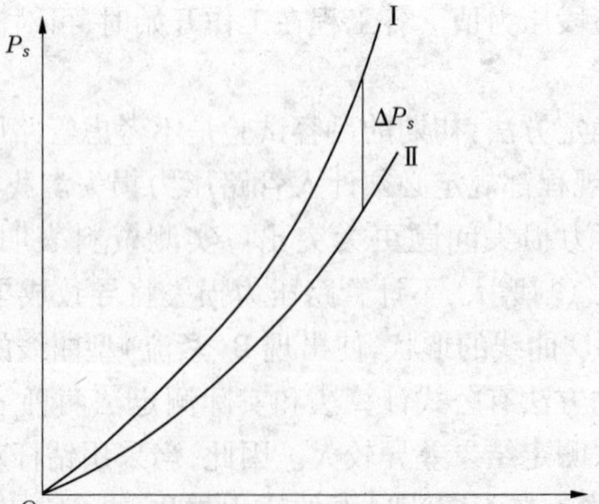


图8-14 压力损失与流量关系曲线

(8)各种流量下每副接头的压力损失用下式计算：

$$P_{si} = \frac{\Delta P_s}{n}$$

式中 $P_{si}$——某流量下每副接头的压力损失，MPa；

$\Delta P_s$——该流量下两套管路的压力损失差，MPa；

$n$——两套管路接头数之差。

(9)各种流量下的管路压力损失减去接头的压力损失，计算出各种流量下每米钻杆的压力损失值。

(10)编制出各种流量下每米钻杆及每副接头的压力损失图或表。

流量观测，根据压水过程中压水段渗水量的不同采用了水表、测压管—体积观测仪为观测设备。

压水段渗水量 $Q<1$ L/min 时，采用计量泵压水，用测压管—体积观测仪观测压入压水段内水的体积。测压管—体积观测仪精度可达 1 mL，管内水面稳定。如果在整个压水过程中，供水管路接头部位及胶塞处无外渗的情况下，这套装置能准确地测得压水段内的渗水量。对每一压水段连续读 5 次，若流量稳定即终止该压水段压水。

压水段渗水量 $Q>1$ L/min 时，采用 150 泵压水。由于 150 泵的活塞往复运动使得测压管—体积观测仪上的测压管水柱波动较大而难以读数，这时采用水表读数。但在压水段渗水量接近 1 L/min 时，活塞往复行程短，测压管—体积观测仪上的测压管内水柱波动不大时，仍采用测压管—体积观测仪进行观测。

渗水量相对较大时，2 min 测读一次，渗水量相对较小时，仍 5 min 测读一次。如果流量无持续增大趋势，且连续 5 次读数中流量最大值与最小值之差小于最终值的 10%，该压水段压水结束。

**(四)试验资料的整理**

1. 基本要求

试验资料整理应包括校核原始记录，绘制 $P\sim Q$ 曲线，确定 $P\sim Q$ 曲线类型和计算试段透水率等。

绘制 $P\sim Q$ 曲线时，应采用同一比例尺，即纵坐标($P$ 轴)1 mm 代表 0.01 MPa，横坐标($Q$ 轴)1 mm 代表 1 L/min。$P\sim Q$ 曲线图上各点应标明序号，并依次用直线相连，升压阶段用实线，降压阶段用虚线。

试段的 $P\sim Q$ 曲线类型应根据升压阶段 $P\sim Q$ 曲线的形状以及降压阶段 $P\sim Q$ 曲线与升压阶段 $P\sim Q$ 曲线之间的关系确定。$P\sim Q$ 曲线类型划分及曲线特点见表 8-13。

当 $P\sim Q$ 曲线中第 4 点与第 2 点，第 5 点与第 1 点的流量值绝对差不大于 1 L/min 或相对差不大于 5% 时，可认为基本重合。

试段透水率采用第三阶段的压力值($P_3$)和流量值($Q_3$)可按下式计算：

$$q = \frac{Q_3}{LP_3}$$

表 8-13　$P \sim Q$ 曲线类型及曲线特点

| 类型名称 | A(层流)型 | B(紊流)型 | C(扩张)型 | D(冲蚀)型 | E(充填)型 |
|---|---|---|---|---|---|
| $P \sim Q$ | 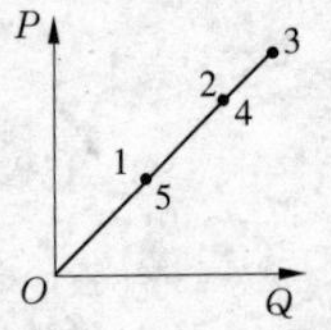 | 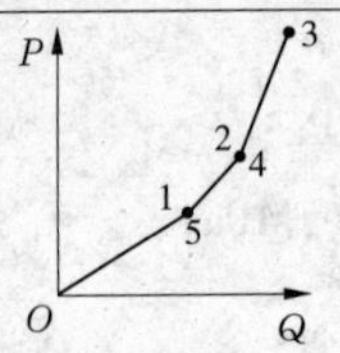 | 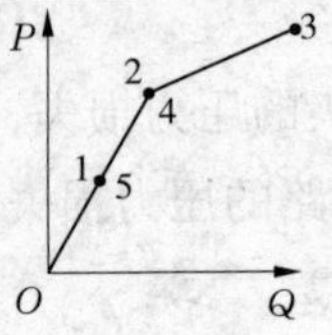 | 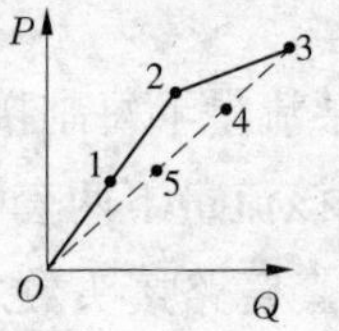 | 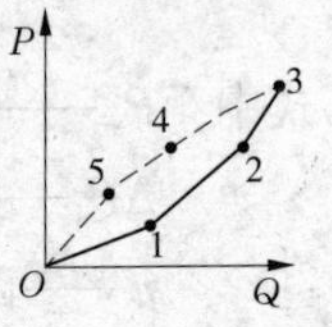 |
| 曲线特点 | 升压曲线为通过原点的直线,降压曲线与升压曲线基本重合 | 升压曲线凸向 $Q$ 轴,降压曲线与升压曲线基本重合 | 升压曲线凸向 $P$ 轴,降压曲线与升压曲线基本重合 | 升压曲线凸向 $P$ 轴,降压曲线与升压曲线不重合,呈顺时针环状 | 升压曲线凸向 $Q$ 轴,降压曲线与升压曲线不重合,呈逆时针环状 |

式中　$q$——试段的透水率,Lu;

$L$——试验段长度,m;

$P_3$——第三阶段的试段压力,MPa;

$Q_3$——第三阶段的计算流量,L/min。

试段透水率取两位有效数字。

每个试段的试验成果应采用试段透水率和 $P \sim Q$ 曲线的类型代号(加括号)表示,如 0.23(A)、12(B)、8.5(D)等。

当某一工程或某一地段的压水试验成果中出现较多的试段 $P \sim Q$ 曲线为 C 型或 D 型时,应结合该工程或该坝段的钻心情况进行分析,并在报告中加以说明。

当需要根据压水试验成果计算碾压混凝土坝体渗透系数时,应按下式计算:

$$K = \frac{Q}{2\pi Hl}\ln\frac{l}{r_0}$$

式中　$K$——坝体渗透系数,m/d;

$Q$——压入流量,$m^3/d$;

$H$——试验水头,m;

$l$——试验长度,m;

$r_0$——钻孔半径,m。

2. 试验资料整理方法、原则、试段透水率的计算方法及精度

(1)绘制 $P \sim Q$ 曲线的方法:绘制 $P \sim Q$ 曲线是划分类型的基础,实践表明,$P \sim Q$ 曲线可以直接反映流量随压力的变化关系。

绘制 $P \sim Q$ 曲线应采用统一的比例尺,如果采用不同的比例尺,如在流量较小时用较大的比例尺,就会出现一些人为造成的不规则曲线,使判读和划分类型产生困难。

采用规程中规定的比例尺($P$ 轴 1 mm 代表 0.01 MPa,$Q$ 轴 1 mm 代表 1 L/min)各点标明序号,并分别用实线和虚线连接升压曲线和降压曲线,这样图幅紧凑,图面清晰,绘制和使用都比较方便。

(2)划分 $P \sim Q$ 曲线采用豪斯比和库斯纳尔的分类法。划分 $P \sim Q$ 曲线类型的主要依据有两点:一是升压阶段 $P \sim Q$ 曲线的形状;二是降压阶段 $P \sim Q$ 曲线与升压阶段 $P \sim Q$ 曲

线类型是否重合及其相对关系。根据上述原则，将 $P \sim Q$ 曲线划分为5种类型。下面对5种 $P \sim Q$ 曲线类型做进一步说明：

①A（层流）型。曲线特征为 $P \sim Q$ 曲线中升压曲线为通过坐标原点的直线，降压曲线与升压曲线基本重合。

解释：渗流状态为层流。在整个试验期间，裂隙状态没有发生变化。

②B（紊流）型。曲线特征为 $P \sim Q$ 曲线中升压曲线为凸向 $Q$ 轴的曲线，降压曲线与升压曲线基本重合。

解释：渗流状态为紊流，（这里所谓的紊流是所有非线性的压力—流量关系的统称）在整个试验期间，裂隙状态没有发生变化。

③C（扩张）型。曲线特征为 $P \sim Q$ 曲线中升压曲线大体上为凸向 $P$ 轴的曲线，降压曲线与升压曲线基本重合。

解释：在试验压力的作用下，裂隙状况发生变化，岩体渗透性增大，但这种变化是暂时性的，可塑的。随着试验压力的下降，裂隙对恢复到原来状态呈现出一种弹性扩张性质。

④D（冲蚀）型。曲线特征为 $P \sim Q$ 曲线中升压曲线大体上为凸向 $P$ 轴的曲线，降压曲线与升压曲线不重合，位于升压曲线的右侧，整个 $P \sim Q$ 曲线呈顺时针环状。D型曲线最关键之处是在某一压力之后，流量显著增大，且 $Q_4 > Q_2$，$Q_5 > Q_1$。

解释：在试验压力的作用下，裂隙状态发生变化，坝体渗透性增大，这种变化是永久性的，不可逆的。流量显著增大且不能恢复原状，多半是由于混凝土劈裂且与原有裂隙相通或裂隙中的充填物被冲蚀、移动造成的。

⑤E（充填）型。曲线特征为 $P \sim Q$ 曲线中，升压曲线为直线或凸向 $Q$ 轴的曲线，降压曲线与升压曲线不重合，位于升压曲线的左侧，整个 $P \sim Q$ 曲线呈逆时针环状。E型曲线的关键之处在于 $Q_4 < Q_2$，$Q_5 < Q_1$。

解释：试验期间裂隙状态发生了变化，坝体渗透性减小，这种减小大多是由于裂隙被部分堵塞造成的。此外，如裂隙处于半封闭状态，当被水充满以后，流量即逐渐减小，甚至趋近于零。其曲线特点是：升压曲线凸向 $Q$ 轴，降压曲线凸向 $P$ 轴。

（3）试验段透水率的计算方法及其精度。透水率取第三阶段压力、流量数据（$P_3$、$Q_3$）进行计算，与原规程相同。主要原因是该组数据接近于吕容值的定义压力。透水率取两位有效数字，这与压水试验可能达到的和需要达到的精度是一致的。

$P \sim Q$ 曲线类型是反映试段岩体渗透性的重要资料，同时用透水率和 $P \sim Q$ 曲线类型来表示该试段的压水试验成果。

当 $P \sim Q$ 曲线为C型或D型时，表明在最大试验压力（$P_3$）范围内，流量显著增大，试段的裂隙状态产生变化（裂隙扩张、劈裂、充填物冲蚀等）。在一个工程或一个地段内，如果 $P \sim Q$ 曲线为C型或D型的试段比例较大，作为一种地质现象应当引起足够重视。此时，应结合该工程或该地段的地质情况（地层岩性、地质构造、岩溶等）和钻孔岩心情况进行分析，找出流量显著增大的地质原因，并在工程地质报告中加以说明，必要时可在勘探阶段或灌浆试验中安排一定数量的专门性试验，确定岩体的临界压力。

3. 压水试验成果整理的具体步骤

反映混凝土渗透性有三个参数：透水率、渗透系数及抗渗标号。压水试验规程中用透水率和渗透系数来表示其渗透性，而室内混凝土抗渗性试验用抗渗标号来反映，设计上也用抗渗标号来表示混凝土的防渗指标。抗渗标号这个指标的优点是简单、直观，但这个指标没有时间和渗透量的定量概念，不能正确反映混凝土的实际抗渗能力，而渗透系数则能反映时间和渗透量的定量概念，能正确反映混凝土的实际抗渗能力。目前，渗透系数及抗渗标号之间尚无确定的换算关系。在压水试验中用透水率反映压水试验的成果。

1）抗渗标号

《水工混凝土试验规程》（SD105—82）规定测定混凝土抗渗性有两种方法：即逐级加压法和一次加压法。

逐级加压法试验时，水压从 1 kg/cm$^2$ 开始，以后每隔 8 h 增加水压 1 kg/cm$^2$，并随时注意试件端面情况。当 6 个试件中有 3 个试件表面出现渗水时或加至规定压力 8 h 内 6 个试件表面渗水的试件不超过 2 个时，即可停止试验，记下此时的水压力。

混凝土的抗渗标号，以每组 6 个试件中 4 个未出现渗水时的最大水压力表示。

抗渗标号按下式计算：

$$S = H - 1$$

式中 $S$——抗渗标号；

$H$——6 个试件中有 3 个渗水时的水压力，kg/cm$^2$；

如压力加至规定数值，在 8 h 内 6 个试件中表面渗水的试件不超过 2 个，则试件的抗渗标号等于或大于规定值。

2）相对渗透系数

测定混凝土在恒定水压下的渗水高度，计算相对渗透系数。相对渗透系数按下式计算：

$$S_k = \frac{mD_m^2}{2TH}$$

式中 $S_k$——相对渗透系数；

$D_m$——平均渗水高度，cm；

$H$——水压力，以水柱高度表示，cm；

$T$——恒压经过的时间，h；

$m$——混凝土的吸水率，一般为 0.03。

3）压水试验透水率计算方法

压水试验成果主要用于评价碾压混凝土的渗透特性，碾压混凝土透水率用单位吸水率（L/（min · m$^2$））近似换算为吕容值（Lu）表示。1 Lu 表示的定义为当试段压力为 1 MPa 时，每分钟每米试段的压入流量为 1 L/min。试段综合透水率可按下式计算：

$$q = \frac{Q}{L}\frac{1}{P}$$

式中 $q$——压水段综合透水率，Lu；

$L$——压水段长，m；

$P$——压力，MPa；

$Q$——压水段在压力为 $P$ 时的流量，L/min。

4）饱和区试段综合渗透系数的计算方法

如果进行压水试验，碾压混凝土处于饱和状态时，用下式计算综合渗透系数：

$$K = \frac{Q}{2\pi Hl}\ln\frac{l}{r_0}$$

式中　$K$——综合渗透系数,cm/s;

$Q$——试段内的压水流量,$m^3/s$;

$l$——压水段长,cm;

$r_0$——钻孔半径,cm。

5)非饱和区渗透系数的确定方法

碾压混凝土常在非饱和状态下压水,所以上式不适用。如果压水段附近的混凝土处于非饱和状态,压水时水流沿钻孔径向外渗,为饱和圈逐渐扩大的非恒定过程。此时渗流系数公式推算过程为:当压水压力水头为 $H_0$,经过一定时间,渗流自由面流至 $r_1$(该处 $H=0$),求渗流场。

(1)水流连续条件:

$$\frac{(\mu_r + \mathrm{d}\mu_r)(r + \mathrm{d}r)\mathrm{d}\theta - \mu_r r\mathrm{d}\theta}{\mathrm{d}r} = 0$$

展开,略去高阶项得:

$$\mu_r + r\mathrm{d}\mu_r/\mathrm{d}r = 0$$

(2)由达西定律得:

$$\mu_r = -K\frac{\mathrm{d}H}{\mathrm{d}r}$$

把 $\mu_r = -K\frac{\mathrm{d}H}{\mathrm{d}r}$ 代入 $\mu_r + r\mathrm{d}\mu_r/\mathrm{d}r = 0$ 得:

$$\frac{\mathrm{d}H}{\mathrm{d}r} + r\frac{\mathrm{d}^2H}{\mathrm{d}r^2} = 0$$

解得,$H = C_1 + C_2\ln r$。

由边界条件知,$r = r_0$ 时,$H = H_0$;$r = r_1$ 时,$H = 0$,可求得 $C_1$、$C_2$,由此可得:

$$H = H_0\frac{\ln\frac{r}{r_1}}{\ln\frac{r_0}{r_1}}$$

$r = r_1$ 处的水力梯度为:

$$\frac{\mathrm{d}H}{\mathrm{d}r_1} = \frac{H_0}{\ln\frac{r_0 r_1}{r_1}}$$

$$\mu_{r_1} = K\frac{\mathrm{d}H}{\mathrm{d}r_1}$$

把 $H$ 值代入 $\frac{\mathrm{d}H}{\mathrm{d}r_1} = \frac{H_0}{\ln\frac{r_0 r_1}{r_1}}$ 中得:

$$\mu_{r1} = K\frac{H_0}{\ln\frac{r_0 r_1}{r_1}}$$

(3)由水量平衡得:

$$2\pi r_1\mu_1\mathrm{d}t = 2\pi r_1 m\mathrm{d}r_1$$

$$\mu_{r_1}\mathrm{d}t = m\mathrm{d}r_1$$

将 $\mu_{r_1} = K\dfrac{H_0}{\ln\dfrac{r_0 r_1}{r_1}}$ 代入 $\mu_{r_1}\mathrm{d}t = m\mathrm{d}r_1$ 中得：

$$K\frac{H_0}{\ln\dfrac{r_0}{r_1}}\frac{1}{r_1}\mathrm{d}t = m\mathrm{d}r_1$$

对两边进行积分：

$$\int_0^T KH_0\mathrm{d}t = m\int_l^{r_1} r_1 \ln\frac{r_0}{r_1}\mathrm{d}r_1$$

由此得：

$$KH_0T = m\left[\frac{r_1^2}{2}(\ln\frac{r_0}{r_1}) + \frac{r_1^2}{4}\right]$$

则非饱和区渗透系数为：

$$K = \frac{m}{H_0 r}\left[\frac{r_1^2}{2}\ln\frac{r_0}{r_1} + \frac{r_1^2 - r_0^2}{\mu}\right]$$

式中 $r_0$——钻孔半径；

$m$——混凝土的吸收率，一般为0.03；

$r_1$——$T$ 时段后的饱和半径。

在压水过程中，如果没有水量损失，那么压入碾压混凝土内的总体水量应为：

$$w = \pi(r_1^2 - r_0^2)m$$

式中 $w$——压力水头为 $H_0$ 时经 $T$ 时段每厘米钻孔水压入的总水量，$\mathrm{cm}^3$。

6）层面等效隙宽的确定方法

碾压混凝土采用分层碾压施工，如果施工方法得当、层面结合好，则层面渗透性及其他物理力学指标与本体混凝土没有什么差别。如果层面间歇时间超过初凝时间，则形成冷缝，构成渗水通道。同时由于骨料分离、仓面污染、高温降雨和碾压不密实等因素造成层面结合不完整，局部形成渗水通道。

为了便于分析、研究碾压混凝土的渗透特性，把结合不理想的层面用水力等效隙宽来反映。

设层面水力等效隙宽为 $b$，碾压混凝土厚度层面的渗透系数为：

$$K_F = gb^2/(12v)$$

设碾压混凝土本体的渗透系数为 $K'_R$，则在某一水力梯度 $J$ 的作用下，单位宽度碾压混凝土本体的渗水量为：

$$Q_C = K'_R(B - b)J$$

通过层面的渗水量为：

$$Q_F = K_F bJ$$

总渗水量为：$Q = Q_F + Q_C$。

设碾压混凝土坝体水平方向综合渗透系数为 $K_R$，则有：

$$K_R BJ = K'_2(B - b)J + gb^2/(12vbJ)$$

由于 $b$ 相对 $B$ 来讲很小,可以认为 $B \approx B - b$,则层面水力等效隙宽 $b$ 为:

$$b = \left[\frac{12vB}{g}(K_R - K'_P)\right]^{\frac{1}{3}}$$

式中 $g$——常数,取 981 $cm/s^2$;

$v$——水的运动黏滞系数,当 $t = 20$ ℃时,$v = 0.010\ 1\ cm/s^2$;

$K_R$——压水试验求得每层碾压混凝土综合渗透系数;

$B$——层厚。

## 第七节　碾压混凝土各项指标的检测技术

### 一、碾压混凝土结合面质量及表面损伤检测技术

碾压混凝土现场原位抗剪断试验成果和心样抗剪断试验成果初步分析,对不同胶凝材料用量、不同层面间歇时间、不同层面处理方法的情况下的碾压混凝土抗剪断强度和抗剪断参数的变化特性,能够了解碾压混凝土抗剪断强度随龄期增长特性以及抗剪断强度的尺寸效应。

**(一)层面抗剪参数的设计指标**

碾压混凝土坝工程应根据招标文件规定的不同部位的 180 d 龄期的碾压混凝土层面抗剪设计指标,其是按统计法确定的。如龙滩水电工程的层面原位抗剪强度设计指标见表 8-14。

**表 8-14　龙滩水电工程的层面原位抗剪强度设计指标**

| 部位 | $f'$ | $C'$(MPa) | 保证率 $P$(%) | 备注 |
|---|---|---|---|---|
| 坝体下部 RⅠ$C_{90}$25 | 1.0~1.1 | 1.9~1.7 | 80 | 变异系数 $C_{v,f} = 0.20$ $C_{v,c} = 0.35$ |
| 坝体中部 RⅠ$C_{90}$20 | 1.0~1.1 | 1.4~1.2 | 80 | |
| 坝体上部 RⅠ$C_{90}$15 | 0.9~1.0 | 1.0 | 80 | |

**(二)原位抗剪试验试体制备和试验的方法**

原位抗剪试验的目的及使用范围:测定碾压混凝土及层面的抗剪强度,为评定碾压混凝土结构物的整体性、稳定性提供依据。

制作 15 个试块,养护至要求龄期,进行碾压混凝土本身抗剪强度试验。

用于层间结合的抗剪试件,分两次成型。按配合比要求拌制碾压混凝土,称取试件 1/2 高度所需要的碾压混凝土质量装入试模(振实后应为试模深度的 1/2),放入养护室养护至要求的间隔时间后,取出试模按施工要求进行表层处理,再成型上半部并养护至试验要求龄期。

对于混凝土与岩面胶结面的试件,必须先测定岩面的起伏差,绘制岩面沿剪切方向的高度变化曲线,然后按配合比要求在岩面上铺筑混凝土。

将试件置于剪力盒中,放上传力板和滚轴排,安装法向和剪切向的加荷系统时,应保证法向力和剪切力的合力通过剪切面的中点。

安装测量法向和剪切向位移的仪表，测杆的支点必须设置在剪切变形影响范围之外，测杆和表架应具有足够的刚度。

法向荷重按设计的法向最大荷载等分为4~5级施加。

在试件剪切过程中，宜用恒压装置使法向应力保持恒定。施加剪切荷载的速率为0.4 MPa/min。

试件剪断后，调整剪切位移表，在相同法向应力下按上述规定进行摩擦试验，必要时可改变法向应力进行单点摩擦试验。

对剪切面进行描述，测定剪切面起伏差、骨料及界面破坏情况，绘制剪切方向的断面高度变化曲线，量测剪断面积。

**（三）试验结果的处理**

按下式计算各级法向荷载下的法向应力和剪应力：

$$G_i = (P/A) \times 10$$

$$\tau_i = (Q/A) \times 10$$

式中 $G_i$——作用于剪切面上的法向应力，MPa；

$\tau_i$——作用于剪切面上的剪应力，MPa；

$P$——作用于剪切面上的总法向荷载，kN；

$Q$——作用于剪切面上的剪切荷载（应扣除滚轴排摩擦阻力），kN；

$A$——剪切面积，$cm^2$。

三个试件测值的平均值为本级法向荷载下的剪应力。

按下式计算剪切面上极限抗剪强度：

$$\tau = \sigma f' + C'$$

式中 $\tau$——剪切面上极限抗剪强度，MPa；

$f'$——摩擦系数；

$\sigma$——作用于剪切面上的法向应力，MPa；

$C'$——黏聚力，MPa。

式中的$f'$、$C'$可用最小二乘法或作图法求得。

## 二、碾压混凝土原位直剪试验（平推法）

目的及范围：检测碾压混凝土坝体部位抵抗剪切的性能，以评价碾压混凝土的碾压质量，提供校核坝体抗滑稳定的参数；适用于坝体碾压混凝土的层间结合及混凝土与岩体接触面的原位抗剪强度试验。

碾压混凝土原位直剪试验采用加荷、传力量测系统的仪器设备及其计量与滚轴排摩擦系数率定等，按《水利水电工程岩石试验规程》（DLJ204—81，SLJ2—81）规定进行。其试验步骤如下：

（1）试验布置在碾压混凝土构筑物上，选定具有代表性部位与试验层面，宜在碾压试验施工试验体或坝体顶部若干层面上选定，选定试验区的面积应不小于2 m×8 m，试体布置需在同一层面上，数量5~6块，每块试验体的剪切面积应不小于500 mm×500 mm，试体间净距应不小于试体最小边长的1.5倍，高度则以试体边长的2/3为宜。进行试验布置时，施加试体面上的水平推力方向应与结构受力方向一致。

(2)试体开挖制备与养护。试体开挖时混凝土龄期应不少于21 d,采用人工挖凿试验区内试体外围的混凝土,严防试体扰动。

试体开挖深度应至试验层面,但受水平推力的影响,面下开挖深度需至层面以下,并以适合安装水平千斤顶为宜。试体开挖后的尺寸误差不大于±2 cm,并用与试块强度相近的水泥砂浆抹平。在做层缝抗剪时,剪切面周围边角留约10 mm宽的剪切缝。

完成试体与试验区开挖后,应向试块充水或回填湿砂,做好试体养护与保护,直至规定试验龄期,开始仪器设备安装时,再进行清除。同时,应有连续保持试体及其剪切面处于水饱和状态的措施。

(3)仪器设备安装与试验方法。试体承载面的表面处理、加荷、传力、量测系统的设备仪器安装、布置、调试、检查与具体试验方法,按《水利水电工程岩石试验规程》(DLJ204—81,SLJ2—81)规定进行。

(4)试验结果处理。主要整理层面抗剪断强度,即$f'$、$C'$。

(5)进行试验结果的整理,必须搜集并绘出剪切面上下层混凝土的配合比、拌和物质量、碾压质量的检测结果、施工层原铺碾方式、设备型号、碾压遍数、层面处理、间歇时间、混凝土入仓温度、施工日期、气候等,以及试区布置图、剪切面描述图、试验装置及典型剪切面破坏状况拍片等,以利成果分析与采用。

## 三、碾压混凝土静力抗压弹性模量试验

试验的目的及适用范围:测定碾压混凝土圆柱体的静力抗压弹性模量。

试验步骤如下:

(1)拌制碾压混凝土拌和物,按碾压混凝土立方体抗压强度试验的有关规定成型试件,按压强为4 900 Pa计算加压重,每次称6.5 kg试料,分两次装料和加压振实,每一龄期试验以4个试件为一组。

(2)其余试验步骤和结果处理按《水工混凝土试验规程》(SD105—82)中"混凝土静力抗压弹性模数试验"的方法进行。

## 四、碾压混凝土劈裂抗拉强度试验

试验的目的及适用范围:测定碾压混凝土立方体试件的劈裂抗拉强度。

试验步骤:

(1)拌制碾压混凝土拌和物,按碾压混凝土立方体抗压强度试验的有关规定制作、养护试件。

(2)其余试验步骤和结果处理按《水工混凝土试验规程》(SD105—82)中"混凝土劈裂抗拉强度试验"的方法进行。

## 五、碾压混凝土的轴向拉伸试验

试验的目的及适用范围:测定碾压混凝土的轴向抗拉强度、拉伸断裂时的拉伸应变能力(或称极限拉伸值),以及抗拉弹性模量。

### (一)试验步骤

(1)拌制碾压混凝土拌和物,按碾压混凝土立方体抗压强度试验的有关规定制作试件。

拌和物最大骨料粒径不得超过 40 mm，以 4 个试件为一组。

成型前埋件的安装。将拉环紧夹持在试模两端上、下拉环夹板的凹槽中。注意检查拉环位置是否水平，必要时用若干层纸垫在前夹板或后夹板上，以调整拉环水平位置。使上下拉杆的埋设靠端板定位，端板与试模内径采用动配合精度，以保证埋杆与试件轴线同心。

(2)到达试验龄期后，将试件从养护室中取出，安装在试验机上。试验机应具有球面拉力接头，试件的拉环(或拉杆、拉板)与拉力接头连接。球面拉力接头用以调整试件轴线与试验机施力轴线可能产生的偏心。

(3)将千分表或位移传杆器固定在变形测量架上，测量标距(150 ~ 200 mm)，由标距定位杆定位，然后将变形测量架通过紧固螺钉固定在试件中部。

当采用电阻应变仪测量变形时，在试件从养护室取出后，应尽快在试件的两侧中间部位贴电阻片，电阻片的长度不小于骨料最大粒径的 3 倍。从试件取出至试验完毕，不宜超过 4 h，并注意试件保湿，应提前做好变形测量的准备工作。

当采用杠杆引伸仪测量变形时，将杠杆引伸仪借助测架安装在试件的两侧中间部位(侧距不小于骨料最大粒径的 3 倍)。

(4)开动试验机，进行两次预拉，预拉的荷载一般相当于破坏荷载的 15% ~20%，预拉时，应测读应变值。需要时调整荷载传递装置，使偏心率不大于 15%。计算偏心率的公式为：

$$e(\%) = \frac{(\varepsilon_1 - \varepsilon_2)}{(\varepsilon_1 + \varepsilon_2)} \times 100$$

式中　$\varepsilon_1$、$\varepsilon_2$——试件两侧的应变值。

(5)预拉完毕后，重新调整测量仪器，进行正式测试，拉伸时的荷载速度控制在每分钟 0.4 MPa，每加荷 0.5 kN 或 1 kN，测读并记录变形值，直至试验破坏(当荷载加到破坏荷载的 90% 左右时，为防止仪器受损应将拉杆引伸仪从试件上卸下)，记录破坏荷载和断裂位置。

当采用位移传感器测量变形时，试件测量标距内的变形由位移传感器经放大器送入 $X \sim Y$ 记录仪，荷载—应变曲线自动绘制，试件断裂时试验机自动断电，停止试验。

**(二)试验结果处理**

(1)轴向抗拉强度按下式计算(准确至 0.01 MPa)：

$$R_t = (P/A) \times 10$$

式中　$R_t$——轴向抗拉强度，MPa；

$P$——破坏荷载，kN；

$A$——试件断面面积，$cm^2$。

(2)拉伸应变能力(极限拉伸值)的确定，采用位移传感器测定应变时，荷载—应变曲线由 $X \sim Y$ 记录仪自动绘出破坏荷载所对应的应变值即为试件的拉伸应变能力(见图 8-15)。采用其他测量变形的装置时，以应变为横坐标，应力为纵坐标，过应力破坏坐标点绘出每个试件的应力—应变曲线。与横坐标平行的线为渐近线，将应力—应变曲线外延，其切点即为试件的拉伸应变能力。

如曲线不通过坐标的原点，需要延长曲线起始段使其与横坐标相交，并以此交点作为拉伸应变能力的起始点。

(3)抗拉弹性模量由下式计算：

$$E_a = \sigma_{0.5}/\varepsilon_{0.5}$$

式中　$E_a$——抗拉弹性模量，MPa；

$\sigma_{0.5}$——50%的破坏应力，MPa；

$\varepsilon_{0.5}$——相当于$\sigma_{0.5}$所对应的应变值。

抗拉弹性模量取应力 $0 \sim 0.5R_t$ 的割线弹性模量。

(4)轴向抗拉强度、拉伸应变能力、抗拉弹性模量均以4个试件测值的平均值作为试验结果。当试件的断裂位置与变截面转折点或埋件端点的距离在2 cm以内时，该测值应剔除按余下测值的平均值作为试验结果。如可用的测值少于两个时，须重做试验。

在试验报告中应注明试件形状、尺寸和变形测量仪器。

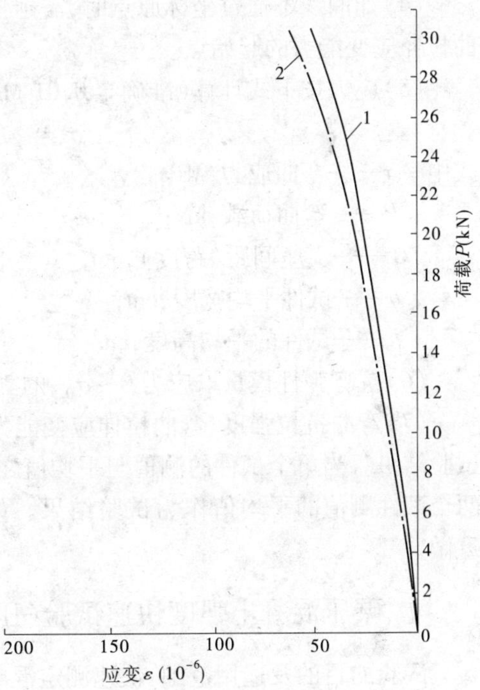


**图8-15　电测式引伸计测定碾压混凝土荷载—应变曲线**

1—记录笔1#；2—记录笔2#

## 六、碾压混凝土弯曲试验

试验的目的及适用范围：用简支梁三分点加荷载法测定碾压混凝土的弯曲抗拉强度，亦可同时测定弯曲拉伸应变能力以及抗弯弹性模量。

### (一)试验步骤

(1)拌制碾压混凝土拌和物、成型制备试件，每个龄期以3个试件为一组，压重块质量按4 900 Pa的表面压强计算求得。

(2)试验前，试件准备和在试验机上安放及加荷速度等应按《水工混凝土试验规程》(SD105—82)中的混凝土抗折强度试验方法进行。

(3)试验测弯曲拉伸应变能力时，在小梁底面中间三分点处受拉侧部位用电吹风烘干表面，然后用502胶水粘贴电阻片，电阻片的长度应不小于骨料最大粒径的3倍。试件取出至试验完毕，不宜超过8 h。

(4)开动试验机，进行两次预弯，预弯时荷载约相当于破坏荷载的15%～20%，预弯完毕后重新调整应变仪，使应变值指示为零，然后进行正式测试，以每分钟0.4 MPa加荷，每加荷500 N或1 000 N测读并记录应变值直至试件破坏，记录破坏荷载和断裂位置。

### (二)试验结果的处理

(1)弯曲抗拉强度按《水工混凝土试验规程》(SD105—82)中混凝土抗折强度试验方法中的公式计算。

(2)弯曲拉伸应变能力的确定，以应变为横坐标，应力为纵坐标，绘出每个试件的应力—应变曲线，破坏应力相对应的应变值即为该试件的弯曲拉伸应变能力(准确至$5 \times 10^{-6}$)。

(3)若某试件破坏时应变未测到，可将应力—应变曲线延长求得。

(4)如曲线不通过坐标原点时,需延长曲线起始段使之与横坐标相交,并以此交点为弯曲拉伸应变能力的起始点。

(5)应力按下式计算(准确至0.01 MPa):

$$\sigma = [PL/(bh^2)] \times 10$$

式中 $\sigma$——弯曲应力,MPa;

$P$——弯曲荷载,kN;

$L$——支座间距(跨度),cm;

$b$——试件平均宽度,cm;

$h$——试件的平均高度,cm。

(6)抗弯弹性模量取应力 $0 \sim \sigma_{0.5}$ 的割线弹性模量。

(7)弯曲抗拉强度、弯曲拉伸应变能力、抗弯弹性模量均以3个试件测值的平均值作为试验结果。当单个试件的测值与平均值之差超过平均值的±15%时,该测值应剔除,取余下两个试件测值的平均值作为试验结果。如一组试件中可用测值少于两个时,该组试验须重做。

## 七、碾压混凝土强度快速试验(压蒸法)

试验的目的及适用范围:快速测定混凝土90 d或150 d龄期立方体试件的抗压强度,可作为快速确定碾压混凝土配合比及控制碾压混凝土施工质量的措施。

### (一)试验步骤

(1)将试模擦净,紧密装配,内壁均匀刷一层薄机油。

(2)从现场混凝土搅拌机口均匀取有代表性的碾压混凝土约4 kg,将试样放于振动筛(孔径5 mm)内进行湿筛,筛去粗骨料,湿筛完的砂浆应立即拌和均匀,称取500 g砂浆放于用湿布擦过的搅拌锅内。

(3)将砂浆试拌摊平,均匀撒入1% CS或CAS促凝剂,立即用湿布擦过的拌和铲进行翻拌30 s,并挤压3~4次。

(4)把试模置于振动机上,将拌均匀的砂浆分两层装模。每层用捣棒依次捣压9次后,抹平砂浆面,并高出试模约5 mm。加上125 mm×70 mm×10 mm钢压板,振动时间为拌和物的 $VC$ 值。

(5)用小刀将高出试模的砂浆轻轻刮掉,试件表面抹平并盖上涂有机油的钢盖板。

(6)从加入促凝剂起至5 min后,将带模试件放至水已烧沸的压蒸器的蒸棚上,加盖并旋紧螺帽,关紧压力阀,使压力保持在140~150 kPa,记录压蒸养护始末时间。

(7)试件压蒸1.5 h后(误差不超过2 min)关闭电源,打开放气阀,压力降至0时,开盖取出试件,立即进行抗压试验。

(8)以试件31.6 mm×31.6 mm的断面为受压面,将试件放于加压板中心,以每秒3 MPa的加荷速度加荷,直至试件破坏。

### (二)试验结果处理

(1)记录试验的破坏荷载,按下式计算湿筛砂浆快速强度:

$$R_{1.5\,d} = P/S = 0.1P$$

式中 $R_{1.5d}$——碾压混凝土湿筛砂浆压蒸养护1.5 d的快速强度,MPa;

$P$——破坏荷载,kN;

$S$——受压面积,10 $cm^2$。

强度值计算到0.01 MPa,每组以3个试件的平均强度作为试验结果,单个试件测值与平均值相差不应大于平均值的15%。

(2)推定碾压混凝土强度。根据工程需要,选用5种不同的水灰比(如0.3、0.4、0.5、0.6、0.7)配制与施工材料相同的配合比,测定标准养护龄期强度及湿筛砂浆压蒸养护强度,反复测定5次,将测得 $R_{90}$ 或 $R_{180}$ 标准强度值及对应的快速砂浆强度值($R_{1.5\,d}$),用最小二乘法求出 $R_{1.5\,d}$ 与 $R_{90}$ 或 $R_{180}$ 的回归直线式如下:

$$R_{90} = a + bR_{1.5\,d}$$

式中 $R_{90}$——试件标准养护90 d龄期的抗压强度推定值,MPa;

$R_{1.5\,d}$——湿筛砂浆压蒸强度值,MPa;

$a$、$b$——由试验求得的系数,与原材料有关。

相关系数不应小于0.90。

## 八、碾压混凝土抗渗性试验(逐级加压法)

试验的目的及适用范围:测定碾压混凝土的抗渗标号。

试验步骤及结果处理:

(1)拌制碾压混凝土拌和物,按碾压混凝土立方体抗压强度试验的有关规定定型渗透试件,每个龄期以6个试件为一组。

(2)其他试验步骤及试验结果处理按《水工混凝土试验规程》(SD105—82)中混凝土抗渗试验(逐级加压法)的有关规定进行。

## 九、碾压混凝土渗透系数测定

试验的目的及适用范围:测定碾压混凝土的渗透系数。

**(一)试验步骤**

(1)拌制碾压混凝土拌和物,按"碾压混凝土立方体抗压强度试验"中的有关规定成型试件。对 $\phi$150 mm×150 mm和150 mm×150 mm×150 mm试模,一次装料振实,采用 $\phi$300 mm×300 mm试模时,两次装料两次振实。

振实时间为3倍 $VC$ 值,每个龄期以3个试件为一组。

(2)试件拆模后,用钢丝刷刷去试件两端面的水泥浆膜,以露出石子为准,然后送入养护室养护。

(3)到达试验龄期时,由养护室取出试件,擦干表面,将试件装入容器中,要做好密封,试件底部用塑料(或橡胶)板与容器底部法兰密封。容器的内壁与试件周边有15 mm的净间距,用以填充密封材料。将沥青加热到175~200 ℃至水分蒸发完为止,灌注到容器与试件四周的空隙内,宜分2~3次,灌注以保证充填全部间隙。

(4)启动电源开关,开始试验。额定试验压力3 MPa,直接作用在试件顶面上,并保持长期恒定压力波动在±0.1 MPa范围内。

(5)从第一天开始要经常检查压力表上的额定试验压力和由试件出的水量,要细心观察试件底部,以确定流出水量的准确时间和记录流出的水量,以后每天检测两次。在直角坐标纸上绘制流出累积水量—历时过程线，当过程线变成一条直线而且直线斜率不变时，此时达到流量恒定不变，停止试验。

(6)试验结束后，试件容器从试验单元取下并加热软化沥青密封材料，将试件取出。

**(二)试验结果处理**

(1)每个试件测得一条累积流出水量过程线，在过程线的直线段上，横坐标截取 100 h，设其斜率即为通过试件的恒定流量，三个试件的平均流量为试验所需要确定的恒定流。

(2)按下式计算碾压混凝土渗透系数：

$$K = QL/(AH)$$

式中 $K$——碾压混凝土渗透系数；

$Q$——通过碾压混凝土的平均流量，$cm^3/s$；

$A$——试件面积，$cm^2$；

$L$——试件高度，cm；

$H$——作用水头(额定试验压力 3 MPa 的水头)，cm。

## 十、碾压混凝土动弹性模量试验

试验的目的及适用范围：测定碾压混凝土棱柱体试件的横向或纵向自振频率，计算动弹性模量，用以确定碾压混凝土抗冻标号，适用于长度与断面最大边长比为 3 ~5 的试件。

试验步骤及结果处理：

(1)拌制碾压混凝土拌和物，按"碾压混凝土立方体抗压强度试验"的有关规定成型和养护试件。

(2)其余均按《水工混凝土试验规程》(SD105—82)中"混凝土(砂浆)动弹性模量试验"的方法进行。

## 十一、碾压混凝土自生体积变形试验

试验的目的及使用范围：测定碾压混凝土在恒温绝湿条件下，仅仅由于胶凝材料的水化作用所引起的体积变形即自生体积变形。它不包括碾压混凝土受外荷载、温度、湿度和碱-骨料反应等影响所引起的体积变形。

试验步骤和结果处理：

(1)按碾压混凝土抗压徐变试验有关规定检查和率定应变计。

(2)试件桶在试验前应进行严格检查，要求密封桶不渗水、不透气。试验前在密封桶内壁衬一层厚一般 1 ~2 mm 的橡皮并涂抹一层厚 0.3 ~0.5 mm 的沥青隔离层。

(3)将应变计垂直固定在试模中心，并注意在成型时不使应变计损坏。

(4)其余试验步骤和结果处理均按《水工混凝土试验规程》(SD105—82)中"混凝土自生体积变形试验(运行)"的方法进行。

## 十二、碾压混凝土绝热温升试验

试验的目的及适用范围：在绝热条件下，测定水泥水化所产生的热量使碾压混凝土升高的温度和温升—历时关系。

**(一)试验步骤**

(1)试验前应根据仪器使用说明书检查仪器工作是否正常,温度跟踪精度是否满足±0.1 ℃要求。在容器内盛入比室温高25~30 ℃的水,至离上口2 cm处,按正常试验规定将容器放入绝热室内,然后开始试验。如仪器工作正常,48 h或更长时间水温应保持在跟踪精度±0.1 ℃以内。如果超出±0.1 ℃,则应按仪器使用说明书规定,对仪器进行调整,重复上述试验直至满足要求。

(2)试验前24 h应将碾压混凝土拌和物用料,放在(20±5)℃的室内,使其温度与室温一致。如对拌和物浇筑温度有专门要求时,则按要求控制拌和物的初始温度。

(3)拌制碾压混凝土拌和物,量测机口拌和物温度,然后分两层装入容器中,用平板振捣器振实容器中的碾压混凝土,每层振捣到泛浆为止。在容器中心和周边用手锤分别打入两支紫铜测温管,然后盖上盖,全部密封。测温管中盛入少许变压器油。

(4)将试样容器送入绝热室内,按仪器使用说明书规定,将测温元件(温度传感器等)装入测温管中。

(5)开始时,试验控制绝热室温度与试样中心温度相差不大于±0.1 ℃,每0.5 h记录一次,试样中心温度历时24 h后每1 h记录一次,7 d后可36 h记录一次。试验历时28 d(或根据需要确定天数)结束试验。

**(二)试验结果处理**

(1)绝热温升过程线。试验结束后,根据不同历时实测试样中心温度绘制绝热温升—历时过程线。

(2)绝热温升—历时表达式,绝热温升—历时关系可用下式表示:

$$T = T_0(1 - e^{-at^b})$$

式中 $T$——碾压混凝土绝热温升,℃;

$t$——试验历时,d;

$T_0$——最终绝热温升推算值,℃;

$a$、$b$——由试验确定的系数。

最终绝热温升推算值可用下式推断:

$$T = T_0 t/(n + t)$$

式中,$T_0$、$n$由试验确定。

上两式经变量置换,转化为线性方程,用最小二乘法拟合此线性方程。由实测绝热温升值,可求得最终绝热温升推算值$T_0$和待定系数$n$、$a$和$b$。

# 第八节 碾压混凝土的强度检验评定要求

## 一、一般规定

混凝土的强度等级应按立方体抗压强度标准值划分。混凝土强度等级采用符号C与立方体抗压强度标准值($N/mm^2$)表示。

立方体抗压强度标准值是指按标准试验方法制作和养护的边长为150 mm的立方体试件在28 d龄期,用标准试验方法测得的抗压强度总体分布中的一个值,强度低于该值的百分率不超过5%。

混凝土强度应分批进行检验评定，一个验收批的混凝土应由强度等级相同、龄期相同以及生产工艺条件和配合比基本相同的混凝土组成。对施工现场的现浇混凝土，应按单位工程验收项目划分验收批，每个验收项目应按照现场搅拌的批量不大的混凝土，可按规定的非统计方法评定。

混凝土强度的分布规律及其参数，不但与统计对象的生产周期和生产工艺有关，而且与统计总体的混凝土配制强度和试验龄期有关。大量的统计分析和试验研究表明：同一等级的混凝土，在龄期、生产工艺和配合比基本一致的条件下其强度分布可用正态分布来描述。因此，规定验收批混凝土应由强度等级和龄期相同，以及生产工艺条件和配合比基本相同的混凝土组成，使所评定的批量混凝土的强度基本符合正态分布。

为满足混凝土强度等级和评定的要求，应根据原材料、混凝土生产工艺及生产质量水平等具体条件，选择适当的混凝土配置强度，如表8-15所示。

**表8-15　混凝土施工配制强度**　（单位：$N/mm^2$）

| 强度等级 | 强度标准差 $\sigma$ | | | | | |
|---|---|---|---|---|---|---|
| | 2.0 | 2.5 | 3.0 | 4.0 | 5.0 | 6.0 |
| C7.5 | 10.8 | 11.6 | 12.4 | 14.1 | 15.7 | 17.4 |
| C10 | 13.3 | 14.1 | 14.9 | 16.6 | 18.2 | 19.9 |
| C15 | 18.3 | 19.1 | 19.9 | 21.6 | 23.2 | 24.9 |
| C20 | 24.1 | 24.1 | 24.9 | 26.6 | 28.2 | 29.9 |
| C25 | 29.1 | 29.1 | 29.9 | 31.6 | 33.2 | 34.9 |
| C30 | 34.9 | 34.9 | 34.9 | 36.6 | 38.2 | 39.9 |
| C35 | 39.9 | 39.9 | 39.9 | 41.6 | 43.2 | 44.9 |
| C40 | 44.9 | 44.9 | 44.9 | 46.6 | 48.2 | 49.9 |
| C45 | 49.9 | 49.9 | 49.9 | 51.6 | 53.2 | 54.9 |
| C50 | 54.9 | 54.9 | 54.9 | 56.6 | 58.2 | 59.9 |
| C55 | 59.9 | 59.9 | 59.9 | 61.6 | 63.2 | 64.9 |
| C60 | 64.9 | 64.9 | 64.9 | 66.6 | 68.2 | 69.9 |

混凝土的质量水平一般可用其强度均值和标准差描述。评定一批混凝土的强度质量时，随机抽取若干组试件进行破坏试验，并以此试验结果来推断总体的质量状况。根据抽样统计理论，试样的统计参数与总体的统计参数之间的关系，有一定的规律可循。因此，在合格性控制上采用统计方法能较好地反映验收批的质量状况，是实行质量管理的一个组成内容。工业先进国家对混凝土质量合格性的控制均制定相应的检验评定标准。我国规定了方差已知和方差未知抽检方案的两种统计方法的检验评定规则，并考虑到当前我国各地普遍存在着小批量零星混凝土的生产方式，其试件数量有限，不具备按统计方法评定混凝土强度条件，因此规定采用非统计方法。

## 二、混凝土的取样，试件的制作、养护和试验

混凝土试样应在混凝土浇筑地点随机抽取，为使所抽取的试样具有代表性，以对混凝土

强度进行合格评定，取样频率应符合下列规定：

（1）每 100 盘但不超过 100 $m^3$ 的同配合比的混凝土，取样次数不得少于一次。

（2）每一工作班拌制的同配合比的混凝土不足 100 盘时，其取样次数不得少于一次。

（3）每组 3 个试件应在同一盘混凝土中取样制作。

强度代表值的确定应符合下列规定：

（1）取 3 个试件中强度的最大值或最小值与中间值之差超过中间值的 15% 时，取中间值作为该组试件强度代表值。

（2）取 3 个试件的强度算数平均值作为每组试件的强度代表值。

（3）当一组试件中强度的最大值和最小值与中间值之差均超过中间值的 15% 时，该组试件的强度不应作为评定的依据。

当采用非标准尺寸试件时，应将其抗压强度折算为标准试件抗压强度，折算系数按下列规定采用：

（1）对边长为 100 mm 的立方体试件取 0.95。

（2）对边长为 200 mm 的立方体试件取 1.05。

考虑到搅拌机口的混凝土拌和物，经运输到达浇筑地点后其混凝土的质量与离析程度有关，因此规定试样应在浇筑地点取样。

每批混凝土应制作的试件数量，应满足评定混凝土强度的需要和检查混凝土在施工过程中强度的需要。评定混凝土强度所需的试件组数，应依据选用的评定方法确定，并事先做出安排。

混凝土试件的成型和养护方法，应考虑其代表性。采用标准方法成型之后，置于标准养护条件下养护，直到达到设计要求的龄期。对采用蒸汽养护的试件，考虑到混凝土经蒸汽养护后，对其后期强度增长存在不能影响，所以要求在评定蒸汽养护的试件混凝土强度时，其试件应先随混凝土同条件养护，然后入标养室继续养护，两段养护时间的总和等于设计规定龄期。

## 三、混凝土强度的检验评定

当混凝土的生产条件在较长时间内能保持一致且同一品种混凝土的强度变异性能保持稳定时，应由连续的三组试件组成一个验收批，按统计方法评定混凝土强度时，其强度应同时满足下列要求：

$$m_{f,cu} \geqslant f_{cu,k} + 0.7\sigma_0$$

$$f_{cu,\min} \geqslant f_{cu,k} - 0.7\sigma_0$$

当混凝土强度等级不高于 C20 时，其强度的最小值应满足下式要求：

$$f_{cu,\min} \geqslant 0.85 f_{cu,k}$$

当混凝土强度等级高于 C20 时，其强度的最小值应满足下式要求：

$$f_{cu,\min} \geqslant 0.90 f_{cu,k}$$

式中　$m_{f,cu}$——同一验收批混凝土立方体抗压强度的平均值；$N/mm^2$；

$\sigma_0$——验收批混凝土立方体抗压强度的标准差，$N/mm^2$；

$f_{cu,\min}$——同一验收批混凝土立方体抗压强度的最小值，$N/mm^2$。

验收批混凝土立方体抗压强度的标准差应根据前一个检验期内同一品种混凝土试件的

强度数据，按下式计算：

$$\sigma_0 = \frac{0.59}{m}\sum_{i=1}^{m}\Delta f_{cu,i}$$

式中 $\Delta f_{cu,i}$——第 $i$ 批试件立方体抗压强度中最大值与最小值之差；

$m$——用以确定验收批混凝土立方体抗压强度标准差的数据总批数。

当混凝土的生产条件在较长时间内不能保持一致，且混凝土强度变异性不能保持稳定时，或在前一个检验期内的同一品种混凝土没有足够的数据用以确定验收批混凝土立方体抗压强度的标准差时，应由不少于10组的试件组成一个验收批，其强度应同时满足下列公式的要求：

$$m_{f,cu} - \lambda_1\delta_{f,cu} \geqslant 0.9f_{cu,k}$$

$$f_{cu,\min} \geqslant \lambda_2 f_{cu,k}$$

式中 $\delta_{f,cu}$——同一批混凝土立方体抗压强度的标准差，$N/mm^2$，当 $\delta_{f,cu}$ 的计算值小于 $0.06f_{cu,k}$ 时，取 $\delta_{f,cu}=0.06f_{cu,k}$；

$\lambda_1,\lambda_2$——合格判定系数，由表8-16取用。

**表8-16 混凝土强度的合格判定系数**

| 试件组数 | 10～14 | 15～24 | >25 | 备注 |
|---|---|---|---|---|
| $\lambda_1$ | 1.70 | 1.65 | 1.50 | |
| $\lambda_2$ | 0.90 | 0.85 | | |

混凝土立方体抗压强度的标准差 $\delta_{f,cu}$ 按下式计算：

$$\delta_{f,cu} = \sqrt{\frac{\sum_{i=1}^{n} f_{cu,i}^2 - mn^2 f_{cu}}{n-1}}$$

式中 $f_{cu,i}$——第 $i$ 组混凝土试件的立方体抗压强度值，$N/mm^2$；

$n$——一个验收批混凝土试件的组数。

按非统计方法评定混凝土强度时，其所保留强度应同时满足下列要求：

$$m_{f,cu} \geqslant 1.15f_{cu,k}$$

$$f_{cu,\min} \geqslant 0.95f_{cu,k}$$

判断混凝土强度是否合格的方法如下：

(1)当检验结果能满足上述计算结果要求时，则该批混凝土强度判为合格；当不能满足上述规定时，该批混凝土强度判为不合格。

(2)由不合格批混凝土制成的结构或构件应进行鉴定，对不合格的结构或构件必须及时处理。

(3)当对混凝土试件强度的代表性有怀疑时，可采用从结构或构件中钻取试件的方法或采用非破损检验方法，按有关标准的规定对结构或构件中混凝土强度进行推定。

(4)结构或构件拆模、出池、出厂、吊装，以及施工期间需短暂负荷时的混凝土强度应满足设计要求或现行国家标准有关规定。

## 四、碾压混凝土坝强度质量评定的建议

### (一)混凝土强度质量参数

1. 混凝土强度质量指标

水工混凝土强度的合格质量参数,是用强度总体分布中小于强度标准值的批不合格率($P_0$)表示的。$P_0$ 越小,要求的质量水平越高,在国家标准《水利水电工程结果可靠度设计统一标准》(GB50199—94)(以下简称《水工统标》)中,明确规定了水工混凝土的合格质量水平,大体积混凝土总体不合格率($P_0$)为 0.20,即对碾压混凝土强度等级值的保证率应为 80%。

对混凝土强度质量的检验不可能采用将所有混凝土制作成试件测定强度的“全数检验”,只能采用“抽样检验”的方式获取样本强度,再按数理统计的原理推断总体强度。一般认为,混凝土生产处于良好受控状态时,其强度服从正态分布,国内外多采用计量标准型一次抽样检验方法(如:GBI107、SL27、ACI318、ASTM214、BS5328、JIS 5308 等),这一方法的原则是在判断验收批总体质量合格与否时,还要为保护生产方(施工方)和使用方(业主方)双方利益(或称“风险”)做出规定,使双方风险不能太大。

对生产方(施工方)的保护是通过限定验收批在处于合格质量水平($P_0$)时,混凝土应以高概率接收,将其判为不合格而被拒收的概率($\alpha$,又称为生产方风险)不要太大;对使用者(业主)的保护是通过限定验收批在处于较低质量水平($P_1$)时,混凝土应以高概率拒收,将其判为合格而被接收的概率($\beta$,又称为使用方风险)不要太大。采用抽样检验所带来的这两种风险($\alpha$、$\beta$)是不可避免的,也是可以在设计验收条款时予以控制的。这样同时考虑了混凝土生产方(施工方)和使用方(业主方)的风险平衡是科学合理的。所以,混凝土强度质量指标应有 $P_0$、$\alpha$、$P_1$、$\beta$ 四个参数组成。《混凝土强度检验评定标准》(GBJ107—87)中统计方法,就是按照上述原理制定的,并取 $P_0=0.05$、$\alpha=0.05$、$P_1=0.5$、$\beta=0.11$;《水闸施工规范》(SL27—91)中,取 $P_0=0.156$、$P_1=0.40$、$\alpha=0.1\sim0.28$、$\beta=0.02\sim0.2$。在国际混凝土与预应力混凝土学会的标准中规定 $P_0=0.05$、$P_1=0.5$。

上述 $P_0$、$\alpha$、$P_1$、$\beta$ 等混凝土强度质量指标参数的确定,一般应在相关标准中明确。如《水工统标》规定了水工混凝土强度的“合格质量水平”$P_0$ 为 0.05 和 0.20;国家标准《建筑工程施工质量验收统一标准》(GB50300—2001)规定,主控项目的 $\alpha$ 和 $\beta$ 均不宜超过 5%,一般项目 $\alpha$ 不宜超过 5%,$\beta$ 不宜超过 10%。

2. 碾压混凝土强度平均值验收标准的表达式

《水工碾压混凝土施工规范》(SL53—94,DL/T5112—2000)中对验收标准规定如下:

(1)当连续取样次数大于 30 次时,验收函数为:

$$R_{平均} \geqslant R + tS$$

式中 $R_{平均}$——样本平均强度;

$R$——混凝土强度等级;

$t$——正态分布的概率分位值,保证率 80% 时,$t=0.842$;

$S$——样本均方差。

(2)当连续取样次数小于 10 次时,验收标准见表 8-17(强度保证率为 80%)。

表 8-17 碾压混凝土施工规范中小样本验收标准

| 连续取样组数($n$) | 允许最低平均强度($R_{min}$) | |
|---|---|---|
| | 混凝土强度等级:≤C20 | 混凝土强度等级:>C20 |
| | 离差系数=0.19 | 给定 $\sigma$ |
| | $R_{min}$ | $R_{min}$ |
| 1 | $0.73R$ | $R-1.16\sigma$ |
| 2 | $0.87R$ | $R-0.57\sigma$ |
| 3 | $0.92R$ | $R-0.31\sigma$ |
| 4 | $0.96R$ | $R-0.16\sigma$ |
| 5 | $0.98R$ | $R-0.05\sigma$ |
| 6 | $R$ | $R-0.02\sigma$ |

注:$R$ 为混凝土标准强度,$P_0=0.20$,$\alpha\approx0.20$。

**(二)对混凝土强度评定标准的建议**

随着混凝土生产供应体制的改革,混凝土商品化已成趋势,传统的混凝土出机口试件强度评定混凝土质量的方法,主要适用于商品混凝土生产质量的评定。由于施工现场的混凝土在入模、振捣、养护等方面与混凝土出机口试件制作方法存在明显差异,在现实条件下,混凝土出机口的试件强度在很大程度上代表不了结构实体的混凝土强度,这一问题已引起混凝土学界的关注,在《混凝土及钢筋混凝土施工质量验收标准》(GB50204—2001)中对结构实体混凝土强度的检测方法有个新规定,采用与实体混凝土同条件养护试件的强度代表结构实体的混凝土强度。新的《水工混凝土施工规范》(DL/T5144—2001)中也提出,对结构实体的混凝土质量,可采用无损检测、钻孔取心、压水试验等方法检查。机口取样的混凝土试件强度只能代表混凝土拌和生产质量,其强度检测结果只是混凝土这种材料的出场检验结果。

本书建议,对于大体积混凝土强度平均值验收标准,建议采用计量标准型一次抽检的方差已知方案,这也是我国 GBJ107—87、DL/T5144—2001 采用的方法,关键是如何确定验收常数 $k$ 及估计小样本的总体方差 $\sigma$ 两个问题。下面就解决这两个问题提出个人的看法。

建议的验收标准如下:

(1)平均值验收常数:采用方差已知、分批验收的方法,连续 6 组混凝土试件组成一个验收批。

基本质量参数的选择原则是:按国家标准《水工统标》的规定,大体积混凝土的强度保证率为 80%,即 $P_A=0.2$;以控制使用方风险不大于 5% 为主要目标,取 $P_R=0.5$,$\beta\leq0.05$,样本量 $n=6$。原标准对生产方要求过严,风险过大($\alpha=0.5$)的问题,是长期存在的现实,要想改变亦应慎重从事,不应一蹴而就立马扭转,应逐步缩小生产方风险($\alpha$),增大使用方风险($\beta$)。本书中认为在目前现实条件下双方风险不应较 SDJ207 标准有大幅度的变化,并取 $\beta=0.05$ 进行计算。鉴于以上原则,取 $P_R=0.5$,$\beta=0.05$,$n=6$,经计算验收常数:$k=0.671\,509$,取 $k=0.67$,此时 $\alpha=0.338\,453$。这样生产风险($\alpha$)由 50% 降到 33.85%,使用方风险($\beta$)由 0.06% 提高到 5%。故验收批平均强度验收函数式为:

$$R_{6平均} \geqslant R + 0.67\sigma$$

式中　$R_{6平均}$——连续 6 组混凝土试件(一个验收批)强度平均值;

$R$——混凝土强度等级值;

$\sigma$——混凝土强度总体均方差。

(2)用于控制最低强度的验收函数为:

$$R_{6,\min} \geqslant 0.9R$$

两个验收条件应同时满足才能认定该批混凝土强度为合格,以同条件同等级混凝土连续 6 组试件为一个验收批,两条文的接受概率曲线如图 8-16 所示。

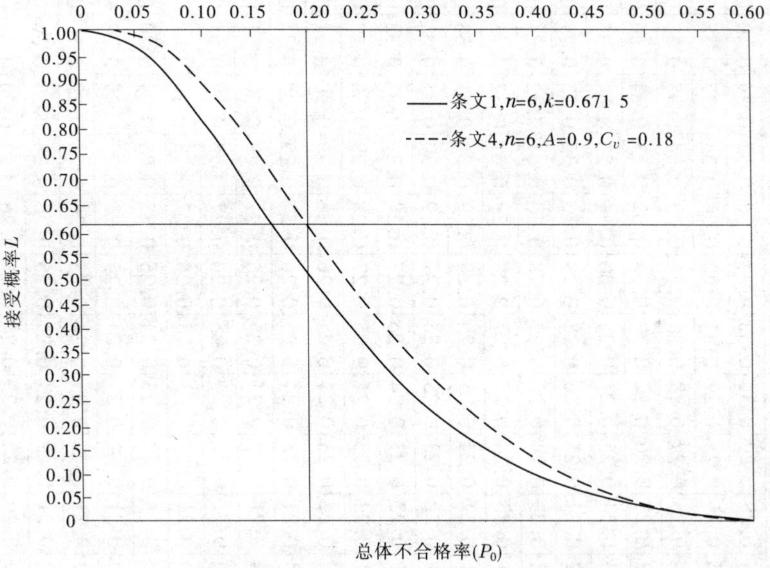


**图 8-16　建议混凝土验收标准的接受概率曲线**

由图 8-16 可见,两曲线交叉且走势相近,条文 4(即 B)较条文 1(即 A)曲线稍缓。两曲线在 $P_R$ 质量水平上的漏判概率分别为 12.89% 和 5.0%;在 $P_A$ 质量水平上的错判概率分别为 45.0% 和 33.8%。生产方风险较原标准明显降低,使用方较原标准分担了一点风险也是合理的。

**(三)关于总体标准差($\sigma$)的计算方法**

采取方差已知方案,按检验批进行质量评定时,首先要计算总体标准差($\sigma$)。在样本量($n$)较少时如何计算总体标准差($\sigma$)是一个必须解决的问题。在采用方差已知方案进行质量评定的现行标准中,如 GBJ107—87、DL/T5112—2000、DL/T5144—2001 中,要求累积到 45 组后按极差法估算 $\sigma$(实际上这时应按"贝塞尔"公式计算),并没有提出用小样本推算 $\sigma$ 的方法。

在美国混凝土协会标准 ACI318—94 中有一个估算小样本 $\sigma$ 的方法。该方法是:当样本量 15 以上时,在样本标准差乘以一个大于 1 的系数,样本量小于 15 时,不同等级混凝土给一个固定的值。该方法依据尚不清楚,但显得过于粗糙。

建议采用国标《正态分布变差系数置信上限》(GB/T11791—89)进行计算,具体计算结果见表 8-20。该方法有可靠的理论基础,并在一些行业中实际应用。方法是:

表 8-20　小样本的总体离差系数上限（置信度 90%）

| $n$ | $C_{vs}$ | | | | | | | | | | | | | | | | | | | | | | | |
|---|---|---|---|---|---|---|---|---|---|---|---|---|---|---|---|---|---|---|---|---|---|---|---|---|
| | 0.06 | 0.07 | 0.08 | 0.09 | 0.1 | 0.11 | 0.12 | 0.13 | 0.14 | 0.15 | 0.16 | 0.17 | 0.18 | 0.19 | 0.2 | 0.21 | 0.22 | 0.23 | 0.24 | 0.25 | 0.26 | 0.27 | 0.28 | 0.29 | 0.30 |
| 6 | 0.11 | 0.12 | 0.14 | 0.16 | 0.18 | 0.19 | 0.21 | 0.23 | 0.24 | 0.26 | 0.28 | 0.30 | 0.31 | 0.33 | 0.35 | 0.36 | 0.38 | 0.40 | 0.41 | 0.43 | 0.45 | 0.46 | 0.48 | 0.49 | 0.51 |
| 7 | 0.10 | 0.12 | 0.13 | 0.15 | 0.16 | 0.18 | 0.20 | 0.21 | 0.23 | 0.25 | 0.26 | 0.28 | 0.29 | 0.31 | 0.32 | 0.34 | 0.36 | 0.37 | 0.39 | 0.40 | 0.42 | 0.43 | 0.45 | 0.46 | 0.48 |
| 8 | 0.09 | 0.11 | 0.13 | 0.14 | 0.16 | 0.17 | 0.19 | 0.20 | 0.22 | 0.23 | 0.25 | 0.26 | 0.28 | 0.29 | 0.31 | 0.32 | 0.34 | 0.35 | 0.37 | 0.38 | 0.40 | 0.41 | 0.43 | 0.44 | 0.45 |
| 9 | 0.09 | 0.11 | 0.12 | 0.14 | 0.15 | 0.17 | 0.18 | 0.20 | 0.21 | 0.22 | 0.24 | 0.25 | 0.27 | 0.28 | 0.30 | 0.31 | 0.33 | 0.34 | 0.35 | 0.37 | 0.38 | 0.40 | 0.41 | 0.42 | 0.44 |
| 10 | 0.09 | 0.10 | 0.12 | 0.13 | 0.15 | 0.16 | 0.18 | 0.19 | 0.20 | 0.22 | 0.23 | 0.25 | 0.26 | 0.27 | 0.29 | 0.30 | 0.32 | 0.33 | 0.34 | 0.36 | 0.37 | 0.38 | 0.40 | 0.41 | 0.42 |
| 11 | 0.09 | 0.10 | 0.11 | 0.13 | 0.14 | 0.16 | 0.17 | 0.18 | 0.20 | 0.21 | 0.23 | 0.24 | 0.25 | 0.27 | 0.28 | 0.30 | 0.31 | 0.32 | 0.34 | 0.35 | 0.36 | 0.37 | 0.39 | 0.40 | 0.41 |
| 12 | 0.08 | 0.10 | 0.11 | 0.13 | 0.14 | 0.15 | 0.17 | 0.18 | 0.19 | 0.21 | 0.22 | 0.24 | 0.25 | 0.26 | 0.28 | 0.29 | 0.30 | 0.32 | 0.33 | 0.34 | 0.35 | 0.37 | 0.38 | 0.39 | 0.40 |
| 13 | 0.08 | 0.10 | 0.11 | 0.12 | 0.14 | 0.15 | 0.16 | 0.18 | 0.19 | 0.20 | 0.22 | 0.23 | 0.24 | 0.26 | 0.27 | 0.28 | 0.30 | 0.31 | 0.32 | 0.34 | 0.35 | 0.36 | 0.37 | 0.39 | 0.40 |
| 14 | 0.08 | 0.09 | 0.11 | 0.12 | 0.14 | 0.15 | 0.16 | 0.18 | 0.19 | 0.20 | 0.21 | 0.23 | 0.24 | 0.25 | 0.27 | 0.28 | 0.29 | 0.31 | 0.32 | 0.33 | 0.34 | 0.36 | 0.37 | 0.38 | 0.39 |
| 15 | 0.08 | 0.09 | 0.11 | 0.12 | 0.13 | 0.15 | 0.16 | 0.17 | 0.19 | 0.20 | 0.21 | 0.22 | 0.24 | 0.25 | 0.26 | 0.28 | 0.29 | 0.30 | 0.31 | 0.33 | 0.34 | 0.35 | 0.36 | 0.37 | 0.39 |
| 16 | 0.08 | 0.09 | 0.11 | 0.12 | 0.13 | 0.14 | 0.16 | 0.17 | 0.18 | 0.20 | 0.21 | 0.22 | 0.23 | 0.25 | 0.26 | 0.27 | 0.29 | 0.30 | 0.31 | 0.32 | 0.33 | 0.35 | 0.36 | 0.37 | 0.38 |
| 17 | 0.08 | 0.09 | 0.10 | 0.12 | 0.13 | 0.14 | 0.16 | 0.17 | 0.18 | 0.19 | 0.21 | 0.22 | 0.23 | 0.24 | 0.26 | 0.27 | 0.28 | 0.29 | 0.31 | 0.32 | 0.33 | 0.34 | 0.35 | 0.37 | 0.38 |
| 18 | 0.08 | 0.09 | 0.10 | 0.12 | 0.13 | 0.14 | 0.15 | 0.17 | 0.18 | 0.19 | 0.21 | 0.22 | 0.23 | 0.24 | 0.25 | 0.27 | 0.28 | 0.29 | 0.30 | 0.32 | 0.33 | 0.34 | 0.35 | 0.36 | 0.37 |
| 19 | 0.08 | 0.09 | 0.10 | 0.12 | 0.13 | 0.14 | 0.15 | 0.17 | 0.18 | 0.19 | 0.20 | 0.22 | 0.23 | 0.24 | 0.25 | 0.26 | 0.28 | 0.29 | 0.30 | 0.31 | 0.32 | 0.34 | 0.35 | 0.36 | 0.37 |
| 20 | 0.08 | 0.09 | 0.10 | 0.11 | 0.13 | 0.14 | 0.15 | 0.16 | 0.18 | 0.19 | 0.20 | 0.21 | 0.23 | 0.24 | 0.25 | 0.26 | 0.27 | 0.29 | 0.30 | 0.31 | 0.32 | 0.33 | 0.34 | 0.36 | 0.37 |
| 21 | 0.08 | 0.09 | 0.10 | 0.11 | 0.13 | 0.14 | 0.15 | 0.16 | 0.18 | 0.19 | 0.20 | 0.21 | 0.22 | 0.24 | 0.25 | 0.26 | 0.27 | 0.28 | 0.30 | 0.31 | 0.32 | 0.33 | 0.34 | 0.35 | 0.37 |
| 22 | 0.08 | 0.09 | 0.10 | 0.11 | 0.13 | 0.14 | 0.15 | 0.16 | 0.17 | 0.19 | 0.20 | 0.21 | 0.22 | 0.24 | 0.25 | 0.26 | 0.27 | 0.28 | 0.29 | 0.31 | 0.32 | 0.33 | 0.34 | 0.35 | 0.36 |
| 23 | 0.07 | 0.09 | 0.10 | 0.11 | 0.12 | 0.14 | 0.15 | 0.16 | 0.17 | 0.19 | 0.20 | 0.21 | 0.22 | 0.23 | 0.25 | 0.26 | 0.27 | 0.28 | 0.29 | 0.30 | 0.32 | 0.33 | 0.34 | 0.35 | 0.36 |
| 24 | 0.07 | 0.09 | 0.10 | 0.11 | 0.12 | 0.14 | 0.15 | 0.16 | 0.17 | 0.18 | 0.20 | 0.21 | 0.22 | 0.23 | 0.24 | 0.26 | 0.27 | 0.28 | 0.29 | 0.30 | 0.31 | 0.32 | 0.34 | 0.35 | 0.36 |
| 25 | 0.07 | 0.09 | 0.10 | 0.11 | 0.12 | 0.14 | 0.15 | 0.16 | 0.17 | 0.18 | 0.20 | 0.21 | 0.22 | 0.23 | 0.24 | 0.25 | 0.27 | 0.28 | 0.29 | 0.30 | 0.31 | 0.32 | 0.33 | 0.35 | 0.36 |
| 26 | 0.07 | 0.09 | 0.10 | 0.11 | 0.12 | 0.13 | 0.15 | 0.16 | 0.17 | 0.18 | 0.19 | 0.21 | 0.22 | 0.23 | 0.24 | 0.25 | 0.26 | 0.28 | 0.29 | 0.30 | 0.31 | 0.32 | 0.33 | 0.34 | 0.35 |
| 27 | 0.07 | 0.09 | 0.10 | 0.11 | 0.12 | 0.13 | 0.15 | 0.16 | 0.17 | 0.18 | 0.19 | 0.21 | 0.22 | 0.23 | 0.24 | 0.25 | 0.26 | 0.28 | 0.29 | 0.30 | 0.31 | 0.32 | 0.33 | 0.34 | 0.35 |
| 28 | 0.07 | 0.09 | 0.10 | 0.11 | 0.12 | 0.13 | 0.15 | 0.16 | 0.17 | 0.18 | 0.19 | 0.20 | 0.22 | 0.23 | 0.24 | 0.25 | 0.26 | 0.27 | 0.29 | 0.30 | 0.31 | 0.32 | 0.33 | 0.34 | 0.35 |
| 29 | 0.07 | 0.08 | 0.10 | 0.11 | 0.12 | 0.13 | 0.14 | 0.16 | 0.17 | 0.18 | 0.19 | 0.20 | 0.22 | 0.23 | 0.24 | 0.25 | 0.26 | 0.27 | 0.28 | 0.30 | 0.31 | 0.32 | 0.33 | 0.34 | 0.35 |

续表 8-20

| $n$ | $C_{vs}$ | | | | | | | | | | | | | | | | | | | | | | | | |
|---|---|---|---|---|---|---|---|---|---|---|---|---|---|---|---|---|---|---|---|---|---|---|---|---|---|
| | 0.06 | 0.07 | 0.08 | 0.09 | 0.1 | 0.11 | 0.12 | 0.13 | 0.14 | 0.15 | 0.16 | 0.17 | 0.18 | 0.19 | 0.2 | 0.21 | 0.22 | 0.23 | 0.24 | 0.25 | 0.26 | 0.27 | 0.28 | 0.29 | 0.30 |
| 30 | 0.07 | 0.08 | 0.10 | 0.11 | 0.12 | 0.13 | 0.14 | 0.16 | 0.17 | 0.18 | 0.19 | 0.20 | 0.21 | 0.23 | 0.24 | 0.25 | 0.26 | 0.27 | 0.28 | 0.29 | 0.31 | 0.32 | 0.33 | 0.34 | 0.35 |
| 31 | 0.07 | 0.08 | 0.10 | 0.11 | 0.12 | 0.13 | 0.14 | 0.16 | 0.17 | 0.18 | 0.19 | 0.20 | 0.21 | 0.23 | 0.24 | 0.25 | 0.26 | 0.27 | 0.28 | 0.29 | 0.30 | 0.31 | 0.33 | 0.34 | 0.35 |
| 32 | 0.07 | 0.08 | 0.10 | 0.11 | 0.12 | 0.13 | 0.14 | 0.16 | 0.17 | 0.18 | 0.19 | 0.20 | 0.21 | 0.22 | 0.24 | 0.25 | 0.26 | 0.27 | 0.28 | 0.29 | 0.30 | 0.31 | 0.32 | 0.34 | 0.35 |
| 33 | 0.07 | 0.08 | 0.10 | 0.11 | 0.12 | 0.13 | 0.14 | 0.15 | 0.17 | 0.18 | 0.19 | 0.20 | 0.21 | 0.22 | 0.24 | 0.25 | 0.26 | 0.27 | 0.28 | 0.29 | 0.30 | 0.31 | 0.32 | 0.33 | 0.34 |
| 34 | 0.07 | 0.08 | 0.10 | 0.11 | 0.12 | 0.13 | 0.14 | 0.15 | 0.17 | 0.18 | 0.19 | 0.20 | 0.21 | 0.22 | 0.23 | 0.25 | 0.26 | 0.27 | 0.28 | 0.29 | 0.30 | 0.31 | 0.32 | 0.33 | 0.34 |
| 35 | 0.07 | 0.08 | 0.10 | 0.11 | 0.12 | 0.13 | 0.14 | 0.15 | 0.17 | 0.18 | 0.19 | 0.20 | 0.21 | 0.22 | 0.23 | 0.25 | 0.26 | 0.27 | 0.28 | 0.29 | 0.30 | 0.31 | 0.32 | 0.33 | 0.34 |
| 36 | 0.07 | 0.08 | 0.09 | 0.11 | 0.12 | 0.13 | 0.14 | 0.15 | 0.16 | 0.18 | 0.19 | 0.20 | 0.21 | 0.22 | 0.23 | 0.24 | 0.26 | 0.27 | 0.28 | 0.29 | 0.30 | 0.31 | 0.32 | 0.33 | 0.34 |
| 37 | 0.07 | 0.08 | 0.09 | 0.11 | 0.12 | 0.13 | 0.14 | 0.15 | 0.16 | 0.18 | 0.19 | 0.20 | 0.21 | 0.22 | 0.23 | 0.24 | 0.25 | 0.27 | 0.28 | 0.29 | 0.30 | 0.31 | 0.32 | 0.33 | 0.34 |
| 38 | 0.07 | 0.08 | 0.09 | 0.11 | 0.12 | 0.13 | 0.14 | 0.15 | 0.16 | 0.18 | 0.19 | 0.20 | 0.21 | 0.22 | 0.23 | 0.24 | 0.25 | 0.27 | 0.28 | 0.29 | 0.30 | 0.31 | 0.32 | 0.33 | 0.34 |
| 39 | 0.07 | 0.08 | 0.09 | 0.11 | 0.12 | 0.13 | 0.14 | 0.15 | 0.16 | 0.17 | 0.19 | 0.20 | 0.21 | 0.22 | 0.23 | 0.24 | 0.25 | 0.26 | 0.28 | 0.29 | 0.30 | 0.31 | 0.32 | 0.33 | 0.34 |
| 40 | 0.07 | 0.08 | 0.09 | 0.11 | 0.12 | 0.13 | 0.14 | 0.15 | 0.16 | 0.17 | 0.19 | 0.20 | 0.21 | 0.22 | 0.23 | 0.24 | 0.25 | 0.26 | 0.27 | 0.29 | 0.30 | 0.31 | 0.32 | 0.33 | 0.34 |
| 41 | 0.07 | 0.08 | 0.09 | 0.11 | 0.12 | 0.13 | 0.14 | 0.15 | 0.16 | 0.17 | 0.19 | 0.20 | 0.21 | 0.22 | 0.23 | 0.24 | 0.25 | 0.26 | 0.27 | 0.29 | 0.30 | 0.31 | 0.32 | 0.33 | 0.34 |
| 42 | 0.07 | 0.08 | 0.09 | 0.10 | 0.12 | 0.13 | 0.14 | 0.15 | 0.16 | 0.17 | 0.19 | 0.20 | 0.21 | 0.22 | 0.23 | 0.24 | 0.25 | 0.26 | 0.27 | 0.29 | 0.29 | 0.31 | 0.32 | 0.33 | 0.34 |
| 43 | 0.07 | 0.08 | 0.09 | 0.10 | 0.12 | 0.13 | 0.14 | 0.15 | 0.16 | 0.17 | 0.18 | 0.20 | 0.21 | 0.22 | 0.23 | 0.24 | 0.25 | 0.26 | 0.27 | 0.29 | 0.29 | 0.30 | 0.32 | 0.33 | 0.34 |
| 44 | 0.07 | 0.08 | 0.09 | 0.10 | 0.12 | 0.13 | 0.14 | 0.15 | 0.16 | 0.17 | 0.18 | 0.20 | 0.21 | 0.22 | 0.23 | 0.24 | 0.25 | 0.26 | 0.27 | 0.29 | 0.29 | 0.30 | 0.31 | 0.33 | 0.34 |
| 45 | 0.07 | 0.08 | 0.09 | 0.10 | 0.12 | 0.13 | 0.14 | 0.15 | 0.16 | 0.17 | 0.18 | 0.20 | 0.21 | 0.22 | 0.23 | 0.24 | 0.25 | 0.26 | 0.27 | 0.29 | 0.29 | 0.30 | 0.31 | 0.32 | 0.33 |
| 46 | 0.07 | 0.08 | 0.09 | 0.10 | 0.12 | 0.13 | 0.14 | 0.15 | 0.16 | 0.17 | 0.18 | 0.19 | 0.21 | 0.22 | 0.23 | 0.24 | 0.25 | 0.26 | 0.27 | 0.29 | 0.29 | 0.30 | 0.31 | 0.32 | 0.33 |

**注**:首列为样本量($n$),首行为样本离差系数($C_{vs}$)。

当 $C_v<0.3$、$n\geqslant6$ 时，总体离差系数的置信上限 $C_{vu}$ 由下式进行近似计算。

$$C_{vu}=\left[\frac{\chi^2_{(1-\alpha),(n-1)}\left(1+C_{vs}^2\times\frac{(n-1)}{n}\right)}{(n-1)C_{vs}^2}\right]$$

式中 $C_{vu}$——样本总体离差系数置信上限；

$\chi^2_{(1-\alpha),(n-1)}$——置信度为 $1-\alpha$，自由度为 $n-1$ 的 $\chi^2$ 的函数值；

$n$——样本量；

$C_{vs}$——样本离差系数。

总体均方差 $\sigma$ 的求法是：①先计算样本均值 $R_{平均}$ 和均方差 $S$，求样本离差系数 $C_{vs}=S/R_{平均}$；②按已知的样本量 $n$ 和算出的离差系数 $C_{vs}$，求得总体离差系数 $C_{vs}$；③总体均方差 $\sigma=R_{平均}\times C_{vu}$。

# 第九章　碾压混凝土坝安全监测

碾压混凝土坝是一种安全可靠的坝型。监测的目的主要是监测大坝在施工期和运行期的工作实态，对大坝运行状况评估和预测预报，为保证工程安全，改进和提高设计、施工和管理技术水平提供科学依据。

由于碾压混凝土的设计迄今仍以经验为主，原型观测可以视为直接经验的源泉，受到国内外同行专家的普遍重视。当前，碾压混凝土的发展已进入以坝高增大和坝型、坝料拓展，并要求提高和发展新的安全监测技术，加快安全监测成果的转化过程。

随着工程的进展，由施工、蓄水而进入正常运行，工程的管理体制也随之转化。监测工作的机制也有这种转化过程，要注意其交叉和衔接，以保证监测工作的连续性。

碾压混凝土坝安全监测的范围，包括碾压混凝土的坝体、坝基、坝端和与坝的安全有直接关系的输、泄水建筑物和设备，以及对碾压混凝土坝安全有重大影响的近坝区岸坡。安全监测的方法有巡视检查和用仪器设备进行观测。

## 第一节　安全监测的基本要求

碾压混凝土坝安全监测，必须根据工程等级、规模、结构型式及其地形地质条件和地理环境等因素，设置必要的监测项目及相应设施，定期进行系统的观测。各类监测项目及其分类，如表9-1所示。

表9-1　碾压混凝土坝安全监测项目分类表

| 序号 | 监测类别 | 观测项目 |
|---|---|---|
| 一 | 巡视检查 | 含日常、年度和特别三类 |
| 二 | 变形 | 表面变形、内部变形、裂缝及接缝、岸坡位移 |
| 三 | 渗流 | 渗流量、坝基渗流压力、坝体渗流压力、绕坝渗流 |
| 四 | 压力(应力) | 孔隙水压力、土压力(应力)、接触土应力 |
| 五 | 水文、气象 | 上下游水位、降水量、气温、水温、波浪，坝前(库区)泥沙、冰冻 |
| 六 | 地震反应 | 地震强震动、孔隙水压力 |
| 七 | 水流 | 泄水建筑物的水力学观测 |

碾压混凝土坝安全监测工作应遵循如下原则：

(1)各监测仪器、设备的布置，应密切结合工程具体条件，既能较全面地反映工程的运行状态，又要突出重点做到少而精。相关项目应统筹安排，配合布置。

(2)各监测仪器、设备的选择要在可靠、耐久、经济、实用的前提下，力求先进和便于实现自动化观测。

(3)各监测仪器、设备的安装和埋设，必须按设计要求精心施工，确保质量。安装和埋设完毕，应绘制竣工图，填写改正表，存档备查。

(4)应保证在恶劣气候条件下仍然能进行必要的项目的观测，必要时可设专门的观测站(房)和观测廊道。

各阶段的监测工作应符合以下要求：

(1)可行性研究阶段，应提出安全监测系统的总体设计方案，观测项目及其所需仪器设备的数量和投资估算(占主体建筑物总投资的1%～3%)。

(2)初步设计阶段，应优化安全监测系统的总体设计方案，测点布置，观测设备及仪器的数量和投资概算。

(3)招标设计阶段，应提出观测仪器设备的清单，各主要观测项目及观测资料，各观测设备，仪器安装技术要求及投资预算。

(4)施工阶段，应根据监测系统设计和技术要求，提出施工详图。承建施工单位应做好仪器设备的埋设、安装调试和保护，固定专人进行观测工作，并应保证观测工作设备完好及观测数据连续、准确、完整。工程竣工验收时，应将观测设施和竣工图、埋设记录和施工期观测记录，以及整理、分析等全部资料编成正式文件，移交管理单位。

(5)初期蓄水阶段，应制订监测工作计划和主要的监控技术指标，在大坝开始蓄水时就做好安全监测工作，取得连续性的初始值，并对碾压混凝土坝的工作状态做出初步评估。

(6)运行阶段，应进行经常的及特殊情况下的巡视检查和观测工作，并负责监测资料的整编、监测报告的编写以及监测技术档案的建立。还应根据巡视检查和观测资料，定期对碾压混凝土坝的工作状态提出分析和评估(工作状态可分为正常、异常和险情三类)，为大坝的安全鉴定提供依据。

(7)各监测项目的阶段和测次，应使用记录表格，认真记录、填写，严禁涂改、损坏和遗失。观测数据应随时整理和计算，如有异常，应立即复测，当影响工程安全时，应及时分析原因和采取对策，并上报主管部门。

(8)当发生有感地震、大洪水以及大坝工作状态出现异常等特殊情况时，应加强巡视检查，并对重点部位的有关资料、项目加强观测。

(9)在采用自动化监测系统时，必须进行技术经济论证，仪器、设备要稳定可靠。观测数据要连续、准确、完整，系统功能应包括数据采集、数据传输、数据处理和分析等。

## 第二节　安全监测施工组织设计

碾压混凝土坝安全监测、仪器设备安装和施工期监测是监测工程的施工阶段，因此需做施工组织设计。

### 一、施工组织设计的依据和基本资料

编制施工组织设计时应具备下列资料：

(1)碾压混凝土坝工程的勘测设计文件、地形地质资料、工程布置图、体型图、测量图。

(2)标书和有关图纸及技术规范。

(3)工程施工组织设计文件、施工布置图、工期网络图。

(4)监测工程设计文件、技术规范、仪器布置图、仪器种类、型号和数量。

(5)与工程建设有关的文件。
(6)有关规范、规程、定额。
(7)新工艺、新技术资料。

## 二、施工组织设计的内容

施工组织设计内容包括:
(1)分析基本资料,进行现场考察,研究工程特点和施工条件。
(2)选择施工程序和施工方案。
(3)编制施工组织和作业循环图表。
(4)编制施工进度计划。
(5)计算临建工程量,编制仪器、设备、材料、风、水、电、劳动力计划,编制技术的供应计划和质量安全计划。
(6)绘制施工布置图、施工大样图。
(7)编制设计报告和实施技术规程。
(8)施工预算。

## 三、施工组织设计的步骤

监测工程施工组织设计步骤如图 9-1 所示。

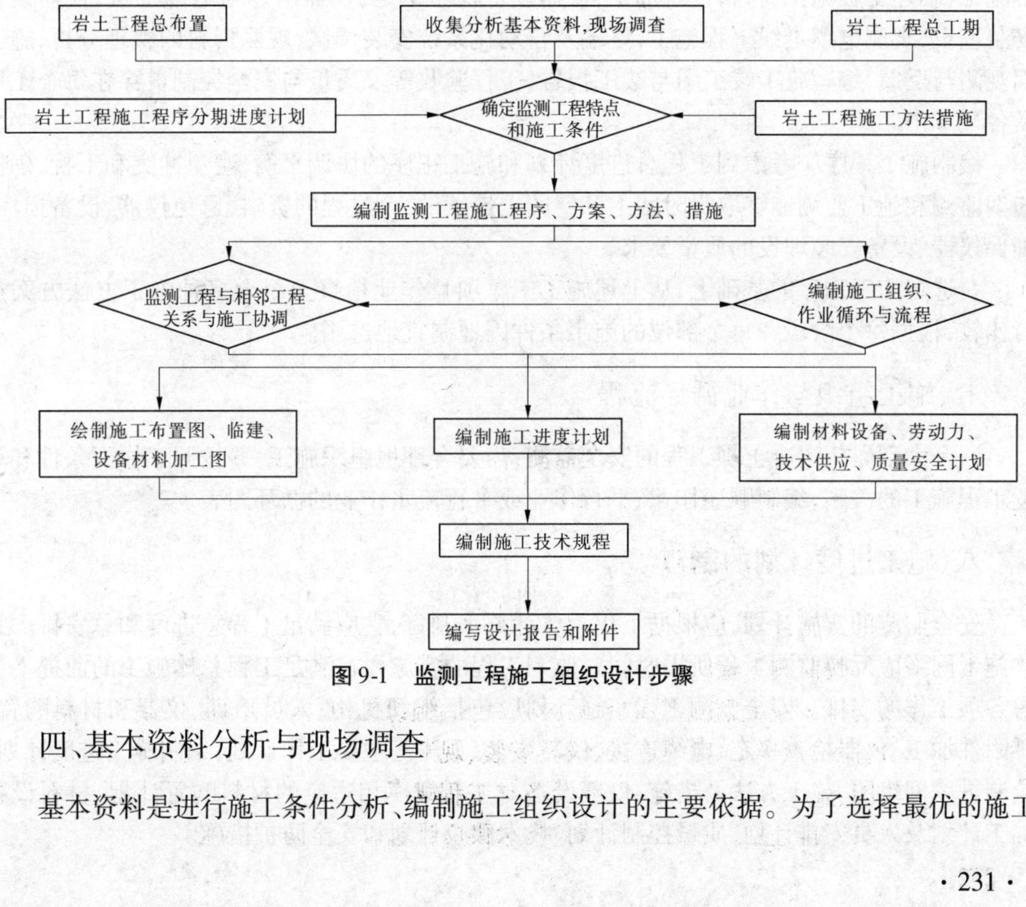


图 9-1 监测工程施工组织设计步骤

## 四、基本资料分析与现场调查

基本资料是进行施工条件分析、编制施工组织设计的主要依据。为了选择最优的施工技术方案,采用科学的施工方法,做好各种施工措施的准备,必须对基本资料进行详尽的综合分析研究和处理。现场调查是综合分析资料,研究施工条件的重要手段。现场调查应贯穿在施工组织设计过程和监测工程的始终。基本资料分析与现场调查要在熟悉碾压混凝土坝工程总布置和施工总工期的条件下进行,要有更明确的目标。

## 五、监测工程的施工特点和施工条件

监测工程本身是隐蔽性较强、精度和准确度要求较高的工程,同时又是穿插在总体工程之中,跟随总体工程施工始终的工程。基于监测工程的特殊性,在施工组织的设计中,必须确定它在某一碾压混凝土坝工程施工中的特点,为施工方案和施工程序的制定提供前提条件。

监测工程施工条件分析是安全监测工程施工质量、进度、安全的保证。对施工条件的研究,首先应详尽地分析研究工程所在地段的工程地质和水文地质条件和总体工程的施工程序,并预测施工中可能出现的问题和干扰因素;其次分析研究地形条件、工程布置和交通运输条件及风、水、电供应和材料供应条件。

## 六、安全监测工程的施工程序和施工方案

安全监测施工程序可分为总体程序和工艺程序。选择合理的施工程序是确保施工质量和安全,缩短工期,降低造价的关键所在。安全监测工程的施工程序包括:施工准备,土建工程施工,临建工程施工,材料设备加工,仪器设备检验率定,仪器组装与电缆连接,仪器设备安装埋设,观测电缆走线工程施工,终端及自动化系统安装调试,观测资料的整理分析,施工期观测与反馈,编写施工竣工图与竣工报告,工程验收等。质量与安全控制贯穿在每个工序及各环节中。

编制施工程序应考虑到工程总进度计划和施工程序的协调平衡,避免冲突和干扰,确保初期监测和施工监测能够取得时间上和空间上连续的、全过程的资料,避免仪器、设备损坏,确保仪器、设备安装埋设的质量要求。

在选定施工程序的基础上,从上述施工工序项目作业衔接上组合多种施工方法方案进行比较,根据每个阶段和每个部位的施工条件因地制宜地选用。

## 七、施工组织与作业循环流程

一个大型碾压混凝土坝工程的安全监测,需要合理地组织施工,并按照工作面条件和附近工程施工的关系,编制顺序作业、平行作业或平行流水作业的循环图表。

## 八、施工进度计划的制订

安全监测的实施计划,应根据工程总体计划来制订,它应满足工程总进度和总安排。总体施工网络应反映监测工程所需时间。监测工程的实施要在满足工程总体施工的前提下考虑各项工作的安排。安全监测工程实施计划应包括组织机构、人员培训、仪器和材料购置、零附件加工、仪器检查率定、电缆连接、仪器安装、观测等主要工作计划;编制施工进度计划、绘制进度网络图、施工方法及措施、仪器设备与工程规模相适应的材料购置计划、材料设备加工计划及人员安排计划,质量控制计划、技术供应计划和安全防护措施。

单项监测实施进度必须根据整个工程的进度来制定，如要适时地实施，必须满足安全监测的要求，开挖工程常常要先埋好仪器后开挖；混凝土浇筑时，应考虑由有利于保护仪器和埋设方便来决定。工程的实施要考虑监测仪器的安装埋设工序的合理要求，监测仪器的安装埋设如与施工相干扰时，不要无故拖长时间而延误工期。

安全监测工程开始实施时，要按标书要求的型号、规格尽早地向厂商询问其生产仪器的规格及报价，选择好厂商，只要资金落实，就尽快地签订合同，并要求迅速运到工地。购置仪器的数量，应考虑搬运安装及施工过程的损坏量。一般情况下考虑损耗率为5%（不包括产品本身的不合格量）。因此，要求产品必须满足各项指标。根据工程的需要，要求产品有使用保证期，特别是对那些安装埋设后不易更换的仪器，订购仪器设备时，必须有此条款的要求，不能满足使用期要求的，视产品不合格。

安全监测工程的组织机构应根据工程规模来考虑人员多少。复杂的工程分专业组，由对监测工作有经验的工程师领导，由若干有实际经验的专业人员组成。一般人员也应经过专业培训之后上岗。一般设技术、质量安全、财务、物资供应、生活管理等，技术管理可分组（如室内率定组、现场安装组、零附件设计组等）。小工程也应有这方面机构，但可兼职管理。

安全监测工程专业技术性强，新来人员必须经专业培训，培训分长期、中期、短期。长期培训为半年以上，中期为1个月至6个月，短期为1个月内。一般人员可通过短期培训，只针对所承担的监测工作进行培训，如介绍本工程的特点、所设的监测仪器种类、仪器的基本原理、检查率定方法、熟悉有关的规程及规范、仪器现场安装的工序及注意事项、观测资料的整理等。做到参加人员对该工作的一整套工序有比较透彻的了解，并能掌握各种仪器操作要领，使之做起来不会出现大的或原则性的错误操作。经培训后仍不合格者，不得独立进行操作。

## 九、施工技术规程的制定

为保证安全监测工程严格地遵循有关的规程与规范，确保工程保质保量地完成，预期实现工程安全、质量要求的监测目的，为日后工程技术理论分析提供可靠的数据，使仪器正常发挥作用，需要编制一套现场实施技术规程。

### （一）技术规程的编制原则

（1）现场施工技术规程应根据设计要求和现行的有关规程、规范、技术标准编制。

（2）技术规程的类别与项目应与施工程序内容一致。

（3）内容应具体到工艺程序和标准，切实可行。

（4）规定的技术要求应给执行者留有余地和随机量。

（5）技术规程应包括对影响安全和质量的因素提出控制要求。

### （二）技术规程的内容

1. 土建工程施工技术规程

土建工程施工技术规程包括钻孔开挖、灌浆、浇筑等。

1）监测工程仪器孔

编制的内容包括打孔机械、孔位、钻孔个数、孔径、孔深、孔内是否冲洗、孔壁光滑度、是否下套管、孔斜率、工期、孔口装置及注意事项等。

2)仪器孔注浆

注浆方式、砂灰比、浆液浓度与仪器安装的配合方式、注浆前后的处理、对仪器的保护及灌浆、进浆标准等。

3)自动化监测

自动化监测一般包括数据采取、传输、处理、判识与评估等程序。从现实的情况看,由于电子技术、计算机技术等的发展分段或整体上实施上述程序,尤其是处理判识、评估等,技术上应当不是主要问题,主要问题在于投资与效益,而在认识上也可能并非人人认同。

2.仪器设备组装率定技术规程

1)监测仪器检验率定的目的

监测仪器大多数在隐蔽的工作环境下长期运行。仪器一旦安装埋设之后,一般无法再进行检修和更换。因此,对所有将予以埋设的仪器,必须进行全面的检验和率定。其主要的任务是:

(1)校核仪器出厂参数的可靠性。

(2)检验仪器工作的稳定性,以保证仪器性能长期稳定。

(3)检验仪器在搬运中是否损坏。

2)监测仪器现场检验内容

监测仪器运到现场必须检验,具体检验的内容包括:

(1)出厂时仪器资料参数卡片是否齐全,仪器数量与发货单是否一致。

(2)外观检查,仔细查看仪器外部有无损伤痕迹、锈斑等。

(3)用万用表测量仪器线路有无断线。

3)仪器设备组装率定技术

(1)应写明率定时使用的工具、仪器,率定时的接压量分级数、循环次数、选定方法及要求,率定后的计算和对仪器的质量判断的标准。

(2)仪器的电缆连接包括对电缆本身的要求、心数、连接方式、接线前后的检查方式和质量标准。

(3)仪器附件要求包括设计加工的原则要考虑尺寸大小要求、使用材料、达到的性能。

(4)仪器设备安装埋设技术规程。仪器的安装埋设要求写明安装埋设时现场应具备的条件、埋设时的注意事项(特别是能发生质量安全事故的问题)、埋设步骤、工艺要求和标准、环境要求、工具、材料及附件的要求、仪器保护及电缆走线要求。

(5)观测及资料整理分析技术规程。技术规程中提出观测频率的确定原则与方法,资料的处理和资料整理分析方法与要求,各种监测报告的编写要求。

此外,在技术规程中,对监测工程施工有影响的施工条件提出有限定的要求文件。

**(三)施工组织设计的经济条件**

安全监测工程合同应力求尽早签订,以便监测实施单位有充分时间做好监测工程的各项准备。

要落实实施监测工程的经费。一般监测工程都属于总工程的一个子项工程,费用有时没有细分出来或没有将监测工作的各子项经费细分。在签订合同之前必须将经费明确并规定实施时的报量及单价。业主应按时付款,若逾期付款应按同期银行最高利率偿还或按约定的违约条款偿还。

明确付款方式、付款时段。一般开工时预付款为整个监测工程的10% ~30%，而后按各阶段完成的工程量报量付款，付款扣除相应比例的预付款。应允许扣除费用的5%作为履行合同的保证金，该保证金待监测工程保证期满后，还给监测工程承包商，并按银行规定付给利息。

## 第三节 安全监测的质量控制

### 一、安全监测工程施工前的要求

安全监测工程施工前应按以下要求进行：

(1)监测项目合同签订后，承包商在进场前应将进驻工地的专家简历和其他人员的情况报建设、监理单位审批，并按监理单位审批后的人员进场。

(2)监测项目承包单位驻工地人员中至少有一位经过监理单位批准的专家，专家应具备有至少5年安全监测仪器埋设安装、观测、资料整理分析的经验，至少在一个类似工程监测系统中负责过安全监测仪器的埋设安装、观测和资料分析，并具有中级以上职称。

(3)监测项目承包单位应于该项目(单位)工程开工前30 d，将施工实施计划报送监理单位审批，同时申请工程开工。实施计划应包括：①仪器布置及埋设详图(仪器埋设安装大样图，以及设备安装的施工辅助性设计图等)；②施工进度计划及网络图；③施工方法及措施；④仪器设备、材料及人员安排计划；⑤安全防护措施；⑥其他。上述计划一式两份，经监测项目负责人签署后送监理单位审批。

单位工程一般以一个合同作为一个单位工程或项目工程，一个合同的内容较多，有外观变形监测、内观应力应变及温度监测、渗流监测、岩体监测、水力学及振动监测等，可将每一种监测作为分项工程或单位工程，分项工程中的每一种仪器可视为单元工程。

(4)监测项目承包单位收到监理单位审批的单位工程开工书后，按安全监测技术规程和设计要求进行仪器设备安装埋设前的准备工作。

(5)各单项工程开工前20 d，监测项目承包单位应向监理单位递交分部工程开工申请单，需要钻孔的监测项目应同时递交监测仪埋钻孔开工申请单。

(6)监测项目承包单位在进行各类仪器检验、电缆连接时，应通知监理人员进行监理，当监理工程师认为有违反规范和操作规程时，应按监理工程师的意见进行修改。

(7)各项仪器安装前10 d，监测承包商应将所安装仪器设备清单及检验结果(包括仪器制造厂家、说明书、仪器厂家参数和检验参数、防水性能、电缆连接等资料)一式三份，经承包单位负责人签署后，报送监理单位审核。当监理单位认为不合格时，应按监理工程师的意见修改、重新检验或更换仪器。只有监理工程师审批后的仪器才能进行埋设安装，否则监理工程师拒绝验收。

(8)各类仪器安装埋设时，监理单位应要求承包单位提前2 d向监理单位申请仪器埋设，并派人到现场进行监理。仪器埋设时，承包单位应填写仪器埋设清单并请监理工程师签字验收，验收后的清单作为结算付款的依据。仪器埋设安装过程中如有违反规程规范和设计图纸现象，监理工程师有权制止，施工单位应按监理工程师的意见修改。否则监理工程师拒绝验收。

(9)各类仪器安装埋设的参加人员必须是经过培训并取得上岗资格的人员。埋设时应佩戴资格证明(上岗证),以备监理工程师抽查。仪器埋设安装时,至少应有一名专业监理工程师在场。

(10)仪器安装埋设后至移交前,承包单位应加强观测设施的维护和保养,保证各项安全监测设施的正常运行。

(11)监测仪器安装完毕后,承包单位应严格按安全监测技术规程规范中的观测频率进行观测。观测必须二人以上,且为经培训并取得上岗资格的人员。观测人员应具有处理观测中出现的一般异常情况的能力,不得聘用临时工单独进行观测工作。

(12)观测原始记录应为正规的观测记录表格,不得用其他的表格和记录本代替。原始记录必须在现场用铅笔或钢笔填写。填写时发生错误不得涂改,应用铅笔或钢笔将错处用斜线划掉,然后在右上角填写正确记录,对有疑问的记录应在左上角标识问号,并在备注栏内说明原因,不得无故漏测。

(13)施工承包单位应及时整理资料,每月月底前将监测成果报送监理单位,每年进行资料整编分析,观测成果报监理单位及建设单位(业主)。

(14)施工承包单位应根据业主计划、监理单位控制性进度计划,结合施工进度,必须在每年年前20 d向监理单位送交下一年的施工进度计划;每季度前10 d,每月开始前5 d送交下季度、下月的施工进度计划,并报当月计划完成情况,其内容应包括:①当月完成的工程量(指安装仪器的数量),下月的进度计划和预计完成的工程量。②主要仪器设备、材料供应计划和当月消耗情况。③当月在场人员数量和下月施工人员计划。④工程价款结算情况(指当年、季、月)以及下期(指计划年、季、月)预计完成工程量和投资。⑤其他需要说明事项。

(15)审查批准施工计划是作为施工单位、施工承包单位申请开工(仓)要许可证和申请支付的依据之一。

(16)单元工程的检查及开工(仓)签证是工程质量控制的最基本环节,是工程质量等级评定的基础。施工单位、承包单位施工班组"自检(初检)",施工队或专职质检员"复检",施工承包单位质检机构"终检"后,送监理单位进行单元工程检验签证。单元工程检验签证的主要任务是检验单元工程(或工序)的质量并对工程质量进行评定,以及确定后续工程(或工序)能否开工(仓)。单元工程检查的主要成果是签发施工质量终检合格(开工、开仓)证及单元工程质量评定表。

(17)现场施工设计。安全监测工程按惯例设计图纸均由设计单位提供。一般供图程序是:设计单位将设计文件(图纸技术要求、修改设计通知等)送交建设单位(业主),业主批转监理单位,监理单位审查确认和签字后送交施工单位施工。未经监理单位审查确认和签字并盖监理单位公章的图纸,施工单位不能作为施工的依据,否则监理有权拒绝支付。

## 二、安全监测施工过程中的要求

碾压混凝土坝安全监测的主要内容:除常规的土石坝工程中的外部变形、内部变形和应力、渗流等观测项目,还应增设其接缝的有关监测项目。其观测规模根据工程的等级规模、结构型式及地形地质条件及其监测目的而定。碾压混凝土坝一般所埋设的安全监测仪器有渗压计、绕坝渗流计、多点位移计、单向测缝计、三向测缝计、两向应变计、无应力计、倒垂线、量水堰、水位计、工作基点等。监测的重点依坝的高度、等级和工作阶段而不同。

**(一)观测布置设计**

观测布置的内容主要指监测项目的确定,监测断面、高程部位的选取,以及监测仪器的选型等,所有这一切都应体现工程的具体特点与要求。因而监测布置又从总体上规定了一个工程的监测规模、投资与效益,为此对于重要工程应当进行多方案的对比取舍。

**(二)观测布置设计主要考虑的因素**

观测布置设计主要考虑的因素可归纳为以下几点:

(1)工程的等级、规模与施工条件等因素。施工条件主要指施工工期、施工布置、进度、技术工艺水平等。

(2)碾压混凝土坝的特点主要是内部变形和周边缝绕坝渗流和在正常蓄水期的渗流问题最重要。

(3)地形地质条件。例如,坝址河谷宽窄、陡缓,有无断层、破碎带、覆盖层的情况,有无防渗墙等。

(4)监测仪器的类型与性能。在这方面,有仪器性能的选择、确认和研究,有仪器监测方向的确认与校测,前者可以考虑监测仪器的重要布置,后者可以考虑校测布置。

(5)专门问题的考虑。专门问题是指工程设计未能充分论证而遗留的问题,也可以是工程中的特殊问题或拟研究的问题,也可以是监测仪器系统的研究,如布置技术、仪器性能、管线回路等。

(6)监测变量之间的校核,验证监测布置。有条件时,应尽可能使相关监测变量之间能相互校核与验证,同时也要尽可能使其形成分布线、等值线。

## 三、观测项目及分项监测技术

**(一)变形观测的一般规定**

(1)变形观测项目主要有坝的表面变形、内部变形、裂缝及接缝和岸坡位移等观测。

(2)变形观测用平面坐标及水准高程,应与设计、施工和运行诸阶段的控制网坐标系统相一致,有条件的工程应与国家网建立联系。

(3)变形观测工作应遵守下列规定:

①表面竖向位移及水平位移观测,一般应共用一个测点;深层竖向及水平位移观测应尽量与布置竖向及水平位移观测配合进行。

②观测基点应设在稳定区域内,测点与坝体或岸坡牢固结合,基点及测点应有可靠的保护装置,并受国家法律保护。

③变形观测的正负号规定。水平位移:向下游为正,向左岸为正,反之为负。竖向位移:向下为正,向上为负。裂缝和接缝三向位移:对开仓张开为正,闭合为负;对沉陷向下为正,向上为负;对滑移向坡下为正,向左岸为正,反之为负。④观测测次见表9-2。

**(二)表面变形观测的技术要求**

表面变形观测包括竖向位移和水平位移。水平位移中包括垂直轴线的横向水平位移和平行坝轴线的纵向水平位移。

1.观测布置的要求

(1)断面选择和测点布置。

表 9-2　碾压混凝土坝安全监测项目测次表

| 观测项目 | 阶段和测次 | | |
|---|---|---|---|
| | 第一阶段（施工期） | 第二阶段（初蓄期） | 第三阶段（运行期） |
| 日常巡视检查 | 10 ~ 4 次/月 | 30 ~ 8 次/月 | 4 ~ 2 次/月 |
| 表面变形 | 6 ~ 3 次/月 | 10 ~ 4 次/月 | 6 ~ 2 次/年 |
| 内部变形 | 10 ~ 4 次/月 | 30 ~ 10 次/月 | 12 ~ 4 次/年 |
| 裂缝及接缝 | 10 ~ 4 次/月 | 30 ~ 10 次/月 | 12 ~ 4 次/年 |
| 岸坡位移 | 6 ~ 3 次/月 | 10 ~ 4 次/月 | 12 ~ 4 次/年 |
| 渗流量 | 10 ~ 4 次/月 | 30 ~ 10 次/月 | 6 ~ 3 次/年 |
| 基底渗流压力 | 10 ~ 4 次/月 | 30 ~ 10 次/月 | 6 ~ 3 次/月 |
| 坝体渗流压力 | 10 ~ 4 次/月 | 30 ~ 10 次/月 | 6 ~ 3 次/月 |
| 绕坝渗流 | 10 ~ 4 次/月 | 30 ~ 10 次/月 | 6 ~ 3 次/月 |
| 孔隙水压力 | 6 ~ 3 次/月 | 30 ~ 4 次/月 | 6 ~ 3 次/月 |
| 上、下游水位 | 6 ~ 3 次/月 | 4 ~ 2 次/月 | 2 ~ 1 次/月 |
| 降水量、气温 | 逐日量 | 逐日量 | 逐日量 |
| 水温 | 按需要 | 按需要 | 按需要 |
| 波浪 | 按需要 | 按需要 | 按需要 |
| 坝前（及库区）泥沙 | 按需要 | 按需要 | 按需要 |
| 冰冻 | 按需要 | 按需要 | 按需要 |
| 地震强震 | 按需要（自动测记加定期人工检查、校测） | | |
| 动孔隙水压力 | | | |
| 泄水建筑物水力学 | 按需要 | | |

①观测横断面一般不少于 3 个，通常选择最大坝高或原河床处、合龙段、地形突变处、地质条件复杂处，坝内埋管及运行有异常反应处。

②观测纵断面一般不少于 4 个，通常在坝顶的上、下游两侧布设 1 ~ 2 个；在上游坝坡正常水位以上布设 1 个，正常水位以下可视需要设临时测点，下游坝坡半坝高以上布设 1 ~ 3 个，半坝高以下布设 1 ~ 2 个（含坡脚 1 个），对软基上的碾压混凝土坝还应在下游坝址外侧增设 1 ~ 2 个。

③对“V”形河谷中的高坝和两坝端以及坝基地形变化陡峻坝段，坝顶测点应适当加密，并宜加测纵向水平位移。

④测点的间距，一般坝长小于 300 m 时宜取 20 ~ 50 m，坝长大于 300 m 时宜取 50 ~ 100 m。

⑤视准线应离建筑物 1.0 m 以上。

（2）各种基点均应布置在两岸岩石或坚实土基上，起（引）测方便，避免自然及人为影响。起测基点可在每一纵排测点两端的岸坡上各布设1个,其高程宜与测点高程相近。

采用视准线进行横向水平位移观测的工作基点,应在两岸每一纵排测点的延长线上各布设1个。当坝轴线为折线或坝长超过500 m时,可在坝身每一纵排测点中增设工作基点(可用测点代替)。工作基点的距离保持在250 m左右。当坝长超过1 000 m时,一般可用三角网法观测增设工作基点的水平位移,有条件的宜用测边网法或倒垂线法。

水准基点一般在坝下游1 ~3 km处布设2 ~3个。

采用视准线法观测的校核基点,应在两岸同排工作基点连线的延长线上各设1 ~2个。

2.观测设施的要求及安装注意事项

1)观测设施的要求

观测设施的要求如下:

(1)测点和基点的结构必须坚固可靠,且不易变形,并力求美观大方、协调实用。

(2)测点可采用柱式或墩式。同时兼作竖向和横向水平位移观测的测点,其立柱应高出坝面0.6 ~1.0 m,立柱顶部应设有强制对中底盘,其对中误差均应小于0.2 mm。

(3)在土基点一般宜采用整体钢筋混凝土结构,立柱高度以司镜者操作方便为准,但应大于1.2 m,立柱顶部强制对中底盘的对中误差应小于0.1 mm。

(4)在土基上的起测基点可采用墩式混凝土结构,在岩基上的起测基点可凿坑就地浇筑混凝土。在坚硬基岩埋深大于5 ~20 m的情况下,可采用深埋双金属管柱作为起测基点。

(5)校核基点的结构及埋设要求与工作基点相同。

(6)水准基点的结构与埋设可参照国家水准测量规范GB12897—91和GB12893—91的有关规定执行。

(7)水平位移观测视标,可采用视标杆、视标牌或电光灯标,其尺寸与图案应根据观测条件选定。

2)观测设施的安装要求

安装观测设施的注意事项有:

(1)测点和土基上的基点底座埋入土层的深度不小于0.5 m。冰冻区应深入冰冻线以下,并应采取措施防止雨水冲刷、护坡块石挤压和人为碰撞。

(2)埋设时,应保持立柱铅直、仪器基座水平,并使各测点强制对底盘中心位于视准线上,其偏差不得大于10 mm,底盘调整水平,倾斜度不得大于4′。

3)观测方法与要求

(1)竖向位移:表面竖向位移一般用水准法测量,也可用连通管法测量。

用水准仪观测表面竖向位移时,可参照国家三等水准测量GB12898—01的方法进行,但闭合差不得大于$\pm 1.4\sqrt{n}$($n$为测站数);起测基点的引测、校测可参照国家二等水准测量GB12897—91的方法进行,但闭合差不得大于$\pm 0.72\sqrt{n}$。

用连通管观测表面竖向位移时,可采用移动式或固定式,观测应在气温最为稳定的时间进行,观测时应注意保持水面稳定,应平行测读两次,两次读数差不得大于2 mm。

(2)水平位移、横向水平位移,一般用视准线法测量,必要且有条件时也可设置倒垂线或引张线装置观测水平位移。倒垂线和引张线装置的设计、安装与观测应结合碾压混凝土坝变形的特点并参照《混凝土大坝安全监测技术规范》(SDJ336—89)执行。

用视准线观测方法观测横向水平位移时可采用经纬仪或视准线仪,当视准线长度大于

500 m 时，应采用 $J_1$ 级经纬仪。

视准线的观测方法可根据实际情况选用活动觇标法或小角度法。观测时宜在视准线两端各设固定测站，用各测点的仪器测其靠近的位移测点的偏离值。

用活动觇标法校测工作基点，观测增设的工作基点时允许误差应不大于 2 mm（取两倍中误差）。观测位移测点时每测回的允许误差应小于 4 mm（取两倍中误差），所需测回数不得少于两个测回。

用小角度法观测横向水平位移时，一般应采用 $J_1$ 级经纬仪，测微器两次重合读数之差不应超过 0.4″，一个测回中，正倒镜的小角值较差不应超过 3″；同一测点各测回小角值较差不应超过 2″。

用三角网前方交会法观测增设工作基点（或测点）的横向水平位移时，应用 $J_1$ 级经纬仪和全圆测回法，且不少于 4 个测回。各项限差要求为：平测回归零差 ±6″，二倍视差之互差 ±8″，各测回的测回差 ±5″。

有条件时，可采用大气激光准直法观测横向水平位移，设施的设计安设及观测应按照《混凝土大坝安全监测技术规范》(SDJ336—89)执行。

表面纵向水平位移观测。一般用钢尺测量或用普通钢尺加改正系数，其中误差不大于 0.2 mm，有条件时可用光电测距仪测量。

**（三）内部变形的技术要求**

内部变形观测包括分层竖向位移、分层水平位移、界面位移及深层应变观测等。

1. 观测布置

（1）观测断面应布置在最大横断面及其他特征断面（原河床合龙段、地质及地形复杂段、结构及施工薄弱段等）上，一般可设 1～3 个测量断面。每个测量断面上可布设 1～3 条观测垂线，其中一条宜布设在坝轴线附近。观测垂线的布置应尽量形成纵向观测断面。

观测垂线上测点的间距应根据坝高、结构型式、坝料特性及施工方法与质量等而定，一般为 2～10 m。一条观测垂线上的测点，一般宜为 3～15 个，最下一个测点应置于坝基表面，以监测坝基的沉降量。

水管式沉降仪的测点一般沿坝高横向水平布置三排，分别在 1/3、1/2、2/3 坝高处，一般每排设测点 2～5 个，测点的分布应尽量形成观测垂线。

（2）分层水平位移的观测布置与分层竖向位移观测相同，观测断面可布置在最大断面及两坝端受拉区，一般可设 1～3 个断面。观测垂线一般布设在坝轴线或坝肩附近或其他需要测定的部位。

测点的间距对于活动式测斜仪为 0.5 m 或 1.0 m，对于固定式测斜仪，可参考分层竖向位移观测点间距，宜结合布设。

引张线式水平位移计的埋设可参考水管式测降仪计并应结合布置。

（3）界面位移测点，通常布设在坝体与岸坡连接处，组合坝型、不同坝料交界及混凝土建筑物连接处，测定界面上两种介质相对的法向及切向位移。

深层应变观测点通常布设在两坝端受拉区，上、下游坝肩受拉区，以及斜墙及最大横断面上。

2.观测仪器和设施及其安装要求

1)分层竖向位移观测

(1)分层竖向位移观测宜采用电磁式沉降仪、干簧管式沉降仪及水管式沉降仪,也可采用叉簧片的沉降环,用钻孔法埋设。

(2)水管式沉降仪必须随坝体填筑埋设,通常采用挖沟槽法埋设,条件允许时也可采用不挖沟槽的方法,但须有效地防止施工机械及人为的损坏。

(3)水管式沉降仪沟槽法埋设的主要技术要求为:沟槽开挖深度1.0~1.2 m(粗粒料坝体使用上限),对粗粒料坝体须以过渡层形式人工压实整平基床;对细粒料坝体应注意避免超挖。在埋设测头处浇筑厚约10 cm的混凝土基床,并用水平尺校准测头的水平,管路基床坡度为1%~3%。其不平整度允许偏差为±2 mm,测头周围现场浇10 cm厚钢筋网混凝土(400#)保护。粗粒料坝体中以过渡层形式人工压实回填至测头顶面1.8 m,细粒料坝体中回填原坝料,人工压实至测头顶面以上1.5 m时,才可按正常碾压施工。

(4)横臂式沉降仪适于随施工埋设,并应采用坑式埋设法。

(5)对于坝高不超过20 m且坝基沉降量不大的坝,可采用深式测点组。深式测点组一般随坝体填筑埋设,可采用坑式或非坑式埋设,也可在坝竣工后埋设。

(6)沉降管的埋设方法。沉降管随坝体填筑埋设时有坑式埋设法和非坑式埋设法两种,如图9-2、图9-3所示。

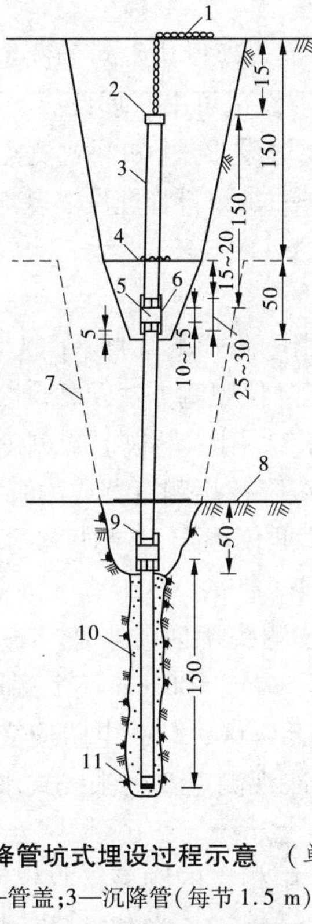


**图9-2 沉降管坑式埋设过程示意** (单位:cm)

1—铁链;2—管盖;3—沉降管(每节1.5 m);4—沉降板;
5—连接管;6—无纺土工织物;7—开挖线;8—岩基面;
9—连接管上的滑槽;10—水泥砂浆;11—管座

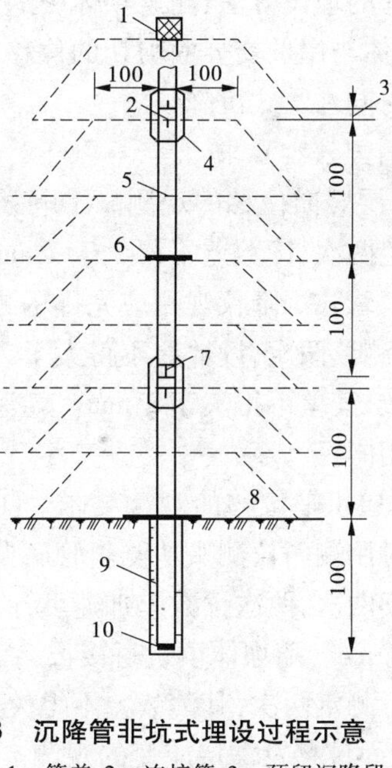


**图9-3 沉降管非坑式埋设过程示意** (单位:cm)

1—管盖;2—连接管;3—预留沉降段;
4—无纺土工织物;5—沉降管;6—沉降板;
7—连接管上的滑槽;8—岩基面;9—水泥砂浆;10—管座

2)分层水平位移观测要求

(1)分层水平位移观测宜采用测斜仪及引张线式水平位移计,必要且有条件时,也可采用正倒垂线。

(2)测斜仪的测量方式一般采用活动式的。固定式的仪器在实现活动式观测有困难或进行在线自动采集时采用。

测斜仪管道选材与沉降管相同,当同一条观测沿直线上同时布有分层水平位移及分层竖向位移观测时应尽量合用同一根管道。测斜管的埋设应尽量随坝体填筑埋设。对已建坝和坝基可采用钻孔埋设,应尽量使固定式测头埋设方式同活动式的,但均需管道。

随坝体填筑埋设可参照沉降管道的埋设方法执行。

测斜管埋设的主要技术要求如下:测斜管下端一般应埋入岩基约 2 m 或覆盖层足够深处,接长管道时,应使导向槽严格对正不得偏扭,每节管道的沉降长度不大于 10 ~ 15 cm,当不能满足预估的沉降量时应缩小每节管长,测斜管道的最大倾斜度不得大于 1°。

(3)引张线式水平位移计的埋设方法与水管式沉降仪相同,并且宜与水管式沉降仪组合埋设,有困难时可分开埋设。分开埋设或单独埋设时,钢丝应为水平线上倾预估沉降量的一半。埋设施工的其他主要技术按分层竖向位移观测规定执行。

3)界面位移及深层应变观测的要点

(1)界面位移及深层应变观测,可采用振弦式位移计及电位器式位移计。在量程与精度满足要求的情况下,应优先选用振弦式位移计。

(2)位移计的埋设对于测定坝体的位移或应变宜用坑式埋设法。对于测定坝体与岸坡交界面切向位移,宜采用表面埋设法。根据需要可单支埋设也可串联埋设。

位移计的埋设方法:测定坝体中的位移,多采用坑式埋设方法,如深式测点组的埋设方法;测定坝体与岸坡交界面剪切的位移,多用表面埋设方法如测斜管埋设。基床平整的方法及压实要求同水管式沉降仪。

4)观测方法和要求

(1)分层竖向位移的观测。①电磁式沉降仪观测,用电磁式测头自下而上测定,每测点应平行测定两次,读数差不得大于 2 mm。②干簧管式沉降仪观测方法及精度要求与电磁式相同。③水管式沉降仪观测应先排尽测量管路内的水和气,用测量板上带刻度的玻璃管测定,应平行测读两次,读数差不得大于 2 mm。④横臂式沉降仪用测沉器或测沉棒观测,应平行两次读数,其差不得大于 2 mm。⑤深式测点观测用水准仪测定,其精度要求与表面竖向位移观测相同。

(2)深层水平位移的观测要求。①加速度计测斜仪测头用四位半数字显示测读仪接收。观测时用测斜仪测头从测斜管底自下向上,每隔 50 cm 或 100 cm 一个测点,逐次测定应平行测读两次,两次读数差加速度计式测斜仪不得大于 0.000 2 V,电阻应变片式测斜仪不得大于 3 $\mu\varepsilon$。随坝体填筑每接长一节管,必须进行一次观测。②引张线式水平位移计的观测应平行测定两次,其读数差不得大于 2 mm。

(3)界面位移及深层应变的观测。①振弦式位移计用相应的频率接收仪测定,每次平行测定两次,其测读数差不大于 1 Hz。②电位器式位移计用三位半数字显示繁用表测定,每次应平行测定两次,读数差不大于 0.002 V。③深层应变观测可采用振弦式位移计或电位器式位移计,观测方法及精度要求同界面位移观测,将测定位移量除以锚固板的间距以便获得应变值。④位移计的埋设方法。测定坝体中的位移,多采用坑式埋设方法,如图 9-4 所示;测定坝体与岸坡交界面剪切位移,多用表面埋设方法,如图 9-5 所示,基床平整的方法及压实要求同水管式沉降仪。

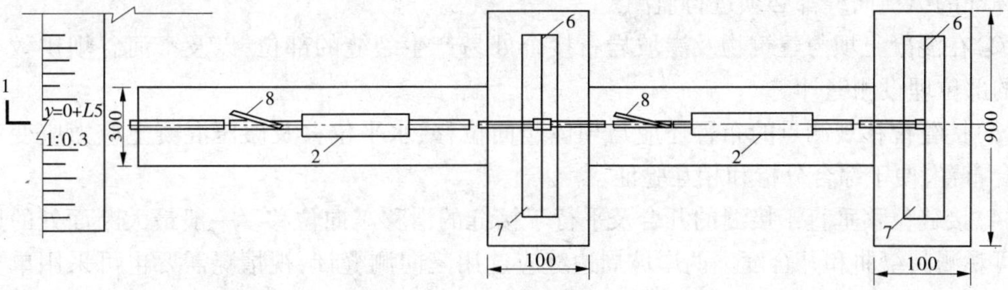

(a)平面图

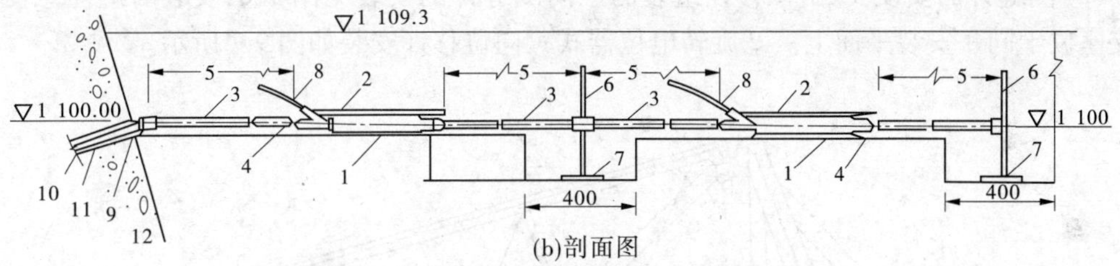

(b)剖面图

**图 9-4　位移计坑式埋设法示意**　(单位:cm)

1— 位移计;2—保护钢管;3—塑料保护管;4—铰;5—拉杆;

6—锚固板;7—垫板;8—电缆;9—钻孔($\phi>60$ mm,$L=1\ 000$ mm);

10—锚固钢筋($\phi20$ mm,$L=1\ 000$ mm);11—充填水泥砂浆(200[#]);12—混凝土

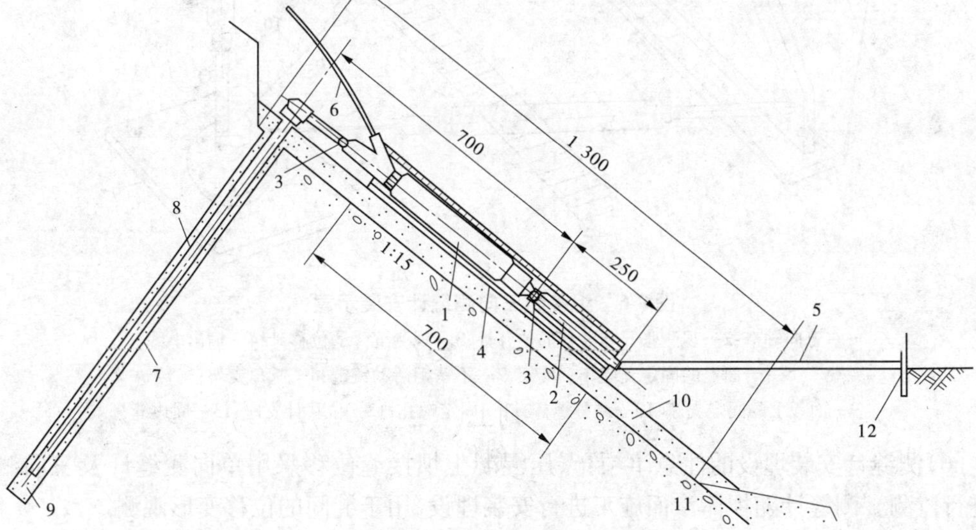

**图 9-5　剪切位移计表面埋设法示意**　(单位:cm)

1—位移计;2—拉杆;3—铰;4—保护钢管;5—锚固板;6—电缆;

7—钻孔($\phi>60$ mm,$L=1\ 000$ mm);8—锚固钢筋($\phi20$ mm,$L=1\ 000$ mm);

9—回填砂浆(200[#]);10—砂浆垫层(200[#]);11—混凝土垫层;12—现场焊接

**(四)裂缝及接缝的要求**

观测布置要求如下:

(1)对已建坝的表面裂缝(非干缩、冰冻缝),凡缝宽大于 5 mm、缝长大于 5 m 的,缝深大于 2 m 的纵横向缝都必须进行监测。

(2)在混凝土坝与建筑物及岸坡岩石接合处易产生裂缝的部位,以及窄河谷坝拱效应突出的部位埋设测缝计。

(3)接缝位移观测点的布置还应与坝体竖向位移、水平位移及碾压混凝土应力应变观测结合布置,便于综合分析和相互验证。

(4)接缝位移垂直于接缝的开合及平行于接缝的滑移三向位移。一般最大断面处的周边缝可观测其绕曲和开合度。两岸坡周边缝应选用三向测缝计,视情况需要也可采用单支位移计,分别测定各向位移。

(5)测缝计的安设:①由位移计组装的三向测缝计的安装见图 9-6,安装时应注意使固定支座位于同一安装平面上。②旋转电位器式三向位移计安装如图 9-7 所示。

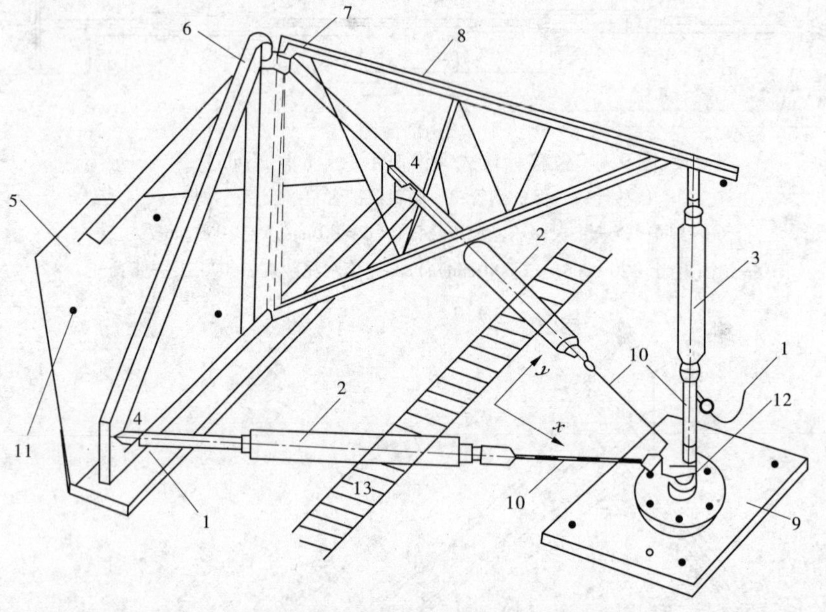


**图 9-6　组装的三向测缝计安装示意**

1—万向轴节;2—观测张开和滑移的位移计;3—观测沉降的位移计;4—输出电缆;
5—岩面上的固定支座;6—支架;7—不锈钢活动铰链;8—三角支架;
9—面板上的固定支座;10—调整螺杆;11—固定螺孔;12—位移计支座;13—周边缝

(6)测缝计安装埋设的注意事项:碾压混凝土坝接缝位移采用单向测缝计及三向测缝计进行监测。测缝计随坝体渗面施工进行安装埋设,用于缝间的位移变形观测。

单向测缝计安装埋设主要由支座、护筒、测缝计和填充保护材料组成。

在先浇混凝土前,按设计位置首先将测缝计支座和护筒架设在先浇好的混凝土上,护筒内应充满泡沫或棉纱等。随先浇混凝土将其预埋在混凝土内,应注意根据测缝计的长度,使伸缩管段中心位于接缝位置,同时对测缝计支座和护筒的安装应保证使安装的测缝计与缝面垂直。

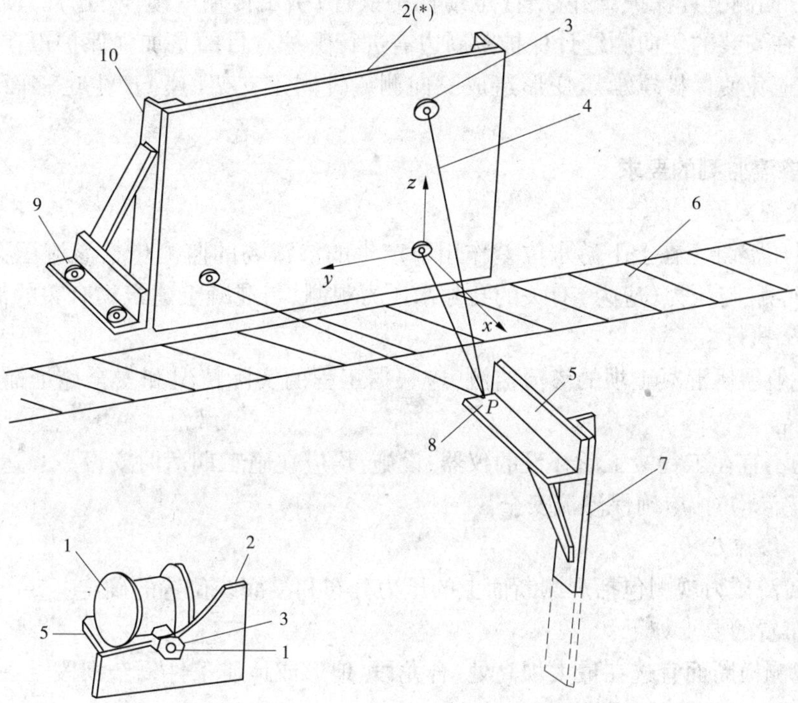


**图 9-7　旋转电位器式三向位移计安装示意**

1—位移传感器;2—坐标板;3—传感器固定螺母;4—不锈钢丝;5—传感器托板;
6—周边缝;7—预埋板(虚线部分埋入面板内);8—钢丝交点;9—地脚螺栓;
10—支座,可在其中预留传感器腔室,坐标板有膨胀螺栓固定在腔室周边上

在后浇块混凝土前,首先进行敷设电缆。浇筑前取出护筒内填塞物,安装测缝计,向护筒内充填黄油(可加棉纱)。护筒口用无纺布绑扎封堵,然后通过调整测缝计读数至拉、压、预施测量程的相应物理量值并固定。检验仪器正常工作后进行测缝计与敷设电缆的连接,随后进行混凝土浇筑,将测缝计及电缆的连接置于其内。

在混凝土浇筑时,其仪器周围振捣应由专人负责,可采用小型振捣器或人工捣实,严禁接触仪器振捣,以免造成仪器位置移动和损坏。

测缝计安装埋设后,测读初始数据,并填写在仪器安装埋设记录表内,此后进行正常观测。

三向测缝计安装埋设的注意事项:碾压混凝土防渗区施工时,按设计位置和仪器厂家固定支架、支座的标距,首先整平周边缝两侧表面的两个支座的基面,使两个支座基面在同一平面上,再按厂家提供支座固定板上安装螺栓孔的位置及直径钻安装螺孔,深度按螺杆长度确定。在整平的插有地脚螺杆至岩面或混凝土内,浇筑环氧水泥砂浆固定地脚螺杆,移去固定板,待环氧水泥砂浆凝固。在整平的插有地脚螺杆的基础面上,分别放置相应的支座固定板,再次调整两个支座固定板使其位于同一安装平面,拧紧固定螺帽,安装测缝计。采用二次仪表观测来调整可施测的测缝计量程,并检查正常工作后再进行固定。

三向测缝计安装完成后,测读初始数据,量测各测缝计及支铰标距间的准确距离并填写在仪器安装埋设记录表中,此后进行正常观测。

安装三向测缝计保护罩并穿管（电缆保护铁管）引出传输电缆（松弛）。坝体上游防渗层浇筑前，在安装的三向测缝计保护罩周边需进行保护。目的是加强保护罩在碾压混凝土内的支撑，避免使保护罩承压变形造成三向测缝针固定支架（座）产生位移而影响观测精度。

**（五）渗流监测的要求**

1. 一般规定

（1）碾压混凝土在上下游水位差作用下产生的渗流场的监测包括渗流压力、渗流量及其水质的观测、与压力（应力）有关的孔隙水压力观测、与混凝土建筑物有关的渗流监测，按SDJ336—89 执行。

（2）一般碾压混凝土坝的渗流监测，应根据工程的实际情况和安全论证需要提出专门部署和要求。

（3）凡不宜在工程竣工后补设的仪器、设施，均应在施工期适时安设。当运用期补设测压管或开挖渗沟时，应确保渗流安全。

2. 坝体渗流压力

坝体渗流压力观测包括观测断面上的压力分布和浸润线位置的确定。

观测布置的要求如下：

（1）观测横断面宜选在最大坝高处、合龙段、地形或地质条件复杂坝段。一般不得少于3 个，并尽量与变形应力观测断面相结合。

（2）观测横断面上的测点布置应根据坝型结构、断面大小和渗流场特征，设 3 ~ 4 条观测铅直线。

（3）观测铅直线上的测点布置，应根据坝高和需要监视的范围、渗流特征并考虑能通过分析确定渗流位置，沿不同高程布点。

3. 观测仪器及其安装要点

渗流压力观测仪器应根据不同的观测目的、渗流特征及埋设条件等来确定，选用测压管或振弦式孔隙水压管。

1）测压管的安装埋设要求

测压管宜采用镀锌钢管或硬塑料管，一般内径不宜大于 50 mm，测压管的导管段应顺直，内壁光滑无阻、接头应采用外箍接头，管口应高于地面并加保护装置，防止雨水进入和人为破坏。

测压管进水段外缠尼龙网布和土工织物过滤层，要求渗透系数大于 $10^{-2}$ cm/s。面积开孔率为 10% ~20%（孔眼形状为梅花型，须排列均匀和内壁无毛刺）管底封闭不留沉淀管段，也可采用与导管等直径的多孔聚乙烯过滤管或透水石管作透水段，透水段顶端与导管牢固相连。导管长度视管材和埋设方便而定，两端接头处宜用外丝扣，用外箍接头相连。

测压管安装埋设前应对孔深、孔底高程、孔内水位、测压管加工质量、各管段长度、接头管帽情况等进行全面检查并做好记录。

下管前应先在孔底填约 10 cm 厚的反滤料。对反滤料的要求为既能防止细颗粒进入测压管又具有足够的透水性，一般其渗透系数宜大于周围碾压混凝土体。下管过程中，必须连接严密，保持管身顺直就位后，应立即测量管底高程和管口水位，并在管外回填反滤料，逐层夯实直至设计进水段高程。从孔底至反滤层料顶面的孔段才是真正的测压管进水段，也是测压管的实际监测范围，故必须在埋设中严格遵守设计意图，精确测量并记录存档。

测压管灵敏度的检验：测压管安装、封孔完毕后应进行灵敏度检验，方法是采用注水试验，一般应在库水位稳定期进行。试验前先测定管中水位，然后向管内注清水，注入后不断观测水位直至恢复至或接近注水前水位，并同时观测非注水管的水位变化，以检查它们之间的封孔止水是否可靠。

管口保护：当灵敏度合格后，应尽快安设管口保护装置，管口保护装置一般可采用混凝土预制件、现浇混凝土或砖石来砌筑，但均要求结构简单、牢固、能防止雨水流入和人为破坏，并能锁闭且开启方便。尺寸和形式应根据测压管水位的测读方法而定。当采用自记或遥测装置时，还应满足测量仪表的各种需求。

2）孔隙水压力计安装及要求

孔隙水压力计的选型应优先选用振弦式仪器。孔隙水压力计的安装埋设应在孔隙水压力计率定合格后，仪器安装埋设前取下透水石，在钢膜片上涂一层防锈油，将其放入去气水中浸泡 2 h 以上，使透水面充分饱和并排除透水石中的气泡，并在水中再安装透水石待用。

在坝基和溢洪道（闸）基础测点位置开挖坑槽深 40 cm，在坑槽底回填洗净的饱和中砂厚约 15 cm，将孔隙水压力计测头水平放置于饱和粗砂中心位置，测量仪器安装在埋设高程后，再回填饱和中粗砂至坑顶，使测头周围形成砂包裹体，向坑槽内注入清水，使砂反滤充分饱和，安装埋设孔隙水压力计并检查正常工作后可引出电缆。对于坝基坑槽以上 1 m 厚度，应采用人工薄层填筑坝料，其压实度与周围坝体相同。对于溢洪道（闸）基础测点仪器安装回填砂至坑顶后不小于 5 cm，以免混凝土浇筑时其水泥砂浆渗入砂中，阻塞渗透水与仪器连通而影响观测。孔隙水压力计安装埋设完成后测读初始读数并与埋设高程一同填写在仪器安装埋设记录表内，此后进行正常观测。

下面具体介绍禹门河水库大坝渗压计施工方案。

1. 工程简介

禹门河反调节水库大坝原型观测包括内部观测设施、外部观测设施、电缆和读数设备等。内部观测设施有渗流观测、变形观测和应力应变观测；外部观测设施有温度计、水位计、雨量计、集线箱等。其中，渗流观测包括大坝基础渗压计、坝体内渗压计、绕坝渗流计和量水堰等；变形观测包括工作基点、位移标点、水准点、三向测缝计、埋入式测缝仪、倒垂线、多点位移计；应力应变观测包括两向应变计和无应力计。

由于前期施工时，业主没有按时提供渗压计，致使无法按时施工。本次工程恢复施工后，承包方在基坑清理完毕，便着手开始钻孔、安装。

本次主要埋设 P－09、P－14、P－15、P－16、P－17、P－18、P－19、P－24、P－25、P－26、P－27、P－32、P－33、P－34、P－35、P－36 等渗压计，及两向应变计 $S^2$－04、$S^2$－05、$S^2$－06，无应力计 N－04、N－05、N－06。在此次渗压计埋设中除了 P－14、P－15 采用碾压结合面安装（安装高程在 377.4 m）外，其余全部采用钻孔内安装（安装高程在基础面以下 0.5 m）。

2. 渗压计施工依据

渗压计的施工、测读和资料分析等工作，将严格按照规范及监理工程师批准的各项设计文件、图纸的有关规定和要求执行。

仪器设备检验及率定如下所述：

（1）购置仪器到货后，采购方即可按仪器制造商的说明书及有关规范进行检验和率定。

对所有传感器、观测电器及设备均进行现场率定，并提交每台仪器仪表的检验率定报告。

(2)用于检验率定的仪器设备，包括二次仪表，均经过国家标准计量单位或国家认可的检验机构检验合格，且检验结果应在有效期内，若逾期须重新送检。

(3)仪器率定检验参数包括仪器的力学性质、温度特性、密封绝缘性能等指标。

(4)有关技术文件及要求。

(5)仪器设备说明书。

3. 渗压计的安装方法

1)钻孔施工

(1)钻孔孔深、孔径严格按照设计要求。采用地质钻机，钻孔孔径 89～120 mm，孔深要求伸入基岩内；钻孔斜度小于 1°；钻孔时要求孔壁光滑、畅通。钻孔开始前和钻孔过程中，随时校核钻孔方向和孔深，钻孔完成后，测试钻孔斜度是否满足仪器安装设计的要求。

(2)若钻进过程中发现岩体破碎，成孔困难，岩孔应进行固结处理；如果孔内有地下水，在埋设仪器前，每天进行一次涌水量观测。钻孔完成后，按照设计要求及施工规范对孔位、孔深等提出检测资料，经监理工程师验收后进行下一道工序的施工。

(3)安装仪器前钻孔应冲洗干净，用不大于 0.5 MPa 压力风吹干净孔内的尘土。并用小于 0.2 MPa 压力水反复清洗，直至返水完全澄清后停止。

2)钻孔内安装

(1)首先根据埋设部位在仓库内领取相应电缆长度的渗压计，用读数仪进行读数，看其读数是否和率定表的读数一致，若一致将仪器编号和设计编号填入相应的记录表内，等待安装。

(2)钻孔完成后，先根据钻孔直径计算出所需的中粗砂和膨润土球的数量，把砂洗好待用。

(3)安装前 3 h，应将渗压计前面的透水石去掉煮 1 h 以上，然后一直放在有水的容器内，使其达到饱和状态待用。

(4)首先将洗好的砂放入钻孔内，距孔底深 30～40 cm，然后测量孔口到其表面的深度，并进行记录，同时在安装前要测量孔口的高程，然后读取仪器初始读数并记录在记录表内。

(5)仪器初始读数读取后，将透水石在水内装入渗压计，然后用土工布(或破丝袜)和过滤料(中细砂)包裹渗压计，并进行绑扎。

(6)然后将砂袋放入钻孔直到回填砂的表面，待稳定后，再次确认仪器距孔口的距离，然后拉着砂袋进行砂回填，回填 40～50 cm 砂后，测定一下表面距孔口的距离，然后回填 30～40 cm的膨润土球。再进行水泥砂浆回填，回填完成后再读取一个读数并记录，然后按照要求引设电缆。

3)碾压结合面安装

(1)首先将目前的混凝土面挖 30 cm×30 cm 左右的坑，然后按照上述的要求洗好砂，将砂铺 10～15 cm。

(2)按照上述的步骤进行仪器的读数和砂袋绑扎，完成后将砂袋横放在坑内，此时注意测量好仪器的安装高程，然后上部回填砂与碾压面齐(最好稍高出碾压面)。要保护好电缆，不可在上层碾压时破坏电缆。

(3)为防止渗压计碾压破坏，可以在坑口内放一块木板或钢板，注意应变计安装埋设时绝对不能放。

(4)下一步就和钻孔埋设的方法一样。

4)渗压观测方法与要求

(1)渗压观测采用自动观测设备,所选择的仪器设备必须性能稳定、质量可靠、经久耐用、观测精度符合要求。

(2)观测次数、读数误差必须满足有关规定。

(3)根据有关技术规范,施工期初和蓄水前后应增加观测次数。

(4)施工期观测资料,根据有关技术规范,进行检测整理存档,作为竣工资料。

4. 两向应变计与无应力计的安装

两向应变计与无应力计的安装根据施工情况位置应做适当调整,安装在该碾压层中间位置,两向应变计 $S^2-04$、$S^2-05$、$S^2-06$,无应力计 N-04、N-05、N-06 安装高程由 378.93 m改为 377.4 m,其他均按照设计变更后的位置施工。

5. 电缆施工

1)电缆联接

弦式仪器及其他专用电缆应用热缩工艺联接,电缆联接后性能满足 SDJ336—89 规范要求及本标要求。所有电缆接头全部用锡焊联接,接头处另用不透水胶带保护,以防电缆中进水造成短路。埋设电缆时应尽量避免电缆承受过大拉力或接触毛石和振捣器,电缆在导管的出口和入口处应用橡胶或麻布包扎,以防受损。混凝土未引入永久测站前,应用胶管或木箱加以保护,并设临时测站或防雨棚,严禁将电缆观测端放入水中,以免心线锈蚀或降低绝缘度。

2)电缆敷设

埋设时应记录仪器设计代号和出厂编号,仪器的坐标位置和方向,电缆走向和高程,仪器埋设时间及埋设前后的检查和观测数据,混凝土入仓温度,气温及浇筑块周围环境情况。

电缆敷设按照本标观测施工图进行埋设施工,电缆向上牵引时要有支架,向下牵引时要预埋电缆导管。仪器、电缆跨缝时应采用伸缩节等措施处理,以防止缝面张开时拉断电缆。仪器、电缆尚未引入永久性观测站之前,应设临时测站加以保护。仪器电缆铺设完成后,及时测量并绘制仪器和电缆的竣工图。

6. 施工期的维护与观测

(1)在仪器设备安装完毕后,应及时记录初始读数,并按监理工程师批准的观测程序及方法进行施工期观测。

(2)按期向监理工程师提交观测资料,而且对工程建筑物进行巡视检查,并做好记录,若发现工程建筑物出现异常情况时,应增加观测仪器的读测次数,并立即报告监理工程师共同研究处理措施。

(3)观测次数应根据施工期、正常运行期以及特殊情况分别安排。①渗压观测,在施工中或竣工初期每天观测 1 次,在闸前水位变化较大时应增加观测次数。②表面变形观测,原则上每月观测 2 次。当建筑物出现不正常情况或有可能出现险情时(如洪水季节)应昼夜监视;暴雨前后对坝面裂缝应增加观测次数。

(4)对原始记录的要求。原始记录必须在现场用铅笔或钢笔填写清楚。如填写有错误,不得涂改,应将错误数字用斜线划掉,然后在右上角填上正确数字。单尾数不准划改,如尾数写错，应重测重记。

7. 原型观测设施施工质量控制措施

（1）观测仪器设备必须性能稳定、质量可靠、经久耐用，精度满足设计要求。有产品质量合格证书、使用说明书、仪器型号、规格、技术参数及工作原理书、仪器设备的安装方法及技术规程、仪器测读及管理规程、观测数据处理方法等资料。

（2）观测设备出厂前应进行全部检验，并提供检验合格证书，必要时请监理工程师到厂家参加主要仪器设备的检查验收。

（3）仪器到现场后对全部仪器进行测试，不符合要求的坚决退货或更换。

（4）生产厂家派专业技术员指导仪器设备的安装和埋设。

（5）按规范规定进行施工，相关设施的埋设应准确、坚固。

（6）安排专业质检人员对施工全过程进行跟踪检查，确保施工质量。

（7）加强施工期间仪器设备和电缆的保护工作。

（8）派专业观测人员，按观测规程进行观测、记录、数据整理和分析。

8. 劳动力配备及原型观测机械设备

劳动力配备及原型观测机械设备配备见表 9-3、表 9-4。

**表 9-3　劳动力配备表**

| 工种 | 单位 | 数量 | 备注 |
|---|---|---|---|
| 观测工程师 | 人 | 2 | |
| 技术工人 | 人 | 4 | |
| 普工 | 人 | 10 | |
| 合计 | 人 | 16 | |

**表 9-4　原型观测机械设备配备表**

| 机械名称 | 单位 | 规格 | 数量 | 备注 |
|---|---|---|---|---|
| 地质钻 | 部 | 300 | 3 | |
| 空压机 | 台 | 6 $m^3$ | 3 | |
| 电缆硫化器 | 台 | LH－1 | 2 | |
| 电焊机 | 台 | | 1 | |
| 仪器安装专用工具 | 套 | | 10 | |
| 计算机 | 台 | 联想 | 1 | |
| 交通车 | 辆 | | 1 | |

9. 近期观测仪器安装明细表

近期观测仪器安装明细如表 9-5 所示。

表 9-5　近期观测仪器安装明细

| 编号 | 桩号 | 中心距桩号 | 编号 | 桩号 | 中心距桩号 |
|---|---|---|---|---|---|
| P－07 | 0＋049.75 | 坝下 0＋006.5 | $S^2$－06 | 0＋116.5 | 坝下 0＋034.5 |
| P－08 | 0＋075.25 | 坝下 0＋006.5 | P－34 | 0＋163.0 | 坝下 0＋022.5 |
| P－09 | 0＋103.75 | 坝下 0＋002.5 | P－35 | 0＋163.0 | 坝下 0＋039.0 |
| P－19 | 0＋117.28 | 坝下 0＋002.5 | P－36 | 0＋141.0 | 坝下 0＋039.0 |
| P－24 | 0＋113.00 | 坝下 0＋010.5 | P－16 | 0＋109.1 | 坝下 0＋009.0 |
| P－25 | 0＋118.65 | 坝下 0＋023.5 | P－17 | 0＋109.1 | 坝下 0＋021.0 |
| P－26 | 0＋119.76 | 坝下 0＋040.5 | P－18 | 0＋109.1 | 坝下 0＋039.0 |
| P－27 | 0＋161.0 | 坝下 0＋002.5 | P－14 | 0＋116.5 | 坝下 0＋014.7 |
| P－32 | 0＋161.0 | 坝下 0＋009.5 | P－15 | 0＋116.5 | 坝下 0＋030.7 |
| P－33 | 0＋156.0 | 坝下 0＋021.5 | N－04 | 0＋108.10 | 坝下 0＋001.5 |
| $S^2$－04 | 0＋116.5 | 坝下 0＋001.5 | N－05 | 0＋108.10 | 坝下 0＋017.5 |
| $S^2$－05 | 0＋116.5 | 坝下 0＋017.5 | N－06 | 0＋108.10 | 坝下 0＋034.5 |

**（六）渗流量的观测要点**

渗流量观测包括渗漏水的流量及其水质观测。水质观测中包括渗漏水的温度、透明度观测和化学成分分析。

渗流量观测系统的布置应根据坝型和坝基地质条件渗漏水的出流和汇集条件以及所采用的测量方法等确定，对坝体、坝基绕渗及导渗的渗流量应分区、分段进行测量。所有集水和量水设施均应避免水干扰。

当下游有渗漏水出逸时，一般应在下游坝址附近设导渗沟（可分区、分段设置），在导渗沟出口或排水沟内设量水堰测其出逸流量。

对设有检查廊道的碾压混凝土坝可在廊道内分区、分段设量水设施。对减压井的渗流应尽量进行单井流量、井组流量和总汇流量的观测。

渗漏水的温度观测、透明度观测及化学分析水样的采集，均应在相对固定的渗流出口或堰口进行。

根据渗流量的大小和汇流条件选用如下几种方法和设备进行观测：

（1）当流量小于 1 L/s 时宜采用容积法。

（2）当流量在 1～300 L/s 之间时宜采用量水堰法。

（3）当流量大于 300 L/s 或受落差限制不能设量水堰时，应将渗漏水引入排水沟中，采用测流速法。

量水堰设置和安装应符合以下要求：

（1）量水堰应设在排水沟直线段的堰槽段，该段应采用矩形断面。两侧墙应平行和铅直。槽底和侧墙应加护砌，不漏水不受其他干扰。

（2）堰板应与堰槽两侧墙和来水流向垂直，堰板应平整和水平。高度应大于 5 倍的堰上水头。

(3)堰口水流形式必须为自由式。

(4)测读堰上水头的水尺或测针,应设在堰口上游 3~5 倍堰上水头处。尺身应铅直,其零点高程与堰口高程之差不得大于 1 mm。水尺刻度分辨率应为 1 mm,测针刻度分辨率应为 0.1 mm,必要时可在水尺或测针上游设栏栅稳流。

(5)量水堰安装完毕应详细填写考证表,存档备查。

量水堰的类型和结构有:

①有直角三角形堰,当流量在 1~70 L/s 之间时可采用。

②梯形堰,当流量在 10~300 L/s 时采用,一般常用 1∶0.25 的边坡底(短)边宽度 $b$ 应小于 3 倍堰上水头 $H$,一般应在 0.25~1.5 m。

③矩形堰,当流量大于 50 L/s 时采用,堰口 $b$ 应为 2~5 倍堰上水头 $H$,一般应在 0.25~2 m范围内,其中无侧向收缩的矩形堰水舌两侧壁上应设补气孔。

各种量水堰的堰板宜采用不锈钢板制作,过水堰口下游宜成 45°斜角。

堰槽段的尺寸及其堰板的相对关系应满足如下要求:堰槽段全长应大于 7 倍堰上水头,但不小于 2 m,其中堰板上游段应大于 5 倍堰上水头,但不小于 1.5 m;下游段长应大于 2 倍堰上水头,但不小于 0.5 m;堰槽宽度应不小于堰口最大水面宽度的 3 倍,见图 9-8、图 9-9。堰板应为平面,局部不平处不得大于 ±3 mm,堰口的局部不平处不得大于 ±1 m。堰板顶部水平,两侧高差不得大于堰宽的 1/500。直角三角堰的直角误差不得大于 30″。

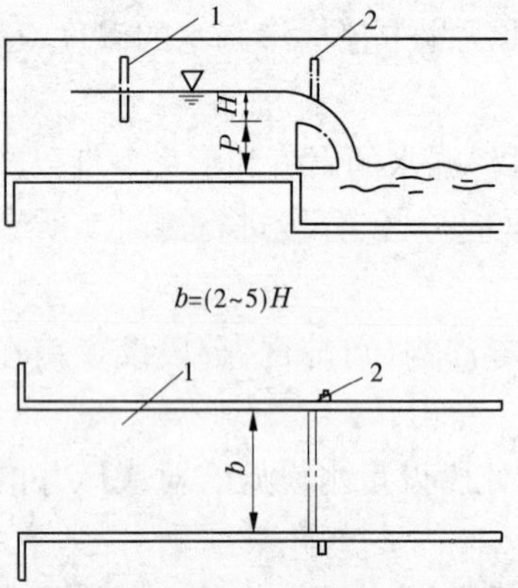


**图 9-8 无侧收缩矩形量水堰结构示意**

1—水尺或测针;2—通气孔

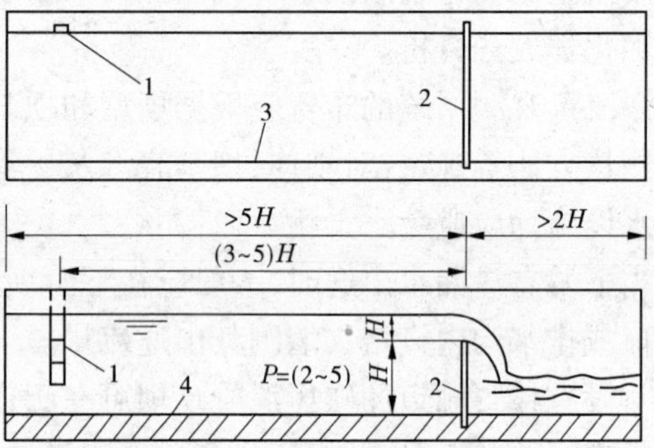


**图 9-9 量水堰与堰槽结构示意**

1—水尺或测针;2—堰板;3—堰槽侧墙;4—堰槽底

堰板和侧墙应铅直,倾斜度不得大于 1/200,侧墙局部不平处不得大于 ±5 mm。堰板应与侧墙垂直,误差不得大于 30″。

两侧墙应平行,局部的间距误差不得大于 ±10 mm。量水堰安装后,应详细记录考证表。

直角三角形量水堰的流量计算公式如下:

$$Q = 1.4H^{1/2} \tag{9-1}$$

式中 $Q$——渗流量;

$H$——堰上水头。

梯形量水堰计算公式如下:

$$Q = mb\sqrt{2g}H^{1/2} \quad (9\text{-}2)$$

式中　$m=(0.402+0.054H/p)$。

测流速法观测渗流量的测速沟槽应符合以下要求：

(1)长度不小于15 m的直线段；

(2)断面一致并保持一定纵坡；

(3)不受其他水干扰。

渗流量的观测方法与要求如下：

(1)渗流量及渗水温度、透明度的观测次数与渗流压力观测相同。化学成分分析次数可根据实际需要减少，但一般仅限于做简要分析。

(2)量水堰堰口高程及水尺、测针零点应定期检测，每年至少一次。

(3)用容积法时，充水时间不得少于10 s，平行二次测量的流量误差不应大于均值的5%。

(4)用量水堰观测渗流量时，水尺的水位读数应精确至1 mm。测针的水位读数应精确至0.1 mm。堰上水头两次观测值之差不得大于1 mm。

(5)测流速法的流速测量，可采用流速仪法或浮标法，两次流量测值之差不得大于均值的10%。

(6)在观测渗流量的同时，必须测记相应渗漏水的温度、透明度和气温。温度须精确到0.1 ℃；透明度观测的两次测值之差不得大于1 cm，当为浑水时，应测出相应的含沙量。

(7)渗水化学成分分析的取样及有关要求，可按水质分析要求进行，并同时取库水水样做相同项目的分析，以资对比。

(8)量水堰水尺采用不锈钢尺，刻度为毫米，其水尺应设置在堰板上游，距堰板的距离应为3～5倍堰上最大水头。将水尺具体安装固定在侧墙表面，并注意使水尺零刻度与堰口底缘高程平齐，以方便读取相应堰上水头。

(9)量水堰安装埋设完成后，应将堰板及水尺位置、堰槽尺寸、堰板及堰口尺寸和安装过程等填写在埋设记录表内，此后进行正常观测。

(10)量水堰计电测水位安装埋设。量水堰除在堰前设置水尺进行堰上水头观测，同时采用量水堰计电测水位方式并通过传输电缆实现远程观测。并具体随坝脚排水沟和量水堰施工进行量水堰的安装埋设，并充水标定，引出电缆。对观测井口按测压管管口保护方式，及时进行井口保护，应保证结构牢靠，能防止地表水进入井内而影响观测精度。并避免观测井部位地表积水及对井口和保护装置的冲刷。

**(七)压力(应力)监测的要求**

1. 应变计、无应力计的选用

经过论证，可选用差动电阻式或选用振弦式。无应力观测点的布置，一般限于相应应力观测的中部，且测点数不宜少于3～5个。碾压混凝土坝应变观测的测点按分段块布置。

应变计的埋设应使用专用仪器支座、支标，并随碾压混凝土浇筑进行。应变计埋设时，依埋设部位应预调出其测量量程的30%～50%。无应力计埋设时，宜使其隔离筒大口向上，其应变计周围的混凝土浇筑与同样的相应应变计组周围的混凝土相同。

应变计、无应力计的测度方法，依所选用的仪器类型而定。

2. 案例介绍

具体以禹门河水库大坝为例对观测仪器的安装进行介绍。

本工程大坝观测仪器有渗压计、绕坝渗流计、多点位移计、单向测缝计、三向测缝计、两向应变计、无应力计、倒垂线、量水堰、水位计、工作基点等共计96件。

现着重说明一下渗(扬)压计安装方法:本工程所安装的渗压计、绕坝渗流计均为北京基康公司生产的BGK-4500系列(其量程分为0.7 MPa和0.35 MPa两种),用于观测其读数数值的仪器为北京基康公司生产的BGK-408读数仪。渗压计主要结构部件均用特殊钢材制造,适合各种恶劣环境使用,底部的透水石是用带50 μm小孔的烧结不锈钢制成,以利于空气从渗压计的空腔排出,其主要作用是用于测量孔隙水压力。渗压计按照其安装部位的不同分为:一是埋设在坝体底部基础面下0.5 m基岩内的基础渗压计。二是埋设在碾压混凝土坝体内的渗压计。绕坝渗流计是安装在大坝坝体范围以外的左、右两岸边坡不同深度处,用于测量坝两岸绕坝渗流水压力。

本工程安装的基础渗压计、坝体内渗压计共31个、绕坝渗流计12个,电缆均采用四心屏蔽电缆,其代号均用"P-编号"组成。根据其安装方法分为一孔一支法及一孔两支法两种,例如,P-21、P-22两仪器为安装在同一个孔内的不同高程上。

基础渗压计安装流程为:

测量放样定位→钻孔、清孔→各项安装准备→仪器安装→周期测读

(1)测量放样定位是根据图纸设计的各个渗压计位置,实地放样出来,并标明其孔口高程,用于推算其钻孔深度,放样精度控制在±2 cm以内。

(2)钻孔时要按照测量人员定的孔位及高程计算出钻孔深度,并按图纸要求将孔钻至渗压计预定高程以下15~30 cm,洗净钻孔并等待仪器安装。

(3)安装准备工作包括:

①根据安装仪器编号在仓库领取相应电缆长度的渗压计,用BGK-408读数仪进行读数,观察其读数是否与率定表的读数一致,若一致接着进行下一步。

②根据仪器安装记录表格将仪器编号和设计编号填入相应的表内,等待安装。

③钻孔完成后,先根据钻孔直径计算出所需的中粗砂和膨润土球的数量,把砂洗好待用。

④安装前3 h,应将渗压计底部的透水石去掉煮1 h以上,然后一直放在有水的容器内,使其达到饱和状态待用。

(4)仪器安装工作包括以下内容:

①首先根据安装前测量的孔口高程减去设计仪器安装高程得出长度,在电缆线上标明记号待用。

②每一支渗压计都要得到一个精确的零读数(即初始读数),这个读数是在仪器安装前(即未加压力时)读取的数值,而这个读数将用于随后的数据处理。将渗压计放在孔口处读取读数作为仪器零读数并记录在记录表内。

③仪器零读数读取后,将透水石放在水内装入渗压计,然后用土工布(或丝袜)和过滤料(中细砂)包裹渗压计,并进行绑扎。

④将渗压计慢慢向孔内顺下,待电缆线上标记和孔口持平时停止下放,由专人看守防止其下沉。将洗好的砂慢慢倒入钻孔内,距孔底深40~50 cm,且埋住仪器后,然后测量孔口到其表面的深度,并进行记录。

⑤回填40~50 cm砂后,测定一下表面距孔口的距离,然后回填30~40 cm的膨润土球。

⑥水泥砂浆回填。回填过程一定要慢,防止破坏仪器,回填完成后再读取一个读数并记录,这样钻孔渗压计就安装完成了。下一步就按照要求引设电缆,电缆引设按图纸设计要求走向进行,电缆通常是安装在地沟内,用小粒径骨料的材料来回填。回填时要小心地用人工方法在电缆周围捣实,并以规定的间隔时间用膨润土填充,以免沿电缆沟形成渗流通道。引设完成后测量其走向图,以免以后坝体灌浆造孔时发生冲突破坏电缆。

(5)周期读数。在安装完成后,每隔 15 min 读一次数,读 4 次;1 h 后每隔 2 h 读数,观测 1 天后,可间隔一星期左右、半个月、一个月读一次数,按规定测读并将每次观测数值记录在表格内。

碾压混凝土坝体内渗压计安装流程为:

测量放样定位→挖坑槽→各项安装准备→仪器安装→周期测读

(1)首先应按测量放样的仪器安装位置将现有的混凝土面挖 30 cm × 30 cm 左右的坑槽,然后按照要求洗好砂,将砂铺 10 ~ 15 cm 左右。

(2)按照基础渗压计安装的步骤进行仪器的读数和砂袋绑扎,在坑口处读取零读数,完成后将砂袋横放在坑内,仪器底部透水石应朝向迎水面。此时,注意测量好仪器的安装高程,然后上部回填砂与碾压面齐(最好稍高出碾压面)。此时,要读数作为安装后读数。

(3)为防止渗压计碾压破坏,可以在坑口内放一块钢板,并做出明显标志,仪器周围的混凝土施工采用变态混凝土插入式振动棒振捣,待其混凝土垂直覆盖深度大于 2 m 且混凝土强度已经达到要求后方可在仪器上部进行碾压混凝土施工。

(4)至于周期读数与基础渗压计的方法一样。

下面再介绍一下渗压计安装时的影响因素及故障排除方法:

因为安装渗压计的目的是监测现场状态,因此那些可能影响这些状态的因素始终都要观察和记录。这些因素包括(并不限于这些因素)刮风、下雨、交通、温度和气压变化及其他气候变化、附近建筑活动、人员变化、季节变化等。在对渗压计结果进行分析时,务必考虑这些因素。

如安装过程中出现故障(如仪器读数出问题),应采取以下步骤排除:

(1)检查线圈电阻,正常情况下线圈电阻是(180 ± 10)Ω 加上电缆电阻(标准 22 号规格的铜导线电阻:每 300 m 约 15 Ω)。

①如果电阻太大或无穷大,应怀疑电缆断路。

②如果电阻太低或接近于 0,则应怀疑是短路。

③如果电阻正常而任何一个传感器都没有读数,就该怀疑是读数仪有问题,这时应向厂家咨询。

④如果所有的电阻都正常,仅其中一个传感器没有读数,就怀疑传感器有问题,这时也应向厂家咨询。

(2)如果发现电缆是断路或短路,可按推荐的电缆连接步骤重新接上。

BGK - 4500 渗压计在禹门河水库的埋设和安装,经实际运行该仪器是可靠的,安装是成功的,它的安装运用为今后提高水库现代化管理水平将起到重要的推进作用,并为其他类似工程起到借鉴和参考作用。

**(八)电缆敷设的技术要求**

坝体所有安全监测仪器电缆敷设均随碾压混凝土施工进行,原则上除沿坝基仪器电缆敷设在坝基范围内采用槽钢保护,对于坝体所有采用电信号传输的仪器,电缆敷设均全长采用电缆穿线管保护。电缆的连接接头采用热缩管方式,应特别注意电缆接头处的防水抗渗处理。电缆仪器、电缆保护管一般应采用聚乙烯塑料管,其管径可根据其相应电缆线路汇集电缆的根数和直径确定,宜为 $\phi38.1 \sim 101.6$ mm,以穿管引线施工方便为宜。

电缆引线应保持一定的松弛度,切忌超强度拉伸,以免造成电缆心线损伤或损坏。在仪器出线根部和电缆保护管接头处应根据不同部位的变形情况人为预留一定的余量,并宜采用无纺布包裹缠绕进行保护。当仪器电缆必须穿过结构缝和不同介质接触面时,应人为以"U"形放松,外套塑料管或无纺布包裹均可。

在工程施工过程中,应对监测仪器电缆敷设线路做明显的标记,并特别注意对电缆引线的保护,慎防人为或施工机械等对电缆造成损坏(或损伤)。

**(九)安全监测的检查验收**

安全监测工程的重要组成部分在达到设计埋设位置后,土建施工应提供必要的工作面,未按设计要求进行安装埋设及验收合格以前,不得进行下一道工序的施工。

安全监测仪器设备除测压管、量水堰和强制对中基座的仪器传感器,其余均需进行检验率定。监测仪器设备安装埋设固定后,均需测定其相应位置高程,填写在仪器安装埋设记录内永久保存。

仪器埋设完成后应及时测读初始数据,此后正常观测值与初始数据值的差值即为测点在一定时段内,受外荷载及环境作用的绝对变化量。

安全监测仪器设备的施工埋设,应严格按有关规程、规范、设计图纸的要求执行。

在安全监测仪器设备安装埋设和土建施工过程中应加强保护措施,并特别注意防止人为或施工机械等的破坏。

除对仪器设备安装埋设各环节进行检查控制施工质量,监测仪器埋设验收提供的资料应包括仪器出厂证明(合格证及出厂鉴定资料)、埋设前率定资料、安装埋设记录、单元工程验收评定等,如有质量事故和缺陷,处理应附质量检查记录、处理意见、采取补救措施效果的报表汇编资料。

监理工程师检查验收认为质量不合格时,应按监理工程师的批示进行缺陷处理,包括返工、修复、更换仪器设备等。

现场观测应认真记录,及时整理成册并妥善保存,随时配合监理工程师进行抽查。

## 第四节　监测组织与仪器设备的管理

碾压混凝土坝的管理单位以及进行施工期监测的施工单位,必须根据《水库大坝安全管理条例》的规定,建立健全碾压混凝土坝安全监测的专业组织。

安全监测组织必须实行岗位责任制,认真执行《土石坝安全监测技术规范》(SL60—94)及各有关规范、规程和工作细则,确保观测和资料整编分析及时,成果真实准确、符合精度要求。

根据监测任务,必须配备具有相应的工程技术知识和监测经验的专职人员、并尽量保持人员固定。监测组织必须为观测人员创造工作条件,并配备必要的安全劳动保护用品。

## 一、监测仪器、仪表的管理

应建立仪器、仪表档案，一般包括名称、生产厂家、出厂号码、规格、型号、附件名称及数量、合格证书、使用说明书、生产率定资料、购置商店及日期、本单位予以的编号以及使用日期、使用人员、发生故障或损伤和相应的排除或送厂修复等情况。

仪器、仪表在运输和使用过程中必须轻拿轻放，确保平稳放置不受挤压、撞击或剧烈颠簸振动。使用时应严格依照厂家提供的使用说明书和注意事项。

除埋设在碾压混凝土坝内部的仪器，其余各项仪器、仪表均应设置在通风干燥、平稳、牢固的地方并应注意防尘、防潮。

各项仪器、仪表应定期进行保养率定、校正，用电仪表定期通电检验。

观测中如发现异常测值时，在进行复测前应检查仪器、仪表是否正常，使用方法是否有错误。

仪器、仪表使用后应进行保养、维护，入水观测的仪器必须擦净晾干并涂必要的防护油。

经常使用的无检修间隙的仪器、仪表必须配置备件。

## 二、监测设备设施的管理

设置在现场的所有监测设备、设施都应在其适当位置明显标出其编号，并应经常或定期地进行检查、维护。如有破损应及时修复。

所有基点和观测点都应有考证表，并绘制总体布置图。水准基点应经常校核，当附近发生较大地震时，应重新引测校核。表面基点和测点都应有相应的保护罩，在工作基点处宜修建观测室。

电传观测设备应定期检查接线是否坚固，电触点是否灵敏，是否有断线、漏电现象，防雷设施是否正常，接地电阻是否合格，电缆是否有浸水、损坏，如有应及时修复改善，必要时更换新件。

应及时清除影响测值的一切障碍物。量水堰应及时清洗堰板和清除上下游水槽内的水草、杂物。

测压管淤积厚度超过透水段长度的1/3时应进行掏淤。经分析确认副作用不大时，也可采用压力水或压力气冲散。

现场自动化监测设施或集中遥测的观测站(房)应有保持各种仪器设备正常运转的工作条件和环境。

为保护观测人员在高空、水面、陡崖、临水边墙等处的安全操作和通行所设置的护栏、保险绳、安全带、救生衣、安全帽等应经常检查、维护或更新。

# 第五节　安全监测资料的整编与分析

## 一、一般规定

资料整编的内容包括平时资料整理与定期资料编印。

平时资料整理的重点是查证原始观测数据的正确性与准确性，进行物理量计算，填好观测数据记录表格，点绘观测物理过程线图，考察观测物理量的变化，初步判断是否存在变化异常值。

定期资料编印应在平时资料整理的基础上进行观测物理量统计、填制统计表格、绘制各观测物理量分析与相互间的相关图线，并编写编印说明书。

定期编印的时段，在各施工期和初蓄期视工程施工期或蓄水进程而定，最长不超过1年，在运行期视工程规模以1~5年为宜。

资料整编的分析工作在工程竣工前应由水库施工单位负责完成，工程竣工后由水库管理单位负责完成；工程有问题时，应与设计单位配合，必要时可邀请专家研究单位协作解决和分析。整编的成果应项目齐全、考证清楚、数据可靠、图表完整、规格统一、说明完备。

在整个观测过程中均应及时对各种观测数据进行检验和处理，并结合巡视检查资料进行分析。有条件的应利用计算机建立数据库并采用适当的数学模型，分析重点主要是对碾压混凝土坝安全性做出评价。

全部资料整编、分析成果应建档保存。如停止或减少观测项目的资料整理和分析工作应经上级主管部门批准。

## 二、资料整编的要点

平时资料整理工作的内容包括检验观测数据的正确性、准确性，每次观测完后，应立即在现场检测作业方法是否符合要求，精度数据记录是否准确、清晰、齐全，是否有缺漏现象，各项检验结果是否在限差以内。

观测物理量的计算。经检验合格后的观测数据应换算成观测物理量，记入相应记录表。

绘制观测物理量的过程线图。

在观测物理量的过程线图上初步考察物理量的变化规律。发现异常应立即分析该异常量产生的原因，提出专项文字说明，对原因不明者还要向上级主管部门报告。

定期资料的整理编印的一般步骤：

(1)资料的收集包括基本资料收集与观测资料收集。基本资料主要是指各项观测设备的考证资料和图表、监测系统施工竣工资料、仪器出厂证书和说明书、碾压混凝土坝的工程设计勘探、试验资料等。观测资料即平时资料整理的成果，包含所有观测数据、文字和图表。

(2)资料的复查。复查收集到的资料是否齐全，各物理量计算及坐标、高程系统有无错误，记录图表是否按统一规定编制，物理量过程线图是否连续、准确、清晰。

(3)观测物理量统计。按统一规定对各观测物理量进行统计，填入相应的统计表格；绘制观测物理量的分布图，以及有关各量间的相关图。

(4)编制说明。重点阐述本编印时段的基本情况、编印内容、编印组织与参加人员、存在哪些观测物理量异常及其在碾压混凝土坝的分布，以及对观测设备和工程采取过何种检验、处理措施等。

(5)资料存档。各规定时段的原始资料及其整编成果应建档保存。

## 三、资料整编的成果图表

资料整编的成果图表一般包括下列内容：

(1)各项观测设备的考证表，如各种基(测)点考证表，各种位移计、应变计、测缝计的考证表,测压管和量水堰的考证表。

(2)各项观测物理量的统计表:如各种水位统计表、位移统计表等。

(3)各观测物理量的过程线图、分布图、相关图,如测点竖向及水平位移过程线、渗压力水位及渗流量过程线,各断面上的竖向及水平位移分布图,竖向位移量平面等值线分布图、断面及平面上的渗流等势线分布图,渗压力水位及渗流量与作用水头的相关图等。

## 四、资料分析的要求

资料分析的方法有比较法、作图法、特征值统计法、数学模型法。

比较法的一般内容有:

(1)通过巡视检查,比较碾压混凝土坝外表各种异常现象的变化和发展趋势。

(2)通过各观测物理量的数据变化规律或发展趋势的比较,预计碾压混凝土坝安全状况的变化。

(3)通过观测成果与设计或试验的成果相比较,看其规律是否具有一致性和合理性。

作图法的一般内容是通过绘制观测物理量的过程线图或特征过程线图、相关图、分布图等,直观地了解观测物理量的变化规律,判识有无异常。

特征值统计法的内容包括对各观测物理量历年的最大和最小变差周期、年平均值及年变化进行统计分析,考察各观测物理量之间在数量变化方面是否有一致性和合理性。

数学模型法的一般要求为:建立表达观测物理量的原因量与效应量之间的关系数学模型。对于观测资料系列较长的碾压混凝土坝宜建立统计学模型(回归分析),有条件时,也可建立确定性模型或混合模型。

## 五、资料分析

资料分析一般包括以下几个方面:

(1)对观测物理量的分析。其主要包括:①分析观测物理量随时间、空间变化的规律性。②分析观测物理量特征值的变化规律性。③分析观测物理量之间相关关系的变化规律性。从分析中获得观测物理量变化稳定性、趋向性及其与工程安全的关系等结论。

(2)将巡视检查成果、观测物理量的分析成果、设计计算复核成果进行比较,以判识碾压混凝土坝的工作状态,存在异常的部位及其对安全的影响程度与变化趋势等,还应特别注重碾压混凝土坝施工期和初蓄期的资料分析,其中尤应注重对坝体裂缝、变形、渗漏等情况的分析。

(3)资料分析报告,一般按下列要点编制:①观测设备情况的详述,包括设备与设施的管理保养、完好率、变更情况等。②巡视检查开展情况有何主要成果、结论。③观测资料整编、分析情况有何主要成果、结论。④综合评价碾压混凝土坝的安全状况,保证碾压混凝土的安全运行应采取的措施建议。⑤对改进安全管理工作和运行调度工作的建议。